Das 1. Forum "Medienrezeption" wurde von der Südwestfunk Medienforschung, der Landesanstalt für Kommunikation Baden-Württemberg und der Landeszentrale für private Rundfunkveranstalter Rheinland-Pfalz in Kooperation mit der Stiftung Lesen, dem Studienkreis Rundfunk und Geschichte, der Historischen Kommission der ARD und dem Deutschen Rundfunkarchiv veranstaltet.

Schriftenreihe
Forum Medienrezeption

Band 1

2. Auflage

Walter Klingler, Gunnar Roters,
Maria Gerhards (Hrsg.)

Medienrezeption seit 1945

Forschungsbilanz und Forschungsperspektiven

Mit Beiträgen von:

Hans Altenhein, Thomas Beutelschmidt
Hans-Bernd Brosius, Bodo Franzmann,
Maria Gerhards, Jo Groebel, Knut Hickethier
Hans-J. Hippler, Joseph Hoppe, Marie Luise Kiefer,
Walter Klingler, Edgar Lersch, Dietrich Löffler,
Elisabeth Noelle-Neumann, Wolfram Peiser,
Patrick Rössler, Gunnar Roters, Ulrich Saxer,
Erich Schön, Klaus Schönbach, Rüdiger Schulz
Hans-Jörg Stiehler, Reinhold Viehoff

**Nomos Verlagsgesellschaft
Baden-Baden**

Die Deutsche Bibliothek – CIP-Einheitsaufnahme

Medienrezeption seit 1945 : Forschungsbilanz und Forschungsperspektiven ; [das 1. Forum "Medienrezeption" wurde von der Südwestfunk Medienforschung ... in Kooperation mit der Stiftung Lesen ... veranstaltet] / Walter Klingler ... (Hrsg.). Mit Beitr. von Hans Altenhein ... – 2. überarb. Aufl. – Baden-Baden : Nomos Verl.-Ges., 1999
  (Schriftenreihe / Forum Medienrezeption ; Bd. 1)
  ISBN 3-7890-5966-8

2. überarbeitete Auflage 1999
© Nomos Verlagsgesellschaft, Baden-Baden 1999. Printed in Germany. Alle Rechte, auch die des Nachdrucks von Auszügen, der photomechanischen Wiedergabe und der Übersetzung, vorbehalten. Gedruckt auf alterungsbeständigem Papier.

Lektorat: Oliver Turecek
Redaktion: Gunnar Roters, Oliver Turecek

Inhaltsverzeichnis

Vorwort der Herausgeber 7

Teil 1: Eröffnungsvortrag und thematischer Überblick 11

Elisabeth Noelle-Neumann
Die Verteidigung des Lesens - Kann man einen langfristigen Trend mit
Sozialforschung wieder umdrehen ? 13

Ulrich Saxer
Medien, Rezeption und Geschichte 27

Jo Groebel
Rezipientenaktivitäten im Wandel der Zeit 37

Teil 2: Buchrezeption 49

Hans Altenhein
Buchproduktion und Leseinteressen in Westdeutschland seit 1945 51

Patrick Rössler
Die literarische Massenpresse und ihre Leser 61

Dietrich Löffler
Lesekultur im Wandel: Vom „Leseland" zum Medienpluralismus 77

Teil 3: Presse-, Rundfunk- und Fernsehrezeption 91

Marie Luise Kiefer
Tendenzen und Wandlungen in der Presse-, Hörfunk- und
Fernsehrezeption seit 1964 93

Klaus Schönbach/Wolfram Peiser
Was wird aus dem Zeitunglesen? 107

Walter Klingler
Hörfunk und Hörfunknutzung seit 1945 117

Knut Hickethier
Rezeptionsgeschichte des Fernsehens - ein Überblick 129

Thomas Beutelschmidt/Joseph Hoppe
Der Traum vom Sehen - Zeitalter der Televisionen 143

**Teil 4: Einzelforschungen zur Medienrezeption
in verschiedenen Zeitabschnitten** 159

Wolfram Peiser
Adaptionseffekte bei der Einführung des Fernsehens 161

Hans-Jörg Stiehler
Das Tal der Ahnungslosen. Erforschung der TV-Rezeption
zur Zeit der DDR 193

**Teil 5: Forschungsdefizite und Forschungsperspektiven in der
Rezeptionsforschung** 209

Erich Schön
Bücherlesen im Medienzeitalter 211

Hans-Bernd Brosius
Informationsrezeption - gestern, heute und morgen 231

Edgar Lersch (Moderation),
*Bodo Franzmann, Knut Hickethier, Hans-J. Hippler,
Walter Klingler, Rüdiger Schulz*
Podiumsgespräch zum Handlungsbedarf und den Perspektiven 243

Autorenverzeichnis 255
Studiodiskussion „Alle Macht den Bildern?" 260

Medienrezeption seit 1945
Ein Fachforum am 24. und 25. Oktober 1997 in Baden-Baden

Der rasche gesellschaftliche Wandel seit dem Ende des Zweiten Weltkrieges in Deutschland - generell in den Industrieländern - zwingt sich jedem auch noch so flüchtigen Betrachter auf. Wegmarkierungen für diesen Prozeß sind Begriffe wie „postindustrielle Gesellschaft", „Individualisierung", „Erlebnisgesellschaft" und „Informationsgesellschaft" gleichermaßen. Massenmedien sind in diesem Kontext einerseits prägende Faktoren, andererseits sind sie Spiegelbilder und Objekte, die im Wandel selbst geprägt und verändert werden. In vielfältiger Weise sind Massenmedien in diesen Wechselprozeß von Ursache und Wirkung eingebunden; sie dienen als Informationsquelle oder als Vermittler von Verhaltensmodellen und damit als Bezugsrahmen für Identifikations- und Abgrenzungsmöglichkeiten; sie bieten beispielsweise Inhalte für die persönliche Kommunikation, ermöglichen Entspannung und emotionale Entlastung. Insgesamt erlauben sie Individuen und Gruppen, mit ihnen auf unterschiedlichste Art umzugehen.

Im Kern werden damit - befaßt man sich mit dem Prozeß der Veränderung der Massenmedien - unzählige Forschungsfragen aufgeworfen, die diverse wissenschaftliche Fachdisziplinen betreffen: Das Individuum als Mediennutzer ist bezogen auf die Frage nach seinen physischen und psychischen Grundlagen beispielsweise ein einschlägiges Themenfeld von Biologen und Psychologen. Die von Massenmedien vermittelten Inhalte können gleichermaßen in das Wissenschaftsfeld von Germanisten oder Politikwissenschaftlern fallen. Hinsichtlich der Auswirkungen von Medien auf die Gesellschaft wären Soziologen gefragt. Die heute sehr komplexe Kommunikationstechnik ist ein Arbeits- und Forschungsfeld von Informatikern, Computerspezialisten und Telekommunikationsfachleuten. Die Reihe der Disziplinen, bei denen medienbezogene Fragestellungen angesprochen sind, ließe sich problemlos weiter fortführen. Dabei unternehmen die Publizistik-, die Kommunikationswissenschaft oder die Journalistik zum Teil den Versuch, Aspekte dieser anderen Gesellschafts- und Geisteswissenschaften unter dem Fokus von Massenkommunikation zu bündeln.

Im Hinblick auf den Prozeß der Veränderung von Massenmedien und des Umgangs von Menschen mit den Medien, ist zweifellos ein interdisziplinäres und pluralistisches Vorgehen dringend geboten. Das Fachforum mit dem Titel „Medienrezeption seit 1945" stellt den Versuch dar, einen solchen übergreifenden Rahmen zu bieten. Ziel war es, aus verschiedenen Perspektiven eine Bilanz der wissenschaftlichen Forschung zu den Trends und Wandlungen in der Mediennutzung seit 1945 zu ziehen. Dabei sollte nicht allein ein bestimmtes Medium hervorgehoben werden. Vielmehr war es notwendig, allen Massenmedien - Buch, Tageszeitung, Hörfunk und Fernsehen - entsprechende Beachtung zu schenken, um die gegenseitigen Bezüge im Nutzungskontext (etwa die Konkurrenzsituation von Hörfunk und Fernsehen seit den 50er Jahren bis heute) nachzeichnen zu können, historische Bezüge und Entwicklungen bis in die Gegenwart und medienübergreifende Perspektiven also zusammenzuführen.

Zu diesem Zweck veranstalteten die Südwestfunk-Medienforschung, die Landesanstalt für Kommunikation Baden-Württemberg und die Landeszentrale für private Rundfunkveranstalter Rheinland-Pfalz in Kooperation mit der Stiftung Lesen, dem Studienkreis Rundfunk und Geschichte, der Historischen Kommission der ARD und dem Deutschen Rundfunkarchiv am 24. und 25. Oktober 1997 die Fachtagung „Medienrezeption seit 1945". Dabei trafen sich über hundert Wissenschaftlerinnen und Wissenschaftler aus unterschiedlichen Disziplinen und Vertreterinnen und Vertreter der angewandten Medienforschung zwei Tage in Baden-Baden.

Fünf Themenschwerpunkte prägten die Tagung. Beiträge zu übergreifenden Aspekten der Medienrezeption im Wandel wurden vertieft in den thematischen Schwerpunkten zur Buch-, Presse,- Rundfunk- und Fernsehrezeption. Thematische Einführungen und Überblicke leisteten Frau Prof. Dr. Elisabeth Noelle-Neumann (Institut für Demoskopie Allensbach) zum Thema „Presserezeption von Jugendlichen", Prof. Dr. Ulrich Saxer (Universität Lugano) mit einem Überblicksvortrag über „Medien, Rezeption und Geschichte" und Prof. Dr. Jo Groebel (Universität Utrecht) mit der inhaltlichen Perspektive „Rezipientenaktivitäten im Wandel der Zeit".

In den folgenden Vorträgen und Diskussionsrunden wurden medienspezifische Befunde aus über fünfzig Jahren Forschung vorgestellt und diskutiert. Darüber hinaus wurden neue Einzelstudien präsentiert und generelle Forschungsdefizite und Forschungsperspektiven in der Rezeptionsforschung benannt.

Dem Thema „Buchrezeption" widmeten sich Prof. Dr. Hans Altenhein (Bikkenbach) mit dem Thema „Buchproduktion und Leserinteressen in Westdeutschland seit 1945" und Prof. Dr. Dietrich Löffler (Halle) mit „Lesekultur im Wandel: Vom Leseland zum Medienpluralismus". Anschließend an diese Ausführungen - und schließlich dann auch mit zahlreichen weiteren Aspekten angereichert - folgte eine aus unterschiedlichen Perspektiven besetzte Studiodiskussion unter dem Titel „Alle Macht den Bildern? - Zum Funktionswandel von Lesen, Literatur und Literaturkritik". Die Moderation der Sendung lag in den

Händen von Prof. Dr. Martin Lüdtke (Südwestfunk). Diskussionsteilnehmer waren Dr. Siegrid Löffler (Die Zeit), Prof. Dr. Klaus Ring (Stiftung Lesen), Prof. Dr. Reinhold Viehoff (Martin-Luther-Universität Halle-Wittenberg) und Prof. Dr. Hans Dieter Zimmermann (TU Berlin). Vorträge und Diskussion machten gleichermaßen die heute existierende Spannweite in der Buchnutzung von absoluten Nichtlesern und -leserinnen bis zu Buchenthusiasten deutlich. Ebenso waren die Veränderungen in der Konkurrenzsituation des klassischen Buches, beispielsweise durch Literatur im Internet, ein Thema. Über Lesen und die Buchnutzung zu diskutieren, auch dieses wurde deutlich, ist heute weniger denn je ohne die grundsätzliche Auseinandersetzung über das Thema „Kulturtechnik Lesen" möglich.

Näheren Aufschluß zum Thema „Buchrezeption in der Vergangenheit und Gegenwart" liefern auch zwei weitere Beiträge in diesem Band. Dr. Patrick Rössler (Universität München) nähert sich dem Thema „Die literarische Massenpresse und ihre Leser" anhand einer Re-Analyse von historischen Leserzuschriften an den Rowohlt Verlag von 1948 und Prof. Dr. Erich Schön (Universität zu Köln) beschreibt „Das Bücherlesen im Medienzeitalter" aus der Langzeitperspektive seit den 60er Jahren. Er nutzt dazu eine Vielzahl von Quellen (unter anderem auch Studien privater Meinungsforschungsinstitute), die das Leseverhalten der Bevölkerung zu unterschiedlichen Zeitpunkten abbilden und auf der Vergleichsebene die stattgefundenen Veränderungen dokumentieren.

Ein weiterer Themenschwerpunkt der Tagung galt „Rezeptionsperspektive und -aspekten von Presse, Rundfunk und Fernsehen". Rezeptionsmedienübergreifende Forschungsergebnisse vermittelte Prof. Dr. Marie Luise Kiefer (Universität Wien) in ihrem Vortrag mit dem Titel „Tendenzen und Wandlungen in der Presse-, Hörfunk- und Fernsehrezeption seit 1964". Basis ihrer Ausführungen waren dabei Ergebnisse der bundesdeutschen Grundlagenstudie für Massenmedien, der Langzeitstudie „Massenkommunikation". Prof. Dr. Klaus Schönbach und Dr. Erich Lauf (Hochschule für Musik und Theater, Hannover) vermittelten „Determinanten der Tageszeitungsnutzung in den USA und in der Bundesrepublik: Ein historischer Vergleich". Dr. Walter Klingler (Südwestfunk) skizzierte in einem Überblick Wandlungen in der Hörfunknutzung seit 1945 („Rezeptionsgeschichte des Hörfunks"). Prof. Dr. Knut Hickethier (Universität Hamburg) referierte zum jüngeren elektronischen Medium, der „Rezeptionsgeschichte des Fernsehens". Dieser thematische Schwerpunkt wurde durch Dr. Thomas Beutelschmidt (Berlin) und Joseph Hoppe (Deutsches Technikmuseum Berlin) abgerundet. Sie stellten die Fernsehausstellung im Gasometer Oberhausen unter dem Titel „Der Traum vom Sehen" (dies ist zugleich der Ausstellungstitel) vor. Die Ausführungen zu den unterschiedlichen Massenmedien unterstrichen den Sinn eines interdisziplinären und medienvergleichenden Ansatzes.

Einzelne Forschungsprojekte prägten den nächsten Schwerpunkt der Tagung. Dr. Wolfram Peiser (Universität Mainz) berichtet über „Adaptionseffekte bei der Einführung des Fernsehens in den frühen 70er Jahren". Er skizzierte Ergebnisse zu langfristigen Veränderungen, die in der Mediennutzung bei Familien eintraten, als sie erstmalig ein TV-Gerät bekamen. Prof. Dr. Hans-Jörg Stiehler (Universität Leipzig) zeigte auf Grundlage von Studien, die in der ehemaligen DDR durchgeführt worden waren, welche Besonderheiten sich in der Mediennutzung unter den Bedingungen eines teilweise empfangsbedingt reduzierten Medienangebots ergeben. Der Titel seines Vortrages bezieht sich auf das Untersuchungsgebiet in der Umgebung von Dresden, das aufgrund der lange Zeit schwierigen TV-Empfangsverhältnisse (nur DDR-Programme) im Volksmund das „Tal der Ahnungslosen" hieß.

Abgerundet wurde die Fachtagung „Medienrezeption seit 1945" durch einen perspektivischen Vortrag von Prof. Dr. Hans-Bernd Brosius (Universität München) mit dem Titel „Informationsrezeption gestern, heute und morgen", in dem er modellhaft Medienrezeption unter den Rahmenbedingungen der Informationsknappheit (des Gestern) mit der Rezeption unter Rahmenbedingungen der Informationsüberflutung (des Heute und Morgen) kontrastiert.

Schlußpunkt der Veranstaltung stellte eine Podiumsdiskussion zu den Fragen der Forschungsdefizite und Forschungsperspektiven in der Rezeptionsforschung dar. Diese Schlußrunde, an der Prof. Dr. Knut Hickethier (Universität Hamburg), Dr. Walter Klingler (Südwestfunk), Dr. Rüdiger Schulz (Institut für Demoskopie Allensbach) und Dr. Hans-Jürgen Hippler (Zeitungs Marketing Gesellschaft, Frankfurt) teilnahmen, moderierte Dr. Edgar Lersch (Süddeutscher Rundfunk). Diskussionspunkte bildeten die Zugänglichkeit von Datenbeständen ebenso wie die Forderung - hier herrschte Einigkeit - nach der Notwendigkeit des interdisziplinären Vorgehens bei Tagungen und in der Forschung.

Das Forum „Medienrezeption" wird 1998 in unveränderter Trägerschaft fortgeführt und stellt in diesem Jahr das Thema „Mediensozialisation und Medienverantwortung" in den Mittelpunkt. Die Veranstaltung findet am 23. und 24. Oktober 1998 in Stuttgart statt.

Walter Klingler, Gunnar Roters und Maria Gerhards
Baden-Baden, im Februar 1998

Teil 1
Eröffnungsvortrag und thematischer Überblick

Die Verteidigung des Lesens
Kann man einen langfristigen Trend mit Sozialforschung wieder umdrehen?[1]

von Elisabeth Noelle-Neumann

Vor wenigen Tagen nahm ich an einem Seminar in Schweden teil. Es trafen sich die Methodenfachleute der Umfrageforschung aus Statistischen Bundesämtern von sechs Ländern,[2] drei Universitätsinstituten für Statistik sowie aus Deutschland ZUMA und Allensbach. Zu einem amerikanischen Kollegen, Dr. Fowler, Center for Survey Research, University of Massachusetts in Boston, sagte ich: 1957 haben in den USA rund 75 Prozent der jungen Leute zwischen achtzehn und 29 Jahren am Tag vor dem Interview Zeitung gelesen. 1996 waren es nach der am besten fundierten statistischen Erhebung, die von der National Science Foundation finanziert wird, des General Social Survey der University von Chicago, noch neunzehn Prozent.[3] Ich fragte: „Was tun Sie dagegen?" Er sagte zu mir: „Man kann nichts dagegen tun."

Stimmt das? Ich sagte dem amerikanischen Kollegen, wir hätten in Deutschland für den Bundesverband der Zeitungsverleger ein vierstufiges Projekt durchgeführt und hätten drei Ansatzpunkte gefunden, wie man junge Leser für die Zeitung zurückgewinnen oder bei der Zeitung festhalten könne. Er wurde sehr aufgeregt: „Wie könnte das gehen?"

Warum wußte er davon gar nichts? Seit Mitte der 30er Jahre ist das stärkste, beweiskräftigste Instrument der empirischen Sozialforschung, die repräsentative Umfrageforschung, entwickelt. Warum wird sie nicht planmäßig eingesetzt zur Lösung der großen Probleme der westlichen Gesellschaften? Warum ist die Gesellschaft sowohl in den USA wie in Europa nach der Ausbreitung des Fernsehens, also etwa seit Anfang der 50er Jahre, so unaufmerksam gewesen, was sich mit dem neuen Medium „Fernsehen" veränderte? Kein neues Nahrungsmittel, kein neues Genußmittel, kein neues Arzneimittel läßt man sich ausbreiten, ohne nach der Wirkung zu fragen.

In England, in den USA, in Japan wurden in den 50er und Anfang der 60er Jahre mehrere breit angelegte Jugendstudien durchgeführt, um die Wirkung des Fernsehens auf Kinder und Jugendliche zu untersuchen. Das waren einzelne Studien, die Ergebnisse waren unauffällig, sie wurden in heute als Klassiker betrachteten Büchern niedergelegt. Ich denke zum Beispiel an die aus Deutschland nach England eingewanderte Hilde Himmelweit und ihr Buch „Television and the Child",[4] den Amerikaner Wilbur Schramm,[5] den Japaner Takeo Furu.[6] Das waren einzelne Pioniere, aber eine systematische langfristige Beobachtung der Wirkung des Fernsehens fand nicht statt. Mit diesen vereinzelten Studien zur Wirkung des Fernsehens auf Kinder und Jugendliche, kurzatmig, punktuell, brach die Forschung ab.

In den 60er Jahren versuchten wir in Deutschland Alarm zu schlagen: Warum Wirkungsstudien nur für Kinder und Jugendliche, warum nicht für Erwachsene? Warum nicht für alte Menschen? Inzwischen konnten wir einfach nur zusehen, wie unsere Chancen zu echten Wirkungsstudien des Fernsehens dahinschmolzen.

Es gibt in der Sozialforschung keine bessere Methode der Wirkungsforschung als Vorher-Nachher-Studien mit der Methode des kontrollierten Experiments. Das bedeutet, die Erforschung des Fernsehens muß bei denen ansetzen, die noch nicht regelmäßig fernsehen, noch kein Fernsehgerät zu Hause haben. Man muß sie in zwei Gruppen einteilen, diejenigen, die sich jetzt ein Fernsehgerät anschaffen wollen, und diejenigen, die sich noch keines anschaffen.[7]

Man muß beide Gruppen statistisch so ähnlich wie möglich machen, also in Bezug auf Alter, Geschlecht, soziale Schicht. Man muß beide Gruppen mit gleichen Fragebogen befragen, um alle Bereiche einzufangen, die vielleicht durch das Fernsehen beeinflußt werden könnten. Das ist die experimentelle Null-Messung. Und mehrere Jahre hindurch muß man dann weiter die eine und die andere Gruppe (solange sie noch kein Fernsehen haben) begleiten. Es läßt sich aus dem Vergleich ihrer Antworten auf weitgehend identische Fragen die Wirkung des Fernsehens kurzfristig und langfristig erkennen. Die Forschung mit kontrollierter experimenteller Anlage für kurze Zeit und lange Zeit ist ja bekannt aus der Medizin, aus der Pädagogik und ganz allgemein aus der Naturwissenschaft. Aber in Bezug auf das Fernsehen wurde sie eben nicht angewandt - nirgends in der ganzen Welt.

Als in Deutschland in der Mitte der 60er Jahre schon zwei Drittel der Bevölkerung ein Fernsehgerät hatten, in allerletzter Minute, als noch ein Drittel für experimentelle Nullmessungen übrig geblieben war, entschlossen sich Südwestfunk und Süddeutscher Rundfunk, ein solches großes Feldexperiment in Allensbach in Auftrag zu geben.

Der Weg der Mediaforschung ist seit damals gesäumt von Rätseln, die uns begegneten.

Das erste dieser Rätsel fanden wir bei der vom Südwestfunk und Süddeutschen Rundfunk in Auftrag gegebenen Studie. Bei Personen, die ihr erstes Fernsehgerät angeschafft hatten, wurde die merkwürdige Entdeckung gemacht: Man konnte erkennen, daß nur jene Zuschauer einen Informationsgewinn durch das Fernsehen hatten, die neben dem regelmäßigen Fernsehen weiter regelmäßig Zeitung lasen. Diejenigen, die Fernsehnachrichten sahen, ohne Zeitung zu lesen, konnten außerdem schon fünf Minuten nach dem Ende der Nachrichtensendung nicht mehr sagen, was eben im Fernsehen berichtet worden war, es war, als ob in ihrem Gedächtnis ein Speicher fehlte.[8]

Ich denke oft daran, wie ungeheuer naiv wir damals waren, als wir dieses Ergebnis in der Hand hatten, diese unterschiedliche Wirkung des Fernsehens einwandfrei belegt war. Wir konnten es zwar nicht erklären. Aber wir dachten, daß - auch ohne Erklärung - andere das genauso aufregend finden würden wie wir. Es war doch klar, von nun an mußte alles daran gesetzt werden, die Kinder, die Jugendlichen, aber auch alle anderen, die ganze Bevölkerung beim Zeitunglesen zu halten. Es war doch ein klarer Auftrag an die Schulen, die Eltern, die Elternverbände, die Zeitungen, alle Medien, auch das Fernsehen - wir wollten doch nicht, daß die Menschen die Fähigkeit verlieren würden, sich zu informieren. Aber das, ganz offenbar, drohte doch, wenn Menschen fernsehen würden, ohne weiter Zeitung zu lesen.

Aber niemand fand unsere Ergebnisse besonders aufregend. Und erklären konnten wir sie ja auch nicht - noch lange Zeit blieb das, was wir da gefunden hatten, ein Rätsel.

Das nächste Rätsel wurde in Zürich Anfang der 70er Jahre entdeckt. Die Zürcher Kommunikationsforscher Ulrich Saxer und Heinz Bonfadelli,[9] die Anfang der siebziger Jahre Gedächtnis-Experimente machten, beobachteten seit der Einführung des Fernsehens eine *wachsende Wissenskluft*: Das Wissen der Zeitungsleser nahm zu, Fernsehzuschauer ohne Zeitungslektüre lernten nicht dazu, und so wurde der Abstand zwischen den einen und den anderen immer größer, es entstand eine Entwicklung in Richtung auf eine Zwei-Klassen-Gesellschaft der Informierten und Uninformierten. Erklären konnte man das nicht, und Konsequenzen etwa in Schulpolitik, Pädagogik, eine gemeinsame Anstrengung aller Kommunikationsforscher, nichts davon wurde in Gang gesetzt.

Das dritte Rätsel: Das fröhliche Aussehen von Menschen, die lesen. Schon Anfang der 70er Jahre hatte ich es in einem Vortrag zur Eröffnung der Frankfurter Buchmesse beschrieben.[10] Es wurde mit lautem Gelächter aufgenommen.

Später sagte ich bei einem Gespräch, das die Stiftung Lesen mit Bundespräsident von Weizsäcker führte, Sozialpolitiker würden doch wer weiß was dafür geben, wenn sie Mittel wüßten, um Menschen fröhlicher aussehen zu lassen. Sie alle müßten sich doch dafür interessieren, aufzuklären, warum Bücherleser fröhlicher aussehen. Aber die Sozialpolitiker hatten ganz andere Interessen.

Ich schrieb Mitte der 70er Jahre einen Aufsatz mit unseren Ergebnissen unter dem Titel: „Macht das Fernsehen träge und traurig?"[11] Das trug mir wütende Angriffe ein. Immer seien die neu aufkommenden Medien verteufelt worden, hieß es. Schon vor Jahrhunderten hätten die Erzkonservativen beim Aufkommen des Zeitunglesens die schlimmsten Folgen befürchtet, dann ebenso beim Aufkommen der Romane, der Groschenromane, dann des Films, dann des Radios. Aber nie hätten sich die Befürchtungen erfüllt, nacheinander hätten alle diese Medien ihren Platz nebeneinander gefunden.

Noch 1995 schrieben Erwin Scheuch und Ute Scheuch im elften deutsch-italienischen Soziologischen Jahrbuch: „Die wichtigste Erkenntnis [der Medienforschung] ist: Der immer wieder vorausgesagte gnadenlose Verdrängungswettbewerb findet nicht statt."[12] Also: kein Grund, sich zu beunruhigen.

Aber schon Ende der siebziger Jahre passierte in den USA etwas Einschneidendes: 1978/79 erschienen in mehreren amerikanischen Fachzeitschriften alarmierende Berichte über den Rückgang des Zeitunglesens unter amerikanischen Jugendlichen. Sorgfältige Langzeitstudien untersuchten, unterteilt nach drei Intelligenzstufen, die Zusammenhänge zwischen Zeitunglesen, Sprachkompetenz, Schreiben, Phantasie. Die Ergebnisse zeigten eine hohe Korrelation zwischen all diesen Fähigkeiten, einen eindeutigen Zusammenhang.

Das war der Beginn einer bis heute anhaltenden, die ganze USA erfassenden Bildungsdiskussion, einer Konzentration auf die Reform des Schulwesens. Aber Amerika war weit, das amerikanische Schulwesen auch so anders organisiert. Jedenfalls drang nur wenig von den amerikanischen Erkenntnissen über die Gefährdung des Lesens nach Deutschland.

Mitte der achtziger Jahre stand es fest, daß auch in Deutschland der schleichende Prozeß der Abwendung junger Leute von der Zeitung im Gange war. Innerhalb eines Jahrzehnts zwischen 1977 und 1989 hatte sich in der auf 20.000 Interviews pro Jahr gestützten Allensbacher Werbeträger-Analyse der Anteil Unter-30jähriger, die am Tag vor dem Interview Zeitung gelesen hatten, von 76,7 auf 63,7 Prozent vermindert; kurze Zeit wurde das überdeckt durch die politische Hochspannung, die das ganze Leben vor und mit der deutschen Wiedervereinigung ergriff und auch die Zeitungsleserzahlen hochschnellen ließ. Aber danach sank der Anteil junger Leute, die am Tag vor dem Interview Zeitung gelesen hatten, auf rund 60 Prozent. In der Allensbacher Werbeträger-Analyse ließ sich die Entwicklung von Jahr zu Jahr verfolgen.

1991 gelang es, den Bundesverband Deutscher Zeitungsverleger e.V. für ein großes, vierstufiges Allensbacher Forschungsprojekt zu gewinnen, um herauszufinden, wie man eine anscheinend unaufhaltsame Bewegung, unterstützt von Ergebnissen der Sozialforschung, aufhalten könnte.

Bisher wird die Umfrageforschung vor allem kommerziell genutzt, für Markt- und Mediaforschung, auch für die Lobby der Interessenverbände und journalistisch in der Art des Politbarometers. Für die Sozialpolitik, Wirtschaftspolitik, Bildungspolitik ist sie noch kaum entdeckt. Läßt sich mit Sozialforschung etwas bewegen, läßt sich ein Trend umdrehen?

Gleichsam nach Baukastenprinzip wurde zwischen Juli 1992 und September 1993 zuerst ein allgemeiner Bevölkerungsquerschnitt zum Thema „Junge

Menschen und Zeitung" (2.008 Personen ab vierzehn Jahren) befragt. Dann folgten zwei Umfragen unter 172 Verlegern und 172 Chefredakteuren: eine schriftliche mit durchstrukturiertem Fragebogen und nachfolgend eine mündliche mit meist offenen Fragen (mit hundert Verlegern, Chefredakteuren und Jugendredakteuren ausgewählter Tageszeitungen), um die bis dahin gewonnenen Erkenntnisse weiter zu vertiefen. Den Abschluß bildete eine Umfrage unter rund 900 jungen Lesern zwischen vierzehn und 29 Jahren.

Im Oktober 1993 wurden die Ergebnisse auf dem Jahreskongreß des BdZV in Hannover vorgestellt. Und gleich darauf schloß sich ein Kurzbericht von rund hundert Seiten als Grundlage für fünf Werkstattseminare an, um den Transfer der Erkenntnisse in die Verlage und Zeitungsredaktionen sofort in Gang zu setzen.

Das war ein ganz anderer Umgang mit empirischer Sozialforschung, als man es sonst gewohnt war. Es war beinahe wie ein Feuerwehreinsatz, so schnell wie möglich sollten die Ergebnisse genutzt werden, so schnell wie möglich sollten sie helfen.

Das ist die Studie, die ich eingangs erwähnte und mit der ich meinem amerikanischen Gesprächspartner in Schweden seine Frage beantworten konnte: „Wie sollte das gehen, daß man einen solchen langfristigen Trend umdrehen kann?" Man darf nicht vergessen: in Amerika war die Zahl der Unter-30jährigen, die am Tag vor dem Interview Zeitung gelesen hatten, von 75 Prozent Mitte der 50er Jahre auf neunzehn Prozent 1996 zurückgegangen. Wie macht man so etwas rückgängig?

Drei Ansatzpunkte sahen wir, sagte ich meinem Gesprächspartner, und das nicht als Vermutung sondern einwandfrei schlüssig belegt.

Die Ergebnisse unserer Vier-Stufen-Untersuchung waren klar genug. Erstens stand jetzt fest, wie groß der Einfluß der Eltern auf das Zeitunglesen der Kinder war. Das hatten viele Zeitungsverleger, Herausgeber und Redakteure nicht erwartet. Eine Frage an sie lautete: „Welchen Einfluß haben Eltern darauf, daß junge Menschen regelmäßig Zeitung lesen? Schätzen Sie diesen Einfluß als eher groß oder als eher gering ein?" - „Eher groß" meinte jeder zweite Verleger und Chefredakteur - es gab praktisch keinen Unterschied zwischen ihnen -, aber mehr als die Hälfte sagten entweder: „Gering" (35 Prozent) oder: „Schwer zu sagen".

Aber nun lagen die Nachweise vor: Es gab kaum einen anderen Einfluß auf das Zeitunglesen junger Menschen - und zwar auch noch Jahre, nachdem sie aus dem Elternhaus ausgezogen waren -, als Verhalten und Einstellung der Eltern zur Zeitung, die Eltern als Vorbild. Eifriges Zeitunglesen von Vater und Mutter, erkennbare Freude der Eltern, wenn Sohn oder Tochter Zeitung lasen, ein Zeitungsabonnement im Haushalt - alles dies wirkte sich aus. Fast dreimal mehr hatten junge Leute im späteren eigenen Haushalt eine Zeitung abonniert, wenn sie das als Kind von zu Hause gewohnt waren.

Jetzt zeigte sich auch: Wenn Eltern sich Schulerfolg für ihre Kinder wünschen, dann können sie dazu durch ihr eigenes Zeitunglesen beitragen. Am Beispiel der Aufgabe im Interview, die Lage von Somalia durch ein Kreuz auf der Landkarte zutreffend einzuzeichnen, wurde das illustriert. Junge Leute, die regelmäßig Zeitung lasen, konnten das zu 45 Prozent ganz korrekt, Altersgefährten, die nicht Zeitung lasen, aber viel fernsahen, konnten das nur zu 22 Prozent. Auch die Bindungen zwischen Eltern und Kindern lösten sich weniger auf, wenn junge Menschen Zeitung lasen.

Aber auch der Einfluß der Schule war unerwartet stark. Das Projekt „Zeitung in der Schule" war zwar schon 1979 mit Unterstützung des Zeitungsverlags Aachen im Kreis Düren als weitsichtiges medienpädagogisches Experiment in Gang gesetzt worden, es wurde Anfang der achtziger Jahre in Zusammenarbeit von IZOP-Institut Aachen und BdZV in den Frankfurter Raum ausgedehnt mit der Frankfurter Allgemeinen Zeitung, Frankfurter Rundschau und Frankfurter Neue Presse.

Noch 1991, während der Besprechung der ersten Ergebnisse des Untersuchungsprojekts „Jugend und Zeitung" mit einem dafür vom BdZV eingesetzten Arbeitskreis kam es zu Kontroversen zwischen dem im Projekt „Zeitung in der Schule" besonders engagierten Verleger des Solinger Tageblatts, Bernhard Boll, und anderen Mitgliedern des Arbeitskreises, die erklärten: „Ein Tropfen auf den heißen Stein."

Diese Bewertung konnte jedoch nicht mehr aufrecht erhalten werden, als sich jetzt in der Analyse mit fünf Testfragen zeigte, daß junge Leute, die am Projekt „Zeitung in der Schule" teilgenommen hatten, zu wirklichen und auch begeisterten Zeitungslesern geworden waren, im scharfen Kontrast zu jungen Leuten der gleichen Altersgruppe ohne diese Erfahrung. Unter dem Eindruck dieser Ergebnisse verdoppelte sich zwischen 1993 und 1996 die Zahl der Schüler, die am Projekt „Zeitung in der Schule" teilnahmen.

Sogar die einfache Benutzung von Zeitungsartikeln im Schulunterricht wirkte sich dauerhaft aus. Diejenigen, die häufiger erlebt hatten, daß im Unterricht Zeitungsartikel besprochen wurden, waren zu 75 Prozent regelmäßige Zeitungsleser geworden; diejenigen, die das, wenn auch nur selten, erlebt hatten, erklärten sich bei der Umfrage zu 52 Prozent als regelmäßige Zeitungsleser. Diejenigen schließlich, die nie erlebten, daß Zeitungsartikel im Schulunterricht benutzt wurden, waren nur zu 37 Prozent regelmäßige Zeitungsleser. Die Befunde waren so klar, daß im gemeinsamen Interesse von Schule und Zeitungen der Weg, junge Leser für die Zeitung zu gewinnen, vorgezeichnet ist.

Das dritte, besonders wichtige Ergebnis setzt auch langjährigen Kontroversen ein Ende: Soll man Jugendbeilagen, -magazine, Jugendseiten in der Zeitung einführen, um junge Leser zu gewinnen, oder ist das der falsche Weg? Die Gegner meinten, damit sperre man die jungen Leser in ein Ghetto: „Wir wollen sie doch für die Zeitung als Ganzes gewinnen!" Aber die Umfrage zeigte, die jungen Leute sahen das nicht als Alternative, sie begrüßten das Angebot von Jugendbeilagen und Jugendseiten lebhaft und wünschten sich darüber hinaus in der ganzen Zeitung häufiger Themen mit speziellem Interesse für junge Leser, wünschten auch Redakteure, die gut Bescheid wußten, was junge Menschen beschäftigt, was sie interessiert.

Allein die Frage an junge Leute: „Was glauben Sie, wissen die Leute, die hier die Zeitung machen, die Journalisten, viel über junge Leute, oder haben die wenig Ahnung davon, was junge Leute denken, was sie interessiert?" wirkte sich aus im Vertrauen zur Lokalzeitung, je nachdem, ob sie beantwortet wurde mit „Wissen viel" oder „Haben wenig Ahnung". Starkes Vertrauen zu ihrer Lokalzeitung äußerten die ersteren zu fünfzig Prozent, die letzteren zu zwanzig Prozent.

Die Antwort an den amerikanischen Statistiker beim Seminar in Schweden lautete nach den Ergebnissen der großen BdZV-Vier-Stufen-Untersuchung: Umdrehen kann man den langfristigen Trend weg vom Zeitunglesen nur durch eine auf mindestens zehn Jahre angelegte konzertierte Aktion von Schulen, Elternverbänden, Zeitungen, und zwar sowohl Verlegern wie Journalisten, und dies alles unterstützt von den elektronischen Medien in Zusammenarbeit mit Organisationen wie der Stiftung Lesen.

Anfang der 90er Jahre hatte ich das Gefühl wie von einem Wettrennen zwischen der Entwicklung der neuen Medien, dem elektronischen Publishing und der Fülle der Informationen, die darüber verbreitet wurden, und den Kommunikationsforschern, die verzweifelt auf die Ergebnisse der Hirnforschung warteten.

Warum verzweifelt? Weil wir zwar eindeutige Ergebnisse über die entscheidende Bedeutung des Lesens hatten - bei einer Jubiläumsveranstaltung der Wiener Zeitung „Die Presse" hatte ich schon Mitte der 70er Jahre in den Opernsaal, wo das Fest stattfand, gerufen: „Nur eine Gesellschaft, die liest, ist eine Gesellschaft, die denkt!" Wir hatten unsere Ergebnisse, aber wir konnten sie nicht erklären.

Die Erklärung versprachen wir uns von der Hirnforschung. Und wir waren überzeugt, daß wir erst damit die notwendigen Maßnahmen zur Umkehr des Trends in Gang setzen konnten. Anfang 1996 kamen mit zwei Aufsätzen von Professor Klaus Ring und Professor Ernst Pöppel die ersten fundierten Veröffentlichungen der Hirnforschung zum Thema „Lesen", und damit wurde klar, wie ernste Gründe es gab, sich dem Rückgang des Zeitunglesens entgegenzustemmen.

Klaus Ring, Naturwissenschaftler, langjähriger Präsident der Universität Frankfurt am Main und heutiger geschäftsführender Vorsitzender der Stiftung Lesen, beschrieb im Januar 1996 im Börsenblatt für den Deutschen Buchhandel den Sachverhalt: *„Während der Mensch von Geburt an sehen und hören kann, muß die Fähigkeit zum Lesen und Schreiben im Gehirn erst entwickelt werden. Für diese Entwicklung, die Herausbildung von neuronalen Strukturen, Zusammenfassung von Buchstaben, Aufnahme von Inhalten und Speicherung gibt es ganz bestimmte ‚sensible Phasen', in denen sich beim Lernen, beim Lesen die Mikrostruktur im Gehirn herausbildet, die den Menschen zur Informationsaufnahme, zur Aneignung begrifflichen Wissens befähigt." Professor Ring schrieb: „Für die Sprachentwicklung schließt sich das Fenster mit etwa zehn Jahren, für die Entwicklung der Lesefähigkeit mit dreizehn bis fünfzehn Jahren.*

Das neuronale Netz, der ‚Chip', ist dann fertig, ob vollkommen oder unvollkommen: jedenfalls nicht mehr veränderbar."[13]

Diese Zusammenhänge haben seit der Ausbreitung des Fernsehens in den fünfziger, sechziger Jahren ihre volle Bedeutung gewonnen. Es bestand die Illusion, daß es keine Rolle spiele, ob Kinder neue Informationen durch Fernsehen, Hörfunk oder Lesen aufnehmen. Dadurch verringerte sich die Zeit, die Kinder mit dem mühevollen Lesen zubringen; die Entwicklungsfenster, in denen das Gehirn die notwendigen neuronalen Strukturen ausbildet, wurden immer weniger genutzt.

Professor Ring schrieb: *„Die Entwicklung der Lesefähigkeit hat enge Verbindung mit der Sprache und dem Ausdrucksvermögen. Wir müssen heute leider zur Kenntnis nehmen, daß auch die Entwicklung des Sprachvermögens selbst geradezu dramatisch zurückgeht: Klinische Langzeituntersuchungen an Vorschulkindern belegen unabweisbar, daß in Deutschland der Anteil von sprachentwicklungsgestörten Kindern in der Altersgruppe von vier bis sechs Jahren innerhalb von zehn Jahren von etwa vier Prozent auf heute 24 bis 28 Prozent angestiegen ist. Die Hälfte dieser Kinder bedarf sprachtherapeutischer Behandlung."*

In Gesprächen mit Eltern traf Ring überall die Überzeugung, daß sie die Zukunft ihrer Kinder sicherten, wenn sie ihre Wohnung dem Computer öffneten: Sie wußten nicht, daß sie zuvor durch intensives Sprechen mit ihren Kindern zwischen dem dritten und sechsten Lebensjahr und mit Vorbild, Verführung zum Lesen, Vorlesen ihre Kinder zur Lesefähigkeit bringen müßten, daß dies die Voraussetzung war, um die neuen Medien sinnvoll nutzen zu können.

„Man lügt sich in die Tasche", sagte Ring, *„wenn man glaubt, man könne die mühselige Phase des Lesenlernens überspringen (...). Die Ausbildung neuronaler Strukturen im Gehirn zum Auffassen von Begriffen und Speichern abstrakter Inhalte durch Lesen sind die Voraussetzung, um aus dem Umgang mit dem Computer Gewinn zu ziehen."*

Ganz ähnlich klagte Professor Detlev Ploog, langjähriger geschäftsführender Direktor des Max-Planck-Instituts für Psychiatrie in München: „Wenn doch nur endlich verstanden würde, daß das Kind so früh wie möglich lesen lernen muß, um die Plastizität des Gehirns der frühen Jahre zu nutzen. Weder die Kulturbürokratie oder Bildungspolitiker noch die Eltern sind bisher auf diese Erkenntnisse der Hirnforschung eingegangen."

Wie weit reichen die Folgen, wenn das Sprechen, Lesen der Kinder zwischen dem dritten und fünfzehnten Lebensjahr vernachlässigt wird? Wieviele der wissenschaftlichen Spitzenleistungen, die ein Land wie Deutschland braucht, hängen auch von der Verteidigung des Lesens ab?

Daß die Fähigkeiten zum Sprechen, Schreiben, Lesen eng untereinander zusammenhängen, hatten schon die amerikanischen Langzeituntersuchungen am Ende der siebziger Jahre gezeigt. Und auch, daß die Phantasie beeinträchtigt wird, wenn diese Fähigkeiten abnehmen. Könnte es sein, daß auch das soziale Klima kälter wird, wenn die Phantasie verkümmert? Zum Mitgefühl braucht man Phantasie.

Es ist wahr, die Hirnforschung ist noch mitten in der Entwicklung. Als Anfang der 90er Jahre die entscheidenden bildgebenden Instrumente der Positronen-Emissions-Tomographie in Gebrauch genommen wurden, warteten zahlreiche dringende Probleme auf Bearbeitung. Das Lesen war zuerst gar nicht auf der Dringlichkeitsagenda.

Es ist nicht notwendig, hier einzelne Fragen, über die sich die Hirnforscher noch nicht klar sind, zu diskutieren. Die zentralen Tatsachen sind unbestritten. Also vor allem, daß möglichst frühes und ganz intensives Training des Lesens entscheidend ist für Aufnahme und Verarbeitung von Informationen sowie Zurückholen von Informationen, wenn man sie braucht. Es ist auch unbestritten - um es zu wiederholen -, daß die Lesekompetenz eng verbunden ist mit der Fähigkeit, schreiben zu können; Sprache, sich gut ausdrücken können, eng verbunden ist mit Einfallskraft und Phantasie.

Inzwischen häufen sich Ergebnisse von Studien auch in USA, in denen die Leistung von Lesen, Nutzen der Printmedien gegenüber dem Fernsehen systematisch verglichen werden. Über eine solche Studie aus dem Massenkommunikations-Zentrum der Universität von Wisconsin in Madison habe ich schon in dem kleinen BdZV-Band „Wegweiser"[14] in Kapitel 4 berichtet. In Nummer 1/1998 der Zeitschrift „International Journal of Public Opinion Research" wird der originale Forschungsbericht erscheinen.[15]

Ein weiteres Beispiel hat die Bertelsmann-Stiftung gerade jetzt im Oktober 1997 vorgelegt in einem Bericht über ihr Projekt, das sie in Zusammenarbeit mit der Staatsuniversität von Georgia in Athens durchgeführt hat.[16] Nach der Methode des kontrollierten Experiments wurde für Schülergruppen verschiedener Altersstufen die Wirksamkeit von medienunterstütztem Unterricht untersucht, indem man langfristig gleich zusammengesetzte Gruppen mit und ohne medienunterstützten Unterricht verglich. In die Untersuchung waren einbezogen Mathematik, kreatives Schreiben, Biologie, Geschichte. Die weit überlegene Leistung des Unterrichts mit Medienunterstützung in verschiedenen Fächern und für verschiedene Altersgruppen wurde einwandfrei nachgewiesen.

An Forschungsergebnissen, die zum Handeln zwingen, fehlt es heute nicht mehr. Wie ernst die Lage ist, insbesondere für ein Land wie Deutschland, das als rohstoffarmes und viel zu dicht besiedeltes Land abhängig ist von der geistigen Leistung seiner Bürger, das zeigen uns Langzeitergebnisse, die man nachlesen kann in dem eben erschienenen zehnten Allensbacher Jahrbuch der Demoskopie 1993 bis 1997.[17]

Bei steigendem Anteil höherer Schulbildung wird die Frage: „Wissen Sie das zufällig: Hat Luther vor dem Dreißigjährigen Krieg gelebt oder nach dem Dreißigjährigen Krieg?" heute in Westdeutschland schlechter beantwortet als vor vierzig Jahren (vergleiche Tabelle 1).

Tabelle 1: Das Wissen um Luthers Lebenszeit geht zurück
Angaben in Prozent

Frage: „Wissen Sie das zufällig: Hat Luther vor dem Dreißigjährigen Krieg gelebt oder nach dem Dreißigjährigen Krieg?"		
Westdeutschland Bevölkerung ab 16 Jahre	1957	1994
Hat vorher gelebt	54	48
Nachher	18	21
Weiß nicht	28	31

Quelle: Allensbacher Archiv, IfD-Umfrage 6003. Auch in: E. Noelle-Neumann, R. Köcher (Hrsg.): Allensbacher Jahrbuch der Demoskopie. 1993 - 1997. München, Allensbach 1997. S. 231.

Es handelt sich nicht um eine einfache Wissensfrage, sondern um eine Verständnisfrage. Der Dreißigjährige Krieg wurde durch die Reformation ausgelöst.

Ein anderes Beispiel. Es wurde mit einem spielerischen Test, wie man ihn aus Illustrierten kennt, die Präzision und Geschwindigkeit der Aufnahmefähigkeit geprüft (vergleiche Grafik 1).

Gafik 1: Die Konzentrationsleistung hat abgenommen

Frage: „Sie kennen ja sicher aus Illustrierten dieses kleine Spiel: Man sieht zwei gleiche Bilder, aber es gibt ein paar ganz kleine Unterscheide ... Wir möchten einmal feststellen, wie schwierig eigentlich solche Aufgaben sind. Darf ich Ihnen deshalb ein solches Blatt geben, und Sie kreisen mit dem Stift hier die Unterschiede ein, die Ihnen auffallen. ... Suchen Sie bitte so schnell wie möglich." (Vorlage des folgenden Bildbatts)

Tabelle 2: Abnahme der Konzentrationsleistung
Angaben in Prozent

Bevölkerung in Westdeutschland	1981	1996
Nach genau einer Minute hatten gefunden		
6 und mehr Fehler	37	24
3 bis 5 Fehler	51	59
0 bis 2 Fehler	12	15
Keine Angabe	-	2
Im Durchschnitt	4,8	4,3

Quelle: Allensbacher Archiv, IfD-Umfrage 6032, Juli 1996

Innerhalb einer Minute wurden 1981 von 37 Prozent sechs oder mehr Fehler gefunden, 1996 nur noch von 24 Prozent.[18]

Und ein letztes Beispiel. Die Frage lautete: „Was meinen Sie: dreht sich die Erde um die Sonne, oder dreht sich die Sonne um die Erde?" 1989 sagten achtzehn Prozent der Westdeutschen, die Sonne drehe sich um die Erde, oder: sie wüßten es nicht, 1996 waren es 26 Prozent geworden.[19]

Tabelle 3: Das Wissen um die Bewegung der Erde um die Sonne geht zurück
Angaben in Prozent

Frage: „Was meinen Sie: dreht sich die Erde um die Sonne, oder dreht sich die Sonne um die Erde?"		
Bundesrepublik Deutschland Bevölkerung ab 16 Jahre	1989	1996
Erde dreht sich um die Sonne	82	74
Sonne dreht sich um die Erde, oder: Unentschieden, weiß nicht	18	26

Quelle: Allensbacher Archiv, IfD-Umfrage 6027. Auch in: E. Noelle-Neumann, R. Köcher (Hrsg.): Allensbacher Jahrbuch der Demoskopie. 1993-1997. München, Allensbach 1997. S. 232.

Nimmt das Gedächtnis ab? Arbeitet das Gehirn langsamer? Das sind neben den oft aufgezählten Verlusten durch den Rückgang des Lesens neue Gefahren. Wir sind zu wenig vorbereitet auf Gefahren dieser Art. In zehntausenden von Jahren haben sich die Menschen an die Bekämpfung von Hunger, Kälte, Feinden, Krankheiten gewöhnt, aber wir sind nicht vorbereitet auf die Gefahr, daß wir die Leistungskraft unseres Gehirns verlieren. Wahrscheinlich fällt es deswegen so schwer, die Gefahr ernst zu nehmen und alle Kraft darauf zu verwenden, ihr zu begegnen.

Bisher setzen wir unseren Optimismus, daß wir auch diese Gefahr überwinden werden, auf die Leistung von Wissenschaft. Auf *Sozialforschung*, damit wir überhaupt erkennen, was sich zuträgt und es als Tatsache akzeptieren und nicht als eingebildete Gefahr. Auf die Leistung der *Hirnforschung*, damit wir verstehen, was uns als Tatsachenbefund rätselhaft erscheinen muß und was uns - wie ich versucht habe zu beschreiben - als Rätsel nach der Ausbreitung des Fernsehens bis heute begleitet hat.

Die Hirnforschung brauchen wir auch, um Lösungen zu finden: Was sollen wir tun, wie sollen wir leben, um der Gefahr zu begegnen?

Ein typisches Beispiel ist die Frage: „Soll man Kinder mit fünf statt sechs Jahren in die Schule schicken?" Diese Frage wird bis heute noch von der Mehrheit der Bevölkerung aus dem Gefühl heraus beantwortet: „Mit sechs! Nicht mit fünf!"[20] Aber die Hirnforschung sagt eindeutig: mit fünf.

Eine große Zahl von Erwachsenen berichtet uns heute: Ich konnte schon lesen, bevor ich in die Schule kam.[21] Nur 36 Prozent sagen, sie hätten erst in der Schule lesen gelernt; ein klarer Hinweis auf das Bedürfnis, schon mit fünf lesen zu lernen und die Plastizität, die Entwicklung des Gehirns zum Ausbilden der entscheidenden neuronalen Strukturen zu nutzen. Diese Frage - Einschulung mit fünf oder sechs Jahren - kann deutlich nur die Hirnforschung beantworten.

Aber andere Fragen kann nur die Sozialforschung beantworten, die Rolle der Eltern, die Rolle der Schule, die Bedeutung, Schule und Zeitung gleichsam täglich zusammenzuführen, und die Rolle der Verleger und Journalisten.
Die Hirnforschung ist sich ihrer Verantwortung bewußt. Das zeigt auch die Gründung des interdiziplinären Nikolaus-Kreises, so genannt, weil er an einem 6. Dezember begründet wurde durch Professor Pöppel, Jülich und München. Unter den Wissenschaftlern, die hier zu Erfahrungsaustausch und Zusammenarbeit zusammenkommen, sind auch Kommunikationsforscher.

Aber ist sich die Sozialforschung und speziell die Kommunikationsforschung ihrer Verantwortung bewußt?

Grafik 2: Leser pro Tag der regionalen Abonnementszeitungen

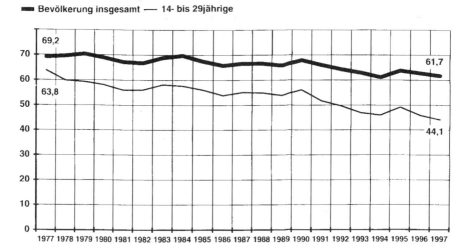

Basis: Leser pro Tag in Westdeutschland
Quelle: Allensbacher Archiv, AWA 1977-1997

Der langfristige Trend scheint tatsächlich durch die konzertierte Aktion gebremst, aber noch ist nicht entschieden, ob die Anstrengungen ausreichen werden, den Trend zu wenden. Es ist eine Bewegung in Gang gekommen. Es wird von der gemeinsamen Anstrengung abhängen, ob sie abbricht oder fortgesetzt wird. Dies ist auch ein Testfall für die empirische Sozialforschung, ob sie nicht viel mehr für die Gesellschaft bewirken kann, als bisher begriffen worden ist.

Anmerkungen:

[1] Eine ausführliche Darstellung der Allensbacher Untersuchung für den BdZV, auf den sich dieses Referat stützt, findet sich in: Noelle-Neumann, Elisabeth: Wegweiser. Wie Jugendliche zur Zeitung finden. Bonn 1997.
[2] Belgien, Holland, England, Deutschland, USA und Kanada
[3] Information durch den Direktor des General Survey Research, Tom Smith.
[4] Himmelweit, Hilde T.: Television and the Child. An Empirical Study on the Effect of Television on the Young. London 1965.
[5] Schramm, Wilbur: The Effects of Television on Children and Adolescents. An Annotated Bibliography with an Introductory Overview of Research Results. Paris 1964.
[6] Furu,Takeo: The Functions of Television for Children and Adolescents. Tokio 1971.
[7] Eine eingehende Beschreibung findet sich in: Noelle-Neumann, Elisabeth: Wirkung der Massenmedien auf die Meinungsbildung. In: Fischer Lexikon Publizistik Massenkommunikation. Aktualisierte, vollständig neu überarbeitete Ausgabe. Hrsg. von Elisabeth Noelle-Neumann, Winfried Schulz, Jürgen Wilke. Frankfurt am Main 1994, S. 518-571.
[8] Institut für Demoskopie Allensbach: Auswirkungen des Fernsehens in Deutschland. Lebensgewohnheiten, Interessen und Bild der Politik vor und nach der Anschaffung eines Fernsehgerätes. Allensbacher Bericht Nr. 1498. Allensbach 1968.
[9] Bonfadelli Heinz/Ulrich Saxer: Lesen, Fernsehen und Lernen. Zug: Klett und Balmer 1986.
[10] Noelle-Neumann, Elisabeth: Über die Bemerkung von Proust: Aber Céleste, man muß lesen! Festvortrag zur Eröffnung der Buchmesse 1974. In: Börsenblatt für den Deutschen Buchhandel. Jg. 30, Nr. 85, 25. Oktober 1974, S. 1644-1651.
[11] Noelle-Neumann, Elisabeth: Macht das Fernsehen träge und traurig? Weniger Lebenslust, Arbeitsfreude und Fortschrittsgläubigkeit in unserer Gesellschaft. Ergebnisse und Deutungen von Umfragen. In: Frankfurter Allgemeine Zeitung. Nr. 186, 13. August 1977.
[12] Scheuch, Erwin K./Ute Scheuch: Der rasante Wandel der Medien - und mit ihm der Medienforschung. In: Annali di Sociologia - Soziologisches Jahrbuch. 11/1995, S. 173-193, 191.
[13] Ring, Klaus: ... daß die Windungen des Gehirns nicht zu glatten Schnellbahnen begradigt werden. In: Börsenblatt für den Deutschen Buchhandel, Nr. 6, 19. Januar 1996, S. 22-26.
[14] Die überlegene Informationsleistung der Zeitung wird weiter untermauert. In: Noelle-Neumann, Elisabeth: Wegweiser, a.a.O., S. 63-69.
[15] Guo, Zhongshi/Patricia Moy: Medium or Message? Prediction Dimensions of Political Sophistication. In: International Journal of Public Opinion Research. 1/1988.
[16] Bertelsmann-Stiftung, Athens Academy, Bericht im Beirat der Bertelsmann-Stiftung am 8. Oktober 1997.
[17] Noelle-Neumann, Elisabeth/Renate Köcher (Hrsg.): Allensbacher Jahrbuch der Demoskopie. Bd. 10: 1993-1997. München, Allensbach am Bodensee 1997, S. 223-238.
[18] Ebd. S. 228.
[19] Ebd. S. 232.
[20] Frage: „Es ist ja jetzt vorgeschlagen worden, daß Kinder statt wie bisher mit sechs Jahren bereits mit fünf Jahren in die Schule kommen sollen. Wenn ein Kind dazu noch nicht geeignet ist, soll es nicht weiter in den Kindergarten gehen, sondern eine moderne Vorschulerziehung erhalten. Halten Sie das für richtig oder nicht für richtig?" „Halte ich für richtig" antworteten von der deutschen Bevölkerung im September 1997: 21 Prozent, „Halte ich nicht für richtig": 68 Prozent, Unentschieden: elf Prozent. Allensbacher Archiv, IfD-Umfrage 6047.
[21] Noelle-Neumann, Elisabeth/Renate Köcher (Hrsg.): Allensbacher Jahrbuch der Demoskopie. Bd. 10: 1993-1997. a.a.O., S. 224.

Medien, Rezeption und Geschichte

von Ulrich Saxer

Als mich von den Veranstaltern dieses Symposiums die Einladung erreichte, hier den Überblicksvortrag zum Tagungsthema „Rezeptionsgeschichte nach 1945" unter dem monumentalen Titel „Medien, Rezeption und Geschichte" zu halten, fühlte ich mich natürlich geehrt, akzeptierte als eitler Mensch und merkte erst später - zu spät - auf welch schwieriges Unternehmen ich mich da eingelassen hatte. Sie, verehrte Anwesende, werden es in den nächsten vierzig Minuten auch zu spüren bekommen!

Zum einen ist ja diese Thematik so unendlich weit, zumindest wenn man ein geschichtlich ausreichend breites Rezeptionskonzept ansetzt, so daß niemand es wirklich überblicken kann, zum andern ist dieser Kongreß so reich mit den ausgewiesensten Spezialisten in den verschiedenen Themenschwerpunkten bestückt, daß dem angeblichen Überblicker nur die Flucht in eine Ausweichstrategie bleibt.

Ich wähle die folgende: Da dieses Forschungsfeld insgesamt seiner Überkomplexität wegen, verursacht namentlich durch die Komplementarität, aber auch Gegensätzlichkeit historischer und systematischer Perspektiven, gegen eine überzeugende Strukturierung sich sperrt, ein enges Verständnis von Rezeption, etwa auf den Linien der empirischen Wirkungsforschung, das relevante historische Makrogeschehen indes nicht zu erfassen vermag, konzentriere ich mich in diesen Ausführungen auf den Zusammenhang zwischen den sich wandelnden Rahmenbedingungen von Mediennutzung und deren Veränderungen selber im letzten halben Jahrhundert. Diesen Zusammenhang werde ich, schon aus Zeitgründen, höchst summarisch und simplifizierend, lediglich unter Stichworten und jedenfalls sehr selektiv, mit dem Hauptakzent auf der deutschen Entwicklung und den elektronischen Medien behandeln, unter der theoretischen Gesamtprämisse allerdings, ein sich konstituierendes Forschungsfeld „Rezeptionsgeschichte" könne nur ganzheitlich erfolgreich bearbeitet werden. Und zwar werde ich die folgenden fünf Stichworte ansprechen: Die Entwicklung der einschlägigen Forschung; die Leitkonzepte „Geschichte", „Medien" und „Rezeption"; Gesellschaftswandel, Medienwandel; damit durch wechselseitige Beziehungen verbundenen Rezeptionswandel und -konstanz; und schließlich daraus folgernd, eine minimale Forschungsagenda. Dies ist meine Marschtabelle.

1. Die Forschungsentwicklung

Die Entwicklung der Forschung in Deutschland und vielen anderen westeuropäischen Demokratien ist bekanntlich dadurch geprägt, daß nach dem Zweiten Weltkrieg die nach den Regeln empirischer Sozialwissenschaft verfahrende nordamerikanische Medienrezeptionsforschung einen eigentlichen Siegeszug feierte und die bisherigen stärker normativ, aber eben auch historisch orientierte kommunikationswissenschaftliche Arbeit während Jahrzehnten in den Hintergrund drängte. Diese stark der Marktforschung verpflichtete US-communications research ist historisch uninteressiert, will vielmehr das gegenwärtige Medienrezipientenverhalten zuverlässig ermitteln und möglichst auch zukünftiges, namentlich auch dasjenige potentieller Kaufkunden von Inserenten, voraussagen können. Entsprechend wird Publikumsforschung ursprünglich auf dem alten Kontinent maßgeblich zu dem Zweck institutionalisiert, das Werbepotential von Kommunikationskanälen darzutun, alles in allem also ein Forschungssystem etabliert, das letztlich nach dem Motto operiert: „History is bunk".

Trotzdem sind dank dieser theoretischen und methodologischen Umorientierung, die zwar sehr restringierte Medienerfahrungen mißt und interpretiert, aber viel valider und reliabler als zuvor, entscheidende Durchbrüche der Forschung im Medienempfangsbereich ermöglicht worden, nämlich deren Ausdifferenzierung aus der Marktforschung zur seither bei weitem stärkst ausgebauten kommunikationswissenschaftlichen Teildisziplin, eben der Rezeptionsforschung. Als Pioniere dieses transatlantischen Wissenschaftstransfers verdienen Paul F. Lazarsfeld, während der nationalsozialistischen Herrschaft in den USA, ab den 60er Jahren in Europa, Gerhard Maletzke, mit seiner „Psychologie der Massenkommunikation" von 1963 und Elisabeth Noelle-Neumann seit den späten 40er Jahren besondere Erwähnung.

Des weiteren konnten über Jahrzehnte tradierte Vorstellungen von Medienallmacht durch die (Wieder-)Entdeckung des Umstandes, daß Medienkommunikation nicht als Einbahnprozeß verläuft, sondern durch zahlreiche intervenierende Faktoren mitgesteuert wird, endlich falsifiziert werden. Joseph T. Klapper summierte 1960 den Paradigmenwechsel von demjenigen der (relativen) Medienallmacht zu demjenigen - für die damalige Mainstreamforschung immer wegweisenderen - der (relativen) Ohnmacht von Medienkommunikation, auf das um 1980 in Deutschland (und international zum Teil schon früher) dank der Umorientierung der Rezeptionsforschung von Einstellungs- auf kognitive Konzepte die Postulierung eines Paradigmas der relativen Medienmacht gängig wird.

Die Analyse der Rezeptionsgeschichte seit 1945 muß sich auch mit den Hintergründen solcher Rösselsprünge der Rezeptionsforschung vertraut machen, denn diese entstammen natürlich auch spezifischen historischen Konstellationen. So zementiert die Rezeptionsforschung regelmäßig bestimmte historische Erfahrungen mit Medienkommunikation, die Allmachtskonzeption zum Beispiel diejenige totalitärer Medienpropagandamacht, die Ohnmachtsthese bis in die 70er Jahre diejenige von demokratischer Selektivität und seit den 80er Jahren die Auffassung relativer Medienmacht diejenige von informationsgesellschaftlicher Abhängigkeit von Medienkommunikation. Und im Zuge dieser wechselnden kollektiven Medienerfahrungen kommt es immer wieder zur Ideologisierung der Rezeptionsforschung, namentlich zur Umdeutung allgemeiner Sozialprobleme, wie zum Beispiel dasjenige von Gewalttätigkeit in der Gesellschaft, in durch die Medien verursachte.

Selbst die Wiederaufwertung geschichtlicher Perspektiven in der Kommunikationswissenschaft seit den 80er Jahren muß denn auch ebensosehr als Ausdruck der sich ändernden geschichtlichen Konfiguration wie eines immer umfassenderen und differenzierteren Verständnisses von Medienrezeption begriffen werden. Die entfesselte Dynamik der gesellschaftlichen Evolution bringt ja zumal die Soziologie als eine der kommunikationswissenschaftlichen Leitdisziplinen zunehmend in Interpretationsschwierigkeiten; deren allzu lineare generalisierenden Modelle vermögen diesen akzelerierten Gesellschaftswandel weder überzeugend zu erklären noch zu prognostizieren. Es lag in dieser Situation nahe, daß sich die Kommunikationswissenschaftler wieder stärker auf die geschichtliche Konstituiertheit ihres Gegenstandes zurückbesannen, diesen als Ergebnis je einmaliger Situationen zu verstehen und nicht mehr so ausschließlich systematisch generalisierend zu erfassen suchten.

Freilich wird diese historische Reorientierung nach wie vor durch zwei Versäumnisse behindert: Zum einen mangelt es, im Gefolge der Aktualitätsbezogenheit des empirischen Forschungsbetriebs, an Langzeituntersuchungen, mit der rühmlichen Ausnahme der von Marie Luise Kiefer im Auftrag von ARD/ZDF seit 1964 betreuten Longitudinalstudie „Massenkommunikation". Immerhin ist man sich auch unter Demoskopen zunehmend der „Verpflichtung des Meinungsforschers für die Historiker" bewußt, wie Wolfgang Langenbucher 1994 getitelt hat, und zum Beispiel auch der Forschungsdienst der Schweizerischen Radio- und Fernsehgesellschaft publiziert seit einigen Jahren Vergleichsdaten, die zumindest Rezipientenverhalten der jüngsten Zeitgeschichte dokumentieren.

Zum anderen genügen die theoretische Fundierung und Durchdringung kommunikationshistorischer Rekonstruktionen immer noch erst selten höheren, durch die sozialwissenschaftliche Prägung der neueren Kommunikationswissenschaft geweckten Erwartungen. Namen wie Winfried Lerg und Jürgen Wilke stehen da etwa für diese Forderung und ihre Einlösung. So bereitet also die Integration historischer und systematischer Perspektiven in der Kommunikationshistoriographie auch gegenwärtig noch große Schwierigkeiten. Und mit dieser, eher ambivalenten Anmerkung ist dieser unerläßliche, allerdings sträflich verkürzende Forschungsüberblick zu Ende.

2. Klärung der Basiskonzepte „Geschichte", „Medium" und „Rezeption"

Bei Befragungen im Zusammenhang mit der institutionsgeschichtlichen Aufarbeitung von Werden und Wandel des Deutschschweizer Fernsehens glaubte praktisch jede interviewte Person zu wissen, worum es bei „Geschichte" gehe. Gleich wie das Konzept „Medium" bildet eben auch dasjenige von „Geschichte" den Orientierungspunkt von *Alltagstheorien*, solchen des sogenannten gesunden Menschenverstandes also, womit bekanntlich der mittelmäßige Verstand gesunder Menschen gemeint ist. Solche Einbettung von Gegenständen in Alltagstheorien erschwert deren Herauslösung in ein wissenschaftliches Beobachtungsfeld ganz entscheidend, als in solchen Fällen jedermann, Gremienmitglieder zum Beispiel, gleichermaßen Expertenstatus beansprucht. Auch die notorischen Diskrepanzen zwischen kommunikationswissenschaftlich ermittelten relativen und - zumal von Politikern unterstellten - sehr großen Medienwirkungen belegen diese Problematik. Um so unerläßlicher ist es, daß eine kommunikationshistorische Teildisziplin „Rezeptionsgeschichte" sich dieser Anstrengung des Begriffs unterzieht, um nicht ideologisch vereinnahmt zu werden oder in interpretatorischer Beliebigkeit unterzugehen.

In diesem Sinne werden hier die folgenden wissenschaftlichen konzeptuellen Präzisierungen für die Profilierung eines Themenfeldes „Rezeptionsgeschichte" vorgeschlagen:

- *Geschichte:* Geschichte ist zwar ein vielfältig determinierter Prozeß, unumkehrbar als solcher, der „grundsätzlich aber auch anders hätte verlaufen können", wie der Soziologe Walter Bühl 1990 formuliert hat. Der Historiker ist mithin aufgerufen, nicht nur einen bestimmten historischen Sachverhalt möglichst umfassend zu erhellen, sondern in sein Blickfeld zu nehmen, was auch hätte sein können. Gerade in der Diskussion des Publikumsverhaltens wird ja immer wieder argumentiert, anders geartete Programme hätten auch andere Publikumsreaktionen gezeitigt, Aktivierungs- und Emanzipationschancen der Rezipienten seien beispielsweise wegen deren Konditionierung durch das jeweilige Programmangebot vergeben worden. Solchen Vermutungen ist nachzugehen. Geschichte als grundsätzlich offenes, aber vom Historiker retrospektiv analysiertes Geschehen kann dementsprechend unter einem geschlossenen theoretischen Bezugsrahmen nicht angemessen gewürdigt werden. Die Skepsis vieler Historiker gegenüber einer strengen Theoretisierung der Geschichtsschreibung ist schon von hier aus verständlich.

- *Medium:* Es ist schwer zu glauben, aber wahr, daß die mit Medien prioritär befaßten Disziplinen, nennen sie sich Kommunikations- oder Medienwissenschaft, über ihr Basiskonzept „Medium" keineswegs einig, ja kaum im klaren sind. Einmal mehr plädiere ich hier für eine fünfdimensionale Nominaldefinition von „Medium", die der Komplexität des Phänomens gerecht wird und zugleich die Rezeption von Medienkommunikation stringent auf Medien bezieht. „Medien" wären im Forschungsfeld „Rezeptionsgeschichte" zu konzipieren als komplexe institutionalisierte Systeme um organisierte Kommunikationskanäle von spezifischem Leistungsvermögen.

Die Medienorganisation wertet das Leistungsvermögen des jeweiligen Kommunikationskanals, Print, Radio oder Fernsehen, im Sinne der Optimierung des Rezeptionsverhaltens und der Rezeptionerfahrung aus, ist aber dabei, namentlich als öffentlich-rechtlicher Rundfunk, an institutionelle Auflagen gebunden. Im übrigen vermengen und vermischen sich in neuer Zeit sowohl die Mediengrenzen als auch die Medienerfahrungen des Publikums in Richtung umfassender Intermedialität. Neuere Rezeptionsgeschichtsschreibung muß dementsprechend intermedial angelegt sein.

- *Rezeption:* Die Rezeption von Medienkommunikation muß mithin unter kommunikationsgeschichtlicher Optik als ein hochkomplexes, individuell wie kollektiv determiniertes Geschehen konzipiert werden, dessen Implikationen sämtliche Personenkategorien, verschiedenste Organisationen und überhaupt alle Sozialsysteme betreffen und das keinesfalls auf die psychologische Dimension, wie dies eine eng angelegte empirische Wirkungsforschung tut, eingeschränkt werden kann. Weil die Rezeption von Medienkommunikation in modernen Gesellschaften ein allgegenwärtiges Element der Lebenswelt geworden ist, können gerade Kommunikationshistoriker, die den Wandel von intendierter, bewußter Mediennutzung zur hochhabitualisierten beobachten, nicht bloß Rezeptionsprozesse als solche, sondern müssen auch deren gesellschaftlichen Impact mitrekonstruieren. Als Medienrezeption sind also letztlich alle mit dem Empfang von Medienkommunikation verbundenen Phänomene kommunikationsgeschichtliches Thema.

Natürlich entscheiden dann viele Unwägbarkeiten über den tatsächlichen Forschungsbetrieb in diesem hier lediglich durch Leitkonzepte bestimmten Feld. Es geht mir in erster Linie auch bloß darum, daß die Optik nicht vorschnell verengert wird. Und daher werde ich nun *rezeptionsrelevante Veränderungen der Gesellschaft und des Mediensystems* mit einigen Schlagworten in Erinnerung rufen. Dies als Folgerung aus der Prämisse, Rezeptionsgeschichtsschreibung bleibe ohne Berücksichtigung des gesamtgesellschaftlichen Wandels kurzsichtig, und Rezeptionsverhalten sei, bei Unkenntnis des sich ändernden Medienangebots, für den Historiographen weitgehend unverständlich.

3. Veränderungen der Gesellschaft und des Mediensystems

Zunächst einige Hinweise zum Gesellschaftswandel seit 1945, im Hinblick auf seine Tragweite für das Rezeptionsverhalten:
- Wandel der industrialisierten zur *postindustriellen Gesellschaft:* Dieser wird allgemein als einer zu Informations- beziehungsweise Mediengesellschaften, und zwar seit den 70er Jahren, interpretiert. In diesen differenziert sich aus dem Tertiärsektor der Dienstleistungen ein Quartärsektor Information aus, dem die Überkomplexität dieser Gesellschaften kommunikativ zu reduzieren obliegt. Eine Hauptfolge des dadurch exponentiell steigen-

den Kommunikationsangebots, namentlich auch in Gestalt von Öffentlichkeitsarbeit, ist die Verknappung der Rezeptionsbereitschaft.

- Wandel der Klassen- zur *Individualgesellschaft:* Auch diese Feststellung ist natürlich bloß als idealtypische Überprofilierung zu verstehen, wirken sich doch zumal Schranken im Bildungssystem weiterhin auf das Rezeptionsverhalten aus. Trotzdem nimmt unbestreitbar die Individualisierung der Lebensstile in den modernen Demokratien zu und damit, auch im Gefolge der Vermehrung der Empfangsgeräte in den Haushalten und eines immer zielgruppenorientierteren Programmangebots, die weitere Segmentierung ursprünglich kollektiver Medienerfahrungen.

- Wandel von der Leistungs- zur *Erlebnisgesellschaft:* Auch die Wertorientierungen wandeln sich seit den 70er Jahren, allerdings weder kontinuierlich noch allenthalben, in Richtung solcher eher privater und auch hedonistischerer Natur. Der als Individualisierung angesprochene Trend beeinflußt dadurch das Rezeptionsverhalten noch stärker dahin, daß allgemein relevante Anliegen der politischen Öffentlichkeit es zusätzlich schwer haben, Massenaufmerksamkeit zu gewinnen, und zugleich allgemein die Bereitschaft weiter schwindet, Lernwiderstände im Medienangebot, namentlich in Gestalt anspruchsvollerer Sendungen, zu überwinden. Andererseits verbreitert sich generell der Fächer attraktiver Freizeitangebote nach 1945 und vermindert allmählich die starke Abhängigkeit von Medienkommunikation als beherrschendem Gestaltungsfaktor von Freizeit.

- Wandel der Berufs- zur *Lerngesellschaft:* Da die Möglichkeit, lebenslang den gleichen Beruf aufgrund früherer Qualifikationen ausüben zu können, seit Jahrzehnten kleiner wird, steigen entsprechend und im Widerspruch zum Hedonisierungstrend die Lernanforderungen. Umfassenderer Medienkompetenz kommt in diesem Zusammenhang immer zentralere Bedeutung zu, und gesamtgesellschaftlich zeichnen sich diesbezüglich, von der Alphabetisierung im Lese- und Schrift- bis zum Computerbereich, neue Schichtungsprofile, unterschiedliche Kompetenz- beziehungsweise Wissensklassen mit entsprechend unterschiedlichen gesellschaftlichen Teilhabechancen ab. Wie sehr heutige Gesellschaften Mediengesellschaften geworden sind, erweist sich auch hieran und ebenso die Unentbehrlichkeit intensivierter rezeptionsgeschichtlicher Forschung, damit die Tragweite dieses Gesellschaftswandels besser verstanden und er eher bewältigt werden kann.

Das Mediensystem als „Index and agent of change", wie Daniel Lerner einmal formuliert hat, prägt ja diese Gesamtentwicklung ebenso wie es auf diese reagiert, und das unmittelbarste gesellschaftliche Gestaltungsvermögen eignet natürlich dem Zusammenspiel von Medienangebot und -rezeption. Dieser simple Sachverhalt, nämlich daß Medienprogramm und -akzeptanz prioritär Medienmacht begründen, wird ja in der öffentlichen Diskussion über kommunikationstechnologische beziehungsweise medienökonomische Entwicklungen und Änderungen der institutionellen Ordnung des Mediensystems vielfach in den Hintergrund gedrängt. Immerhin müssen natürlich auch diese als wichtigste Determinanten der Medienproduktion entsprechend der vorgeschlagenen Definition von Medium rezeptionsgeschichtlich mitberücksichtigt werden.

Drei Aspekte des Medienwandels seit 1945 wären wegen ihrer herausragenden Bedeutung für die Entwicklung der Programm- und Akzeptanzkultur rezeptionsgeschichtlich besonders in Rechnung zu setzen:
1. Der kommunikationstechnische und ökonomische Medienwandel:
Die einschlägigen Stichworte sind in jedermanns Mund, von „Globalisierung" der Medienmärkte bis „Multimedia". Hier sei lediglich daran erinnert, daß sich im Gefolge der exorbitanten Vermehrung von Kommunikationskanälen - dank zusätzlichen Generationen „neuer" Medien und Deregulierung - der ursprüngliche Verkäufermarkt im Bereich der elektronischen Medien immer entschiedener zum Käufermarkt gewandelt hat, auf dem de facto die Konsumentennachfrage die Bedingungen diktiert. Der Wahlmöglichkeiten zwischen verschiedenen Medientypen und Angeboten werden immer mehr. Dieser gigantischen Erweiterung der Kanalkapazitäten vermögen aber weder die Entwicklung der individuellen und familiären Medienbudgets noch des kreativen Potentials für die Softwareproduktion zu entsprechen. Die unter diesen Umständen zunehmende Instabilität der Medienmärkte vermag auch der immer größere Einfluß der Werbewirtschaft auf diesen nicht zu beheben. Es ist klar, daß aus dieser gewandelten Anbieterkonstellation Veränderungen des Medienangebotes resultieren, die auch rezeptionsgeschichtlich zu Buch schlagen.
2. Der Wandel der institutionellen Ordnung des Mediensystems:
Auch hier muß die Zitierung der entsprechenden Hauptentwicklungen genügen. Sie lauten bekanntlich: Demokratisierung, Deregulierung, Dualisierung. Daß der Zusammenbruch der kommunistischen Herrschafts- und Mediensysteme und deren Demokratisierung auch rezeptionsgeschichtlich aufgearbeitet werden muß, ist ebenso selbstverständlich, wie daß der Wandel der Medienangebote im Zeichen von Deregulierung und die Konsequenzen der Dualisierung der Rundfunksysteme historisch gewürdigt werden. Je nach Beurteilungsmaßstab differieren zwar die Kriterien, aber insgesamt nehmen sich die Veränderungen des Rezeptionsverhaltens im Gefolge dieses Medienwandels nicht eben dramatisch aus. Unterhaltungslustige finden seither noch mehr von dem, was ihren Präferenzen entgegenkommt, Informationssucher verstehen es auch weiterhin, aus dem komplexeren Medienangebot das ihnen wichtige Wissen herauszufiltern. Die historische Stabilität mancher Rezeptionsmuster ist nicht zu übersehen. Die Etablierung von Medienproduktion und -rezeption als weitgehend komplementäre Erwartungsstruktur ist in modernen Gesellschaften Tatsache geworden.
3. Der Wandel des Medienangebots:
Unverkennbar nähern unter diesen Umständen die Programmangebote öffentlich-rechtlicher und privater Rundfunk- und Fernsehorganisationen

sich einander an, und zwar in Richtung einer Rundfunk-Akzeptanzkultur, die der Nachfrage von Mehr- und Minderheitspublika möglichst genau zu entsprechen sucht und es sich je länger desto seltener gestattet, als Rundfunk-Anspruchskultur Publikumssegmente zu be- und entfremden. Daher kann neben der Globalisierung der Rundfunkprogramme ebenso deren Re-Regionalisierung, namentlich des Hörfunks, erkannt werden, wie es der individualisierten Mediennachfrage in Informationsgesellschaften entspricht. Andererseits setzt sich unverkennbar und auch gegen die institutionalisierten journalistischen Genres national wie international „tainment" als Produktionsmaxime durch, als Info-, Edu- oder Advertainment, und befördert generell eine Rezipientenmentalität des Desinvolvements.

Soweit, sehr summarisch, die gesellschaftliche und mediale Bedingungskonstellation, unter der sich seit 1945 das Rezeptionsverhalten entwickelt, das heißt sich wandelt, aber auch gleich bleibt. Die Kommunikationshistoriographie muß ebenso getreulich die stabilisierenden Faktoren ihres Beobachtungsfeldes registrieren wie die dynamisierenden, und so muß Punkt 4 dieses Referats übertitelt werden mit *Rezeptionswandel und -konstanz*.

4. Rezeptionswandel und –konstanz

Wenn, wie generell anerkannt, Medienkommunikation ein immer selbstverständlicheres Element der modernen Lebenswelt im letzten halben Jahrhundert geworden ist, dann weil sowohl von seiten der Anbieter als auch der Nutzer entsprechend umfassende *Lernprozesse* diese ihre Einfügung in den Alltag von praktisch jedermann ermöglicht haben. Die Problemlösungskapazität von Medienkommunikation für die verschiedensten Publikumskategorien in den unterschiedlichsten Lebenssituationen nimmt mit der wachsenden Differenzierung des Medienangebots ständig zu, um so mehr als auch die Instrumente der Marktbeobachtung unablässig verfeinert werden.

Letzteres zeigt sich zumal bei der *Einführung neuer Medien:* Pilotprojekte, Begleitforschung ebnen ihren Weg zur gesellschaftlichen Etablierung, und eine Programmierung, die auf anerkannte alte Kulturmuster zurückgreift, hilft nach. So wurde das ungeratene Kind „Fernsehen" anfänglich in der Schweiz mit einem, später wieder reduzierten, beachtlichen Anteil von Religionssendungen gewissermaßen salonfähig gemacht, der Teufelsbraten auf diese Weise etwas purifiziert. Dieser ganze, natürlich auch rezeptionsgeschichtlich hochwichtige Komplex der Einführungsstrategien neuer Medien und -angebote verdient zweifellos vermehrte Beachtung der Kommunikationshistoriographie.

Umgekehrt entwickelt das *Publikum,* wiewohl immer segmentierter, über diese Jahrzehnte hinweg seinerseits Schutzmechanismen, Immunisierungstechniken gegenüber diesem „information overload". Einohriges Radiohören wird die Regel, und einäugiges Fernsehen ist auf dem Weg dazu. Allen kulturkritischen Klagen zum Trotz hat aber heute praktisch jedermann auch gelernt, die überaus vielfältige orale, schriftliche und visuelle kommunikative mediale

Totalofferte einigermaßen bedürfnisgerecht in Anspruch zu nehmen, vertiefte Information zum Beispiel nicht vom Film oder vom Fernsehen zu erwarten. Das Interaktionsgefüge, dies das rezeptionsgeschichtliche Fazit, zwischen Medienangebot und -nachfrage ist, zumindest im massenmedialen Bereich, in Informationsgesellschaften immer solider institutionalisiert.

Eine solche Einschränkung dieses Pauschalurteils auf Massenkommunikation ist unerlässlich, als auch nach wie vor, alters-, bildungs-, geschlechts-, wohnortsmäßig und ökonomisch bedingt, die Adoptionsgeschwindigkeiten von *Medieninnovationen* sehr unterschiedlich sind und der Konservativismus habitualisierter Muster von Mediennutzung bei der Bevölkerungsmehrheit nicht zu übersehen ist. So werden Medieninnovationen, zumal wenn sie nicht wirtschaftlich und geistig umsonst zu bekommen sind wie zum Beispiel mehr Lokalfunk, regelmäßig von den gebildeteren, jüngeren, besser gestellten, städtischen Rezipientengruppen rascher für ihre kommunikativen Bedürfnisse genutzt als von den andere Publikumskategorien. So wie der Medienwandel ist mithin auch der Rezeptionswandel als stark disparitäres, in unterschiedlichen Entwicklungsrhythmen verlaufendes Geschehen rezeptionsgeschichtlich zu analysieren und auf seine gesellschaftliche Tragweite hin zu qualifizieren.

5. Forschungsagenda für Rezeptionsgeschichte

Hierzu lediglich drei Anmerkungen, die hoffentlich aus dem Vorherigen selbstverständlich hervorgehen:

- Rezeptionsgeschichte muß in einen *weiteren Bedingungszusammenhang* hineingestellt werden, soll sie sich nicht vergleichsweise betriebsblind auf ein Element des Kommunikationsprozesses ohne Einsicht in dessen systematischen Stellenwert konzentrieren.
- Rezeptionsgeschichte muß dementsprechend aufgrund sehr *komplexer beziehungsweise integrierender theoretischer Modelle* betrieben werden und darf sich nicht auf spezifische Paradigmen beschränken, da sie dann wissenschaftlichen Moden aufsitzt.
- Und schließlich muß die Rezeptionsgeschichtsschreibung immer das *Verhältnis von medialer und nichtmedialer Kommunikation* mitbedenken, da sie sonst Gefahr läuft, das kommunikative und gesellschaftliche Gewicht der ersteren zu überschätzen.

Sind indes diese Voraussetzungen erfüllt, vermögen Rezeptionshistoriker mehr als Archivare von Vergangenem zu sein, vielmehr, wie Friedrich Schlegel es erwartet hat, „rückwärts gekehrte Propheten". Es ist ja niemandem, auch außerhalb der Zunft, verwehrt, aus der Geschichte zu lernen, nur müssen bei deren wissenschaftlicher Rekonstruktion ihre zukunftsweisenden Elemente erkannt werden.

Rezipientenaktivitäten im Wandel der Zeit

von Jo Groebel

An den Anfang meines Vortrages möchte ich den Ausspruch eines bekannten niederländischen Philosophen stellen: „Je bent net zoveel waard als de tijd die je op TV komt". Keine Angst, ich werde dieses Zitat gleich übersetzen: „Du bist genau soviel wert wie die Zeit, die Dir im Fernsehen zur Verfügung steht." Schön für jemanden, der in der „Teleakademie" auftritt, 45 Minuten. Nur müßte man heute wahrscheinlich ergänzen: So viel, wie Dir Zeit im Fernsehen zur Verfügung steht und wieviele Zuschauer oder Marktanteile Du dabei hast. Da bin ich mir über meinen Wert dann nicht mehr ganz so sicher.

Es geht in diesem Vortrag um den Zuschauer, den Rezipienten, Bürger, Nutzer, Konsumenten, wie auch immer man ihn im Laufe der Zeit genannt hat, und - nach dem schönen Fünfzigerjahre-Motto - seinen Veränderungen im Wandel der Zeit. Dazu noch einmal zurück zu meiner Wahlheimat, den Niederlanden. Der Philosoph, den ich zu Beginn zitiert habe, ist Johan Cruif - manche werden ihn auch als Fußballer kennen. Und dies bietet mir zugleich den Anlaß, Ihnen eine kleine Rezipientengeschichte zu erzählen. Die Niederlande sind wirklich fußballfanatisch. Wenn ich sie mit Deutschland vergleiche, ist es noch einmal eine Steigerung zu dem, was man hierzulande kennt. Unter den Sendungen der letzten Jahre waren durchgängig bei den ersten fünfzig Favoriten, welche die Zuschauer im Laufe eines Jahres hatten, vierzig Fußballspiele. Mehr muß ich nicht sagen. Diese Zahl wird selbst in Deutschland nicht erreicht. Wenn soviel Interesse an diesen Fußballangeboten besteht, liegt es nahe, mit Fernsehübertragungen von Fußballspielen Geld zu verdienen. Diese Idee scheint in Deutschland ebenfalls aktuell zu sein. Der niederländische Fußballverband gründete zusammen mit potenten Partnern einen eigenen Sender für Fußballberichterstattung, Sport 7 genannt (dies hat nichts mit Pro Sieben zu tun). Die Vermutung: Quoten, Quoten, Quoten. Eine wahrscheinlich, so nahm man an, gute Einnahmequelle. Doch alles kam anders. Der Sender lebte nur ein paar Monate, und Zuschauer fanden sich kaum. Trotz des viel größeren Angebotes sank sogar das gesamte Interesse an den Sportübertragungen aller Sender zusammengenommen.

Dieses Beispiel verdeutlicht bezogen auf das Verhalten von Rezipienten mehrere Aspekte.

Erstens: Der Rezipient ist lästig. Er verhält sich nicht so, wie es der Programmplaner für plausibel hält. Er widersetzt sich scheinbar plausiblen Erwägungen, und er agiert anders, als es ein Forscher prognostizieren würde.

Zweitens: Auch bei hohem Themeninteresse besteht nicht zwangsläufig ein linearer Zusammenhang im Sinne von mehr Angebot - vor allem interessantem Angebot - und mehr Zuschauern. Meine Interpretation in diesem Zusammenhang lautet: Die Dauerpräsenz des Sports beruhigte den Zuschauer: „Ich kann ja jederzeit schauen, dann brauche ich jetzt nicht einzuschalten." Und der potentielle Zuschauer tat es überhaupt nicht mehr. Wohlgemerkt wurde dieser Sport nach wie vor auch im sogenannten Free-TV ausgestrahlt. Ein rares Gut mag demnach manchmal attraktiver sein.

Die dritte Lektion aus diesem Beispiel: Wenn heute über Rezipienten gesprochen wird, dann sprechen wir doch zumindest in den Rundfunkanstalten vor allem über Rezipienten unter dem Aspekt von Markterfolg beziehungsweise Quotenerfolg.

Die strikte Orientierung am Markterfolg von Angeboten fand nicht zu allen Zeitpunkten im heutigen Ausmaß statt. Ich werde im folgenden die wesentlichen Forschungsleitlinien und Veränderungen des Rezipientenverhaltens anhand eines kurzen Rückblicks und auch einiger perspektivischen Anmerkungen verdeutlichen.

Diese Übersicht konzentriert sich zunächst auf die veränderten Vorstellungen vom Rezipienten, der früher auch anders genannt wurde: Leser, Hörer oder Zuschauer. Mein Rückblick bezieht sich auf die verschiedenen Ebenen des Wandels: Makrotrends, Mesotrends und Mikrotrends. Makrotrend heißt in diesem Zusammenhang, daß sich Rezipienten massiv einem neuen Medium zuwenden. Ein Wandel auf der Mesoebene vollzieht sich, wenn sich innerhalb eines Mediums Funktionsveränderungen ergeben, und schließlich beschreiben Mikrotrends die Veränderung des Nutzungsverhaltens beim Nutzer selbst.

In einem Ausblick weise ich auf einige Faktoren hin, die bei der künftigen Medienentwicklung als relevant angesehen werden können. Stichworte sind hier: Internet, Multimedia, Virtual Reality. Wir werden dabei wenig prognostizieren können, aber es ist sehr wohl möglich, Bereiche zu definieren, die in der Zukunft auch bei der Erforschung der Rezipienten weitere Beachtung erfordern.

1. Überblick zu den Veränderungen der Vorstellung vom Rezipienten

Grundlegende Vorstellungen vom Mediennutzer finden sich in theoretischen und empirischen Paradigmata wieder. Fast schon common sense, fast schon Allgemeinwissen, ist die Aussage, daß mit dem Beginn einer wirklichen Massenkommunikation, der Massenpresse - später dem Radio, dem Film - auch die Vorstellung sehr stark ausgeprägt war, daß die Masse sich selbst zu einer der zentralen Einheiten für Rezeptionsforschung entwickelt hat. Vieles geht in dieser Hinsicht auf Le Bon zurück mit seiner „La psychologie des foules", seiner Massenpsychologie. So war lange Zeit, zumindest noch zu Beginn dieses Jahrhunderts, die Vorstellung vorherrschend, daß der Rezipient als Teil einer großen Gruppe willenloser Empfänger von Propaganda, von Information und von manipulierenden Inhalten sei. Etwas nüchterner war zu Beginn dieses Jahrhunderts der Ansatz, den der bekannte Soziologe Max Weber wählte. Er sagte in einer eher zurückhaltenden Annäherung, man müsse die Zeitungen beziehungsweise die Presse - sofern dies überhaupt möglich ist - vergleichsweise objektiv beschreiben. Dabei solle man berücksichtigen, welche Rolle der Rezipient spielt. Ob in diesem Sinn auch das folgende Zitat als objektiv gelten kann, sei dahingestellt: „Mit der Zeitung kann man sowohl eine Fliege, als auch einen Minister erledigen."

Mit der Verbreitung der Massenmedien kam auch für die weiteren Medien die Vorstellung der einseitigen Beeinflussung. Beim Film befürchtete man (bis heute geht diese Befürchtung beim Fernsehen weiter), daß er Kinder und Jugendliche verderbe, daß er aus Jungen Gewalttäter oder Kriminelle mache und aus Mädchen Prostituierte - und zwar nur deshalb, weil ab und zu einmal eine Frau (sehr züchtig bekleidet) einen kleinen Tanz vorführte. So ist es in zahlreichen Veröffentlichungen zu Beginn des Jahrhunderts nachzulesen. Insgesamt dominierte in dieser Zeit die Vorstellung, der Rezipient sei passiv, und er sei mehr oder weniger willenlos den Einflüssen der Massenmedien ausgeliefert. Eine Vorstellung, die natürlich sehr stark unterstützt wurde durch die Propaganda während des ersten Weltkrieges, und durch die Propaganda, die bei Stalin und bei Hitler üblich war. Es gab jedoch auch schon eine durchaus systematischere Annäherung an dieses Konzept des passiven Konsumenten in bezug auf die Auswirkungen der Medien auf Kinder. 1917 ist bereits in einer sozialwissenschaftlichen Veröffentlichung nachzulesen, daß Massenmedien Kinder, die als besonders hilflos angesehen werden, beeinflussen.

Ende der 30er Jahre kam man zu der - zumindest für die Wissenschaft - erstaunlichen Erkenntnis, daß die Nutzer von Medien, die Rezipienten, über einen eigenen Willen verfügen. Ich muß gestehen, daß ich immer wieder überrascht bin, was als große Errungenschaft der Wissenschaft angesehen wird, nämlich diese einfache Erkenntnis, die man im Grunde auch bei einer Alltagsbeobachtung hätte feststellen können. Natürlich ist es zu begrüßen, daß sich eine solche Erkenntnis auch in Untersuchungen wiederfindet. Ich vertrete jedoch die Auffassung, daß uns als Wissenschaftlern etwas Alltagsverständnis generell gut täte.

Besonderes Augenmerk erhalten in den 30er Jahren die Hausfrauen, die den ganzen Tag über das Radio eingeschaltet haben und sich die sogenannten Day-Time-Serials anhören. Es wurde festgestellt, daß dies einen Nutzen hat. Die Hausfrauen lenken sich ab, sie entspannen sich, und dies geschieht freiwillig. Es sind keine willenlose Radiohörer, die vor dem Apparat sitzen. Auch die Erkenntnis, daß der Rezipient auswählt, breitet sich aus. Der Hörer trifft Entscheidungen, er wählt.

Es gibt eine weitere Relativierung der Vorstellung des *passiven* Rezipienten mit den Forschungen des großen kommunikationswissenschaftlichen Pioniers Paul F. Lazarsfeld. In seiner bekannten Veröffentlichung „The People's Choice" konstatiert er, daß auch nicht wirklich massive politische Manipulation durch Massenmedien stattfindet. Zumindest findet eine solche Manipulation dann nicht statt, wenn eine Wahlmöglichkeit gegeben ist, wenn Programme ausgewählt werden können, wenn der Zuhörer - später der Zuschauer - selbst Entscheidungen treffen kann.

Mit der Verbreitung des Fernsehens in den 50er Jahren gibt es dann jedoch erneut eine Renaissance der Vorstellung des einseitigen Empfangens von Medienbotschaften, der relativ *passiven* Situation des Rezipienten. In diesem Zusammenhang rücken speziell die Kinder ins Zentrum der Aufmerksamkeit. So gibt es Ende der 50er Jahre, Anfang der 60er Jahre Pionierstudien, die auch heute noch große Bedeutung haben. Zu nennen ist Hilde Himmelweit mit ihren britischen Studien von 1958, zu nennen sind Wilbur Schramm in den USA, Albert Bandura mit seiner sozialen Lerntheorie und last but not least Dolf Zillman, der vor allem auch die physiologischen Wirkungen speziell des Fernsehens herausgestellt hat. Parallel hierzu existiert in den USA, wo das Fernsehen vor allem auch ein kommerzielles Medium ist, die marktorientierte Forschung. Diese Forschung unternimmt den Versuch, insbesondere Werbewirkungen zu messen, vorrangig ist sie aber daran interessiert zu ermitteln, wie sich die reine Nutzung der Medien vollzieht. Wer schaut wann, was, wieviel? Natürlich spielt immer wieder auch die Frage nach dem Zuschauerpotential, der Quote, ein wichtige Rolle.

In den 70er Jahren widmet sich die Forschung vergleichbaren Fragestellungen wie in den 30er Jahren in einer sehr differenzierten Form. Der bekannte Nutzenansatz, Uses and Gratifications, der den *aktiven* Nutzer der Medien analysiert, wird formuliert.

In den 80er Jahren werden zwei Theorie- und Forschungsstränge zu einer Synthese zusammengeführt. Nicht zuletzt Schönbach und Früh haben die Erkenntnis geprägt, daß gar nicht zwischen *Wirkung* einerseits und *aktiver Nutzung* andererseits unterschieden werden kann, sondern daß dies ein Wechselprozeß ist. Mit anderen Worten gibt es sicherlich die aktive Nutzung des Rezipienten, aber dann kann das Medium ebenfalls immer noch Wirkungen haben. Wenn ein Zuschauer die „Tagesschau" gerne sieht und nach der Sendung über ein größeres Wissen verfügt als vorher, dann kann das als Wirkung bezeichnet werden. Diese Art von Wirkung ist zwar nicht sehr weitreichend, sie wird auch keine weitreichenden Konsequenzen haben, es handelt sich jedoch um eine Wirkung. Die Kombination aus Motiv und Effekt ist sehr plausibel.

In den 90er Jahren wird - überspitzt formuliert - entdeckt, daß der Rezipient denkt. Er ist in der Lage, sich bestimmte Vorstellungen über die Welt zu machen und Interpretationen zu liefern. Die Bedeutung, die Konstruktion von Realität, die bereits schon früher in der Forschung angesprochen worden war, wird jetzt zu einem großen Moment und auch durch Forschung gestützt. Stichworte sind hier die Skriptbildung, die Vorstellungen von der Welt und vom Leben, die die Nutzer sich machen. In diesem Zusammenhang gibt es zudem interessante Ergebnisse darüber, wie *verzerrt* die Weltsicht von Menschen ist, die nicht die Möglichkeit haben, die Medienerfahrungen mit den tatsächlichen Erfahrungen über das, was in Welt vor sich geht, direkt zu vergleichen und so zu überprüfen.

Eine noch radikalere Sichtweise geht davon aus, daß die ganze Welt eigentlich eine Konstruktion des Geistes ist. Dazu läßt sich in letzter Konsequenz logisch wenig sagen. Sie werden nicht beweisen können, daß ich hier wirklich stehe und ich kann nicht beweisen, daß da wirklich Leute vor dem Fernseher sitzen und zuschauen. Ich denke jedoch, daß es manchmal hilfreich ist, ein Axiom aufzustellen und zu sagen: „Ich tue so, als wären sie wirklich da. Ich werde es nie beweisen können, aber es scheint mir hilfreich zu sein." Ich möchte nur begrenzt einem radikalen Konstruktivismus folgen. Neben solchen eher grundlegenden Analysen fungiert aber immer noch der Rezipient für den Markt als Erfolgskriterium, vor allem in der angewandten Forschung.

Nun komme ich zum Wandel des Rezipientenverhaltens selbst. Auch dessen Erfassung ist abhängig von den vorhandenen Methoden. Die Spannweite reicht von der Einzelbeobachtung des Rezipienten bis hin zu hochkomplexen sogenannten multivariaten Modellen. Die zentrale Frage, die auch vom Kommunikationswissenschaftler Saxer völlig zu Recht immer wieder angesprochen wird, ist: Was ändert sich tatsächlich strukturell durch die Medien und mit den Medien (das muß nicht immer kausal sein), was bleibt hingegen gleich und ist allenfalls als eine Oszillation bestehender Dispositionen, bestehender Verhaltenstendenzen zu sehen?

2. Der Wandel der Medienrezeption auf der Makroebene

Auch in diesem Zusammenhang ist es sinnvoll, einige Axiome anzusprechen. So existieren einige grundlegende Verhaltensmuster beim Menschen, die situationsübergreifend in der Regel vergleichsweise konstant bleiben. Ich will einige wenige benennen, die auch für die Medienforschung außerordentlich relevant sind. Das erste, das vermutlich auch biologische Ursachen hat, sind Unterschiede zwischen Männern und Frauen. Es gibt sie hinsichtlich des Körperlichen, dies können wir wiederum als axiomatisch betrachten, aber es scheint sie zudem in bezug auf einige Verarbeitungsprozesse zu geben. So sehen wir zum Beispiel, daß über die Geschichte der Mediennutzung hinweg Männer und Frauen in der Regel unterschiedliche Präferenzen haben. Es sind die Jungen, die Männer, die vor allem die Action und den Krimi mögen. Frauen bevorzugen eher soziale Inhalte. Das hat nichts mit Biologismus zu tun. Dieses Ergebnis läßt sich aus den Beschreibungsdaten ablesen. Es mag der Fall sein, daß die Evolution - biologisch gesprochen - langsamer ist als unsere zivilisatorischen Erkenntnisse.

Weiterhin gibt es Konstanten auch dort, wo es um Altersunterschiede geht. Ich schließe mich nicht den sehr optimistischen Forschern an, die der Meinung sind, daß ein kleines Kind im Alter von drei oder vier Jahren exakt die gleichen Verarbeitungsmechanismen hat wie ein Erwachsener. Dem ist nicht so. Dies ist entwicklungspsychologisch belegbar. Die Verarbeitung von Medien verläuft bei Kindern anders.

Ein dritter Unterschied, der allerdings nicht ganz so eindeutig ist, und von dem lange vermutet wurde, daß er konstant sei, sind die berühmten Bildungsgruppen. Man hat noch bis vor kurzem geglaubt, daß zumindest die besser Gebildeten in der Regel auch diejenigen sind, die die „vornehmeren" Medien nutzen - sprich die Qualitätspresse. Gleichzeitig sollen sie das Fernsehen mit einer gehörigen Skepsis betrachten. Wir können seit einiger Zeit feststellen, und vielleicht hat das etwas mit den eben geschilderten 80er Jahre-Tendenzen des Konstruktivismus, der Postmoderne zu tun, daß der Kulturpessimismus allmählich auch in den höheren Bildungsschichten abnimmt. Es ist demzufolge jetzt nicht allein „o.k." fernzusehen - nein, sogar ausgesprochen „angesagt", um dieses Wort einmal zu gebrauchen, sich gerade das sogenannte Trash-TV anzuschauen. Das sind besonders geschmacklos gemachte - Geschmack ist dabei wieder relativ - beziehungsweise billig gemachte Programme, zum Beispiel „All in the family" oder Verona Feldbuschs „Peep". Wer würde hier eine Norm aufstellen wollen? Dies ist auch eine Frage, die sich im Zusammenhang mit dem Lesen ergibt: Werden in den höheren Bildungsschichten noch die differenzierten Bücher gelesen? Oder geht hier etwas von einer Konstanten zu einem sich ändernden Faktor über? Änderungen gibt es auf jeden Fall auf der Makroebene, wenn es um Zeitbudgets geht. Ich stimme nicht unbedingt der Formel zu, die besagt: Ein Medium, das sich wirklich durchsetzt, verdrängt damit ein anderes Medium. Rein statistisch gilt jedoch: Je mehr Medien verfügbar sind, desto mehr differenziert sich zwangsläufig die Zeit aus, in der sich Menschen einzelnen Medien zuwenden. Dies ist wahrscheinlich die eigentliche Veränderung. Es mag in diesem Zusammenhang auch vorkommen, daß ein einzelnes Medium ein anderes wirklich verdrängt, im dem Sinne, daß weniger Geld dafür zur Verfügung steht und ihm weniger Aufmerksamkeit geschenkt wird. Die größere Veränderung findet allerdings dort statt, wo statistisch gesehen immer mehr Alternativen gegeben sind. Zwangsläufig bleibt zunächst einmal weniger Zeit für ein einzelnes Medium übrig. Daneben vollziehen sich offensichtlich auch im privaten Kommunikationsverhalten massive Veränderungen. Zu diesem Thema existieren Studien aus Mexiko und aus Deutschland, die unter anderem vom Allensbacher Institut für Demoskopie durchgeführt wurden. Sie belegen, daß mit der massiven Verbreitung des Fernsehens die persönlichen Kontakte in der Nachbarschaft zunächst abgenommen haben. Inzwischen scheinen sich jedoch auch auf diesem Gebiet wieder neue Trends zu bestätigen. Menschen entdecken ihre Freizeit neu, jetzt allerdings mit den Augen eines Fernsehrezipienten. Heute lernen Menschen Angebote in ihrer realen Umgebung kennen, die einer Fern-

sehdramaturgie zu folgen scheinen, Medienparks und Freizeitcenter sind Beispiele hierfür.
  Im folgenden werde ich auf die Mesotrends eingehen. Im Laufe der langfristigen Entwicklung zeichnet sich ab, daß fast jedes einzelne Medium, wenn ein neues hinzukommt, eine Funktionsveränderung in der individuellen Nutzung erfährt.

3. Der Wandel der Medienrezeption auf der Mesoebene

Das Radio war bis in die 40er Jahre hinein ein Medium, das hohe Aufmerksamkeit erhielt, das die Familie vor dem Radioempfänger versammelte. Heute ist es für die meisten Nutzer zu einem Begleitmedium geworden. Dennoch ist es immer noch mit einem Zeitbudget versehen, das in vielen Ländern über dem des Fernsehens liegt. Dies sollte man nicht vergessen. In der Forschung hat sich das Radio leider nicht in einem seiner Nutzungszeit entsprechenden Maß behaupten können.
  Unter dem Einfluß der steigenden Computer-Nutzung wird für das Fernsehen eine ähnliche Entwicklung wie beim Radiohören vermutet. Auch Fernsehen kann zu einem Begleitmedium werden. Es wird sich zeigen, ob es sich hierbei nur um einen kurzfristigen Trend handelt.
  Fest steht, daß das Fernsehen - wenn auch seltener - immer noch die großen Highlights kennt. Wenn beispielsweise in der Weltmeisterschaft Schumacher gegen Villeneuve antritt, dann wird immer noch ein sehr großer Teil der Bevölkerung vor dem Fernseher sitzen. Vielleicht werden sogar diejenigen zuschauen, die sich gar nicht für den Motorsport interessieren. Derartige Highlights oder große Events existieren jedenfalls noch. Wahrscheinlich wird das Fernsehen auch noch längere Zeit, zumindest bei dieser Art von Ereignissen, seinen Forumscharakter behalten.
  Eine Randbemerkung sei erlaubt: Das Fernsehen ist vielleicht das Medium gewesen, das die Aufklärung in größter Konsequenz umgesetzt hat, weil es alle vor den gleichen Inhalten versammelt hat, anders als viele andere Medien, und dies zudem in einer qualitativ ansprechenden und differenzierten Form.
  Von der Gruppe der Jugendlichen wird behauptet, daß sie sich vom Fernsehen abwendet und den Audiomedien zuwendet. Die Studie „Massenkommunikation", durchgeführt von Frau Kiefer und Herrn Berg, hat in den 90er Jahren belegt, daß diese Behauptung nicht zutrifft. Die Studie belegt, daß Jugendliche nach wie vor intensive Fernsehzuschauer bleiben. Ein Grund dafür mag darin liegen, daß das Fernsehen quasi ein selbstverständlicher Bestandteil des Alltags geworden ist. Sicherlich ist die Hinwendung zum Fernsehen aber auch eine Folge der Ausdifferenzierung der Inhalte. Fernsehen kann heute ebenfalls die Musikbedürfnisse, die Jugendliche haben, hervorragend erfüllen. Musiksender, sowohl deutschsprachige als auch englischsprachige, übernehmen die Funktion, die früher das Radio hatte. Als Forscher beobachten wir bereits gespannt das Medium „Internet": Was wird dieses Neues bewirken?

An dieser Stelle möchte ich ein kleines Mißverständnis korrigieren: Das Internet ist natürlich kein Medium wie das Fernsehen. Es ist zunächst einmal eine Infrastruktur, über die inhaltlich durchaus dem Fernsehen vergleichbare Prozesse stattfinden können. Das vielleicht wirklich Revolutionäre am Internet ist, daß es die Trennung zwischen einzelnen Medien aufheben kann (Stichwort „Multimedia"). Es wird interessant sein, zu beobachten, wie der Rezipient sich im Internet verhält, wenn er tatsächlich durch einen einzigen Mausklick zwischen allen möglichen sehr unterschiedlichen Medienformen hin und her springen kann: vom gelesenen Text zum Fernsehangebot zum interaktiven Spiel und so weiter. Der Rezipient, der auch bislang schon lästig genug war, wird noch lästiger werden, weil er über immer größere Flexibilität verfügt, weil er von Situation zu Situation immer unterschiedlicher handeln kann.

Die Schlußfolgerung für diese Mesotrends lautet: Wir wissen in der Forschung relativ viel über Mediennutzung von Personen und Gruppen. Spätestens seit den Nutzenuntersuchungen wissen wir auch einiges über die Funktionen der Medien. Ein Forschungsbedarf besteht jedoch hinsichtlich der unterschiedlichen Situationen, in denen sich die Mediennutzer bewegen. Das heißt, daß die Forschung relativ schnell und gut denjenigen erfaßt, der zu Hause ein Medium nutzt. Dagegen ist immer noch vergleichsweise wenig bekannt, was in sehr unterschiedlichen Situationen stattfindet und welche Prozesse bei der mobilen Nutzung von Medien ablaufen. Dies ist eine Frage, die auch die Industrie gerne beantwortet hätte, weil sie dann noch besser wüßte, wie sie in Zukunft mobile Telefone vielleicht sogar für Fernsehempfang einsetzen kann. Bis dahin dürfte noch einige Zeit vergehen. Ich bin in jedem Fall der Meinung, daß sich manches auflöst, was sich Strategen, Forscher und Anbieter als dramatisch vorstellen, daß nämlich der Computer an die Stelle des Fernsehens tritt. Wenn man berücksichtigt, wo die Menschen welches Medium nutzen, dann stellt man fest, daß der Fernseher im Wohnzimmer steht und der Computer in der Regel im Arbeitszimmer. Zudem zeigt sich, daß es sich hierbei um zwei unterschiedliche Nutzungssituationen handelt, wobei die eine nicht durch die andere ersetzt werden kann. Wenn mit mehreren Personen zusammen ein Medium genutzt wird, dann ist es eine Art Fernseher. Ob dies in der Zukunft immer noch der klassische Fernsehempfänger mit Bildröhre sein wird oder ein Großbildschirm, der mit einer Projektion versehen ist, ist eine andere Frage. Der PC wird in absehbarer Zeit wahrscheinlich nicht durch den Fernseher mit Großbildschirm ersetzt werden, weil dann ganz einfach keine Rede ist von einer dialogischen Situation im klassischen Sinne. Man wird dann doch immer noch die „intime Nähe" bevorzugen, und ich fürchte, daß das für manche sogar im wörtlichen Sinne intim ist, mit einem viel kleineren „körperlichen" Abstand zum Monitor. Mit anderen Worten, die Situation der Mediennutzung scheint mir noch eine der wichtigen Fragen der Medienforschung zu sein, zumal sie für das verfügbare Zeitbudget ganz zentral ist.

4. Der Wandel der Mediennutzung auf der Mikroebene

Zu den Mikrotrends der Mediennutzung läßt sich folgendes anmerken: Es müssen entwicklungspsychologische Aspekte genauer betrachtet werden. Zu den kindlichen Entwicklungsstufen liegen eine Reihe von abgesicherten Erkenntnissen vor, die alle Medien einbeziehen.

Bereits Kleinkinder und Babys finden Medien faszinierend. Dies bedeutet nicht, daß sie zu diesem Zeitpunkt schon serienfähig wären oder daß Programme für sie gemacht werden müßten, selbst wenn eine solche Idee in Japan einmal erwogen - und soweit ich weiß - sogar umgesetzt wurde. Was hier stattfindet, ist, daß ein Kleinkind auf sensorische Reize reagiert. Das heißt, wenn etwas flackert oder wenn laute Geräusche zu hören sind, wird ein Reflex angeregt, der bereits existiert. Kleinkinder können sogar schon mit Fernbedienungen umgehen, und sie können sich damit die Reize „heranholen", die ihnen besonders gut gefallen.

Auf diesem Gebiet der inhaltlichen Verarbeitung kann man feststellen, daß ein Vorschulkind allmählich beginnt, sich die Welt selbst zu eigen zu machen, und die Macht, die Kontrolle, die es hat, auszuprobieren. Aufgrund dessen wählt ein Vorschulkind besonders gerne diejenigen Medienangebote aus, die ihm das Gefühl vermitteln, diese Kontrolle über die Umwelt in irgendeiner Weise zu unterstützen: Phantasieangebote, Zeichentrickfilme und alles, in das sich ein Kind hineinversetzen kann. Den öffentlich-rechtlichen Programmanbietern ist in diesem Kontext ein Kompliment für ihre Kindersendungen zu machen. Diese Sendungen stellen oftmals auch Offerten dar, die Anreize zum Lernen geben. Wird etwas von Kindern gelernt, vergrößert dies den Einfluß, den ein junger Rezipient auf die Umwelt hat. Folglich werden Programme wie „Die Sendung mit der Maus" und „Sesamstraße" weiterhin sehr gerne von Kindern gesehen. Dabei muß nochmals hervorgehoben werden, daß das Interesse für solche Programme nur dann geweckt wird, wenn auch die Phantasie angesprochen wird.

Bei den Schulkindern sehen wir im weiteren Lebensverlauf, daß vor allem die Geschlechtsrollen zunehmend wichtiger werden. Es beginnen die Ausdifferenzierungen in Jungen und Mädchen. Die Jungen mögen die Actionshows und zeigen diese Vorliebe auch noch als Erwachsene. Bei den Mädchen besteht dagegen ein viel stärkerer Trend, sich Shows und Sendungen mit sozialer Thematik anzusehen.

Bei den Jugendlichen kann man schließlich eine Hinwendung zum anderen Geschlecht beobachten. Und was ist in diesem Zusammenhang geeigneter als der Gebrauch von Musik? Ein Beispiel hierfür ist das Tanzen. Auch auf der physiologischen Ebene kann man sagen, daß die Hinwendung zur Musik und zu der sie umgebenden Welt, zu den Stars und so weiter, ebenfalls entwicklungspsychologische Gründe hat. Zugleich hat die Identifikation mit der gleichen Altersgruppe, siehe „Gute Zeiten, Schlechte Zeiten", in dieser Altersgruppe zwangsläufig eine wichtige Funktion. Man wendet sich vom Vorbild der Eltern ab und dem der gleichen Altersgruppe zu.

Die Gruppe der Erwachsenen verfügt über die breiteste Angebotspalette von Sendungen im Fernsehen, vermutlich deshalb, weil sie zugleich die beste „Lobby" hat. Erwachsene nutzen diese Auswahlmöglichkeiten.

Die Älteren sehen sich alle Typen von TV-Angeboten an, selbst Kindersendungen. Ob dies mit dem Inhalt der Kindersendungen zusammenhängt, oder ob die Älteren nur zufällig auch derartige Programme anschauen, ist unklar.

Ein weiterer, bezogen auf die Mikrotrends in der Mediennutzung sehr interessanter Aspekt ist die Tatsache, daß neben der aktiven Zuwendung, dem inhaltlichen Auswählen, für bestimmte Altersstufen und Lebensperioden auch Rituale beziehungsweise Gewohnheiten existieren. Manche Medienverhaltensweisen bleiben über lange Zeiträume konstant, weil sie lediglich einem Ritus folgen. In Deutschland könnte man vom „Werner Höfer-Effekt" sprechen. Werner Höfer, der die Woche strukturierte, der glaubwürdig war, der immer wieder genau zur gleichen Uhrzeit, über Jahrzehnte hinweg, erschien. Die Forscher sprechen von dem sogenannten „mere exposure effect". Man nehme zum Beispiel jemanden, der nicht sehr aufregend ist, und präsentiere ihn nur lange genug dem Publikum; irgendwann mag man ihn schon aus dem Grund, daß er so zuverlässig ist, daß er immer wiederkommt und daß er dadurch Vertrauen schafft.

Gewöhnung ist ein ebenfalls wichtiges Moment. Das Fernsehen hat durch seine Ausdifferenzierung, durch die Selbstverständlichkeit, die es im Laufe der Zeit erlangte, auch eine intensive Entzauberung erfahren. Es gab Zeiten, in denen es in einem Dorf ausreichte, mit einem Fahrzeug mit der Aufschrift eines Senders aufzutauchen, und man war sofort umringt. Auch wenn jemand nur ein Kabel ausrollte, war man damit im Grunde schon in der Nähe von Hollywood. Demgegenüber ist heute das Fernsehen weitgehend entzaubert worden, es ist einfach nicht mehr so etwas Besonderes. Dies zeigt sich auch daran, daß die Sender heute - zum Teil jedenfalls - ihrem Saalpublikum schon hinterherlaufen müssen, es zum Teil sogar bezahlen.

Schließlich komme ich auf das Beispiel vom Anfang zurück. Sättigung spielte eine Rolle! Sport 7, ich hatte das niederländische Beispiel erwähnt, zeigt, daß Interesse nicht linear verläuft. Wenn ein großes Interesse für ein Thema vorhanden ist, werden nicht immer auch mehr Informationen über dieses Thema real nachgefragt. Es wäre ein großer Fehler, einen Automatismus zu unterstellen. Es kann sein, und das muß von Fall zu Fall immer wieder erneut überprüft werden, daß ein noch größeres Angebot Entspannungseffekte hat: Ich kann ja jederzeit Informationen zu diesem Thema „haben", also muß ich es nicht gerade jetzt einschalten.

Der letzte Aspekt innerhalb meiner Betrachtung der Mikrotrends in der Mediennutzung sind die Mikro-Mikroprozesse. Es wird auch von anderen konstatiert, unter anderem auch von Frau Noelle-Neumann, daß die hirnphysiologischen Untersuchungen mit zu den spannendsten der Medienforschung gehören. Ich möchte dies unterstützen: Meines Erachtens liegt hier noch ein großes Potential für die Forschung. Es geht unter anderem darum, die physiologischen Prozesse noch genauer zu analysieren, den für den Programmplaner so wichtigen Aufmerksamkeitsverlauf zu beachten und, auch dies wurde vom amerikanischen Forscher Dolf Zillman eingeführt, das sogenannte „mood-management". Das heißt, Medien können selbst körperliche Prozesse einleiten oder zumindest eine Balance herstellen.

5. Fazit und Ausblick

Ich habe in meinem Vortrag Makro-, Meso- und Mikrotrends getrennt angesprochen, doch spielen diese natürlich alle zusammen und es gibt eine dauernde Wechselbeziehung zwischen ihnen. Makrotrends verändern die Medienumwelt. Dadurch gibt es ausdifferenzierte und veränderte Funktionen bei den Nutzern und dies geht einher mit Mikroprozessen. Diese sind umgekehrt wieder die Grundlage für die Akzeptanz von Medien. So müssen wir eigentlich - dies wird ja auch in systemischen Ansätzen sehr deutlich betont - von einer ständigen Wechselbeziehung zwischen den genannten Aspekten sprechen.
Ich will ein kurzes Beispiel aus einer eigenen Studie erwähnen. Wir haben für die UNESCO eine weltweite Studie mit 5.000 zwölfjährigen Kindern in zwanzig Ländern durchgeführt. Es handelte sich hierbei um Länder, die repräsentativ waren für alle Weltkulturen und für alle technologischen Entwicklungsstände, von Angola über Tadschikistan, Brasilien, Indien, Japan, Südafrika bis hin zu den Niederlanden und Deutschland. In der Studie wurde folgendes festgestellt. Physiologisch gesehen gibt es Mikrotrends: das Bedürfnis nach sensorischer Stimulation. *Thrill-Seekers*, *Sensation-Seekers* sind Fachbegriffe, die nie wirklich adäquat übersetzt worden sind. In jedem Fall geht es hier um das Bedürfnis, sich „prickeln" zu lassen, sich aufregen zu lassen. Dies scheint mit einer starken genetischen Komponente einherzugehen. Nun sehen wir bei unserer Untersuchung, daß es in der Tat in jeder Kultur große Unterschiede bei diesem *Sensation-Seeking gibt*. Zugleich wird auch ersichtlich, daß die Abstände zwischen Stark- und Schwach-Thrill-Interessierten pro Kultur gleich sind, daß aber die Relation zwischen den einzelnen Kulturen in Abhängigkeit von der Intensität der digitalen Umwelt, der technologischen Umwelt dieser Kinder variiert. Und dies ist interessant, denn dort, wo sehr viele Medien zu finden sind, wo Länder technologisch hoch entwickelt sind, bleiben die Abstände zwischen den einzelnen Typen innerhalb des Landes immer noch gleich, aber die absoluten Werte sind viel höher als in den weniger entwickelten Ländern. Dies ist ein Beispiel dafür, daß wahrscheinlich die genetisch disponierte Hinwendung zum Medium zusammen mit einer veränderten Medienumwelt zu einer neuen Verhaltensweise führt.
  Für die Zukunft wird es weitere neue Bereiche geben, die für den Rezipienten und die Rezipientenforschung von Interesse sind. Es werden vor allem folgende Fragen wichtig werden: Wie konstituieren Medien in Zukunft Gruppen? Welche Identitäten werden in Zukunft durch Medien vermittelt? Man

könnte hier verkürzt formulieren, daß bis vor 200 Jahren das Wort „Identität" im Alltagsleben eigentlich kaum eine Rolle gespielt hat. Man wurde als Bauernsohn geboren oder als Adligensohn. Das blieb man in der Regel auch bis zum Tod. Durch die industrielle Revolution, durch die neue Technologie wuchs später die Mobilität, im wörtlichen wie im übertragenen Sinne. Daraus entstand der Entwicklungsroman des neunzehnten Jahrhunderts, der - siehe Stendhals „Rot und Schwarz" - sozialen Aufstieg beschrieb. Heute stehen wir vor der Situation, in der die Identität des Rezipienten, scheinbar oder tatsächlich, von Sekunde zu Sekunde immer wieder neu wählbar ist. Ich bin der Meinung, daß hier ein ganz neuer Rezipienten-Forschungsbereich geöffnet wird, der über philosophische, der über Marktaspekte und mit Sicherheit über empirische Aspekte verfügt.

Nicht erst durch das Internet werden immer mehr Rezipienten zum aktiven Teil des Mediensystems, sie tauchen in Talkshows oder in Games auf. Verschwindet der reine Rezipient? Meines Erachtens nicht. Dazu ist Passivität viel zu schön, trotz des Spruchs: „Fernsehen machen ist toll, schade nur, daß es auch noch ausgestrahlt wird."

Teil 2
Buchrezeption

Buchproduktion und Leserinteressen in Westdeutschland seit 1945

von Hans Altenhein

Die Beziehungen zwischen der Buchproduktion und den Leserinteressen sind keineswegs so direkt und zeitgleich, wie es der Titel dieses Vortrags glauben machen könnte. Weder folgt das Leserinteresse zwangsläufig der Buchproduktion, noch ist die Buchproduktion ein vollkommener Reflex der Leserinteressen. Viele Neuerscheinungen tauchen unter, ohne die geringste Spur im zeitgenössischen literarischen Leben zu hinterlassen, dafür werden alte Bücher plötzlich wieder modern. Wissen wir, wie viele Leser ihre Lektüre nicht aus der aktuellen Verlagsproduktion beziehen, sondern aus den akkumulierten Beständen der Bibliotheken, aus ihren privaten Büchersammlungen oder gar aus dem Antiquariat? Und denken wir daran, welche Schriftsteller ihr Publikum erst in der Nachwelt finden werden - sie, die ursprünglichen Produzenten der Literatur? Bücher sind dauerhaft. Im Unterschied zu verderblichen Konsumwaren ist ihr Verfallsdatum unbestimmt. Gerade eine historische Betrachtung muß solche Ungleichzeitigkeiten im Auge behalten. Trotzdem ist ein schwer darstellbarer Zusammenhang zwischen Buchproduktion und Leserinteresse anzunehmen. Sagen wir: Beide Bereiche durchdringen einander.

Und noch eine andere Vorbemerkung scheint angebracht. Buchproduktion wie Leserinteresse erstrecken sich auf grundsätzlich alle Gebiete des kulturellen Spektrums, Wissenschaft wie Unterhaltung, Literatur wie Lebenspraxis. Was veranlaßt uns, die Literatur als repräsentativ zu betrachten? Haben sich nicht in der wissenschaftlichen Kommunikation im letzten Jahrzehnt sehr viel einschneidendere Veränderungen vollzogen, als in der literarischen? Wenn hier trotzdem die literarische Buchproduktion und die literarische Lektüre allein verfolgt werden, dann in der Annahme, daß sie als Indikatoren für Zusammenhänge dienen können, die über sie hinausweisen.

Zur Sache: Es ist inzwischen keine Neuigkeit mehr, daß das Kriegsende im Frühjahr 1945 nur in einem Punkt als absoluter Termin gelten kann: Die Waffen schweigen. Das gilt auch für das kulturelle Leben in Deutschland, denn nun ist es nicht mehr lebensgefährlich, von der verordneten Linie der Kulturpolitik abzuweichen oder ihr auch nur im Wege zu stehen. Aber außer den Paradigmen des literarischen Lebens ändert sich sonst nicht viel. Die Informationskontrolle der vier Besatzungsmächte unterbindet jede Freizügigkeit, der Betrieb von Verlagen und Buchhandlungen unterliegt ab sofort der Lizenzierungs- und Konzessionierungspflicht, Bibliotheken werden gesäubert, Autoren mit Publikationsverbot belegt, jede Art von Vervielfältigung ist genehmigungspflichtig. Das gemeinsame Ziel der alliierten Literaturpolitik heißt Entnazifizierung und Demokratisierung, aber bald ist zu erkennen, daß in den vier Besatzungszonen sehr unterschiedliche Vorstellungen von seiner Verwirklichung herrschen, und daß die jeweiligen Kulturoffiziere sehr unterschiedliche Literaturkonzepte verfolgen. So teilt sich, nach einer kurzen und illusionären Phase gesamtdeutscher Gespräche über die Zonengrenzen hinweg, die kulturelle Entwicklung in Ost- und Westdeutschland spätestens ab 1947. Auch wenn es dann im Laufe der kommenden Jahre und Jahrzehnte gerade im Literaturbetrieb merkwürdige Durchlässigkeiten und untergründige Beziehungen geben wird, ist eine getrennte Betrachtung, jedenfalls bis 1990, unvermeidlich.

Zur schlechten Kontinuität gehört auch, daß die Mangel- und Zuteilungswirtschaft der Kriegsjahre sich bis 1948 fortsetzt, so daß die Probleme der Buchbranche über den Mai 1945 hinaus unverändert fortbestehen. Auch von einer auffälligen Kontinuität der Leserinteressen wird zu reden sein. Aber hier wie dort sehen wir auch Abweichungen in Ost und West.

In Westdeutschland lassen sich vier Entwicklungsperioden unterscheiden. Die erste, von 1945 bis 1948, zeigt das Bild eines vielfach und rigoros beschränkten Literaturangebots, dem eine Übernachfrage nach Lesestoff gegenübersteht. Die zweite Periode, von 1949 bis etwa 1965, bringt eine Normalisierung dieses Ausnahmezustands, auch das Ende mancher Bequemlichkeiten, und eine deutliche Entkoppelung und Zerstreuung der Lesebedürfnisse. Die dritte Periode, von 1966 bis zum Beginn der achtziger Jahre, bringt eine widersprüchliche Bewegung: Kommerzialisierung des Buchmarkts und Politisierung seiner Adressaten. Die vierte und gegenwärtige Periode schließlich wird bestimmt durch die lange unterschätzten Distributionskräfte des Buchhandels, und durch den paradoxen Effekt, daß Bücher als Sekundärmedium erfolgreich sind.

Die erste Periode: 1945 bis 1948

Zwischen 1945 und 1947 wurden in den vier Besatzungszonen über 600 Buchverlage lizensiert, davon fast 550 allein in den Westzonen. Da viele Altverleger politisch nicht akzeptabel erschienen, traten neue, unbelastete (aber oft genug auch unerfahrene) Lizenzträger auf. Allerdings gab es auch Mißgriffe. So hätte in Hamburg um ein Haar der ehemalige Buchkonzern der Deutschen Arbeitsfront, die Hanseatische Verlagsanstalt, ihre Zulassung bekommen, und in München ging im Winter 1945 die erste amerikanische Verlagslizenz an Kurt Desch, den früheren Mitarbeiter von Parteiverlagen und seinen *arisierten* Zinnen-Verlag. Mancher belastete Altverleger schickte unbelastete Lizenzträger vor, während Exilverleger wegen der fehlenden Auslandsverbindungen zunächst nicht im Besatzungsgebiet tätig werden konnten.

So beherrschen gute Absichten und die Kunst der Papierbeschaffung einen beträchtlichen Teil der Buchproduktion. Art und Zahl der Neuerscheinungen, aber auch die Höhe der Druckauflagen unterlagen der Kontrolle durch die Besatzungsbehörden, oft genug ausgeübt von zuvor exilierten Fachleuten, wie dem Wiener Buchhändler Dr. Felix Reichmann. Das begrenzte den verlegerischen Wagemut, und so sehen die grauen, broschierten Textsammlungen und Kleinschriften von Stifter, Tieck und Grillparzer, mit denen beispielsweise der neugegründete Stahlberg Verlag in Karlsruhe in den Jahren 1946 und 1947 aufwartet, nicht viel anders aus, als die Feldpostausgaben solcher Texte während des Krieges.

Eigentlich nur zwei Verlage lassen die Hand erfahrener und der neuen Situation gewachsener Leiter erkennen: der Berliner Suhrkamp Verlag (vormals S. Fischer) und der zunächst von Stuttgart aus operierende Ernst Rowohlt Verlag unter Heinrich-Maria Ledig, dem Sohn des Verlegers. Während Suhrkamp ein anspruchsvolles literarisches Programm entwickelt und 1947 mit Hermann Kasacks mythologisierendem Zeitroman „Die Stadt hinter dem Strom" auf die Schrecken der Vergangenheit verweist, präsentiert der jüngere Ledig-Rowohlt seine Antwort auf das Lesebedürfnis der überlebenden Deutschen. Sie heißt „Rowohlts-Rotations-Romane" und bietet für fünfzig Pfennig im ungehefteten Zeitungsformat Romane der Weltliteratur: Hemingway und Joseph Conrad, Tucholsky und Andre Gide, Jack London und Erich Kästner und Pliviers „Stalingrad"-Roman und „Das siebte Kreuz" von Anna Seghers. Diese Romanzeitungen erscheinen in einer Auflage von 100.000 Exemplaren und werden den Buchhändlern aus der Hand gerissen. Sie sind die Taufpaten der späteren rororo-Taschenbücher. Und sie sind ein Lichtblick in der weitverbreiteten Erbauungsliteratur dieser Jahre. Dabei fehlen diesen Zeitungsdrucken auf billigstem Papier alle Merkmale des Buchmediums - um von seiner Aura nicht zu reden. Sie sind weder regalgeeignet, noch alterungsbeständig, noch irgendwie sehenswert. Sie sind bloßer Lesestoff. Von den 25 Nummern, die zwischen 1946 und 1949 erscheinen, stammen die meisten aus dem Rechtevorrat von Vorkriegsverlagen, der Rest vom alten Rowohlt Verlag. So gehört die überwiegende Zahl der Titel zum Repertoire der Literatur von vor 1933, achtzehn haben ausländische Verfasser, nur vier sind Neuerscheinungen aus den letzten vier Jahren.

Dieser Erfolg ist um so erstaunlicher, als in diesen Mangeljahren das „gute Buch" eine Wunschprojektion darstellt. Das gilt nicht nur für die gerettete Insel-Ausgabe von Goethes „Faust" mit ihren Brandspuren, das gilt auch für den bald marktbeherrschenden Kurt Desch Verlag, der unter der stolzen Devise „Restitutio hominis" antritt. Restitution, Wiederherstellung eines alten

Zustandes, ist ein Hoffnungswort. Die noch weitgehend unveränderten Reste privater Bücherbestände, die unverkennbare Anwesenheit so lange angesehener oder wenigstens tolerierter Schriftsteller wie Rudolf Alexander Schröder, Hans Grimm oder Ernst Wiechert, die kaum bemerkte Abwesenheit von Autoren wie Franz Werfel, Vicky Baum oder Oskar Maria Graf lassen die Illusion entstehen, es ginge nun um nichts anderes, als die Wiederherstellung der Lesegewohnheiten aus der Vorkriegszeit. Noch immer heißen die Lieblingsautoren Hesse, Binding und Carossa. Der Schriftsteller Horst Lange, Jahrgang 1904, hat das Problem schon in der Nummer 1/1947 der Zeitschrift „Der Ruf" benannt: Er sieht die Zukunft der Literatur in die Vergangenheit verlegt. „Bücher nach dem Krieg - es scheint, als seien die Städte umsonst zerstört." Nur vereinzelt gibt es Zeugnisse einer literarischen Moderne, wie Elisabeth Langgässers Roman „Das unauslöschliche Siegel" von 1946 oder die Neuausgabe von Canettis „Die Blendung" von 1948. Zeitschriften, wie „Das Lot" oder „Die Fähre" oder der Rundfunk mit seinen Literatursendungen sind da schon weiter, als die Buchproduktion.

Die zweite Periode: 1949 bis 1965

Mit der Währungsreform vom Sommer 1948, der damit verbundenen Liberalisierung des Warenverkehrs und mit der Aufhebung der meisten alliierten Kontrollrechte im Buch- und Pressewesen ab 1949, normalisieren sich die Beziehungen zwischen Literaturangebot und Literaturnachfrage. Kunstfreiheit und Gewerbefreiheit gehen nun eine scheinbar ideale Verbindung ein. Es ist nicht ohne Symbolkraft, daß 1949 der erste deutsche Bestseller der Nachkriegszeit erscheint, „Götter, Gräber und Gelehrte", der Roman der Archäologie von Ceram/Marek bei Rowohlt. Zwanzig Jahre später werden davon zwei Millionen Exemplare verkauft sein. Und ein Jahr danach beginnt dann, wiederum bei Rowohlt, der sich damit als der eigentliche Modernisierer unter den Nachkriegsverlegern erweist, die Ära der Taschenbücher. Das Kürzel „rororo", nun klein geschrieben, wird zum Markennamen. Ledig-Rowohlt kann dabei auf zwei Erfahrungen aufbauen. Die eine hat er gerade mit seiner Romanzeitung selbst gemacht. Die andere stammt aus dem Ausland. Seit den dreißiger Jahren gibt es in England die Penguin Books, und seit den vierziger Jahren breiten sich die Pocket Books in den USA aus. Von dort kommen sie in Gestalt der Armed Services Editions mit den amerikanischen Soldaten nach Europa, und mancher Deutsche macht seine ersten Leseerfahrungen mit amerikanischer Literatur in der Originalsprache über diese höchst improvisierten Nachdruck-Taschenbücher, die in den Räumen der Besatzungsarmee herumliegen.

Ledig benutzt 1949 die erste Möglichkeit zu einer Studienreise nach Amerika, um den dortigen Taschenbuchmarkt zu studieren. Dabei wird ihm klar, daß dieser Markt Kapitalkraft, Programmressourcen, Vertriebsorganisation und Marketingstärke voraussetzt. Also beschafft er ein Darlehen zur Vorfinanzierung der erheblichen Produktionskosten, engagiert Druck- und Vertriebsfachleute und mobilisiert die Rechtevorräte des eigenen Verlages wie die von potentiellen Lizenzgebern. Die Zeit der Improvisationen ist nun vorbei. Am 17.

Juni 1950 werden die ersten vier mit bunten Umschlägen versehenen RORO-RO-Taschenbücher ausgeliefert - vier bekannte und beliebte Titel von Hans Fallada, Graham Greene, Rudyard Kipling und Kurt Tucholsky. Zwei Jahre später folgt der S. Fischer Verlag mit seiner Fischer Bücherei, Ullstein und List, Goldmann und Heyne treten in den neuen Markt ein. 1965 ruft der französische Literatur-Soziologe Robert Escarpit die „Revolution des Buches" aus und meint damit den Massenmarkt der Taschenbücher.

Dreißig Jahre später muß man bezweifeln, daß diese Revolution je stattgefunden hat. Billige Buchreihen, die auf den Prinzipien von Standardisierung, rationeller Produktion und Markenwerbung beruhten, gab es auch früher schon, übrigens auch bei Fischer. Die besondere Konjunktur der Taschenbücher in der Bundesrepublik der fünfziger und sechziger Jahre - lange betrug die normale Erstauflage 50.000 Exemplare - hatte ihren Grund offenbar in der aufgestauten Lese- und Kaufbereitschaft der Nachkriegsbevölkerung, auch der zunehmenden Internationalisierung nach der Absperrung der Kriegszeit und der partiellen Öffnung während der Besatzungszeit, und sie hatte ihren komplementären Grund in den aufgestauten Rechtevorräten der Verlage. So konnte auch bei diesen der Eindruck entstehen, das Taschenbuch sei die Produktform der Zukunft schlechthin. Serien von Originalausgaben, wie das Fischer Lexikon oder Rowohlts deutsche Enzyklopädie, verdanken ihr Entstehen gerade diesem Optimismus. Mit ihrer Hilfe modernisieren die Taschenbuchreihen zumindest im Bereich der informativen Literatur, ihre Inhalte: Hugo Friedrichs „Strukturen der modernen Lyrik" erscheint in vierzigtausend Exemplaren im September 1956 in der Bundesrepublik Deutschland.

Während die Taschenbuchproduktion expandiert, setzt eine andere Strategie gerade auf Reduktion und Konventionalität des Angebots: Gemeint sind die in den fünfziger Jahren das Land überziehenden Buchgemeinschaften, die so erfolgreich operieren, daß sie in zwei Fällen zu wirtschaftlichen Kernen großer Konzerne werden. 1961 wird die Zahl der Buchgemeinschafts-Mitglieder in Westdeutschland auf vier Millionen geschätzt. Der traditionelle Buchhandel sieht in den herumreisenden Werbekolonnen der Buchgemeinschaften eine existentielle Bedrohung. Da die Ladenpreisbindung im Buchhandel sowohl das billige Taschenbuch wie die verbilligten Buchgemeinschaftsausgaben erlaubt (sie gelten als Produkte eines zweiten Marktes), hätte man zwischen beiden einen heftigen Preiswettbewerb erwarten können. Daß er ausblieb, liegt wohl daran, daß beide Angebotsformen auf verschiedene Lesegewohnheiten orientiert sind: Das der Taschenbuchverlage auf extensive und auch innovative Leser, das der Buchgemeinschaften mit ihren „Hauptvorschlagsbänden" auf eher intensive und traditionsgebundene Leser. Außerdem kommen die Buchgemeinschaften, bei allen Ausnahmen, dem Unterhaltungsbedürfnis deutlicher entgegen, als die ambitionierten Taschenbuchreihen.

Unterhaltung wird denn auch zum Hauptwort der Periode. Die fünfziger Jahre bescheren den Lesern eine Konjunktur der so lange in Deutschland problematisierten Unterhaltungsromane. (Ein prüfender Blick in die Lektürestatistiken der DDR zeigt übrigens eine ähnliche Tendenz.) Die Namen von Kirst,

Simmel oder Konsalik sind schon zu Beginn der fünfziger Jahre in aller Munde, der Illustriertenroman blüht auf und das noch florierende private Leihbücherei-System erleichtert den Lektürezugang. Verfilmungen verstärken die Publizität. (Die Besucherzahl der Kinos steigt zwischen 1945 und 1956 um mehr als das Fünffache.)

Ganz besonders erfolgreich bedient sich das Angebot an Unterhaltungslektüre eines buchhandelsfernen Mediums: Dem der von Presseverlagen herausgegebenen und über den Pressevertrieb flächendeckend verbreiteten Heftroman-Serien. In mehreren hunderttausend Exemplaren pro Woche kommen Perry Rhodan und Jerry Cotton, kommen all die Ärzte-, Liebes- und Kriegsgeschichten zu ihrem festen Leserstamm. Im Jahr 1971 erreicht diese Genre-Literatur eine Stückzahl von über 300 Millionen.

Es geht nicht an, diese Leserscharen über den Anhängern von Böll, Grass oder Siegfried Lenz zu vergessen - schon weil sich da ganz offenbar auch Schnittmengen ergeben. Daß die neue deutsche Literatur am Ende der fünfziger Jahre in Westdeutschland eine späte, aber nachdrückliche Präsenz zeigt, daß die Gruppe 47 erst jetzt zu einem bedeutenden Faktor des Literaturmarktes wird, ist unbestritten. Daß ihr aber auch ein gelegentlich aufflammendes Ressentiment begegnet, zeigt eine genauere Analyse der in diesen Jahren vergebenen Literaturpreise. Und immer noch ist die experimentelle, an Formproblemen interessierte Literatur die Sache kleiner Zirkel. Die Beispiele sind schnell aufgezählt: Alfred Andersch mit seiner kurzlebigen Zeitschrift „Texte und Zeichen" (1955 bis 1957) und seiner Buchreihe „studio frankfurt" (1952 bis 1953), Walter Höllerer mit seinem Lyrikbuch „Transit" (1956) und der schon 1954, noch nicht dreißigjährig verstorbene Verleger, Herausgeber und Übersetzer Rainer Maria Gerhardt mit den „fragmenten".

Die dritte Periode: 1966 bis 1978

Die Aura des „guten Buches", die als Faktor im deutschen Bildungskanon eine wichtige Rolle gespielt und sich über zwei Weltkriege hinweg im Insel-Verlag so beispielhaft materialisiert hatte, verflüchtigt sich nun zusehends. Das hat seine Gründe in zwei Bewegungen der sechziger Jahre, die, scheinbar gegenläufig, in Wirklichkeit eng aufeinander bezogen, die Einstellung zum Medium verändern: gemeint ist die Kommerzialisierung des westdeutschen Literaturmarktes und die Politisierung seiner Adressaten. Schon 1958 und revidiert 1962 hatte Hans Magnus Enzensberger unter der Überschrift „Bildung als Konsumgut" die Taschenbuch-Produktion als Exempel einer neuen Bewußtseinsindustrie vorgeführt, detailliert in der Kritik der wirtschaftlichen Interessen, und zugleich fasziniert von den publizistischen Möglichkeiten. Tatsächlich erlebt das Verlagswesen jetzt eine Welle der Firmenkonzentrationen. Die Mischkonzerne Bertelsmann und von Holtzbrinck aquirieren immer weitere Buchverlage und kombinieren sie mit Druckereibetrieben, Taschenbuchverlagen, Buchgemeinschaften, Presseerzeugnissen und Bild- und Tonträgern zu ganzen Verwertungsnetzen. Um den Verlag Langen-Müller herum entsteht die Verlagsgruppe Fleißner, die zeitweise sogar mit Ullstein teilfusioniert. Das Verlagswesen beginnt sich nach ausländischem Vorbild zu industrialisieren. Aber auch die auf politische und ökonomische Kritik und Analyse gerichtete Literatur findet ihre verlegerischen Operationsbasen: 1965 gründet Enzensberger sein „Kursbuch" im Suhrkamp Verlag. Die sich schnell verschärfende Opposition gegen den hergebrachten Literaturbetrieb bedient sich der hergebrachten Publikations- und Distributionsmittel, das gilt nicht zuletzt für die innerbetriebliche Kritik der sogenannten Literaturproduzenten. Und das gilt auch für die Interessenvertretung der Autoren. 1972 erscheint - in einem Konzernverlag - der „Autorenreport", der auf das zunehmende Mißverhältnis zwischen der Verwertungsindustrie und den Urhebern verweist. 1973 beschließt der Verband deutscher Autoren den Beitritt zur Industriegewerkschaft Druck und Papier.

Es ist interessant zu beobachten, wie im Schatten der neuen Großbetriebe nun eine Fülle kleiner und kleinster Verlage entsteht, deren literarische Kompetenz sich meist umgekehrt proportional zu ihrer Kapitalkraft verhält. Einer von ihnen, der Verlag Roter Stern, dringt ins Allerheiligste der Verlegerzunft vor und unternimmt eine historisch-kritische Hölderlin-Ausgabe (1975). Das literarische Leben wird dadurch erheblich bereichert, und es erfährt eine weitere Anregung durch die trotz aller Hindernisse auf dem Lizenzweg einströmende Literatur aus der DDR. Es ist erstaunlich genug, wie die unter anderen Lebenserfahrungen entstandenen Bücher von Christa Wolf, Volker Braun oder Irmtraud Morgner ohne Umstände in die Literaturzirkulation der Bundesrepublik eingeführt, rezensiert, gelesen und zu Gegenständen des öffentlichen Unterrichts gemacht werden - als sei, nach einem Wort von Grass, Deutschland ein literarischer Begriff. Das Befremden setzt erst ein, als die Grenze fällt. Kein Zweifel: Es herrscht in diesen Jahren eine Konjunktur des Büchermachens und des Bücherlesens. Und wie bei jeder Konjunktur, zeigen sich auch erste Anzeichen von Überanstrengung. In den großen Verlagen vermindert der Verwertungsdruck den Vorrat an Buchrechten schneller, als neue Bücher geschrieben werden. Das merken die von Lizenzen abhängigen, bisher so florierenden Buchgemeinschaften, das merken ebenfalls die Taschenbuchverlage. Während die einen versuchen, mit immer höheren Aufwendungen ihren Mitgliederbestand wenigstens zu halten, expandieren die anderen immer weiter, wobei die Erstauflagen sinken - von anfänglich 50.000 auf 20.000 und 10.000, die Beschaffungskosten steigen und die Ladenpreise anziehen. Immerhin ist zu den Taschenbuchunternehmen der Gründerjahre 1961 noch der bedeutende Deutsche Taschenbuch Verlag hinzugekommen, und sind Anfang der siebziger Jahre noch neue Reihen bei Suhrkamp, Insel und Luchterhand entstanden. Ein Verdrängungswettbewerb ist unvermeidlich.

Den Vorteil der aufgeregten Zeiten haben die Leser. Die Bestsellerlisten zeigen jetzt ein weites Spektrum von Literatur, von Hildegard Knef und Erich von Däniken über Eric Malpass zu Günter Grass, Erika Runge und Günter Wallraff.

Die vierte Periode: 1979 bis heute

Mit dem ersten großflächigen Buchkaufhaus im Herzen der Stadt München eröffnet der Buchhändler Heinrich Hugendubel 1979 zugleich auch eine neue Ära. Der vertreibende Buchhandel, lange Zeit als vom Verlag abhängige sekundäre Sparte verkannt, entwickelt jetzt seine eigene Marktmacht und läßt sie in Großbuchhandlungen, Filial- und Franchise-Ketten sowie in Direktvertriebsunternehmen wie „2001" und später „Weltbild" deutlich sichtbar werden. Aus der traditionellen Angebotsstärke der Verlage wird die Nachfragestärke der Großvertreiber und Zentraleinkäufer. Aus den unverkauften Resten der Überproduktion entwickelt sich ein zweiter Markt, der unter der freundlichen Bezeichnung „Modernes Antiquariat" erfolgreich mit Niedrigpreisen operiert, und der bald von Spezialverlagen, die alte und neue Nachschlagewerke, Kinderbücher und Kunstliteratur billig produzieren, mit Nachschub versorgt wird. Neben das übliche Novitätenangebot tritt so das Recycling ruhender Buchrechte. Die Bücherfreunde gewöhnen sich daran, große Buchhandlungen durch Stapel von Sonderangeboten hindurch zu betreten, um sich dann einem zahlenmäßig beträchtlichen Angebot präsenter Titel aus der laufenden Produktion gegenüber zu sehen: mit der Rolltreppe durch die Bücherwelt. Dies gilt übrigens auch in einem geographischen Sinn, denn die Belletristik wird nun mehr und mehr international, etwa ein Drittel besteht derzeit aus Übersetzungen. Davon wiederum stammen 75 Prozent aus dem englischen Sprachbereich, aber auch die kleineren Literatursprachen, wie die schwedische, niederländische oder polnische sind zahlreich vertreten. Der Horizont ist erweitert, aber die literarische Orientierung ist erschwert. Spontankäufe sind die naheliegende Reaktion.

Es sei denn, ein Buchtitel ist bereits auf anderem Wege ins Gespräch gekommen. Tatsächlich beziehen immer mehr Bücher ihre Inhalte und ihre Publizität nicht aus sich selbst, sondern aus dem Fernsehen, der Musikszene, dem Computerwesen oder dem Kino. Der Bogen reicht von Klassikerausgaben aus Anlaß einer Verfilmung (Joseph Conrad, Jane Austen) über Filmbücher („Jurassic Park"), Seriengeschichten („Akte X") und Bücher von TV-Stars (zum Beispiel Ulrich Wickert) bis zum „genialen Buch zum genialen Ei". Selbst unabhängige Literatur, wenn sie in Talkshows des Fernsehens behandelt wird, erscheint wie ein Folgeprodukt der Fernsehunterhaltung. Der Bedeutungsverlust des Buchmediums ist in solchen Fällen unverkennbar: es wird zum Sekundärmedium und ist nur als solches erfolgreich.

Mit derartiger Diversifikation um jeden Preis antwortet das Verlagsgewerbe, nach einer kurzfristig wirksamen Marktbelebung durch die Vereinigung beider deutscher Staaten, auf die gewachsene Nachfragemacht des Handels. Die Programme explodieren - jeder macht alles - alte, oft schon erloschene Verlage werden reaktiviert, neue Beteiligungsfirmen und Imprint-Verlage ohne eigene Rechtsnatur treten im Dutzend auf, neue Taschenbuchreihen werden gegründet und Taschenbuchverlage begeben sich in das Geschäft mit gebundenen Büchern. Eine Scheinkonjunktur verstärkt die schon lange beklagte Überproduktion. Aber je mehr produziert wird, um so entschlossener wählt der Handel aus dem Verlagsangebot aus. Die Lebensdauer von Neuerscheinungen verkürzt sich auf wenige Monate, der Rückfluß aus dem Buchhandel in die Verlagslager nimmt zu.

Der fatale Zirkel von Überproduktion und Lagerbereinigung muß sich selbst regeln. Danach ist eine Rückbesinnung auf die 19,6 Prozent der Befragten einer Erhebung aus dem vorigen Jahr zu erwarten, die erklärten, daß sie „besonders gerne Bücher lesen". Hier ist ganz offensichtlich nicht das Sekundärmedium „Buch" gemeint, auch nicht eine Kulturtechnik „Lesen", mit der man im Leben weiterkommt, sondern die affektive Lektüre von Literatur. Darin zeigt sich das Buch als ein prinzipiell offenes Medium, das erst im Kopf seiner Leser wirksam wird, dort, wo Phantasie und Erinnerung ihren Sitz haben. Was Rowohlt für die Leser von Nabokov tut, Luchterhand für die von Ernst Jandl oder Hanser für die von Lars Gustafsson, gehört in das Reich der immateriellen Wertschöpfung für Leser. Produktion und Rezeption gehen hier ineinander über. Da sind wir wieder am Kern der Sache.

Die literarische Massenpresse und ihre Leser
Frühe Rezeptionsforschung zum Verbrauchsbuch im Nachkriegsdeutschland

von Patrick Rössler

Der Siegeszug der literarischen Massenpresse im Nachkriegsdeutschland, wie ihn die beeindruckenden Verkaufszahlen der Taschenbuchverlage dokumentieren, geht unmittelbar auf das „Experiment Zeitungsroman" des Rowohlt Verlages zurück. Dies gilt inzwischen als der „einzig bekannte und durchweg gelungene Versuch, mit anspruchsvoller, kritischer zeitgenössischer Literatur Massenwirkung zu erzielen".[1] Höchst verblüffend erscheint aus heutiger Sicht allerdings die Tatsache, daß der Verlag das enorme Wagnis der in hoher Auflage hergestellten Rotationsdrucke ohne verläßliche Daten aus der Marktforschung einging. Im Nachhinein gibt der Erfolg Heinrich-Maria Ledig-Rowohlt und seinem Vater Ernst recht, wenngleich den Befürwortern ihrer *Verbrauchsbücher* eine nicht geringe Zahl selbsternannter Literaturästheten gegenüberstand, für die die Kommerzialisierung des Literaturguts „Buch" eine „ausgesprochene Kulturschande" (so Johannes Binkoswki) bedeutete,[2] und die Bücher nur als seriöse Edition im Leinenband akzeptieren wollten.

Diesem Stimmungsbild setzten die Rowohlts ihre verlegerische Erfahrung entgegen, sie verließen sich auf ihr Fingerspitzengefühl im Umgang mit Autoren und Lesern gleichermaßen. Das Abenteuer der Rowohlt-Rotations-Romane (RORORO) - eng bedruckte Zeitungsseiten, ungeheftet ineinandergelegt und ohne festen Einband - begann als unternehmerisches Vabanquespiel, denn das Produkt war auf dem deutschen Buchmarkt noch ohne Vorbild, und eine systematische Rezeptionsforschung lag seinerzeit aus mehreren Gründen noch in weiter Ferne: Zum einen war das Umfragewesen seinerzeit zwar aus den USA bekannt, in Deutschland aber kaum verbreitet, und das Marketing steckte noch in seinen Kinderschuhen. Andererseits machten die infrastrukturellen Probleme im besetzten und geteilten Land eine systematische Datenerhebung quasi unmöglich, und zudem schränkte die generelle Materialknappheit der gebeutelten deutschen Volkswirtschaft den Handlungsspielraum für jede Initiative empfindlich ein.

Erstaunlicherweise sind aus der Frühzeit der literarischen Massenauflagen jedoch qualitative Daten erhalten geblieben, die nicht nur einen vielsagenden Einblick in die *Buchrezeption* jener Mangeljahre gewähren, sondern gleichzeitig die Progressivität des Rowohlt Verlags im Bereich des *Buchmarketing* belegen. In einer verlagsinternen Studie wurden 1948 eintausend Leserzuschriften systematisch ausgewertet und typische Passagen exemplarisch dokumentiert.[3] Bei der Stichprobe handelt es sich somit um ein selbstselektiertes Sample, weshalb die Ergebnisse sicher nicht als repräsentativ für das damalige Lesepublikum betrachtet werden können - auch wenn der Verlag selbst der Ansicht war, „durch die Höhe der Zahl sind tausend Briefe wohl geeignet, als Spiegel der allgemeinen Lesermeinung zu gelten."[4] Ungeachtet dessen liefert dieses Material heute wertvolle Einsichten in die Motive und Nutzungsweisen eines Massenpublikums. Zwar bedauern die Herausgeber, daß diesem einzigartigen Fundus keine standardisierte Fragebogenaktion zugrundeliegt, wie sie die „Rundfragen des Gallup-Institutes so ausgezeichnet fundieren",[5] aber die Erhebung läßt sich methodisch zumindest als halbstandardisiert begreifen: Ausgangspunkt für die große Zahl an Zuschriften war nämlich eine gezielte Leseransprache innerhalb der ersten vier Rotationsromane vom Dezember 1946. In einem in der Buchhandelsgeschichte wohl singulären Kommunikationsprozeß zwischen dem Verlag und den Rezipienten[6] wurden diese in der Rubrik namens „Bitten an die Leser" explizit dazu aufgefordert, das Konzept des Verbrauchsbuchs in offener Form zu evaluieren.[7] Die Redaktion formulierte hier eine Reihe von Fragen, die sich auf die folgenden vier Erkenntnisdimensionen verdichten lassen:

- grundsätzliche Beurteilung des RORORO-Konzepts
- Zukunftsperspektive des Verbrauchsbuchs (Notlösung oder Dauerzustand)
- Beurteilung der publizierten Autoren und ihrer Werke
- Erwartungen an die zukünftigen Inhalte des RORORO-Programms.

Insgesamt erreichten den Verlag nach eigenen Angaben bis zum März 1947, dem Erscheinungstermin des fünften RORORO, mehr als zweitausend Zuschriften,[8] von denen die ersten tausend Briefe in den Erfahrungsbericht einflossen. Im folgenden sollen einige Befunde dieser verschollenen Pionierarbeit der Rezeptionsforschung zur literarischen Massenpresse verdeutlichen, wie das neue *Massenmedium* von seinem Publikum aufgenommen und in das Alltagsleben integriert wurde. Die vorliegende Ausarbeitung verknüpft quantitative Auszählungen auf deskriptivem Niveau und exemplarische Auszüge aus den Zuschriften. Als Datenquelle diente der erwähnte hektographierte und vervielfältigte Rechenschaftsbericht des Verlags; das Originalmaterial stand für eine Reanalyse leider nicht mehr zur Verfügung, da das komplette Archiv des Rowohlt Taschenbuchverlags bei einem Brand in den sechziger Jahren vernichtet wurde.[9]

Der Erfahrungsbericht über RORORO (1948)

Ein erster Blick auf die eintausend Zuschriften gilt der soziodemographischen Zusammensetzung der Stichprobe (vergleiche Tabelle 1).[10] Drei Viertel der Verfasser waren laut Absenderangabe männlich, ein Viertel weiblich. Diese Relation erschien den Interpretatoren der Daten von 1948 angesichts des damaligen Frauenüberschusses in der Bevölkerung befremdlich; ihre voreilige Folgerung, daß die Frauen nun nicht mehr wie in früheren Zeiten die größere Masse der Leser stellen würden, stützt dies jedoch nicht. Vielmehr läßt sich lediglich feststellen, daß Frauen unter den Briefschreibern unterrepräsentiert sind, was eher auf Hintergrundvariablen zum Schreibverhalten (Bildung, Literalität, Rollenverständnis und so weiter) verweist. Für 46 Prozent der Zuschriften sind Berufsangaben verfügbar, die einen solchen Bias belegen: Über die Hälfte der identifizierbaren Verfasser waren Akademiker oder Lehrer, weitere 14 Prozent professionell mit Sprache beschäftigt (Buchhändler, Journalisten, Verleger, Autoren). Angestellte, Arbeiter, Selbständige und Kriegsgefangene sind deutlich unterrepräsentiert, selbst wenn sie sich zu einem erheblichen Teil unter den 540 nicht identifizierbaren Berufsangaben verbergen sollten.

Die grundsätzliche Beurteilung des RORORO-Konzeptes fiel laut der vorliegenden Quellen ausnehmend positiv aus, denn es wurde nur in zwanzig Briefen (zwei Prozent) grundsätzlich abgelehnt. Die tatsächliche Qualität dieses Anteilswerts läßt sich retrospektiv nur schwer abschätzen - insbesondere, da die zugrundeliegende Codiervorgabe nicht offengelegt wurde. Aus den Zahlenangaben läßt sich jedoch erschließen, daß alle, die sich nicht ausdrücklich als grundsätzliche Gegner des Plans zu erkennen gaben, als positive Zuschrift gewertet wurden. So verwundert nicht, wenn die zeitgenössischen Bearbeiter der Studie folgerten, „daß der Verlag das Recht hat, die Richtigkeit und den Wert seines Unternehmens als durch die öffentliche Meinung bestätigt zu empfinden."[11] Dabei handelte es sich aber um eine im Grunde genommen unnötige nachträgliche Legitimation der Vorgehensweise, denn die Abstimmung an der Ladentheke hatte Rowohlt längst für sich entschieden: Schließlich waren zum Zeitpunkt, als die Studie erschien, bereits mindestens eine Million Zeitungsromane den Händlern (teilweise binnen Stunden) aus der Hand gerissen worden.

Tabelle 1: Leserzuschriften nach Beruf und Geschlecht

Beruf	Zuschriften gesamt (n=1000)	davon: Anteil Männer	davon: Anteil Frauen	Zuschriften mit Berufsangabe (n=460)
Akademiker, Lehrer	24,3	93	7	53
Buchhändler, Verleger, Journalisten, Autoren	6,5	74	26	14
Kaufleute, Arbeiter, Angestellte	5,8	79	21	13
Jugendliche, Studenten	8,7	86	14	19
Kriegsgefangene, Internierte	0,7	100	0	1
Ohne Angabe	54,0	70	30	-

Quelle: Erfahrungsbericht über RORORO (1948), Reanalyse von Tabelle 1, S. 10.

Die erhaltenen Statements spiegeln die Euphorie, mit der das deutsche Lesepublikum den frischen Wind nach dem literarischen Vakuum des Dritten Reichs begrüßte.

„Es ist vielleicht kein Zufall, daß mein jahrelanger Wunsch jetzt, durch die Not der Zeit bedingt, in Erfüllung geht. Womit ich das Erscheinen Ihrer Rotationsromane meine. [...] Zweifellos gehört das Werk des Autors dem Volke und der breiten Masse, nicht aber nur einzelnen, die sich den Luxus leisten können, für einen Roman acht bis zehn Reichsmark zahlen zu können."

„Gute Lektüre darf nicht Reservat der besitzenderen Kreise sein. Die breite Masse der Minderbemittelten soll sich ohne nennenswerte Opfer von kärglichem Lohn ordentlichen Lesestoff kaufen können ..."

Diese und zahlreiche ähnliche Zuschriften spiegeln den Einfluß von Reeducation- und Demokratisierungsprogrammen; nicht zufällig wurden die Rotationsromane zuerst in der amerikanischen und britischen Zone lizensiert und (noch wichtiger) mit den erforderlichen immensen Papierkontingenten bedacht. Daß die äußere Form der Zeitungsromane dabei sehr bescheiden und mit seinen schier endlosen Bleiwüsten alles andere als lesefreundlich war, wurde überwiegend toleriert, und dies nicht nur mit Blick auf die Mangelsituation jener Zeit. Von 222 Zuschriften zu diesem Aspekt betrachtet lediglich achtzig (36 Prozent) die RORORO als Notlösung, die Mehrheit von 142 Verfassern (64 Prozent) hält die Idee für dauerhaft tragbar, und diese Zustimmung erfolgt unabhängig von deren Beruf und Bildung.

„Die Rotationsdrucke sind keine Notlösung bloß vorübergehender Natur, weil die Not in den nächsten zehn Jahren die Signatur des Lebens sein wird. Natürlich könnten Papier und Druck allmählich verbessert werden, aber zum gebundenen Roman zurückzukehren, ist kein Anlaß vorhanden. Das deutsche Publikum muß dazu gebracht werden, broschierte Romane als den Regelfall hinzunehmen ..."

Interessant erscheint bei Durchsicht der Zuschriften, daß vielen Lesern anscheinend durchaus klar war, daß Verbrauchsbücher und gebundene Bücher nicht zwangsläufig ein Gegensatzpaar bilden müssen. Sie verweisen zum Teil auf eine Funktionsdifferenzierung, die komplementäre Nutzungsbedürfnisse befriedigt:

> *„Ich für meinen Teil würde [...] insofern eine Zukunftsmöglichkeit sehen, als man zunächst für das Geld, für das man früher [...] einen Roman kaufen konnte, nun zwölf bis fünfzehn Werke lesen kann. Aus diesen kann ich mir den heraussuchen, der mir am besten gefällt, dem ich den höchsten literarischen Wert zuerkennen werde, und diesen kaufe ich mir dann in einer wirklich schönen und brauchbaren Ausgabe."*

Diese Unterscheidung zwischen einem Verbrauchsbuch und dem „richtigen" Buch sollte bis weit in die Taschenbuchära hinein die Wahrnehmung der Rezipienten prägen. In Umfragen Ende der fünfziger Jahre bezeichnete zwar immerhin rund die Hälfte der Personen auch das Taschenbuch als „richtiges" Buch – aber immerhin 37 Prozent noch nicht.[12]

Die Geburtsstunde der Verbrauchsliteratur moderner Prägung: Rowohlts-Rotations-Romane.

Links: Ernest Hemingway, „In einem andern Land"; rechts: Joseph Conrad, „Taifun" (beide erschienen im Dezember 1946).

Geht man von der Rezeption des Konzepts „Zeitungsroman" über zur Rezeption der jeweiligen Inhalte, so dominieren unter den ausgewiesenen Zuschriften wiederum die positiven Beurteilungen (vergleiche Tabelle 2). Kommentiert wurden die bis dato erschienenen vier Bände „In einem andern Land" von Ernest Hemingway, „Schloß Gripsholm" von Kurt Tucholsky, „Der große Kamerad" von Alain-Fournier und „Taifun" von Joseph Conrad. Diese Titel waren bereits vor dem Krieg entstanden und in Deutschland erhältlich, es handelte sich also nicht um die „Schubladenliteratur" der Autoren der sogenannten „inneren Emigration", und genauso wenig um Werke junger deutscher Autoren (die auch im weiteren Programm, obwohl von den Initiatoren ausdrücklich vorgesehen, kaum vertreten waren).[13]

Tabelle 2: Bewertung der ersten vier Rotationsromane nach Geschlecht
Angaben in Prozent

Titel	Zuschriften gesamt	davon positiv	davon negativ	Männer positiv	Männer negativ	Frauen positiv	Frauen negativ
Ernest Hemingway, „In einem andern Land"	325	74	26	75	25	67	33
Kurt Tucholsky, „Schloß Gripsholm"	347	74	26	74	26	74	26
Alain-Fournier, „Der große Kamerad"	239	86	14	85	15	87	13
Joseph Conrad, „Taifun"	115	90	10	89	11	91	9

Quelle: Erfahrungsbericht über RORORO (1948), Reanalyse der Tabellen S. 13-21.

Negativurteile waren innerhalb einer Zuschrift meist nur zu einem Autor anzutreffen, und nur eine der tausend Zuschriften äußerte sich negativ zu allen vier Werken. Es erstaunt, daß mit Ausnahme des Hemingway-Titels quasi kein Unterschied in der Beurteilung durch männliche beziehungsweise weibliche Verfasser festzustellen ist, die Anteilswerte sind nahezu identisch. Über alle Titel hinweg liegt der Anteil positiver Rückmeldungen zwischen 74 und neunzig Prozent, wobei allerdings weder klar ist, nach welchen Regeln die Klassifizierung erfolgte, noch, wie mit abwägenden Zuschriften verfahren wurde. Da die euphorischen Stimmen (zum Beispiel durch die Verlagspropaganda) bereits hinreichend Verbreitung gefunden haben, sollen im folgenden überwiegend die eher kritischen Stellungnahmen näher beleuchtet werden.

Aus Platzgründen können diese einzelnen Leserreaktionen nur exemplarisch anhand des Buches von Hemingway[14] dargestellt werden - dem umstrittensten Titel unter den ersten vier Bänden, der aufgrund (1) der literarischen Konfrontation des Lesers mit dem Kriegserlebnis und (2) seines erotischen Realismus nicht nur sehr viele, sondern auch sehr widersprüchliche Zuschriften erhielt.[15]

Der noch frische Eindruck der Kriegsgreuel führte vielfach zur Ablehnung von Hemingways Band, der sehr anschaulich und unverblümt den Alltag im Felde beschreibt. Daß Vergangenheitsbewältigung seinerzeit oft mit Vergessen-wollen und Zur-Ruhe-kommen gleichgesetzt wurde (ein Kapitel sollte abgeschlossen werden und bleiben), illustriert die Zuschrift eines Kriegsheimkehrers:

> „Wenn man auch als Landser die Kriegsjahre hindurch das Landserdeutsch ungeniert gebraucht und all das, was das Milieu des Landsers bedeutet, bis auf die Hefe mit ausgekostet hat, so sträubt sich doch einiges in mir, wenn ich das, was wir unter Männern [...] erlebt haben, heute in Friedenszeit als erbauliche Lektüre vor die Nase gesetzt bekomme und daran denke, wie nicht nur ich, sondern andere, meine Frau, alte Damen und junge Mädchen, diese Geschichte lesen. Haben wir nicht als Landser es als eine Wohltat empfunden, als wir wieder in die häusliche Umgebung eintauchten, daß wir nun eine saubere Scheidung zwischen dem verflossenen Landserleben und den heimatlichen Bürger- und Väterpflichten, auch schon in der Sprache betreiben konnten? Und ist es nicht gut so, daß eine solche reinliche Trennung von Kriegsgebräuchen und Friedenslebensart angestrebt wird [...]?"

Duktus und Wortwahl lassen unschwer erahnen, daß wohl zunächst befürchtet wurde, die Schilderungen zum Beispiel von Bordellbesuchen, Saufgelagen und Techtelmechteln mit Krankenschwestern könnten eine Diskussion über das moralische Verhalten der Landser auf die öffentliche Tagesordnung setzen, womit sehr schnell auch der einzelne Kriegsteilnehmer in seinem persönlichen Umfeld einem Rechtfertigungsdruck unterläge. Was blumig als „reinliche Trennung" umschrieben wird, bedeutet hier nichts anderes als der Ruf nach dem Mantel des Schweigens. Ganz anders argumentiert eine weibliche Zeitzeugin, die nicht aufgrund des eigenen schlechten Gewissens, sondern wegen ihrer traumatischen Erfahrungen jede Erinnerung an die gerade vergangene Epoche auslöschen wollte:

> „Voll Entsetzen sträubte sich erst alles in mir, sollen wir, die wir zwei Kriege hinter uns haben, denn nie vergessen dürfen, sollen wir nie zur Ruhe kommen dürfen, muß uns der Schriftsteller immer wieder die Seele ängstigen mit den Höllenbildern des Krieges? Man sollte doch die ganze Kriegsliteratur, sofern sie wertvoll ist, in Archive einsperren und erst nach zwanzig Jahren den heute noch Ungeborenen als ernstes Menetekel zu lesen geben."

Auch der erwähnte zweite Aspekt, nämlich die relative Freizügigkeit Hemingways bei der Schilderung der sexuellen Erlebnisse seiner Protagonisten, entzweite das Lager der Rezipienten. Exemplarisch seien hier die Reaktionen zweier Frauen gegenübergestellt, die die entsprechenden Passagen vollkommen unterschiedlich wahrgenommen und weiterverarbeitet haben. Zunächst Frau Else Brinkmann aus Düsseldorf, die sich von der Offenheit augenscheinlich vor den Kopf gestoßen fühlt und keinesfalls zur weiteren Diffusion des Bandes beitragen will, obwohl es seinerzeit üblich war, die Rotationsromane von Hand zu Hand wandern zu lassen:

> „Ich bin eine Frau, aber alles andere als prüde, aber das hat mich angewidert! - Sehen Sie - dieses Buch möchte ich keinesfalls besitzen - noch weiterempfehlen. [...] Ansonsten gibt's so viele sehr schöne Liebesgeschichten, daß man derartige triebhafte Erlebnisse nicht braucht - auch wenn sie von Amerika kommen..."

Dagegen schreibt Annelore Hupp aus Düsseldorf:

> „Ich bin begeistert! Im übrigen haben ich und mein Freund das Wort ‚hemingwayen' in unseren Sprachschatz aufgenommen, wir beide wissen gleich, was das bedeutet, wenn wir davon reden, wissen Sie es auch? Es ist gar nicht schwer. Drucken Sie noch recht viel. Bevorzugen Sie Leute, die auch schon einmal Worte gebrauchen, die ein junges Mädchen von 1946 nicht gebraucht..."

Neben der eher unschuldigen Hinwendung zum Erotischen, die dieser Leserbrief dokumentiert, belegt er gleichermaßen, wie der Zeitungsroman in diesem Fall eine Artikulationsfunktion erfüllt hat und dadurch die interpersonale Anschlußkommunikation prägt. Diesen Einfluß auf den Sprachgebrauch sollte der Rowohlt-Verlag mit dem Aufkommen der Taschenbücher noch verstärken; so war es beispielsweise lange Zeit Usus, den Markennamen „RORORO" als Synonym für das Taschenbuch generell zu benutzen.

Die Begeisterung der jugendlichen Schreiberin wurde vom Katholischen Deutschen Frauenbund ganz und gar nicht geteilt. Der Kommentar von deren Vorsitzenden verweist bereits auf die im Wirtschaftswunderdeutschland gängige Praxis selbsternannter Moralwächter, sich lautstark zu Hütern der gültigen gesellschaftlichen Moralvorstellungen zu proklamieren:

> „Im Namen von vielen Frauen muß ich aufs allerentschiedenste gegen die Veröffentlichung und Verbreitung protestieren. [...] Die Erziehung unserer Jugend zu edlen, sittlich gefestigten deutschen Menschen, die aus christlichem Geiste leben, ist unser größtes und wichtigstes Anliegen und wir müssen uns dagegen wehren gegen solche sogenannte Literatur, die diese Aufgabe nicht nur erschwert, sondern schwer gefährdet."

Die Konsequenzen dieser Haltung waren bis weit in die sechziger Jahre hinein zu spüren, wovon die Indizierung zahlreicher literarischer und filmischer Erzeugnisse auf Antrag vermeintlich oder tatsächlich gesellschaftlich relevanter Gruppen zeugt.

Abschließend seien vier weitere Zuschriften referiert, in denen unterschwellig noch braunes Gedankengut durchschimmert. Unmittelbare nazistische Propagandatöne finden sich in den abgedruckten Beiträgen zwar nicht, dafür aber mehrfach Anklänge an völkische und antisemitische Argumentationsmuster:

„Daß die Gedanken junger Männer, zumal des Südlandes, sich mit der Weiblichkeit befassen, ist uns nicht verwunderlich. [...] Wohltuende Zuneigung in unserem Sinne erkennt man nicht." (zu: Hemingway, „In einem andern Land")

„Ohne Zweifel entspricht der Roman den Menschen des französischen Mittelmeeres. [...] Aber, verehrter Herr Rowohlt! In unserer heutigen, des überlieferten, gesellschaftlichen und geschlechtlichen Rahmens baren Zeit wirkt diese Vorstellung bestimmt auflösend und zersetzend auf die jüngere Bevölkerung. [...] Die Zügellosigkeiten, die aus einer solchen Lektüre in unserer bildungslosen Zeit erwachsen können, sind für unsere nördlichen Zonen eben immer Zügellosigkeiten, während sie im Süden oft verständlich bleiben." (zu: Thyde Monnier, „Die kurze Straße")

„Meines Erachtens hätte man ,Schloß Gripsholm' ruhig auf dem Scheiterhaufen lassen sollen, auf dem es 1933 gelandet ist." (zu: Kurt Tucholsky, „Schloß Gripsholm")

„Nicht selten wird daran [„Schloß Gripsholm"; d. Verf.] die Betrachtung geknüpft, ,Da lob ich mir das Dritte Reich, jetzt sieht man erst, wie recht die Reichsschrifttumskammer hatte mit dem Verbot des jüdischen Schrifttums.' Die so sprechen, sind aber keineswegs nur verkappte Nationalsozialisten." (Bericht eines Buchhändlers über die Kundenreaktionen auf Kurt Tucholsky, „Schloß Gripsholm")

Es sei allerdings nochmals betont, daß im vorliegenden Kontext verstärkt auf die kritischeren Stimmen eingegangen wurde, die im Erfahrungsbericht des Rowohlt Verlages eher geringen Raum einnehmen. Denn insgesamt fanden die Rotationsromane unter den Briefschreibern breite Zustimmung - die allerdings aus analytischer Sicht wenig Aufschlußreiches vermittelt, da sie im wesentlichen die hinlänglich bekannten Werbe- und PR-Argumente des Verlages spiegelt (zum Beispiel die Demokratisierung der Lesekultur, Aufbau einer preisgünstigen und platzsparenden Bibliothek, intellektueller Nachholbedarf, Förderung moderner Autoren und so weiter).[16]

Die beeindruckende Detailfülle, mit der die Verfasser der Briefe ihre persönliche Rezeptionssituation schilderten (und die alle ein Antwortschreiben erhielten), erfüllte für den Verlag allerdings noch einen anderen Zweck als die bloße Stärkung der Leserbindung. Gleichzeitig bildete die genaue Kenntnis der Zielgruppe, ihrer Motive und ihrer Vorlieben eine Grundlage für die bis heute erfolgreiche Programmplanung des Verlags - das Kommunikationsmittel „Bitten an die Leser" ging über in ein wirkungsvolles Marketinginstrument.[17]

RORORO und seine Folgen für die Literaturrezeption

Mehrere Stellungnahmen der Leser zur Zukunft der Zeitungsromane verweisen auf das Marktpotential, das sich dem Verbrauchsbuch in seiner bis heute gültigen Form als Taschenbuch eröffnen sollte. Beispielsweise schreibt ein Ad. Schmitt (Regensburg), *„selbst, wenn erst einmal wieder Ware und entsprechendes Einkommen vorhanden sind, werden Tausende dankbar sein, sich viele Neuerscheinungen (und Neuauflagen) auf billigem Wege zu ihrem normalen Büchereinkauf hinzu genehmigen zu können".*[18]

Die Rotationsromane haben im Nachkriegsdeutschland die Rezeptionsbedingungen für massenhaft verbreitete, industriell gefertigte Literatur geprägt. In Zeiten wirtschaftlicher Not entzauberten sie für viele Menschen das Buch von seinem Image der Hochkultur, und spätestens mit den Taschenbüchern (die in Layout und Herstellung nur unwesentlich seriöser anmuteten) wurde der Gedanke „Inhalt vor Form" endgültig salonfähig.[19]

Zutreffend stellte Enzensberger Ende der fünfziger Jahre nämlich fest, daß der Massencharakter eines Buches den literarischen Wert des Textes nicht berührt - daß das Taschenbuch jedoch in der Lage ist, in die Soziologie des Lesens, den „geistigen Umsatz der Gesellschaft" einzugreifen.[20] Beispielsweise waren von dem 1955 erstmals erschienenen „Tagebuch der Anne Frank" (Fischer Bücherei Band 77) bis 1982 über 1,8 Millionen Exemplare verkauft. Dieser Titel ist gleichzeitig ein Best- und ein Longseller, denn nach einer Spitzenmarke von 350.000 Verkäufen im Jahr 1957 wurden seither regelmäßig um die 50.000 Stücke abgesetzt.[21] Und selbst ausgenommene „Schlechtseller" der großen Verlage fanden immer noch zumindest 10.000 Käufer.[22] Wenngleich die große Auflage des Mediums „Taschenbuch" beziehungsweise dessen weite Verbreitung keine Gewähr für eine proportionale publizistische Wirksamkeit bietet, schlossen Beobachter aus den glänzenden Verkaufsergebnissen der Literatur als industriellem Serienartikel dennoch euphorisch, daß eine der großen Erwartungen an das neue Medium bestätigt würde, nämlich in der Bevölkerung als eine Art „Volkswagen des Literaturbetriebs"[23] neue Leserschichten zu erreichen.

Erste Marktstudien dämpften jedoch diese Hoffnung jäh: Im Frühjahr 1959 waren unter den Taschenbuchlesern nach einer Untersuchung des Instituts für Demoskopie Allensbach[24] (im Vergleich zur Gesamtbevölkerung) überproportional häufig jüngere, besser gebildete Menschen in Großstädten mit leitenden Berufen und höherem Einkommen vertreten. Obwohl dennoch jeder zweite Taschenbuchleser nur die Volksschule besucht hat und gut zwei Drittel den einfachen Schichten angehören, hat das Taschenbuch auch nach Ansicht von Buchhändlern nur in geringem Umfang den „Mann von der Straße" in die Buchläden geführt.[25] Einerseits kam wohl jeder potentielle Buchkäufer ebenso wie jeder tatsächliche Besucher einer Buchhandlung auch als potentieller Taschenbuchkäufer in Frage; andererseits bilanziert Platte 1965, „daß der Käuferkreis für Taschenbücher beschränkt und darüber hinaus ziemlich geschlossen ist. Es ist dem Taschenbuch zwar gelungen, einen bestimmten Käuferkreis zu erschließen. Dieser Kreis konnte aber offenbar nicht im Ausmaß der Neuerscheinung von Reihen einerseits und der erhöhten Zahl von Titelpublikationen andererseits entsprechend erweitert werden."[26]

Jean-Paul Sartre bemerkte deswegen nicht ohne Polemik, „die Revolution durch das Taschenbuch ist nur technologischer Art. Keineswegs hat sich dadurch der Kreis des traditionellen Lesepublikums erweitert. Es sind nach wie vor die Wohlhabenden und Mittelklassen, die Bücher kaufen."[27] In seinen Spekulationen über die tatsächliche Käuferschicht des Taschenbuchs vertrat Enzensberger die These, daß sich im Taschenbuch eine ganz bestimmte soziale Schicht ihren Büchertyp geschaffen hat, und zwar die neue Mittelklasse: konsumfreudig und geistig wie materiell vollständig von den Riesenapparaten abhängig, die sie selbst bediente, gehörte zu ihrem Lebenszuschnitt der eigene Kleinwagen, der Supermarkt, das Taschenbuch. „Die Langweiligkeit ihrer privaten und beruflichen Existenz, ihr Hunger nach sozialem Prestige und ihre Scheu vor jedem Risiko machen diese Schicht zum idealen Ausbeutungsobjekt der Kulturindustrie. [...] Diese Schicht wird jedes Buch kaufen, vorausgesetzt, daß seine Auflage hoch genug ist. Der geringe Verkaufspreis versichert die Käufer gegen das materielle, die hohe Auflagenziffer gegen das geistige Risiko, das der Kauf eines Buches einschließt."[28] Obgleich spätere Befragungen diese Befunde zunächst bestätigten[29] und erst gegen Ende der sechziger Jahre eine gewisse Trendumkehr zu verzeichnen war, wird der Einfluß der billigen Lektüre deshalb als überwiegend positiv eingeschätzt, weil auf diese Art „der junge Mensch, früher erst der Käufer von morgen, so schon heute zum treuen Stammkunden einer Buchhandlung"[30] avancierte.

Keinesfalls durften Taschenbuch*käufer* jedoch mit Taschenbuch*lesern* gleichgesetzt werden, zumindest nicht hinsichtlich des einzelnen erworbenen Buches.[31] Der Trend zur Anlage von Sammlungen wurde durch die durchnummerierten Taschenbuchreihen noch gefördert.[32] Manche Beobachter vermuteten später gar, daß über die Hälfte der Taschenbücher ungelesen blieb, und ein weiteres Viertel bestenfalls angeblättert wurde, dann in den Bücherschrank wanderte, aber keinesfalls verbraucht oder weggeworfen wurde: „Fortan ist es möglich, daß ein Buch in riesiger Auflage gedruckt und verkauft wird, ohne im Bewußtsein des Publikums eine Spur zu hinterlassen."[33] Eine nicht repräsentative Befragung von Platte hatte 1965 ergeben, daß nur rund ein Drittel aller gekauften Taschenbücher auch ganz gelesen wird (Ausnahme: die Kriminalromane mit 91 Prozent). Dieser Archivierungsdrang der Käufer wurde von den Buchherstellern gar nicht so gerne gesehen, wie eine Rowohlt Verlagsmitteilung aus dem Jahre 1954 belegt: „An den Leser des RORORO-Taschenbuchs sei die Bitte gerichtet, es nach dem Lesen nicht bei sich zu behalten und in die Bibliothek zu stellen und dort mumifizieren zu lassen. Geben Sie es weiter, an junge Menschen, Studenten, Arbeitslose!"[34]

In seiner treffenden Analyse verdeutlicht Gollhardt, daß das Bildungsbedürfnis der Nachkriegszeit nichts mehr gemein hatte mit der „Partizipation am Unvergänglichen", wie sie noch kanonisch im 19. und angehenden 20. Jahrhundert verstanden wurde. An dessen Stelle war ein umfassendes Informationsbedürfnis getreten - die Neugier auf das, was inzwischen geschrieben worden war, und das lange frustrierte Bedürfnis nach frischer Unterhaltung. Erwägungen wie der zu erwartende Prestigenutzen für die Teilnahme am gesellschaftlichen Informationskreislauf und die interpersonale Kommunikation mit anderen Lesern gewannen an Bedeutung.[35] Das Medium „Taschenbuch" hat dabei „die Buchideologie durchbrochen, die das Buch als Gegenstand fetischiert und damit seinen Inhalt heiligt. [...] Diese verändernde Wirkung dürfte das Resultat der Offenheit dieses Mediums für nahezu jeglichen Inhalt sein und seiner Eigenschaft, diesen Inhalten mit bisher nicht gekannter Konsequenz Warencharakter zu verleihen."

Anmerkungen:

[1] Ziegler, Edda: Rowohlts-Rotations-Romane 1946 - 1949. Eine Programmanalyse. In: Estermann, Monika/Edgar Lersch (Hg.): Buch, Buchhandel und Rundfunk 1945-1949. Wiesbaden 1997. S. 125-136, hier S. 136. Die Entstehungsgeschichte der Rotationsromane kann hier aus Platzgründen nicht weiter ausgeführt werden; statt dessen sei weiterhin verwiesen auf den Beitrag von Hans Altenhein im vorliegenden Band sowie: Rössler, Patrick: Rowohlts Rotationsdrucke im Zeitungsformat. Eine kommentierte Bibliographie. In: Macht unsere Bücher billiger! Die Anfänge des deutschen Taschenbuchs 1946 bis 1963. Bremen 1994, S. 128-131; ders.: Revolution mit Leinenfalz: Fünfzig Jahre Taschenbuch in Deutschland. In: Frankfurter Allgemeine Magazin Nr. 874, 29. November 1996, S. 72-74.

[2] Zit. nach Halter, Martin: Der Volkswagen des Literaturbetriebs. In: Stuttgarter Zeitung Nr. 136, 16. Juni 1990, S. 50.

[3] Vgl. Erfahrungsbericht über RORORO. Verbunden mit einer Analyse von 1.000 Leserbriefen. Hamburg, Stuttgart 1948 (im folgenden: RORORO). Ausgewählte Passagen nachgedruckt in: Macht unsere Bücher billiger! (Anm. 1), S. 32-54.

[4] RORORO, S.2.

[5] ebd.

[6] Vgl. diese Einschätzung von Ziegler, Edda: RO-RO-RO und seine Leser. Zur Entstehungs- und Rezeptionsgeschichte von Rowohlts-Rotations-Romanen. In: Estermann Monika/Michael Knoche (Hg.): Von Göschen bis Rowohlt. Beiträge zur Geschichte des deutschen Verlagswesens. Wiesbaden 1990, S. 282-306, hier S. 295.

[7] Vgl. zum Beispiel Bitten an die Leser! In: Alain-Fournier: Der große Kamerad. Hamburg u.a. 1946 (gleichlautend in den übrigen drei Rotationsromanen vom Dezember 1946).

[8] Vgl. Bitten an die Leser! In: Thyde Monnier: Die kurze Strasse. Hamburg, Stuttgart 1947.

[9] Vgl. Patrick Rössler: Aus der Tasche in die Hand. Rezeption und Konzeption literarischer Massenpresse: Taschenbücher in Deutschland 1946-1963. Karlsruhe 1997, S. 19.

[10] Vgl. hier und im folgenden RORORO, S. 10ff.

[11] RORORO, S. 10.

[12] Vgl. Fröhner, Rolf: Das Buch in der Gegenwart. Gütersloh 1961, S. 52f., 142f. Meistgenannte Gründe waren der mangelhafte Einband, überhaupt Format und Aussehen; Momente des Sozialprestiges spielten beim Buchkauf eine wichtige Rolle, gebundene Bücher seien „geschmackvoller", ein „Schmuck für die Wohnung", sähen „wertvoller" aus.

[13] Vgl. Ziegler (Anm. 7), S. 289.

[14] Hemingway, Ernest: In einem andern Land. Hamburg, Stuttgart: Rowohlt 1946. Erste deutsche Ausgabe Berlin 1930.

[15] Für eine ausführlichere Analyse der Zuschriften auch zu den übrigen drei Titeln vgl. Ziegler (Anm. 7), S. 299ff.

[16] Vgl. hier etwa Rössler (Anm. 10), S. 8f.

[17] Vgl. Ziegler (Anm. 7), S. 297.

[18] RORORO, S. 11.

[19] Vgl. hier und im folgenden Rössler (Anm. 10), S. 14f.

[20] Vgl. Enzensberger, Hans Magnus: Analyse der Taschenbuch-Produktion. In: Neue Deutsche Hefte, Teil I: Nr. 57/1959, S. 53-58; Teil II: Nr. 58/1959, S. 161-166; Teil III: Nr. 59/1959, S. 247 - 253; hier S. 56.

Teil 2: Buchrezeption 75

[21] Vgl. Gruhle, Uwe (Hg.): 25 Jahre Fischer Taschenbücher. Frankfurt: Fischer 1977, S. 21.
[22] Vgl. Gollhardt, Heinz: Das Taschenbuch oder Ende der Gemütlichkeit. In: Buchmarkt. 1/1971, S. 43-59, hier S. 53.
[23] Vgl. Halter (Anm.2), S. 50.
[24] Vgl. die Darstellung der Studie von Schmidtchen, Gerhard: Porträt eines literarischen Massenmediums. In: Fischer Almanach (75. Jahr). Frankfurt 1961, S. 147-154; hier S. 153.
[25] Vgl. Göpfert, Herbert G.: Bemerkungen zum Taschenbuch. In: Ginski, H. et al. (Hg.): Der deutsche Buchhandel in unserer Zeit. Göttingen 1961, S. 102-108; hier S. 106.
[26] Platte, Hans K.: Soziologie der Massenkommunikationsmittel. Analysen und Berichte. München, Basel 1965, S. 122; vgl. ebd., S. 137.
[27] Jean-Paul Sartre zitiert nach Muth, Ludwig: Auf der Suche nach dem lesenden Landmann. In: Sonderheft „Taschenbuch" des Börsenvereins des deutschen Buchhandels. 7. September 1977, S. 11-15; hier S. 11.
[28] Enzensberger (Anm. 21), S. 252.
[29] Vgl. zusammenfassend Muth (Anm. 28), S. 11-13.
[30] Mayer, Hans-Otto: Das Taschenbuch im Sortiment. In: Fischer Almanach (75. Jahr). Frankfurt 1961, S. 136 - 140; hier S. 137.
[31] Vgl. Platte (Anm. 27), S. 138f.
[32] Salomon, Ernst von: Hundert Bände. In: Was sie schreiben, wie sie aussehen. Hamburg 1954.
[33] Enzensberger (Anm. 21), S. 253.
[34] Salomon (Anm. 32), o.S.
[35] Vgl. hier und im folgenden Gollhardt, Heinz: Das Taschenbuch im Zeitalter der Massenkultur. Vom Bildungskanon zum „locker geordneten Informationschaos". In: Ramseger, G./W. Schoenicke (Hg.): Das Buch zwischen gestern und morgen. Stuttgart 1969, S. 122-132; hier S. 122.

Lesekultur im Wandel:
Vom „Leseland" zum Medienpluralismus

von Dietrich Löffler

Eine Rekonstruktion der Lesekultur in der DDR und ihres Wandels nach der Wende muß sich zuerst der besonderen literaturpolitischen Voraussetzungen und der gesellschaftlichen Rahmenbedingungen vergewissern, unter denen sie sich herausgebildet hat. Die Literatur und das Lesen entwickelten sich in der DDR nicht autonom, sondern waren Gegenstand einer dezidierten Kulturpolitik, die einerseits - in der Tradition der Bildungsbestrebungen der Arbeiterbewegung - die Literatur förderte, sie andererseits aber behinderte, weil sie die Literatur nur als Teil des Klassenkampfes gelten ließ.

Die jüngsten Studien zum Literatursystem der DDR[1] haben nun gezeigt, daß sich eine zentrale Steuerung, die in der Lage gewesen wäre, alle Komponenten des Literatursystems planmäßig zu lenken, nicht durchsetzen konnte. Kompetenzstreitigkeiten in der Partei- und Staatsführung und unterschiedliche literaturpolitische Auffassungen in den Führungsgremien der Partei verhinderten die Bündelung der Leitung in einer Zentrale. Damit war die Fremdsteuerung aber nicht aufgehoben, sondern äußerte sich in einer willkürlichen und widersprüchlichen Literaturpolitik.

Da die Buchproduktion und -distribution in hohem Maße ideologischen Zielen unterworfen war, also an den Bedürfnissen und Interessen der literarischen Akteure, der Verleger, Buchhändler, Bibliothekare wie Leser vorbei agierte, kam es zu Konflikten zwischen ihnen und den politischen Funktionären beziehungsweise zu differenzierten Gegenreaktionen vor allem der Leser, auch wenn man in weiten Strecken eine Übereinstimmung in den Grundwerten und eine Anpassung an die Tagespolitik unterstellen kann.

Die Geschichte des Lesens in der DDR ist aus der Interdependenz von Steuerungsabsicht und -schwäche, von Autonomiebestrebungen der literarischen Akteure sowie der daraus resultierenden strukturellen Probleme in der Organisation des Literatursystems zu erklären. Betrachtet man zunächst die wichtigsten kulturpolitischen Maßnahmen für die angestrebte Erhöhung des Leseniveaus, so ist an erster Stelle die lebenslange Lesesozialisation, beginnend im Kindergarten, zu nennen. Der Literaturunterricht der Polytechnischen Oberschule (POS) war exponiert, wie der Vergleich mit westlichen Bundesländern[2] zeigt. Nach dem Ausweis der Stundentafel gab es in der POS bei etwa gleicher Gesamtstundenzahl ein Drittel bis zur Hälfte mehr Deutschstunden als in Hamburg, Hessen und Bayern, generell wurden im Unterschied zum Westen im Unterricht fast ausschließlich literarische Texte behandelt - Gebrauchstexte, Texte der Massenmedien et cetera wurden ignoriert. Das Lesepensum in den Klassen fünf bis zehn war höher als im Westen. Die berufsbildenden Schulen führten den Literaturunterricht fort und in den Kultur- und Bildungsplänen der Arbeitskollektive waren in der Regel literarische Tätigkeiten (Einschreiben in Bibliotheken, Buchprämien, Lesungen et cetera) vorgesehen. Sie wurden zunehmend formal abgerechnet, also nicht ausgeführt, doch konnten Literaturinteressierte für ihre Arbeit jede Förderung durch die Betriebsleitung erhalten.

Flankiert wurde die lebenslange Lesesozialisation durch den Ausbau der literarischen Infrastruktur,[3] die so organisiert werden sollte, daß die planmäßig produzierte Literatur auch jene Lesergruppen, für die sie bestimmt war, erreichte. Für diesen Durchsatz der Bücher war das Bibliothekswesen flächendeckend ausgebaut worden: in 97 Prozent der insgesamt 7.565, in der Mehrzahl kleinen, Gemeinden der DDR gab es seit den sechziger Jahren öffentliche Bibliotheken. Der Buchbestand war den ideologischen und erzieherischen Absichten gemäß einseitig ausgerichtet und für kulturpolitisch bevorzugte Titel tief gestaffelt. Auch der Buchmarkt war allein für den raschen und vollständigen Durchsatz einer geplanten Buchproduktion vorgesehen. Neben dem systematisch angelegten Netz verschiedener Typen staatlicher Buchhandlungen (circa 700) und den verbliebenen privaten (circa 490) gab es, um jene Bevölkerungsgruppen zu erreichen, denen die Bildungsbemühungen im besonderen galten, ein Netz von Buchhandlungen und Buchvertriebsstellen in Großbetrieben (circa 60) und einen selbständigen Buchhandel der Nationalen Volksarmee mit circa 100 Verkaufsstellen.

Eine Leseförderung, die als solche nicht geplant war, erwuchs aus der Freizeitgestaltung der Bevölkerung. Die Kulturpolitik hatte sich nach 1970 zwar stillschweigend vom Konzept einer kulturrevolutionären Massenkultur verabschiedet und trug nun den individuellen Freizeitansprüchen mehr Rechnung, doch hatte die Entwicklung einer individuellen Freizeitkultur zwei deutlich markierte Grenzen. Die eine wurde gebildet von den fehlenden ökonomischen Ressourcen, den privaten aus den Haushaltseinkommen wie den gesellschaftlichen der Betriebe, der Kommunen und des Staates, abzulesen in dem bescheidenen Ausbau von Naherholungsgebieten, der begrenzten Motorisierung und so weiter. Die andere Grenze wurde durch die politischen Verhältnisse gesetzt, die nur eine enge, klar definierte Freizügigkeit zuließen. Daraus resultierten die zurückhaltende Entwicklung im Bereich der elektronischen Medien und die von den aktuellen politischen Entwicklungen abhängigen willkürlichen Reisebehinderungen beziehungsweise -verbote.

Die Tendenz zur Individualisierung der Freizeit erreichte deshalb niemals das Ausmaß wie in der Bundesrepublik, in der sich in den siebziger Jahren eine Wende zur Erlebnisgesellschaft vollzog. Im Gegensatz zu deren durch „Angebotsexplosion, Ausweitung der Konsumpotentiale, Wegfall von Zugangsbeschränkungen, Umwandlung von vorgegebener in gestaltbare Wirklichkeit"[4] ausgelösten Lebensauffassung von unmittelbarer Glückserfüllung blieb die DDR-Gesellschaft noch ganz dem Handlungsmuster einer aufgeschobenen, nur durch harte Arbeit zu erreichenden Befriedigung von Glück verhaftet. Das Schema der Freizeittätigkeiten, welches das Institut für Marktforschung zwischen 1974 und 1987 seinen empirischen Erhebungen zugrundelegte, bildete die Freizeitsituation adäquat ab: den ersten Block bildeten die Medientätigkeiten (Fernsehen, Radiohören, Zeitungs-/Zeitschriftenlektüre), den zweiten die in der arbeitsfreien Zeit verrichteten häuslichen Tätigkeiten mit fließendem Übergang zu produktiven Tätigkeiten (Gartenarbeit, Tierpflege, Handarbeiten beziehungsweise Reparaturen). Das extra ausgewiesene Buchlesen führte den dritten Block mit traditionellen kulturellen und sportlichen Tätigkeiten an: bei Frauen blieb es konstant auf Platz sechs, bei Männern rutschte es auf Platz sieben ab, weil sich ab 1984 Reparaturen/Instandhaltung davor schob.

Die für das Lesen insgesamt günstigen Rahmenbedingungen: das gesellschaftliche Prestige des Buches, die lebenslange Lesesozialisation, der von der Infrastruktur begünstigte leichte Zugang zum Buch und die Kontinuität einer traditionellen Freizeitgestaltung haben hin und wieder den Eindruck hervorgerufen, in der DDR sei mehr gelesen worden.[5] Das trifft für das Buchlesen nicht zu! Dies durch Vergleiche empirisch nachzuweisen, ist allerdings der verschiedenen Erhebungsmethoden wegen schwierig. Ich gebe nur einen Beleg. 1989 in Österreich und in der DDR durchgeführte Erhebungen über das Lesevolumen ergaben bei geringfügigen Abweichungen der eingesetzten Skalen eine nahezu identische Verteilung, deren Mittelwert (Median) bei knapp vier Büchern pro Jahr für alle Befragten lag (vergleiche Tabelle 1).

Tabelle 1: Lesevolumen 1989 - Zahl der im letzten Jahr gelesenen Bücher
Angaben in Prozent

DDR	m.	w.	gesamt	Österreich	m.	w.	gesamt
keine	33	29	31	keine	35	28	31
1 bis 8	43	44	44	1 bis 9	44	45	45
9 und mehr	24	26	25	10 und mehr	21	27	24

Für die DDR eigene Berechnungen nach den Daten der Erhebung durch den LKG, für Österreich nach Fritz, Angela: Leseforschung in Österreich. In: Lesen im internationalen Vergleich. Ein Forschungsgutachten der Stiftung Lesen für das Bundesministerium für Bildung und Wissenschaft. Teil I. Mainz 1990, S. 118.

Generell kann davon ausgegangen werden, daß der Umfang der Buchlektüre in der DDR nicht höher lag als in den übrigen europäischen Ländern mit einer geschichtlich verankerten und entwickelten Buchkultur. Es hat allerdings eine Besonderheit gegeben, die früher schon in Ost-West-Vergleichen beschrieben worden ist: Es gab in der DDR eine niedrigere Quote von Nichtbuchlesern, eine höhere Quote von Wenig- und Durchschnittslesern und eine geringere Zahl von

Viellesern.[6] Das Zurückdrängen der Zahl der Nichtleser und die Stärkung der mittleren Leserschaft war zweifelsohne ein Ergebnis der Kulturpolitik, aus kulturell benachteiligten sozialen Schichten Leser zu gewinnen. Damit war eine Disposition geschaffen worden, die nachwirkte und wieder aktiviert werden konnte, was in der 1992 durchgeführten gesamtdeutschen Befragung, die einen direkten Vergleich zuläßt, abgelesen werden kann.

Grafik 1: Lektüreumfang West - Ost 1992
Jahrgang 1960 und älter (Angaben in Prozent)

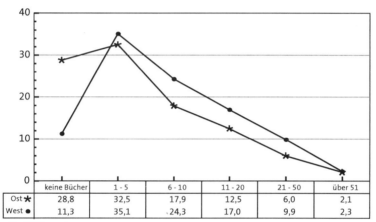

	keine Bücher	1 - 5	6 - 10	11 - 20	21 - 50	über 51
Ost ✶	28,8	32,5	17,9	12,5	6,0	2,1
West ●	11,3	35,1	24,3	17,0	9,9	2,3

Quelle: Stiftung Lesen

Nach der Verteilung der Angaben auf die Frage: „Wieviel Bücher lesen Sie im Jahr?" ist in der Gruppe der vor 1960 Geborenen (knapp siebzig Prozent der Befragten) die stärkste Differenz bei den Nichtlesern zu finden, im Osten gibt es noch deutlich mehr Wenigleser und dann folgt eine allmähliche Angleichung bis zur vollen Übereinstimmung bei Viellesern.

Für diesen Vergleich habe ich die Gruppe der vor 1960 Geborenen herangezogen, weil in dieser Gruppe die DDR-spezifische Lesesozialisation am erfolgreichsten war. Sie war es nicht generell. Es gelang der Kulturpolitik der DDR nicht, die angestrebte stetige Erhöhung der Lesedisposition durchgängig zu realisieren, vor allem nicht in der jüngeren, nach 1960 geborenen Generation. Seit Anfang der siebziger Jahre ist ein allmählicher Rückgang der Lesezeit zu beobachten, wie die in der DDR durchgeführten und vom Statistischen Bundesamt in den neuen Bundesländern fortgeführten Zeitbudgetstudien ausweisen:

Grafik 2: Durchschnittliche tägliche Lesezeit
im Wochendurchschnitt (Angaben in Minuten)

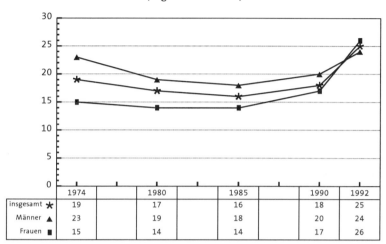

	1974	1980	1985	1990	1992
insgesamt ✱	19	17	16	18	25
Männer ▲	23	19	18	20	24
Frauen ■	15	14	14	17	26

Quelle: Statistisches Bundesamt

Der Rückgang der Lesezeit bei Männern ist beträchtlich, für Frauen stabilisiert sich die Lesezeit auf niedrigerem Niveau. Dieser Vorgang ist bemerkenswert und bedarf des Kommentars.

Die geringere Lesezeit bei Frauen war eindeutig auf die Doppelbelastung der Frau durch Berufstätigkeit und Haushalt zurückzuführen. Der Anteil der berufstätigen Frauen an den Frauen im arbeitsfähigen Alter lag in den achtziger Jahren bei über 80 Prozent. Daß diese Belastung die kulturellen Möglichkeiten der Frauen erheblich beschnitt, ist schon in der DDR oft diskutiert worden. Die Stabilität der niedrigen Lesezeit signalisiert ein latentes Literaturbedürfnis, das sich mit dem Wegfall der Doppelbelastung entfalten könnte, was die Zahlen für 1992 auch belegen.

Der Rückgang der Lesezeit bei Männern ist vor allem auf einen Einbruch der Buchlektüre unter jungen Lesern zurückzuführen. Unter Lehrlingen und jungen Arbeitern stieg die Zahl der Nichtleser belletristischer Literatur zwischen 1973 und 1989 von circa einem Viertel auf etwa die Hälfte der Befragten,[7] was anfänglich als Ergebnis der Konkurrenz durch das Fernsehen und die Popmusik interpretiert wurde. Dabei wurde übersehen, daß sich hierin eine grundlegende Ablösung aus der DDR-spezifischen Enkulturation ausdrückte. Die Jugend löste sich aus dem von Schule und Ausbildung vorgegebenen Wertesystem und suchte ihre Identität nicht mehr über die Lektüre zu finden wie noch die Generation vor ihr. Sie erfuhr ihr Lebensgefühl vielmehr in der Musik, deren Ursprünge und Originalität aus dem Westen kamen.[8] In ihr fand sie auch den Ausdruck für den Protest gegen vorgeschriebene Verhaltensweisen und geregelte Lebensentwürfe, wie sie die Schule eben auch über ihren Literaturkanon nahezubringen versuchte. Das Interesse für sozialistische Gegenwartsliteratur wurde mit sieben Prozent Zustimmung marginal.

Bei Studenten verlief der Prozeß ein wenig anders: unter ihnen nahm die Zahl der Bücherleser in den achtziger Jahren wieder zu, auch stieg das Interesse an der DDR-Gegenwartsliteratur leicht an (auf 26 Prozent). Das bedeutete jedoch nicht, daß sie der offiziellen Literaturpolitik folgten, sondern daß sich ihre Distanzierung auf andere Weise äußerte. Sie wandten sich nämlich jener Literatur zu, die sich aus den Fesseln eines dogmatischen sozialistischen Realismus gelöst hatte, die Widersprüche des sozialistischen Systems beschrieb und für andere Werte als die propagierten einstand.

Seit den siebziger Jahren zeigte sich, daß die politisch angestrebte Vereinheitlichung kultureller Dispositionen unter den Jugendlichen und in der Angleichung von Stadt und Land, von Arbeitern und Intelligenz nicht erreicht werden würde, sondern daß im Gegenteil Differenzierungen eingetreten waren, die offensichtlich zunahmen.

Dies galt im besonderen für die Lektüre. Für die Analyse der Lektüre sind nun weniger die Rahmenbedingungen für die Lese- und Literaturfähigkeit maßgebend, sondern vor allem die systeminternen Komponenten: das Buchangebot, die Buchdistribution, die Kanonbildung und die Literaturpropaganda. Der Kürze halber soll hier nur auf das Buchangebot eingegangen werden.

Die Steuerung des Literatursystems wirkte sich auf das Buchangebot in erster Linie durch die Eingriffe der Zensur aus. Im Zensursystem der DDR mit einer durchgehenden Präventivzensur wurden nicht nur einzelne Titel verboten oder zugelassen, es wurde die Gesamtbuchproduktion in ihren Proportionen bis hin zur Verteilung geplant. Aufgrund der literaturpolitischen Auffassungen der Parteiführung wurden gesellschaftswissenschaftliche Literatur und Belletristik vorrangig produziert. Beide hatten seit den siebziger Jahren zusammen einen Anteil von fast sechzig Prozent an der Titelproduktion, die Belletristik stellte mit der Kinder- und Jugendliteratur ungefähr ein Drittel der Titel. Die durchschnittliche Auflagenhöhe für belletristische Titel war ebenfalls hoch angesetzt: sie lag bei rund 23.000 Exemplaren, einer angesichts der Bevölkerungsgröße hohen Zahl. Demgegenüber war die absolute Zahl der verlegten Titel niedrig - am niedrigsten lag sie in der Zeit der restriktiven Kulturpolitik nach dem elften Plenum der SED 1965: Der Tiefpunkt war 1972 mit lediglich 916 belletristischen Titeln (einschließlich Nachauflagen!) erreicht.[9] Dieser Widerspruch zwischen einem hohen Belletristikanteil an der Buchproduktion und einer niedrigen Titelzahl bei hohen Auflagen für einzelne Titel spiegelt die strikte Ausrichtung der Buchproduktion nach ideologischen Grundsätzen.

Den Hauptteil der Belletristik stellten die Werke des sozialistischen Realismus und der realistischen Weltliteratur. Die Literatur der nichtmarxistischen Geisteswissenschaften, große Teile der europäischen Moderne und der westdeutschen Gegenwartsliteratur wurden behindert oder waren verboten, populäre Sachliteratur nur begrenzt und triviale Unterhaltungsliteratur praktisch nicht aufgelegt. Diese Literatur stand der durchschnittlichen Leserschaft kaum oder gar nicht zur Verfügung. Seit Mitte der siebziger Jahre kam es, wie Rezeptionsstudien zu einzelnen Autoren belegen, zu Lockerungen in der Zensur.[10]

Diese Editions- und Verteilungspolitik, in den Grundsätzen über drei Jahrzehnte verfolgt, hatten Konsequenzen. Eine überschaubare Anzahl von Werken immer wieder aufgelegter Autoren stand ständig zur Verfügung. Es gab keine kurzlebigen Bestseller, keine literarischen Moden. Die Lektüre folgte jahrelang dem Kanon, der von der Schule und der Literaturpropaganda beharrlich verbreitet und vom Angebot dem Leser zwingend auferlegt worden war.[11] Dies wurde von interessierten Lesern als Mangel empfunden. Andererseits sorgte die ständige Anwesenheit der geförderten Literatur dafür, daß sie sich in der Lektüre des breiten Publikums durchsetzte und darüber hinaus eine Fokussierung des allgemeinen Interesses auf einzelne Titel möglich wurde. Die Kommunikation über herausragende Titel wie Neutsch: „Spur der Steine" oder Scholochow: „Ein Menschenschicksal" fand nicht in bestimmten sozialen oder kulturellen Gruppen statt, sondern entfaltete sich über längere Zeit in der Gesellschaft. Dies festigte unter den Lesern einen von der Schule propagierten Realismusbegriff, der von ihnen aber intuitiv aufgefaßt wurde, was darauf hinauslief, die Leseerfahrung in Beziehung zur persönlichen und unmittelbar gesellschaftlichen Erfahrung zu setzen.

Es gehört zu den Paradoxa der literarischen Entwicklung, daß diese bewußt herbeigeführte Einstellung sich zuletzt gegen ihre Urheber stellte, als sich die Leser jener Literatur zuwandten, welche die realsozialistischen Verhältnisse kritisierte. Die Entwicklung dieser Literatur und ihre literaturgeschichtliche Bedeutung sind mehrfach beschrieben worden.[12] In lesersoziologischer Perspektive gilt festzuhalten, daß sie für die Leser wichtig wurde, weil sie die erlebbaren Widersprüche in der erstarrten Gesellschaft beschrieb und weil sie in der Gesellschaft, die Anpassung und Nivellierung verlangte, Angebote für die Entfaltung von Subjektivität bot. Diese Literatur zielte nicht auf politischen Dissens, sie war nicht subversiv, aber sie bestand auf subjektiver Authentizität und auf literarischer Autonomie. Sie brachte das zur Sprache, was die Leser einsetzen konnten, um ihre Identität zu finden. In diesem Sinne erfüllte sie eine emanzipatorische Funktion.

Der kritischen Literatur fehlte auch die Form der Verbreitung subversiver Literatur: Sie erschien nicht als Samisdat, sondern in den staatlichen beziehungsweise organisationseigenen Verlagen. Allerdings gab es gegen ihre Verbreitung einen erheblichen Widerstand von seiten der Kulturpolitik, der sich in Zensur, Auflagenkürzung, Verweigerung von Nachauflagen und Rezensionsverboten niederschlug. Jede dieser Maßnahmen war für sich imstande, die Verbreitung einzelner Titel zu blockieren. Um so erstaunlicher ist die Tatsache, daß die kritische Literatur in der zweiten Hälfte der achtziger Jahre nicht nur von literarischen Eliten gelesen wurde, sondern im breiten durchschnittlichen Lesepublikum dominant war. Die Breitenlektüre bezeugen die Erhebungen von 1988 und 1989 (vergleiche Tabelle 2).[13]

Von der mit allen Mitteln: der Auflagenpolitik, der Literaturpropaganda, dem Kanon, der Schule geförderten DDR-Literatur des sozialistischen Realismus sind nur Werke von Apitz, Noll und Neutsch geblieben. Das Zentrum der Lektüre von Gegenwartsautoren aus der DDR bilden die Werke von Christa Wolf, Christoph Hein, Stefan Heym und Erwin Strittmatter sowie - was charakteristisch für diese Phase ist - Werke der Dokumentarliteratur.

Tabelle 2: Lektüre 1988/1989

Magdeburg 1988: Haben Sie in letzter Zeit ein Buch gelesen, daß Sie stark beeindruckt hat?		DDR 1989: Was für ein Buch haben Sie zuletzt gelesen beziehungsweise lesen es gerade?	
Autor/Titel	Anzahl	Autor/Titel	Anzahl
Strittmatter: „Der Laden"	33	Neutsch, vier Titel	22
Wallraff: „Ganz unten"	23	Scherzer: „Der Erste"	20
Noll: „Die Abenteuer des Werner Holt"	20	Strittmatter: „Der Laden" (zwölfmal)	16
Geppert: „Die Last, die du nicht trägst"	13	Chr. Wolf: „Sommerstück" (viermal), „Störfall" (dreimal) und sieben andere	16
Eco: „Der Name der Rose"	12	Aitmatow: „Die Richtstatt" (zwölfmal) u.a.	15
Aitmatow: „Die Richtstatt"	11	Karl May, sieben Titel	15
Apitz: „Nackt unter Wölfen"	10	Merle, sechs Titel	13
Kadenbach: „Requiem für Sabrina"	10	Thom: „Rückkehr ins Leben"	12
Aitmatow: „Der Tag zieht den Jahrhundertweg"	9	Hein: „Der Tangospieler" (siebenmal) u.a.	11
Kraszewski: „Gräfin Cosel"	9	Dahl: „Lammkeule", „Kuschelmuschel"	10
Merle: „Der Tod ist mein Beruf"	9	Heym, sechs Titel	9
Neutsch: „Der Friede im Osten"	9	M. Wolf: „Die Troika"	9
Selber: „Heimkehr in fremde Betten"	9	Jack London, acht Titel	9
Scholochow: „Ein Menschenschicksal"	8	Geppert: „Die Last, die du nicht trägst"	8
Maxie Wander, Tagebücher und Briefe	8	Zola, acht Titel	8
Chr. Wolf: „Störfall"	8	Allende: „Von Liebe und Schatten"	7
Thom: „Rückkehr ins Leben"	7	Noll: „Werner Holt" (sechsmal), „Kippenberg"	7
Muthesius: „Flucht in die Wolken"	6	Harry Thürk, fünf Titel	7
Oberthür: „Mein fremdes Gesicht"	6	Eco: „Der Name der Rose"	7
n = 1718		n = 1739	

Der Lektürewandel war die Folge des unaufhaltsamen Auseinanderdriftens der gesellschaftlichen Teilöffentlichkeiten. Während die Öffentlichkeit der Versammlungen und Medien bei allen vorhandenen politikfreien Nischen vom parteilichen Diskurs beherrscht war, wurden die Unzulänglichkeiten des Alltags und die Widersprüche der Gesellschaft in der privaten Sphäre erörtert. Die schöne Literatur hob nun (zusammen mit den anderen Künsten) die Erörterung dieser Probleme aus dem privaten Bereich heraus und brachte sie in der öffentlichen Sphäre zur Sprache. Das ist der Grund für die hohe Wertschätzung der Literatur nicht nur in einer interessierten Leserschaft, sondern im breiten Lesepublikum. Die Schriftsteller stiegen zu Repräsentanten der Gesellschaft auf,[14] während die Legitimation der politischen Macht verfiel.

Höhepunkt dieser Literaturrezeption war die Wendezeit, als diese besondere literarische Erfahrung mit einer politischen Krise zusammentraf. Eine Studie aus Halle-Neustadt vom Frühjahr 1990[15] zeigt, daß die „Wendeliteratur" - ein Sammelbegriff für die in dieser Zeit stark diskutierte belletristische und politische Literatur - weit verbreitet war. Dabei lagen Bekanntheitsgrad und Lektüre der belletristischen Literatur (Tschingis Aitmatow, Stefan Heym, Walter Janka) höher als die der politischen (Rolf Henrich, Klaus von Dohnanyi). Sie bewegen sich für diese Titel, von denen einige erst seit wenigen Monaten erreichbar waren, in Dimensionen wie sie in der ARD/ZDF-Studie 1990 für die Bundesrepublik für die Autoren zeitgenössischer Gegenwartsliteratur[16] festgestellt wurden, die durch den schulischen Kanon etabliert worden waren.

Nicht nur im Feuilleton ist bald nach der Wende in Erkenntnis der einmaligen Situation das Ende des „Leselandes" angekündigt worden.[17] Die Prognosen eines Lektürerückgangs kamen jedoch zu früh: das Lesen nahm im Gegenteil einen Aufschwung - ich erinnere an die eingangs gezeigten Ergebnisse der Zeitbudgetstudie. Andere regelmäßig erhobene Daten zum Interesse an Büchern, zum Buchhandelsbesuch und zum Buchkauf zeigten im Osten gegenüber dem Westen absolut und relativ bessere Werte.[18]

Für das gestiegene Interesse am Buch gab es mehrere Gründe. Zunächst: jetzt war die lange vorenthaltene Literatur sofort und in bestimmten Grenzen auch preiswert zu haben. Während der Leipziger Kommissions- und Großbuchhandel (LKG) im Jahre 1989 nicht ganz 17.000 Titel auf Lager hatte, von denen die überwiegende Zahl niemanden mehr interessierte, belief sich das Titelangebot in der Bundesrepublik im gleichen Jahr auf 530.000 Titel, auf mehr als das Dreißigfache.[19] Zur Befriedigung des Nachholbedarfs trat die Notwendigkeit, sich in der neuen Umwelt, zum Teil unter existentiellem Druck, zu orientieren. Daß die Leser dafür neben den Zeitschriften vor allem Bücher nutzten, war in der DDR-spezifischen Erfahrung vom Umgang mit der Literatur verankert. In Krisenzeiten halten sich die Betroffenen an bewährte Verhaltensmuster, um die Krise bewältigen zu können. Hinter allem stand als der wesentliche Grund die in der älteren Generation tief verankerte Lesemotivation.

Die Veränderungen auf dem Zeitschriftensektor unterstützten diesen Trend zunächst. Auch hier stieg das Titelangebot enorm an: in der DDR gab es 1989 59 Publikumszeitschriften, in der Bundesrepublik zur gleichen Zeit 1.480.[20] Der „Neugiereffekt" ließ jedoch bald nach, eine nachhaltige Zuwendung zu Westtiteln fand bis heute nicht statt. In der Fernsehrezeption vollzogen sich in diesem Zeitraum keine so einschneidenden Veränderungen, weil seit Mitte der achtziger Jahre über die terrestrische Ausstrahlung hinaus durch Antennengemeinschaften und Kabelnetze das Westfernsehen weit verbreitet war.[21] Die Änderungen der Rahmenbedingungen brauchen längere Zeit, um das Leseverhalten beeinflussen zu können, da sich subjektive Einstellungen und Verhaltensweisen mit Verzögerung umbilden beziehungsweise eine hohe „Elastizität" zeigen - am ehesten wird die Jugend auf die neuen Bedingungen reagieren. Auch nach Beendigung der Nachholphase sollte also weniger mit einem Rückgang der Lektüre gerechnet werden als mit einer Ausdifferenzierung der Leseinteressen durch die Veränderung der systeminternen Komponenten: des Lektüreangebots, des Übergangs von der Literaturpropaganda zur Werbung, von der Buchverteilung zum Buchmarkt et cetera

Eine Studie aus dem Jahre 1993 in Magdeburg[22] zeigt, welche Folgen dies für die Breitenlektüre hatte.

Tabelle 3: Am häufigsten gelesene Belletristik im Regierungsbezirk Magdeburg 1993

Autor/Titel	Anzahl
Betty Mahmoody: „Nicht ohne meine Tochter"	22
Stephen King: „Es", „Friedhof der Kuscheltiere"	12
Heinz Konsalik, verschiedene Titel	7
Alexandra Ripley: „Scarlett", „New Orleans"	7
Ken Follett: „Die Säulen der Erde"	6
John Grisham: „Die Firma", „Die Akte"	6
Diana Beate Hellmann: „Zwei Frauen"	6
Morton Rhue: „Die Welle"	6
Courths-Mahler, verschiedene Titel	5
Noah Gordon: „Der Medicus"	5
Colleen McCullough: „Dornenvögel"	5
Simmel: „Auch wenn ich lache, muß ich weinen" (2) u.a.	5
Karin Jäckel (Hg.): „Monika B."	4
Agatha Christie: verschiedene Titel	4
Michael Crichton: „Dino Park"	4
Goethe: „Faust", „Die Leiden des jungen Werther"	4
Rosamunde Pilcher: „Die Muschelsucher" (3mal) u.a.	4
1803 Befragte nannten insgesamt 371 Titel.	

Quelle: Erhebung des Instituts für Bibliothekswissenschaft der HUB im November/ Dezember 1993 im Regierungsbezirk Magdeburg

Die Liste mit den am häufigsten gelesenen Titeln wird von der Unterhaltungsliteratur dominiert. Auffällig ist, daß vor allem Autoren vorkommen, die von früher - auch aus den Negativkampagnen der DDR-Kulturpolitik - bekannt waren, aber nicht gelesen werden konnten. Konsalik, Courths-Mahler und Simmel sind mit mehreren Titeln vertreten, die nicht zu den aktuellen Bestsellern gehörten. Nach einer Wochenpost-Umfrage vom März 1995 gehören sie in den neuen Bundesländern zu den zehn beliebtesten Schriftstellern, und zwar - hier ist nur Konsalik ausgenommen - erst bei den über 35jährigen.[23] Wenn die zur traditionellen, ja schon veralteten Unterhaltungsliteratur zählenden Autoren - Agatha Christie ist noch zu nennen - hoch bewertet und oft gelesen werden, belegt dies eindrucksvoll, in welchem Maße die Lektüre durch den Nachholbedarf geprägt ist. Die aktuellen Bestseller des Westens sind demgegenüber schwach vertreten. Aus den Bestsellerlisten von 1993 sind dies nur die beiden Grishams und von Pilcher: „Die Muschelsucher". Einen besonderen Akzent erhält die Liste aber durch zwei Titel: Hellmann und Jäckel, die ganz offensichtlich eine spezifische Ostlektüre verkörpern. In ihnen manifestiert sich das Interesse an dokumentarischen Darstellungen gegenwärtiger Lebensproblematik vor allem von Frauen, das stark genug ist, sich immer wieder durchzusetzen.

Zieht man für die darauffolgende Zeit die speziell für Ostdeutschland aufgestellten Bestsellerlisten[24] zu Rate, erweitert sich das Bild. Danach wird hauptsächlich die aktuelle Unterhaltungsliteratur bevorzugt gekauft. Dazu kommen dann aber Werke von DDR-Schriftstellern: 1994 Erwin Strittmatters „Der Laden", Christa Wolfs „Auf dem Weg nach Tabou", Harry Thürks „Stunde der toten Augen", 1995 Strittmatters „Vor der Verwandlung", Thomas Brussigs „Helden wie wir", Erich Loests „Nikolaikirche", Stefan Heyms „Radek" und 1996 Manfred Krugs „Abgehauen", Christa Wolfs „Medea - Stimmen", Monika Marons „Animal triste" und Daniela Dahns „Westwärts und nicht vergessen". Es sind dies Texte, die die Geschichte der DDR mit dem Wissen um das Ende der sozialistischen Gesellschaft beziehungsweise aus einer Perspektive, die nicht die offizielle der DDR war, rekonstruieren. Sie konfrontieren die Leser mit einer kritischen Sicht auf ihre Vergangenheit, was ihnen die Möglichkeit gibt, die erlebte Geschichte neu durchzuarbeiten. Die Literatur kommt dem Bedürfnis entgegen, die gegenwärtige Situation aus ihrer Entwicklung zu begreifen und nicht bloß vom Transformationsziel her verstehen zu müssen. Im anhaltenden Interesse für DDR-Autoren, vielfach als nostalgische Rückerinnerung mißverstanden, äußert sich das Bemühen, den eigenen Standort im vereinigten Deutschland zu bestimmen.

Es wäre also kurzschlüssig, wenn man meinte, daß die Unterhaltungsliteratur die Lektüre nun vollständig okkupierte. Sie wird weiter den größten Teil stellen, weil nun die Literatur im Überfluß vorhanden ist. Andererseits aber liegt eine Lektüreerfahrung vor, für die Identitätsfindung wichtiger als Unterhaltung war. Die zukünftige Gestaltung der Lektüre wird sich daraus ergeben, wie sich die beiden grundlegenden Komponenten in Zukunft zueinander verhalten. Dies ist wiederum eingebettet in sehr komplexe und vielschichtige Prozesse im Literatursystem, die von einer soziologischen Umstrukturierung der Leserschaft bis hin zur Gestaltung des literarischen Lebens reichen.

Anmerkungen:

[1] Meyszies, Ulrich: Das Literatursystem der DDR. Studien zur Medien- und Kommunikationsgeschichte der DDR-Literatur. Diss. Univ. Halle 1996. Barck, Simone/Martina Langermann/Siegfried Lokatis: Jedes Buch ein Abenteuer. Zensursystem und literarische Öffentlichkeiten in der DDR bis Ende der sechziger Jahre. Berlin 1997.

[2] Die folgenden Angaben nach Mitter, Wolfgang: Grundfragen und Überblick. Müller-Michaels, H.: Deutschunterricht. In: Bundesministerium für innerdeutsche Beziehungen (Hg.): Vergleich von Bildung und Erziehung in der Bundesrepublik Deutschland und in der Deutschen Demokratischen Republik. Wissenschaftliche Kommission unter der Leitung von Oskar Anweiler. Köln 1990, S. 190, 240.

[3] Daten nach Strittmatter, Thomas: Ausgewählte Eckdaten zur Infrastruktur der Lesekultur in der DDR. Zentrum für Kulturforschung, Institut Berlin, Potsdam November 1993 (Typoskript). Vgl. auch: Wiesand, Andreas Johannes: Zum kulturstatistischen Vergleich DDR - Bundesrepublik Deutschland. Kommentierte Anhaltswerte für die weitere Diskussion. In: Media Perspektiven (1990), H. 7, S. 468 - 471.

[4] Schulze, Gerhard: Die Erlebnisgesellschaft. Kultursoziologie der Gegenwart. Frankfurt/Main, New York 1992, S. 48.

[5] Vgl. Opaschowski, Horst W.: Freizeitökonomie: Marketing von Erlebniswelten. Opladen 1993, S. 53.

[6] Vgl. Köhler, Ursula E.: Lesekultur in den beiden deutschen Staaten. 40 Jahre - ein Vergleich. Teil 2. Archiv für Soziologie und Wirtschaftsfragen des Buchhandels LXV, S. W 2527 - 2529 (Beilage zum Börsenblatt für den Deutschen Buchhandel. Nr. 48 vom 15. Juni 1990). Auch Muth, Ludwig: Mittelstandsbauch. Leseforschung in den neuen Bundesländern. In: Börsenblatt für den Deutschen Buchhandel. 96/1991 (3. Dezember 1991), S. 4190/91.

[7] Vgl. dazu Lindner, Bernd: Brüche und Kontinuitäten - Leseverhalten Jugendlicher in den neuen Bundesländern. In: SPIEL. Siegener Periodikum zur Internationalen Empirischen Literaturwissenschaft. 2/91, S. 262 - 282. Ders.: Annäherung an westliche Lektüremuster. In: Media Perspektiven (1993), H. 3, S. 138f.

[8] Wicke, Peter: Vom Umgang mit Popmusik. Berlin 1993. (Bes. S. 15 - 21)

[9] Alle Angaben zur Titelproduktion nach den Statistischen Jahrbüchern der DDR.

[10] Streul, Irene Charlotte: Westdeutsche Literatur in der DDR. Böll, Grass, Walser und andere in der offiziellen Rezeption 1949 - 1985. Stuttgart 1988. Zur Zensurierung von Karl May siehe Heermann, Christian: Old Shatterhand ritt nicht im Auftrag der Arbeiterklasse. Dessau 1995 (Anhaltische Taschenbücher 4).

[11] Vgl. dazu die Titellisten aus den empirischen Erhebungen der siebziger Jahre in: Göhler, Helmut/ Bernd Lindner/Dietrich Löffler: Buch, Lektüre, Leser. Erkundungen zum Lesen. Berlin 1989, S. 142 - 149.

[12] Stahl, Sigrid: Der Ausbruch des Subjekts aus gesellschaftlicher Konformität. Ansätze literarischer Verweigerung am Beispiel der DDR-Prosa der zweiten Hälfte der 70er Jahre. Frankfurt/Main 1984. Grunenberg, Antonia: Aufbruch der inneren Mauer. Politik und Kultur in der DDR 1971 - 1989. Bremen 1990. Zusammenfassend Emmerich, Wolfgang in Kapitel 6 „Die wachsende Kluft zwischen Utopie und Geschichte: Literatur als Zivilisationskritik (1971 - 89)" der Kleine(n) Literaturgeschichte der DDR. Erweiterte Neuausgabe Leipzig 1996.

[13] Die Liste von 1988 aus Hoffmann, Hans: Lesen von Belletristik. Ergebnisse aus der Bevölkerungsbefragung im Jahre 1988. ZIB-Studie Magdeburg. Folge 2. Zentralinstitut für Bibliothekswesen. Berlin 1991, S. 39. Die Liste von 1989 nach der Erhebung LKG/MLU.

[14] Eindrucksvolle Zeugnisse dafür sind die in der Wende erschienenen Sammlungen von Briefen: Angepaßt oder mündig? Briefe an Christa Wolf im Herbst 1989. Hrsg. von Petra Gruner. Berlin 1990 und: Nach langem Schweigen endlich sprechen. Briefe an Walter Janka. Hrsg. von Alfred Eichhorn und Andreas Reinhardt. Berlin und Weimar 1990.

[15] Fischer, Toralf: Lesen im gesellschaftlichen Umbruch. Untersuchungen zum Kauf- und Leseverhalten in der DDR kurz vor und kurz nach der Wiedervereinigung. Archiv für Soziologie und Wirtschaftsfragen des Buchhandels. I/1993, S. M41.

[16] Frank, Bernward/Gerhard Maletzke/Karl H. Müller-Sachse: Kultur und Medien. Angebote - Interessen - Verhalten. Baden-Baden 1991, S. 229.

[17] Hörisch, Jochen: Das Vergehen der Gegenwartsliteratur. In: Merkur. 1/91, S. 89f.; Börsenverein des Deutschen Buchhandels (Hg.): Buch und Buchhandel in Zahlen 1991. Frankfurt/Main 1991, S.19. Zimmer, Dieter E.: Nachleseland. In: Die Zeit, Nr. 7 vom 7. Februar 1992.

[18] Im Verhältnis zum verfügbaren Haushaltsnettoeinkommen gab die Familie des Typs 2 in den neuen Bundesländern bis 1994 relativ mehr Geld für Bücher und Broschüren aus, seitdem sind die Ausgaben angeglichen. Buchinteresse und Buchhandelsbesuche blieben leicht höher. Vgl. dazu: Börsenverein des Deutschen Buchhandels (Hg.): Buch und Buchhandel in Zahlen. Jahrgänge 1992 bis 1997.

[19] Stiftung Lesen (Hg.): Lesen. Zahlen, Daten, Fakten über Bücher, Zeitungen, Zeitschriften und ihre Leser. Mainz 1990, S. 14.

[20] Haller, Michael: Entwicklungschancen und strukturelle Probleme der Zeitschriftenpresse in den neuen Bundesländern. Forschungsbericht für den Bundesminister des Innern. Zusammenfassung (Bde. I und II) Institut für Kommunikations- und Medienwissenschaften der Universität Leipzig Oktober 1994, S. 4f.

[21] In Leipzig konnten nach Erhebungen des Zentralinstituts für Jugendforschung 1980 3,2, 1985 4,1 und 1989 4,7 Programme, von denen zwei DDR-Programme waren, empfangen werden, vgl. Stiehler, Hans-Jörg/Ute Karig (Hg.): angekommen? Freizeit- und Medienwelten von Jugendlichen in den neuen Bundesländern. Berlin 1993. S. 89. Diese Werte liegen wohl zwischen den günstigsten Empfangsbedingungen in Berlin sowie bei privaten Verkabelungen in der Provinz und den schlechtesten Empfangsbedingungen östlich von Dresden.

[22] Nach den Daten aus der empirischen Erhebung des Instituts für Bibliothekswesen an der Humboldt-Universität zu Berlin im Regierungsbezirk Magdeburg 1993. Vgl. Steffen Rückl (Hg.): Medienverhalten und Bibliotheksbenutzung vor und nach der Wende. Textband. Berlin 1995.

[23] Brockmann, Roland: Wochenpost-Umfrage: Was lesen die Ostdeutschen? In: Wochenpost. Nr. 13 vom 23. März 1995, S. 46-47.

[24] Zu den seit 1994 vom Literaturbüro Libresso aufgestellten Bestsellerlisten Ost siehe Bode, Volkhard: Im Bestseller vereint? In: Börsenblatt für den Deutschen Buchhandel. Nr. 66 vom 19. August 1994, S. 13. Vgl. Ziermann, Klaus: Bestseller-Erfahrungen in West und Ost: Ein Vergleich der Spiegel- und Neues Deutschland-Bestsellerlisten. In: Berliner LeseZeichen. 3/97, S. 25-37.

Teil 3

Presse-, Rundfunk- und Fernsehrezeption

Tendenzen und Wandlungen in der Presse-, Hörfunk- und Fernsehrezeption seit 1964

von Marie Luise Kiefer

Das mir aufgetragene Thema „Tendenzen und Wandlungen in der Presse-, Hörfunk- und Fernsehrezeption" möchte ich in fünf Punkten abhandeln, von denen die beiden ersten allerdings eher den Charakter von Vorbemerkungen haben. Diese fünf Punkte werden kaum ein geschlossenes Ganzes bilden, dazu ist das Thema zu komplex. Ich greife daher verschiedene Aspekte auf, die mir für das Thema relevant erscheinen, auch wenn unmittelbare Bezüge zwischen diesen Aspekten nicht immer herstellbar sind. Insgesamt wird dies eine Art Patchwork ergeben.

Obwohl meine Themenvorgabe sich vorrangig auf die Zeit nach 1964 bezieht, werde ich in meinem ersten Punkt diesen Zeitrahmen verlassen. Anschließend werde ich mich dann auf angegeben Zeitraum konzentrieren. Basis meiner weiteren Ausführungen wird die Studie Massenkommunikation sein, deren erste Welle 1964 erhoben wurde.

Zur besseren Orientierung möchte ich die Abschnitte meines Vortrags kurz vorab benennen. In einer ersten Vorbemerkung werde ich auf das unterschiedliche historische Alter der drei hier zu behandelnden Medien eingehen und auf die Frage, ob daraus auf eine je unterschiedliche Phase im Produkt-Lebenszyklus zu schlußfolgern sei. Meine zweite Vorbemerkung wird die Knappheit von Zeit und die Endlichkeit des Medienzeitbudgets behandeln. Beide Punkte umreißen Rahmenbedingungen für die Medienrezeption, deren Wandel und Tendenzen während der letzten dreißig Jahre vor diesem Hintergrund in Punkt drei diskutiert werden sollen. In Punkt vier möchte ich Konstanz und Wandel der Mediennutzung aus kohortenspezifischer Sicht diskutieren und in Punkt fünf schließlich versuchen, ein Zwischenresumee zu ziehen.

Soweit ich mich auf die Daten der Studie Massenkommunikation beziehe, werden dies überwiegend Daten für die alten Bundesländer sein, weil nur diese den Vergleich über die Zeit ermöglichen. Auf eine gesonderte Diskussion der Ergebnisse in den neuen Bundesländern möchte ich hier verzichten, hin und wieder werden sich die Daten für 1995 auf die Bundesrepublik insgesamt beziehen.

1. Die Übertragbarkeit des Produkt-Lebenszyklus-Modells auf Medien

Die Ökonomie geht von der Annahme aus, daß sich die zeitliche Entwicklung eines Produkts oder einer Dienstleistung in charakteristische Phasen mit einem glockenförmigen Verlauf unterscheiden läßt, nämlich: Entstehung und Einführung des Objekts, Wachstum, Reifezeit, Sättigung und schließlich Degeneration.[1] Das für diesen Zyklus relevante Kriterium ist die Nachfrage beziehungsweise Absatzmenge des Produkts, die in Wachstums- und Reifezeit zunehmend steigt, in der Stagnationsphase ihr Maximum erreicht und danach in der Degenerationsphase wieder allmählich zurückgeht. Das Konzept hat primär heuristische Funktion, vor allem innerhalb des strategischen Managements von Unternehmen, um künftige Chancen und Risiken ihrer Produkt- oder Dienstleistungspalette im Wettbewerb mit der Konkurrenz rechtzeitig abschätzen zu können. Ohne auf die dazu entwickelten Modelle und Analyseansätze, sowie die Probleme der Phasenbestimmung in der praktischen Anwendung hier näher eingehen zu wollen, scheint die Frage doch sinnvoll, ob ein lebenszyklischer Verlauf nicht auch bei Medien unterstellt werden kann.

In der Kommunikationswissenschaft wird die Frage nach dem Weiter- und Überleben von Medien, soweit ich das überblicke, nur unter dem Gesichtspunkt der Konkurrenzierung alter durch neue Medien diskutiert und hier gilt die Riepl'sche Feststellung[2] aus dem Jahre 1913, daß ein neues Medium ein altes noch nie völlig verdrängt, sondern allenfalls in andere Funktionsbereiche gezwungen habe, als eiserner Glaubenssatz. Aber daß Medien wie andere Wirtschaftsobjekte von begrenzter Existenz sein könnten, was die Annahme des Lebenszyklus-Konzepts ist, scheint bislang kein kommunikationswissenschaftliches Thema zu sein. Das mag natürlich auch daran liegen, daß Massenmedien ein historisch relativ junges Phänomen sind, so daß zwar immer wieder einzelne Objekte wie etwa die General-interest-Zeitschriften in den USA und weitgehend auch bei uns vom Medienmarkt verschwunden sind, aber nicht ein Medium als solches, also zum Beispiel die Zeitschrift als Mediengattung.[3]

Die Frage, ob Medien sterblich sind, soll hier auch nicht abschließend beantwortet werden, denn die undifferenzierte Gleichsetzung gesellschaftlicher Institutionen, die Medien eben auch sind, mit beliebigen Wirtschaftsgütern wäre zweifellos problematisch. Ich möchte Ihre Aufmerksamkeit lediglich darauf lenken, daß die Massenmedien Tageszeitung, Hörfunk und Fernsehen deutlich unterschiedlich alt sind und so, in Analogie zum Lebenszykluskonzept, als in verschiedenen Phasen ihres Lebenszyklus stehend begriffen werden müssen. Die Tageszeitung, deren Entstehung in das 17. Jahrhundert fällt, ist das älteste der drei Medien. Die Ausdifferenzierungsphase des Mediums, die Karl Bücher⁴ plastisch beschrieben hat, erfolgte in der zweite Hälfte des 19. Jahrhunderts und der Aufstieg zum Massenmedium war Ende des 19./ Anfang des 20. Jahrhunderts abgeschlossen.⁵ In Lebenszyklusphasen ausgedrückt, erreichte die Tageszeitung ihre Reifezeit also vor rund hundert Jahren oder wie Peter Bruck einmal anmerkte: Zeitungen als Produkt sind seit circa hundert Jahren weitgehend unverändert. Am Ende des 20. Jahrhunderts nun scheint die Sättigungsphase erreicht. Stagnierende Auflagen, bröckelnde Leserzahlen und unterproportionale Teilnahme am Werbeboom⁶ könnten sogar als erste Anzeichen für den Eintritt bereits in die Phase der Degeneration gedeutet werden. Hörfunk und Fernsehen dagegen sind Medien des 20. Jahrhunderts.

Der Hörfunk als das ältere der beiden elektronischen Medien erlebte seine Einführungsphase in den 20er Jahren, die Wachstumsphase, soweit es die Diffusion der Empfangsmöglichkeit betraf, war abschlossen, bevor das Fernsehen in den 50er Jahren als regelmäßiges Angebot an die Öffentlichkeit überhaupt auf den Plan trat. Die Entstehungsphase des Fernsehens fiel zwar in die 30er Jahre, aber die Diffusions- und Wachstumsphase setzte aus technischen und politischen Gründen erst zwanzig Jahre später ein.

Bei beiden Medien war die Reifephase im Sinne einer Ausdifferenzierung ihrer Angebote zudem über Jahrzehnte primär aus technischen aber auch aus politischen Gründen gebremst. Beim Hörfunk setzte diese Reifephase im Sinne einer Ausdifferenzierung des Angebots in den 70er Jahren mit der Einführung der sogenannten Autofahrerwellen ein, beim Fernsehen deutlich erst Mitte der 80er Jahre durch die neuen technischen Empfangsmöglichkeiten und die Teilprivatisierung des Rundfunks.

Will man versuchen, die drei Medien einzuordnen, wo sie sich auf der glokkenförmigen Lebenszykluskurve während der Laufzeit der Studie Massenkommunikation befanden, dann ist die Tageszeitung, wie gesagt, wohl zwischen Sättigungs- und Degenerationsphase anzusiedeln, der Hörfunk zwischen Reifezeit und Sättigung, das Fernsehen zwischen Wachstums- und Reifezeit, was natürlich jeweils völlig unterschiedliche Voraussetzungen für die Entwicklung ihrer Rezeption in Vergangenheit und Zukunft schafft. Diese These wird anhand der Daten der Studie Massenkommunikation zu überprüfen sein.

2. Die Endlichkeit des Zeitbudgets

Der amerikanische Kommunikationswissenschaftler Russell Neumann hat 1991 darauf hingewiesen, daß wenn man all die Prognosen zusammenrechnet, mit welchem Zeitaufwand Home Computer, Videorecorder, Videospiele und andere neue Medien genutzt werden sollen, man auf über 24 Stunden pro Tag komme, ohne daß die Zeit bleibe für Schlaf, Arbeit, Essen, andere Freizeitbeschäftigungen oder die Nutzung anderer Medien.⁷ Daß Zeit nicht beliebig vermehrbar ist, Mediennutzung Zeit erfordert und es Grenzen gibt, wieviel an Zeit die Menschen für die Nutzung der Medien aufwenden wollen und können, wird offenbar häufig übersehen, so wohl auch bei der Vision von 500 digitalisierten Fernsehprogrammen, die alle ausreichend viele Zuschauer finden müssen, wenn sie überleben sollen. Und die Grenzen des Zeitbudgets für die Nutzung zumindest der aktuellen Medien scheinen recht eng und sehr klar gezogen, wenn die Entwicklung in den letzten dreißig Jahren berücksichtigt wird, wie sie sich in den Ergebnissen der Studie Massenkommunikation spiegelt.[8]

Bei Personen, die 1964 bereits über ein Fernsehgerät in ihrem Haushalt verfügten, hat die Freizeit innerhalb der drei Jahrzehnte zwar um zwei Stunden pro Tag zugenommen, der Anteil der Mediennutzung als Freizeitbeschäftigung am Freizeitbudget insgesamt liegt 1995 gegenüber 1964 jedoch unverändert bei 41 Prozent, der Anteil der Fernsehzeit ist sogar etwas geringer geworden, 27 statt dreißig Prozent. Demgegenüber zeigen sich bei Personen, die 1964 noch nicht über ein Fernsehgerät in ihrem Haushalt verfügten, andere Ergebnisse. Dieser Personenkreis brachte die durchschnittliche Fernsehzeit mit Anschaffung eines Geräts von rund zwei Stunden pro Tag erst im Verlauf der Studie in seinem Medienzeitbudget unter. Bezogen auf die Gesamtbevölkerung expandierte die Fernsehzeit (plus 105 Prozent) daher auch deutlich stärker als die Freizeit (plus vierzig Prozent), was aber vor allem als Effekt der wachsenden Haushaltsausstattung mit Fernsehgeräten zu interpretieren ist, wie der Vergleich mit Personen, die 1964 bereits über ein Fernsehgerät verfügten, zeigt.

Bei Personen, die 1964 noch nicht über ein Fernsehgerät verfügten, interessiert eher die Entwicklung bezogen auf die Hörfunknutzung. Die Gesamtnutzung des Hörfunks lag 1964 bei Personen ohne Fernsehgerät um eine knappe Dreiviertelstunde (vierzig Minuten) höher als bei Personen mit Fernsehgerät, auf die Hörfunknutzung in der Freizeit entfielen 45 Prozent, bei Personen aus Fernsehhaushalten nur 35 Prozent. 1995 liegt der Anteil der Hörfunknutzung in der Freizeit an der Gesamtradiozeit der Bundesbürger West ebenfalls bei durchschnittlich 35 Prozent, hat sich also gegenüber der Situation in Fernsehhaushalten 1964 nicht verändert, obwohl der Hörfunk heute im Durchschnitt um knapp eine Stunde pro Tag länger genutzt wird. Verglichen mit Personen 1964 ohne Fernsehgerät im Haushalt ist der Zeitaufwand für die Hörfunknutzung bis 1995 um vierzig Prozent gestiegen, Radiohören als Freizeitbeschäftigung nahm jedoch lediglich um acht Prozent zu, während Radiohören neben anderen Tätigkeiten um gut zwei Drittel ausgeweitet wurde.

Bei der Tageszeitung deutet die Entwicklung auf eher abnehmenden als zunehmenden Zeitaufwand für die Nutzung des Mediums. Lag der durchschnittliche Zeitaufwand für die Zeitungslektüre 1964 bei Personen in Fernsehhaushalten bei 34 Minuten, bei Personen ohne Fernsehgerät bei 37 Minuten, so sind es 1995 nur noch 31 Minuten. Aber auch der Zeitaufwand derjenigen, die am Stichtag tatsächlich eine Zeitung gelesen haben, hat sich von 52 auf 45 Minuten reduziert.

Insgesamt erweist sich die Verteilung der Mediennutzung auf Freizeit und Nichtfreizeit in dieser Studie als erstaunlich stabil. So wurde die durchschnittliche Gesamtnutzungszeit für die drei aktuellen Medien in den hier beobachteten dreißig Jahren um gut zwei Drittel (69 Prozent) ausgedehnt. Die Relation zwischen Mediennutzung in der Freizeit und Mediennutzung außerhalb der Freizeit blieb trotz dieser deutlichen Ausweitung jedoch weitgehend unverändert. Die 1964 um gut zwei Stunden (130 Minuten) geringere Mediennutzungszeit fiel zu 62 Prozent in die Freizeit, zu 38 Prozent lag sie außerhalb der Freizeit, 1995 sieht die Relation mit 61:39 Prozent weitgehend identisch aus. Dabei hatten Personen mit oder ohne Fernsehgerät im Haushalt 1964 nicht nur deutlich unterschiedlich große, sondern auch deutlich unterschiedlich strukturierte Medienzeitbudgets. Personen mit Fernsehgerät nutzten die Medien in der Summe mit einem fast doppelt so hohen Zeitaufwand in der Freizeit wie Personen ohne Fernsehgerät, wobei das neue Medium „Fernsehen" natürlich den Hauptteil beanspruchte, der Hörfunk als Freizeitmedium deutlich verloren hatte.

Die Mediennutzung außerhalb der Freizeit hingegen war in Minutenwerten bei beiden Gruppen identisch, hatte bei Personen ohne Fernsehgerät relativ gesehen aber ein deutlich anderes Gewicht. Hier sind von beiden Gruppen im Zuge der Ausbreitung des Fernsehens und der De- und Reintegration des Hörfunks in die Medienzeitbudgets also Anpassungsprozesse vollzogen worden und die 60:40 Relation scheint eine Art Gleichgewicht zwischen Freizeit und Mediennutzung sowie Mediennutzung in der Freizeit und außerhalb der Freizeit darzustellen.

Medienzeitbudgets scheinen also in mehrfacher Hinsicht begrenzt zu sein: durch die verfügbare Freizeit natürlich, von der aber offenbar jeweils nur ein relativ begrenzter und fixer Teil von rund vierzig Prozent für die Nutzung der Medien bereitgestellt wird, sowie durch eine Art idealer Relation zwischen Mediennutzung in und außerhalb der Freizeit, auf die sich das Mediennutzungsbudget trotz Schwankungen immer wieder einzupendeln scheint. Wenn dem so ist, worauf die Ergebnisse der Studie „Massenkommunikation" verweisen, dann stellen diese zeitlichen Restriktionen nicht nur einen die Expansion der Mediennutzung bremsenden Faktor dar, sie führen für das Publikum auch zu einem Selektionsdruck bei der Mediennutzung, der sich mit wachsendem Angebot an Medien zunehmend verschärft. Die Frage nach den Selektionsstrategien gewinnt von daher für die Analyse des Rezipientenverhaltens an Gewicht. Dieser Aspekt wird im Rahmen von Punkt drei vertieft.

3. Tendenzen und Wandel der Medienrezeption

Da die Fülle der Daten der Studie „Massenkommunikation" kaum in kurzer Zeit referierbar ist, beschränkt sich die Darstellung auf die globalen Trends der Mediennutzung und -bewertung. Dabei soll das Material aus unterschiedlichen Perspektiven analysiert werden. Die erste Sichtweise ist eine Art Vogelperspektive auf die Entwicklung der Mediennutzung seit 1964, um Anschluß an das Lebenszykluskonzept zu finden. Die zweite Perspektive wird den Selektionsstrategien im Dualen Rundfunksystem gelten. Betrachtet man die Ergebnisse der nunmehr sieben Wellen der Studie zur Mediennutzung, dann fällt der unterschiedliche Kurvenverlauf der drei Medien auf, in welchem Umfang sie die Gesamtbevölkerung zu erreichen vermochten. Natürlich ist zu berücksichtigen, daß die Untersuchung 1964 einsetzte, als die Wandlungsprozesse der Mediennutzungsgewohnheiten durch das Aufkommen des Fernsehens sich bereits vollzogen.

Das Fernsehen befand sich 1964 in der Diffusionsphase, die bis 1974 anhielt und sich in steigenden Reichweitenwerten und steigendem durchschnittlichen Zeitaufwand für die Nutzung des Mediums niederschlug. 1980 begann die Nutzung nach Reichweite und Zeitaufwand zu stagnieren und drohte 1985 in einen Rückgang umzuschlagen. Die technisch und politisch bedingte geringe Ausdifferenzierung des Medienangebots bremste offenbar einen weiteren Nutzungsanstieg. Dieser Rückgang wich 1990 und 1995 dank Kabel, Satellit und der dadurch deutlich erweiterter Angebotspalette jedoch einem neuen Wachstumsschub. Von den Besonderheiten des Jahres 1990 soll an dieser Stelle abstrahiert werden. Die positive Entwicklung für das Medium wurde jedenfalls 1995 bestätigt, das nun mit der höchsten Reichweite und dem höchsten Zeitaufwand pro Tag, der in dieser Studie je gemessen wurde, von den Bundesbürgern genutzt wird.

Deutlich wird diese positive Entwicklung auch an Indikatoren wie der Medienbindung, die, seit 1974 wie die Nutzung eher rückläufig, 1990 und 1995 wieder stark angestiegen ist. Zehn Jahre nach Einführung des Dualen Rundfunksystems dürfte sich das Medium - in der heutigen traditionellen Form - mit Blick auf die Nutzung lebenszyklisch in der Reifezeit befinden, was bedeutet, daß ein, wenn auch verlangsamtes Wachstum der Rezeption für einige Zeit noch möglich ist.

Die Frage, ob das auf Kosten anderer Medien, vor allem des Hörfunks geht, der jetzt auch durch das Fernsehens als neues Hintergrund- und Begleitmedium Konkurrenz auf einem bislang unangefochtenen Gebiet erhält, muß hier zunächst offenbleiben. Wenn das Freizeitbudget der Menschen nicht steigt und die oben diskutierten zeitlichen Restriktionen ihre Gültigkeit behalten, sind Umschichtungen bei steigendem Fernsehkonsum aber wohl zu erwarten.

Die Entwicklung des Hörfunks, der seine Diffusionsphase in die Haushalte 1964 bereits schon länger abgeschlossen hatte (95 Prozent der Haushalte verfügten über mindestens ein Radiogerät), verlief bislang fast konvex zu der des Fernsehens: er verlor an Reichweite, wenn das Fernsehen gewann und er gewann, wenn das Fernsehen an Reichweite verlor. Die Reifephase des Hörfunks im Sinne einer Ausdifferenzierung des Angebots wurde in der Studie zwischen 1974 und 1985 in steigender Reichweite und steigendem Zeitaufwand sichtbar, wobei dies natürlich auch gleichzeitig die Zeitphase stagnierender Fernsehnutzung war. Der Wachstumsimpuls dieser Ausdifferenzierungsphase auf die Nutzung des Medium scheint aber 1995 vorerst auch schon wieder beendet, wobei Hörfunk-Reichweite und Zeitaufwand für seine

Nutzung 1995 allerdings nach wie vor klar im oberen Bereich der Nutzung dieses Mediums liegen.

Die relativ deutliche Reaktion jeweils auf die Wachstumsschübe des Fernsehens verweist aber darauf, daß es sich beim Hörfunk um das in der Konkurrenz der elektronischen Medien offenbar schwächere Medium handelt, das in seiner Nutzung durch eine sich ändernde Attraktivität des Fernsehens für die Rezipienten unmittelbar tangiert wird. Die Folge sind auch Bindungs- und Imageverluste, wie sie der Hörfunk 1995 besonders deutlich erfahren hat.

Die Tageszeitung hat bis 1980 parallel zur Ausbreitung des Fernsehens einen Nutzungsanstieg erfahren, wobei es so aussieht, als ob hier, im Gegensatz zum Hörfunk, das neue elektronische Medium die Rezeption des alten Printmediums zu stimulieren vermocht hätte. Seit 1985 scheint dieser Impuls aber verpufft zu sein, die Tageszeitung liegt 1995 nach Reichweite nur noch knapp auf dem Niveau von 1964, der Zeitaufwand für die Lektüre liegt, wie gesagt, deutlich darunter.

Bei beiden der älteren Medien sieht es so aus, daß ein kontinuierliches Wachstum im Sinne einer kontinuierlichen Zunahme der Nutzung kaum mehr zu erwarten ist, was kurzfristige positive oder negative Wechselwirkungen mit der Entwicklung anderer Medien oder Kommunikationstechniken nicht unbedingt ausschließt. Aber beide Medien scheinen die Sättigungsphase erreicht zu haben, die allenfalls Stabilität aber kein Wachstum der Nutzung mehr gewährt.

Wie gehen die Rezipienten bei begrenztem Zeitbudget nun mit der Nutzung des vor allem bei den elektronischen Medien deutlich erweiterten Programmangebots um? Hierzu lassen sich die Ergebnisse zweier Sonderanalysen aus der Studie Massenkommunikation zusammenfassend referieren, in denen für Fernsehen und Hörfunk geprüft wurde, ob sich inhaltliche und/oder programmtypische Selektionsmuster im Sinne einer Konzentration oder Spezialisierung der Nutzung auf bestimmte inhaltliche Angebote beziehungsweise bestimmte Kanäle, nämlich öffentlich-rechtliche versus private Programme, nachweisen lassen.[9] Die Ergebnisse sind insofern interessant, weil sie erstens darauf verweisen, daß beim Fernsehen stärker inhaltsbezogene als kanalbezogene Selektionskriterien zum Zuge kommen, während es beim Hörfunk genau umgekehrt ist, und daß zweitens eine primär unterhaltungsorientierte Nutzung des Fernsehens zwischen 1985 und 1995 zugenommen, eine primär informationsorientierte hingegen abgenommen hat.

Zum ersten Ergebnis: Die Mischnutzer von Information und Unterhaltung, die habituell, aber auch bei der Nutzung am Stichtag Informations- und Unterhaltungsangebote der elektronischen Medien relativ gleichgewichtig nutzen, sind beim Fernsehen mit gut einem Viertel des Publikums in der Minderheit, beim Hörfunk mit fast sechzig Prozent deutlich in der Mehrheit. Personen, die im Verlauf eines Tages sowohl öffentlich-rechtliche wie private Programme einschalten und nutzen, bilden beim Hörfunk mit acht Prozent eine sehr deutliche Minderheit, stellen beim Fernsehen hingegen ein Drittel des

Stichtagspublikums insgesamt. Die Ergebnisse verweisen also auf deutlich unterschiedliche Strategien, die Angebotsfülle der elektronischen Medien, die beim Radio ja keineswegs geringer als beim Fernsehen ist, zu bewältigen. Die Frage, die sich aufdrängt, ist: Warum? Warum ein so unterschiedlicher Umgang mit den Medien? Mindestens zwei plausible Erklärungsmöglichkeiten bieten sich an.

Die erste Erklärungsmöglichkeit: Hörfunk in seiner Funktion als Begleitmedium fördert eine eher inhaltsneutrale Nutzung, wobei die fortgeschrittene Zielgruppenorientierung der Radioangebote und das Bemühen der Radiomacher um *Durchhörbarkeit* ihrer Programme die eher passive, auf einen Angebotstyp fixierte Radionutzung stützen. Beim Fernsehen, das vier von zehn Bundesbürgern primär unterhaltungsorientiert, knapp jeder dritte Bundesbürger primär informationsorientiert nutzt, ist die sogenannte Verspartung der Angebote hingegen noch nicht weit genug fortgeschritten, um die selektive Suche nach dem jeweils präferierten Angebot sowohl bei öffentlich-rechtlichen als auch bei privaten Programmen überflüssig zu machen. Allerdings zeigt sich, gerade beim Fernsehen deutlicher noch als beim Hörfunk, durchaus ein Zusammenhang zwischen inhaltlicher und programmtypischer Spezialisierung: das primär informationsorientierte Publikum ist überproportional bei den öffentlich-rechtlichen Programmen zu finden, das primär unterhaltungsorientierte bei den Privatprogrammen.

Dieser Zusammenhang verweist auf die zweite Erklärungsmöglichkeit: die Selektion von Programmen statt Inhalten, wie sie die Radionutzung dominiert, ist Ergebnis vorangegangener inhaltsbezogener Erfahrung und eine rationale Form der Reduktion von Komplexität. Ökonomen definieren Präferenzen als Informationen vergangener Perioden.[10] Ähnliches klingt ja durchaus in der kommunikationswissenschaftlichen Gratifikationsforschung an, zum Beispiel in dem Prozeß-Konzept von Philip Palmgreen, wonach der Abgleich der in der Mediennutzung subjektiv gesuchten und erhaltenen Gratifikationen die zukünftige Mediennutzung mitbestimmt.[11] Präferenz für ein öffentlich-rechtliches beziehungsweise ein privates Angebot wäre danach die Reaktion auf die Erfahrung vergangener Perioden mit den Inhalten dieser Angebote und die Verarbeitung der dabei gesammelten Informationen. Beim Hörfunk als dem älteren der beiden elektronischen Medien, das die Reifephase in Form der Angebotsdifferenzierung schon länger erreicht hat, ist die Präferenzbildung entsprechend weiter fortgeschritten als beim jüngeren Medium Fernsehen, das in seine Reifephase gerade erst eingetreten ist. Ein solcher Erklärungsansatz wäre auch brauchbar für den Befund, daß sich die individuelle Hörfunknutzung nach den Ergebnissen der Media Analyse generell auf ein Spektrum von nur wenigen Kanälen beschränkt, auch bei dem heute sprunghaft angestiegenen Angebot.[12] Aber auch die Beschränkung der Zeitungsleser auf in der Regel nur ein bestimmtes Blatt, das sie lesen, obwohl die Kioske doch sehr viel mehr Wahlmöglichkeiten bieten, fände so eine Teilerklärung (wobei es noch weitere gibt). Wenn man bedenkt, daß eine mit Blick auf die eigenen inhaltlichen Präferenzen vergleichende Mediennutzung eine äußerst zeitaufwendige Prozedur ist, die mit wachsendem Angebot immer zeitaufwendiger wird, dann scheint es nicht ausgeschlossen, daß auch beim Fernsehen programmtypische oder senderbezogene Selektionskriterien die inhaltlichen mit Fortschreiten des dualen Systems allmählich überlagern werden, um das knappe Zeitbudget möglichst effizient zur eigenen Zufriedenheit nutzen zu können. Man könnte dies als Optimierung von Selektionsstrategien im Zeitablauf begreifen, die sich allerdings erst in entsprechenden Längsschnittanalysen darstellen ließe.

4. Konstanz und Wandel der Mediennutzung aus kohortenspezifischer Perspektive

Auch die kohortenspezifische Perspektive auf Konstanz und Wandel des Rezipientenverhaltens bedarf der Langzeitforschung. Die Studie Massenkommunikation genügt den Anforderungen für einen kohortenanalytischen Zugriff nur begrenzt, aber sie ist andererseits wohl die einzige Studie, die ihn überhaupt ermöglicht.[13]

Ausgangspunkt für den erstmals 1985 vorgelegten Versuch, die Entwicklung der Mediennutzung auch unter dem Aspekt des Kohortenverhaltens zu analysieren, waren ausgeprägte altersmäßige Differenzierungen, die sich 1974 gezeigt und von Welle zu Welle verstärkt hatten. Auch die in der öffentlichen wie wissenschaftlichen Diskussion gern gebrauchte Metapher von der *Fernsehgeneration* verwies auf vermutete systematische Zusammenhänge zwischen Generationszugehörigkeit und Art des Umgangs mit dem Fernsehen. Annahme war, daß die Angehörigen der - allerdings nur vage bestimmten - Fernsehgeneration, also der Nachkriegsjahrgänge, die mit dem Fernsehen bereits als Kinder in Kontakt gekommen, sozusagen mit dem Fernsehen aufgewachsen waren, dem für sie alltäglichen Medium distanzierter, nüchterner gegenüberstehen, als die Generation, die das Fernsehen erst als Erwachsene kennengelernt hatte, und daß die Fernsehgeneration das Bildmedium daher auch nur entsprechend unterdurchschnittlich nutze.

Die Ergebnisse von 1995 bestätigen zwar weiterhin eine konstant unterdurchschnittliche Nutzung des Fernsehens durch die Nachkriegsgeneration, aber gleichzeitig haben vor allem die jüngeren Kohorten ihre Fernsehnutzung 1995 im Vergleich zu 1985 überproportional ausgeweitet.[14] Dabei kommt die Rückwendung der Jüngeren zum Fernsehen fast ausschließlich den privaten Angeboten zugute. Mutiert die - distanzierte - Fernsehgeneration also zu einer - enthusiamierten - Privatfernsehgeneration? Die Ergebnisse sind aus kohortenanalytischer Sicht noch kaum zuverlässig zu bewerten, das Duale System ist dafür historisch noch zu jung. Alle drei zu prüfenden Effekte - Kohorten-, Alters- und Periodeneffekt - sind als kausal für das Ergebnis plausibel begründbar. Die Annahme eines Alterseffekts wird plausibel durch die Angebotsstrategien des Privatfernsehens, das im Interesse seiner Werbeeinnahmen vor allem ein jüngeres Publikum möglichst breit erreichen will. Die Annahme eines Periodeneffekts wird plausibel, wenn man berücksichtigt, daß unter den Jüngeren der Anteil der *early adopter* von Medieninnovationen erfahrungsgemäß besonders hoch ist.[15] Die Annahme eines Kohorteneffekts wäre die Ablösung der *Fernsehgeneration* durch die *Privatfernsehgeneration*, wobei sich Kohorteneffekte, verstärkt oder abgeschwächt durch den Grad formaler Bildung, möglicherweise stärker in der Abwanderung der jüngeren Kohorten vom öffentlich-rechtlichen Fernsehen, als in der Zuwendung zum Privatfernsehen zeigen. Allerdings ein Befund ist unumstritten: die jüngeren Kohorten sehen 1995 deutlich regelmäßiger und länger fern, als sie es 1985, zehn Jahre jünger, taten.

Die These von der schwindenden Faszination des Fernsehens gerade für die Jüngeren muß - vorerst jedenfalls - ad acta gelegt werden. Eine Rückwirkung auf die Hörfunknutzung der jüngeren Kohorten deutet sich zwar an, ist zuverlässig aber noch nicht bestimmbar. Verlierer bei den jüngeren Kohorten ist hingegen deutlich die Tageszeitung. Dabei scheint die Tageszeitung auf zwei Entwicklungspfaden ihre Leserschaft allmählich zu verlieren: die jüngeren Kohorten steigen mit von Kohorte zu Kohorte schrumpfenden und dann konstant niedrigen Leseranteilen in die Nutzerschaft des Printmediums ein, bei den mittleren Kohorten bröckelt die Leserschaft im Zeitablauf langsam ab. Längerfristig könnte eine solche Entwicklung, falls sie sich fortsetzen sollte, die Existenz des ältesten der drei Massenmedien berühren.

Ein anderer Befund der Kohortenanalyse, der sich quer durch die erfaßten Medien zieht, ist der sich in der Generationenfolge offenbar lockernde Zusammenhang zwischen dem Grad formaler Bildung und der Nutzung bestimmter Medienangebote, wie er in Studien immer wieder sichtbar wurde und traditionell unterstellt wird. Ob Tageszeitung, Buch oder öffentlich-rechtlicher Rundfunk, die im Durchschnitt steigende formale Bildung gerade der jüngeren Kohorten ist keine Garantie mehr für eine stabile Nutzung dieser Angebote. Beim Fernsehen verhindert höhere formale Bildung bei den jüngeren Kohorten nur die deutliche Substitution öffentlich-rechtlicher durch private Angebote, wie sie bei niedriger formaler Bildung beobachtbar ist, aber nicht die Ausweitung der Fernsehnutzung primär zu Gunsten der privaten Offerten. Die generell wachsende Distanz der jüngeren Kohorten zur Tageszeitung wird durch höhere formale Bildung allenfalls verlangsamt, aber nicht gestoppt. Das Buch erleidet Nutzungsverluste vor allem bei den formal besser Gebildeten unter den jüngeren Kohorten, die es bislang und auch 1995 zwar noch überdurchschnittlich, aber eben nachlassend nutzen. Man könnte in dieser Lockerung des Zusammenhangs von Mediennutzung und formaler Bildung die gemeinsame Klammer für einen Kohorteneffekt sehen, der sich dann als nachlassendes Interesse der formal ja immer besser gebildeten jüngeren Kohorten an bestimmten Medienangeboten darstellt.

Dieses nachlassende Interesse betrifft offenbar vor allem solche Angebote, die eher kognitive als emotionale Gratifikationen anbieten. Auch bei diesen Befunden wird man künftige Forschung abwarten müssen, ob sie diese Entwicklungstendenzen im Kohortenverhalten bestätigen oder nicht. Für gesicherte Aussagen über einen kohortenspezifischen Wandel der Mediennutzung ist die Laufzeit der Studie „Massenkommunikation" leider noch immer zu kurz.

5. Versuch eines Zwischenresümees

Der Versuch eines Zwischenresümees kann angesichts der Vorläufigkeit vieler Befunde der Studie Massenkommunikation, vor allem der jüngeren Wellen von 1990 und 1995, nicht mehr sein, als ein Angebot der Interpretation. Als Interpretationsrahmen für den Wandel der Medienrezeption durch die Bundesbürger und die Entwicklungstendenzen ihrer Mediennutzung wurden hier zwei exogene Faktoren angeführt: die lebenszyklische Phase, in der die drei in der Studie untersuchten aktuellen Massenmedien während der Laufzeit der Studie standen und die Restriktionen eines Zeitbudgets, das nicht beliebig vermehrbar ist. Beide Rahmenbedingungen liefern plausible Erklärungsmuster für den in der Studie auf der Ebene von Aggregaten beobachteten Wandel der Mediennutzung.

Für das Fernsehen, das mit der Ausdifferenzierung seiner Angebote im Dualen Rundfunksystem in seine Reifezeit trat, bedeutete dieser Übergang in eine andere Lebenszyklusphase einen deutlichen Nutzungsschub, der - angesichts der Ergebnisse der GfK-Fernsehforschung - offenbar weiter anhält. Gemessen an Tagesreichweite und Sehdauer scheint das Fernsehen immer mehr Medienzeit von immer mehr Menschen zu okkupieren und zu binden. Dabei gewinnt eine primär unterhaltungsorientierte Zuwendung zu dem Medium bei wachsenden Bevölkerungsanteilen an Bedeutung, die informationsorientierte hingegen nimmt ab. Es sind vor allem die jüngeren Bundesbürger, deren deutlich ausgeprägte Präferenz für die Angebote des Privatfernsehens mit einer überdurchschnittlich unterhaltungsorientieren Fernsehnutzung einhergeht. Und es sind auch die jüngeren Bundesbürger, die neue Formen der Nebenbei-Nutzung des Mediums entwickeln und so die zeitlichen Restriktionen zu lockern versuchen. Daß diese Entwicklungen nicht losgelöst von den quantitativen und qualitativen Veränderungen des Fernsehprogrammangebots im Dualen System gesehen werden dürfen, muß hier nicht extra betont werden. Dieser anhaltende Wandel des Fernsehangebots im historisch jungen Dualen Rundfunksystem ist es aber auch vor allem, der - neben anderen Faktoren - ein abschließendes Urteil über Tendenzen der Fernsehnutzung bislang nicht erlaubt.

Bei den beiden älteren Medien, Hörfunk und Tageszeitung, zeichnen sich bestenfalls Stagnationstendenzen der Nutzung ab. Die Tageszeitung als das historisch älteste Medium befand sich während der Laufzeit der Studie lebenszyklisch schon länger in der Sättigungsphase, die nun in Degeneration, also dauerhaft abnehmende Nutzung überzugehen droht, worauf vor allem die Kohortenanalyse verweist. Der sich offenbar lockernde Zusammenhang zwischen höherer formaler Bildung - bei in der Generationenfolge wachsender Verbreitung höherer Bildungsformen in der Gesamtbevölkerung - und Nutzung von Medienangeboten, die primär kognitive Bedürfnisse zu befriedigen versprechen, worauf die Kohortenanalyse ebenfalls verweist, läßt die Zukunftsaussichten für die Tageszeitung, aber auch für die anspruchsvolleren Angebote des Fernsehens, wenig optimistisch erscheinen. Wenn sich dieser

Befund als dauerhafter Entwicklungstrend erweist, wird eine auf Unterhaltung und emotionale Gratifikationen abzielende Mediennutzung zweifellos zunehmen.

Für den Hörfunk gibt es Anzeichen, daß die in den 70er Jahren konstatierte und gefeierte Radiorenaissance wieder der Konkurrenz durch ein nach Angebot und Nutzung verändertes Fernsehen weichen könnte. Das muß nicht - zumindest auf der Basis Gesamtbevölkerung - zu deutlichen Nutzungseinbrüchen führen, 1995 stagniert die Hörfunknutzung jedenfalls auf hohem Niveau. Es muß dabei aber auch gesehen werden, daß die Mediennutzung neben anderen Tätigkeiten - worauf die Ergebnisse der Studie „Massenkommunikation" verweisen - offenbar auch nicht unbegrenzt ausdehnbar ist und veränderte Rezeptionsgewohnheiten des Fernsehens dem Radio ein bisheriges Nutzungsmonopol streitig machen könnten. Allerdings scheinen die Erwartungen der Bundesbürger an die Programmangebote der Medien Fernsehen und Hörfunk nach den Ergebnissen der Studie Massenkommunikation zu differieren. Die Nutzung, gemessen in der groben Kategorisierung nach Information versus Unterhaltung, zeigt 1995 beim Fernsehen Tendenzen einer Polarisierung, nicht jedoch beim Hörfunk. Jedenfalls folgt die Bewältigung der Programmangebotsfülle im Dualen Rundfunksystem bei Fernsehen und Hörfunk 1995 jeweils anderen Selektionsstrategien. Wenn sich darin dauerhaft unterschiedliche inhaltliche Präferenzen mit Blick auf die Medien Fernsehen und Hörfunk zeigen sollten - im Falle des Fernsehens Information *oder* Unterhaltung, im Falle des Hörfunks Information *und* Unterhaltung - dann ist eine neue Substitutionsgefahr für den Hörfunk durch das Fernsehen jedenfalls als deutlich geringer einzuschätzen. Es ist allerdings nicht auszuschließen, daß sich darin eher unterschiedliche Grade der Optimierung von Selektionsstrategien im Dualen System (möglicherweise auch der Angebotsgestaltung) spiegeln, was die Frage nach dem Schicksal des Hörfunks in Konkurrenz zum sich wandelnden Fernsehen wieder weitgehend offen ließe.

Will man die Ergebnisse auf ein Fazit bringen, dann ist bislang nur sicher, daß sich der Umgang mit den aktuellen Medien, differenziert nach Sozialgruppen und möglicherweise auch Generationen, wandelt. Ob die hier angedeuteten Richtungen dieses Wandels zuverlässig beschrieben sind, läßt sich hingegen kaum entscheiden.

Soweit dieses Zwischenresümee mit allen Möglichkeiten des Irrtums. Falls die Studie „Massenkommunikation" auch im Jahr 2000, 2005 und so weiter noch durchgeführt werden sollte, wird die oder der dann Verantwortliche Ihnen vielleicht genauere und gesichertere Auskunft geben können über den Wandel und die Tendenzen der Medienrezeption. Allerdings dürfte sich die Medienumwelt dann noch einmal gravierend verändert haben, so daß wiederum vor allem die Aussagen zur aktuellen Entwicklung nur mit Vorbehalten erfolgen können. Dennoch ist Langzeitforschung nach dem Muster der Studie Massenkommunikation dringender denn je, wenn die Linien der Entwicklung überhaupt ein wenig freigelegt und der Wandel im Umgang der Menschen mit den Medien erkennbar werden sollen.

Anmerkungen:

[1] Vgl. Gabler Wirtschaftslexikon. (12. Auflage) Wiesbaden 1988.
[2] Vgl. Riepl, Wolfgang: Das Nachrichtenwesen des Altertums. Mit besonderer Rücksicht auf die Römer. Berlin 1913.
[3] Vgl. Jürgen Heinrich: Medienökonomie. Band 1: Mediensystem, Zeitung, Zeitschrift, Anzeigenblatt. Opladen 1994.
[4] Vgl. Bücher, Karl: Auswahl der publizistikwissenschaftlichen Schriften. Hrsg. Heinz-Dietrich Fischer und Horst Minte. Bochum 1981.
[5] Vgl. Pürer, Heinz/Johannes Raabe: Medien in Deutschland. Band 1: Presse. München 1994.
[6] Vgl. Zentralausschuß der Werbung- ZAW (Hrsg.): Werbung in Deutschland. Bonn 1997.
[7] Vgl. Neumann, Russel W.: The Future of the Mass Audience. New York 1991.
[8] Vgl. Berg, Klaus/Marie Luise Kiefer (Hg.): Massenkommunikation V. Eine Langzeitstudie zur Mediennutzung und Medienbewertung. Baden-Baden 1996.
[9] Vgl. Harald Berens, Marie Luise Kiefer, Arne Meder: Spezialisierung der Mediennutzung im Dualen Rundfunksystem. In: Media Perspektiven (1997), H. 2, S. 80-91.
[10] Vgl. Jenöffy-Lochau, Marek: Medien, Propaganda und Public Choice. Wiesbaden 1997.
[11] Vgl. Palmgreen, Philip: Der „Uses and Gratifications Approach". Theoretische Perspektiven und praktische Relevanz. In: Rundfunk und Fernsehen (1984), H. 1, S. 51-62.
[12] Vgl. Keller, Michael/Walter Klingler: Jugendwellen gewinnen junge Hörerschaften. In: Media Perspektiven (1996), H. 8, S. 441-450.
[13] Vgl. Peiser, Wolfram: Die Fernsehgeneration. Eine empirische Untersuchung ihrer Mediennutzung und Medienbewertung. Opladen 1996.
[14] Vgl. Kiefer, Marie Luise: Schwindende Chancen für anspruchsvolle Medien? In: Media Perspektiven (1996), H. 11, S. 589-597.
[15] Vgl. Noelle-Neumann, Elisabeth/Rüdiger Schulz: Federal Republic of Germany. Social Experimentation with Cable and Commercial Television. In: Becker, Lee B./Klaus Schönbach (Hg.): Audience Responses to Media Diversification. Hillsdale, London 1989, S. 167-223.

Was wird aus dem Zeitunglesen?[1]

von Klaus Schönbach und Wolfram Peiser

An der Oberfläche wird es noch gar nicht so deutlich: Die Tageszeitung verliert in Deutschland an Bedeutung. Zwar ist das Anzeigenaufkommen immer noch beträchtlich; die Gesamtauflage blieb auf hohem Niveau - jedenfalls bis vor kurzem. Im großen und ganzen ist die Zeitung für *lokale* Informationen in weiten Teilen Deutschlands immer noch die einzige aktuelle Informationsquelle und wird dafür auch geschätzt.[2]

Überhaupt kann sich die Tageszeitung über fehlenden Respekt nicht beklagen.[3] Einige Beispiele dafür: Gäbe es die Tageszeitung nicht, wäre der Anteil derer in Deutschland, die gerade sie „sehr vermissen" würden, auch 1995, wie schon zuvor, höher als im Falle des Fernsehens und des Radios.[4] Seit den 80er Jahren hat die Zeitung in Westdeutschland - wo wir diesen Vergleich anstellen können - die beiden anderen tagesaktuellen Medien als „wertvolle Hilfe, wenn man sich eine eigene Meinung bilden will" sogar überrundet.[5] 1995 liegt sie mit Radio und Fernsehen erstmals gleichauf in der Beurteilung „berichtet wahrheitsgetreu". Und: Fast ein Drittel (31 Prozent) der westdeutschen Bevölkerung ab vierzehn Jahre würde, vor die Entscheidung gestellt, eher der Tageszeitung glauben als dem Fernsehen und dem Radio - so viele wie noch nie seit 1970. Damals hatten nur zwölf Prozent der Zeitung den Vorzug gegeben.[6]

Dennoch gibt es schon seit geraumer Zeit Hinweise darauf, daß das gute Image der Tageszeitung in Deutschland eher - distanzierte - Ehrfurcht als Liebe ausdrückt. Die Tagespresse verliert Leser: In Westdeutschland waren es 1985 noch 84 Prozent aller Personen über vierzehn, die eine Zeitung an einem durchschnittlichen Werktag zumindest durchgeblättert hatten, 1995 jedoch drei Prozentpunkte weniger - 81 Prozent.

Das sieht zunächst einmal gar nicht so dramatisch aus, wird es aber, wenn man weiß, daß die Tageszeitung heute nur noch bei den über fünfzigjährigen so viele Personen erreicht wie 1985. In der Altersgruppe der vierzehn- bis neunzehnjährigen hingegen ist die durchschnittliche Reichweite in diesen zehn Jahren um dreizehn Prozentpunkte gesunken - von 73 auf sechzig Prozent.[7]

Auch der Anteil des Zeitunglesens am täglichen Zeitbudget für Medienkonsum ist geschrumpft: Fernsehen, Radio- und Schallplattenhören, Lesen von Zeitungen, Zeitschriften, Büchern - damit verbrachten Erwachsene noch 1967 circa 25 Stunden pro Woche. 1987 waren es schon 35 Stunden. Von diesem Zuwachs hat das Zeitunglesen allerdings praktisch nicht profitiert - es stagnierte bei circa eineinhalb Stunden pro Woche.[8] 1964 verhielt sich die Zeit für das Zeitunglesen in Westdeutschland etwa wie eins zu drei zu der für Fernsehen und Radiohören (alle drei Medien zusammen: 188 Minuten); 1995 betrug dieses Verhältnis nur noch eins zu neun (von 518 Minuten insgesamt).[9]

Zusätzlich könnte alarmieren, daß der allmähliche Rückgang des Zeitunglesens nicht die Konsequenz einer generellen Lesemüdigkeit ist - im Gegenteil. Mitte der 60er Jahre hatten 29 Prozent der Westdeutschen angegeben, mehrmals in der Woche in einem Buch zu lesen. 1996 sagten dies aber schon 35 Prozent. Und: Gerade junge Leute, eine „Problemgruppe" der Tageszeitung, sind die eifrigsten Leser.[10] Eine generelle Abneigung gegen das Lesen paßt auch nicht zur Reichweitensteigerung der Publikumszeitschriften: Zwischen 1981 und 1991 hat die Gesamtreichweite aller in die Media-Analyse aufgenommenen Zeitschriften um fast fünf Prozentpunkte zugenommen. Noch ein Beleg dafür: 1995 las - nach den Befunden der Langzeitstudie „Massenkommunikation" - fast ein Viertel der westdeutschen Bevölkerung (24 Prozent) zumindest „mehrmals in der Woche" Zeitschriften - ein Anstieg um fünf Prozentpunkte seit 1980.[11]

Aber ist das wirklich ein Anlaß zur Sorge? Immerhin konkurrieren Tageszeitungen in Deutschland heute bei ihren Leserinnen und Lesern jeweils mit durchschnittlich mehr als zwanzig Fernsehkanälen und sicher mindestens ebenso vielen gut empfangbaren Radiosendern. Fast 9.000 Zeitschriften sind auf dem Markt erhältlich.[12] Überall gibt es lokale Anzeigenblätter, an vielen Orten auch Stadtmagazine. So gesehen, ließe sich einwenden, hat sich die Tageszeitung eigentlich gut behauptet.

Allerdings zeigt eine Zusammenstellung von Daten aus den USA:[13] Genau diesen trügerischen Eindruck konnten die amerikanischen Zeitungsverleger offenbar auch gewinnen, als 1967 - nachdem ihr Hauptkonkurrent, das Fernsehen, in den USA schon zwanzig Jahre alt war - noch immer drei Viertel der erwachsenen Amerikaner angaben, jeden Tag eine Zeitung zu lesen. 1991 aber war es nur noch die Hälfte der Bevölkerung.

In den vergangenen zehn Jahren ist rückläufige Zeitungsnutzung jedenfalls als internationales Phänomen erkennbar geworden: In den Ländern der Europäischen Union und den USA gab es zwischen 1986 und 1995 einen langsamen, aber deutlichen Rückgang der Auflage von Kauf- und Abonnentenzeitungen von durchschnittlich 0,8 Prozent im Jahr. In Europa wurden es damit in zehn Jahren insgesamt 4,5 Millionen Exemplare weniger, die verkauft wurden.

Fast nur in der Dritten Welt und in sogenannten Schwellenländern wie Indien und Brasilien nehmen Auflagen - auf tiefem Niveau - noch zu.[14] Überall mehren sich die Anzeichen, daß junge Leute die Gewohnheit des Zeitunglesens gar nicht mehr aufnehmen.[15] In dieser Situation stellt sich die Frage, wie Tageszeitungen ihre Kräfte bündeln können, um weiteren Verlusten an Lesern entgegenzuwirken. Offenbar gibt es eine Reihe von Entwicklungen, die das Zeitunglesen gefährden und auf die angemessen zu reagieren wäre.[16]

- Veränderungen der Bevölkerungsstruktur, vor allem die Überalterung. Die Zahl der Personen nimmt zu, die physisch nicht mehr lesen können. Außerdem ist in der Bevölkerung die Zahl derer gewachsen; die der deutschen Sprache nicht hinreichend mächtig sind.
- Der Wandel der Haushaltsstrukturen, besonders die Zunahme der Zahl von Ein-Personen-Haushalten: Immer weniger Personen finden eine Zeitung in ihrem Haushalt schon deshalb vor, weil jemand anderes sie bezieht. Und: Die Frage, ob sich zum Beispiel die Kosten für das Monatsabonnement einer Zeitung lohnen; stellt sich einem Single-Haushalt ganz anders als einem Mehr-Personen-Haushalt.
- Die zunehmende Mobilität und rückläufige Ortsbindung: Detaillierte Informationen einer Lokalzeitung über den Wohnort erscheinen jedenfalls dann überflüssig, wenn man sich dort ohnehin nur für kurze Zeit aufhält.
- Die zunehmende Differenzierung der Gesellschaft und von Lebensstilen: Sie können für Viele den sozialen Druck vermindern, der früher noch Zeitunglesen gefordert haben mag. Auch eine höhere formale Bildung scheint deshalb nicht mehr untrennbar mit dem Zeitunglesen verbunden zu sein. Dennoch gibt es immer wieder Hinweise darauf, daß die Zeitung bei Personen mit niedriger Schulbildung am meisten in Gefahr ist.
- Die Einflüsse anderer Medien, vor allem des Fernsehens und von Special-Interest-Medien. Die Angebote des Fernsehens ziehen neuerdings offenbar Zeit und Aufmerksamkeit von der Zeitung ab, statt - wie früher gelegentlich vermutet - ihr Lesen anzuregen.

Mehrere dieser potentiellen Ursachen für einen Rückgang des Zeitungslesens sind bei *jungen* Leuten stärker ausgeprägt - so zum Beispiel Mobilität, Single-Haushalte, individuellere Lebensstile. Sie gelten deshalb als eine besonders wichtige Zielgruppe der Anstrengungen von Zeitungen[17] - sie mit den richtigen Maßnahmen frühzeitig an das Zeitunglesen heranzuführen,[18] sichert offenbar langfristig die Zukunft dieses Mediums.[19]

Tageszeitungen in den USA haben - schon vor den meisten deutschen Verlagshäusern - die heraufziehende Gefahr erkannt und mit Gegenmaßnahmen reagiert.[20] In den zurückliegenden Jahren hat es allerdings auch hierzulande neue Ideen und Aktivitäten in dieser Richtung gegeben:

- Ein ausgefeiltes Marketing, um Leser zu binden oder neue zu gewinnen, gehören zu diesen Vorkehrungen: „Leser werben Leser"-Aktionen, Werbung in anderen Medien, das Sponsoring von Veranstaltungen oder auch

Projekten, wie „Zeitung in der Schule".[21] Natürlich spielt auch der Bezugspreis als Marketing- und Wettbewerbsinstrument eine wichtige Rolle.[22]
- Ebenso wurden die Forschungsaktivitäten für die Zeitung und ihr Publikum verstärkt.[23]
- Aber vor allem am Produkt selbst, an seinen Inhalten und an seinem Erscheinungsbild, wird gearbeitet.

Im wesentlichen lassen sich zwei grundlegende Strategien zur Erhöhung der Attraktivität der Zeitung identifizieren, die im scharfen Gegensatz zueinander treten:

1. Die Imitation von Medien, die mehr Erfolg zu haben scheinen (das Fernsehen, aber auch Zeitschriften), mit den Mitteln der Zeitung und eine verstärkte Werbung genau dafür. Dafür ist *USA today* international wohl das herausragendste Beispiel. Dieses Blatt versucht, so „telegen" zu sein wie nur irgend möglich - mit vielen Fotos, Zeichnungen und Graphiken, der üppigen Verwendung von Farbe, von *kurzen* Beiträgen und mit einem großen Angebot an unterhaltsamen Geschichten.[24] Diese Strategie der Anpassung, wenn nicht speziell an das Fernsehen, so doch wenigstens an die Bildschirmmedien, wird gleichsam zugespitzt in „Online-Zeitungen" mit interaktiven Bildschirmausgaben.[25] Auch „unbundling" - ein Konzept aus den USA - wäre eine solche Strategie der Anpassung. Es erlaubt, verschiedene Teile der Zeitung einzeln zu abonnieren, zum Beispiel nur den Wirtschaftsteil oder nur den Lokalteil. Sie läßt sich damit wie eine individuelle Sammlung von Spezialzeitschriften behandeln. Auch das Abonnement einzelner Ausgaben nur an bestimmten Tagen der Woche erleichtert die „Magazinisierung" des Zeitunglesens.

2. Eine andere Position schreibt - oft natürlich unbewußt - eine Erkenntnis des Historikers Wolfgang Riepl aus dem Jahre 1913 fort. Als sogenanntes „Rieplsches Gesetz" gilt: Medien überleben, wenn sie auf denjenigen Leistungen für ihr Publikum beharren (oder sich auch neu auf sie besinnen), die sie jeweils besser anbieten können als ihre Herausforderer. Tageszeitungen würden, so gesehen, auf Dauer nicht erfolgreich, wenn sie sich als die besseren Fernsehprogramme profilierten, sondern wenn sie etwas offerierten, was sonst niemand so zweckmäßig bietet: umfassende lokale Information, lokalen Service - und natürlich lokale Werbung;[26] Hintergrundinformation; Orientierung, Einordnung; Erklärung, Übersetzung, ein soziales Register, die kontinuierliche Berichterstattung über die Entwicklung eines Gegenstandes. Ihre Leserinnen und Leser können sie ähnlich nutzen wie ein Nachschlagewerk (die Tageszeitung vermag auch Entlegenes überblickhaft darzustellen) - sie hat eine „enzyklopädische Funktion". Die Zeitung kann - vor allem in lokalen Belangen - wie kein anderes Medium als Forum dienen, ihrem Publikum die Möglichkeit des Meinungsaustausches und der Artikulation bieten. Alle diese offensichtlichen Vorzüge der Tageszeitung sind noch verbunden mit einem zusätzlichen Vorteil, nämlich ihrer Tagesaktualität.

Natürlich gibt es unter den Funktionen der Tageszeitung auch ihren Zusatznutzen als *Prestigeobjekt* („Dahinter steckt immer ein kluger Kopf"). Der Gebrauch der Zeitung zur Abschirmung am Frühstückstisch, zum Einwickeln von Heringen und Gläsern, zum Ausstopfen nasser Schuhe und zum Erschlagen von Wespen (letzteres vom ehemaligen Stuttgarter Oberbürgermeister Manfred Rommel gerne als unverzichtbarer Sinn der Zeitung angeführt) führen in den Bereich weiterer, eher technisch-materieller Vorteile:

- *Disponibilität:* Die Information, die von der Tageszeitung übermittelt wird, ist nicht flüchtig. Man kann sie aufheben, sie dann lesen, wenn es am besten paßt. Sie ist jederzeit abrufbar.
- Die Tageszeitung ist ein leicht zu transportierendes Informationsmittel. Sie läßt sich dazu beispielsweise auch zerlegen; Berichte können ausgeschnitten und weitergegeben werden.
- Sie ist ein besonders gut erschließbares Medium und macht die gezielte Suche nach Informationen relativ einfach.
- Die Geschwindigkeit der Informationsaufnahme wird vom Leser, von der Leserin selbst bestimmt.
- Die Ästhetik des Schriftlichen, wie sie das Layout von gedruckten Zeitungen bietet, die Typographie, die Fotos, das „Haptische" - das Gefühl in den Fingern beim Anfassen und Blättern.
- Und schließlich die *Dezenz* des Schriftlichen: Die Schriftform in ihrer Distanziertheit ermöglicht der Tageszeitung Angebote, die elektronische Medien nur sehr schwer erbringen können. Ein Beispiel: Todesanzeigen - man stelle sie sich im Radio verlesen vor.

Selbstverständlich hat die Tageszeitung auch technisch materielle Nachteile eigener Art: Sie verschafft mitunter schwarze Finger nach dem Lesen, aber auch Entsorgungsprobleme. Gefährlicher für sie allerdings ist, daß praktisch alle aufgezählten offiziellen (ja, bei genauerem Hinsehen auch die meisten anderen) Funktionen im Grunde nicht exklusiv für die Tageszeitung bestehen. Sie werden auch von anderen Medien erfüllt; zumindest könnten sie von ihnen erfüllt werden:

- Beispielsweise kommen *lokale* Information und Werbung natürlich - auch in Anzeigenblättern, in Stadtzeitschriften und im lokalen Hörfunk zur Geltung - und das in einem Umfang, der den meisten Rezipienten völlig genügen mag. *Lokales Fernsehen* tritt in Deutschland gerade hinzu.
- *Hintergrund, Einordnung, Enzyklopädisches* sind grundsätzlich auch in Wochenzeitungen und Zeitschriften zu bekommen. Und dies oft hochwertiger, als es den meisten Tageszeitungen möglich ist - zum Beispiel auf der Basis eines großen Korrespondentennetzes oder eines umfangreichen Archivs.
- Die Tageszeitung ist sicher *transportabel*, aber die Miniaturisierung der elektronischen Speicher- und Abrufmedien - zum Beispiel bei kleinen LCD-Fernsehgeräten, Walkmen, aber auch Notebooks - kann dazu führen, daß auch dieser Vorteil nicht mehr so ins Gewicht fällt.

- Die *disponible* Information und das *eigene Aufnahmetempo* beim Zeitunglesen verlieren durch reine Informationskanäle des Fernsehens und des Radios an Bedeutung. Auch Videotext und Nachrichten im Internet bieten Disponibilität und eine selbstbestimmte Aufnahmegeschwindigkeit.

In den USA richten sich Zeitungsverlage deshalb zusehends darauf ein, im wesentlichen nur noch die *Informationselite* als Zeitungsleser zu erreichen - ein kleines, aber feines Publikum (das übrigens auch höhere Bezugspreise bezahlen kann). Auch in Deutschland finden wir Hinweise darauf, daß eine solche gleichsam resignative Strategie erfolgreich sein könnte: Die Studie „Massenkommunikation V" zeigt, daß 1995 die Tageszeitung von den sogenannten Postmaterialisten - in der Regel jüngere, gebildete, politisch interessierte und finanziell gut ausgestattete Personen - geringfügig häufiger gelesen wurde als von anderen Bevölkerungsgruppen.[27]

Die Zeitung als Zielgruppenmedium für Postmaterialisten: Liegt hier der Schlüssel zur Sicherung ihrer Zukunft? Vielleicht. Was aber, wenn möglichst viele Menschen täglich Zeitung lesen sollten? Zum Beispiel deshalb, weil Zeitunglesen nachweislich besser als Fernsehen und Radiohören dabei hilft, die Welt zu verstehen, und die Beteiligung am politischen und kulturellen Leben fördert.[28] Das würde gegen eine Profilierung der Zeitung als Elitemedium sprechen, statt dessen für die Strategie der Anpassung und somit dafür, vom Erfolg des Fernsehens und der spezialisierten Zeitschriften zu profitieren (siehe oben). Aber auch auf der Basis der Rieplschen Erkenntnis, nach der das Besondere der Tageszeitung zu pflegen wäre, ließe sich ein möglichst „massenhaftes" Zeitunglesen sichern.

Eine erste Strategie dafür könnte sich geradezu sklavisch an Riepl halten. Die einzelnen Vorteile der Tageszeitung wären radikal auszubauen und zu vermarkten: Zugespitzt hieße dies, daß Zeitungen vorrangig *Lokales* oder *Regionales* bringen oder nur noch *Hintergrundinformationen* liefern und keine große Mühe mehr auf - aktuelle - *Nachrichten* verwenden. Oder die Zeitung wird vor allem zum Forum, bietet also den Bürgern hauptsächlich die Möglichkeit zum Meinungsaustausch. Ebenfalls denkbar: Sie reduziert ihr enzyklopädisches Angebot um alle *unterhaltsamen* Elemente, überläßt hier dem dafür besser geeigneten Fernsehen das Feld.

Nach Riepls These wären auch die technisch materiellen Vorteile der Tageszeitung jeweils zu verstärken: Die *Transportabilität* der Tageszeitung zu verbessern, hieße beispielsweise, ein *Taschenbuch* aus ihr zu machen. Oder man könnte die *Erschließbarkeit* der Zeitung noch weiter ausbauen - durch mehr Inhaltsverzeichnisse; Bücher, die inhaltlich klarer voneinander getrennt sind; Farbleitsysteme. Um die *Ästhetik des Schriftlichen* mehr als bisher geltend zu machen, müßte man die Zeitung verschönern - edel gedruckt, immer vierfarbig, gutes Papier, künstlerisches Layout.

Zugegeben: Diese Zuspitzungen mögen zunächst verwegen klingen, wären aber ganz ernsthaft zu bedenken, wenn die Zeitung von ihren offensichtlichen Vorzügen profitieren will - wie zum Beispiel von ihrer lokalen Kompetenz. Schließlich bestehen deutsche Zeitungsleser ja bei ihrem Blatt mehr denn je auf Lokalem. Auf die Frage „Wenn Ihre Zeitung dünner werden müßte, weil sie sonst zu teuer würde: Was könnte dann von Ihnen aus kürzer werden oder wegfallen? Was wäre Ihnen nicht so wichtig?" meinten 1993 nur noch drei Prozent der Westdeutschen, sie könnten auf *Lokales* (hierzu gehören sicher auch lokale *Anzeigen)* verzichten. Dazu waren 1953 noch viermal so viele (zwölf Prozent) der damaligen Leserinnen und Leser bereit.[29] Und auch nach der Langzeitstudie „Massenkommunikation V" würde 1995 fast ein Drittel aller Deutschen über vierzehn Jahre die regionale/lokale Information der Tageszeitung vermissen, gäbe es sie nicht - im Radio hingegen nur fünf Prozent und im Fernsehen (allerdings nicht sehr verwunderlich) sogar nur zwei Prozent.[30]

Die zweite Strategie der Kontrastierung zu anderen Medien verengt das Angebot der Zeitung allerdings gerade nicht. Sie basiert vielmehr auf der Annahme, die traditionelle Zeitung biete durchaus etwas Besonderes, das tatsächlich alle anderen Medien nicht oder zumindest nicht in der Weise leisten können: nämlich eine *Insel des Universellen* zu sein in der Spezialisierung der Angebote.[31] Das Charakteristische der Tageszeitung wäre dann, so gesehen, daß sie nicht speziellen Fachzeitschriften Konkurrenz macht, daß sie nicht einzelnen Spartenkanälen der elektronischen Medien, ihren fernseh- und hörfunkspezifischen Programmen Paroli bietet. Statt dessen wäre etwas anderes auszubauen - die zeitungstypische Kombination von Führung *und* Freiheit:

- Zum einen übernimmt die herkömmliche Zeitung die Vorauswahl, Gliederung und Einordnung von Informationen. Ihre Gestaltung macht aufmerksam, lenkt den Blick. Zeitungen erlauben damit ihrem Publikum, *gezielt faul* zu sein. Ein wesentlicher Anreiz dafür, warum viele Menschen überhaupt lesen, fernsehen, Radio hören, ist vermutlich die *Passivität* der Rezeptionssituation.[32] Die gedruckte Zeitung erzwingt keine Entscheidung auf einem Computermenü: Will ich wirklich das Foto zu den Kämpfen in Ruanda sehen? Brauche ich wirklich den Hintergrundbericht zum neuen Gemeindehaushalt? So gefragt brauchen wahrscheinlich nur wenige eines von beiden. Die Tageszeitung wäre dabei aber nicht als eine *Daily Me* im Sinne Nicholas Negropontes reizvoll, sondern eher als eine *Daily Us* (so der amerikanische Marketingexperte David Weinberger). Negropontes Vision ist eine elektronische Zeitung, die durch Erfahrung mit Lesegewohnheiten berücksichtigt, was jeder einzelne Leser jeweils zuerst lesen will und was überhaupt nicht. Demgegenüber vermittelt die herkömmliche Tageszeitung auch eine journalistisch kompetente Vorauswahl der Themen, die - jenseits des eigenen Interesses - offenbar bei uns, in der Gesellschaft nämlich, für wichtig gehalten werden.
- Zum anderen aber läßt die Zeitung durch ihre Angebotsfülle und ihr relativ großes Format dem Leserpublikum Freiheit, sich detailliert auch über Entlegenes zu informieren, ja davon überraschen zu lassen - von Angeboten. nämlich, von denen es, wenn es statt dessen eine aktuelle Datenbank anzapfen, wenn es das Fernsehen oder Radio einschalten oder eine Zeitschrift lesen würde, oft überhaupt nichts erführe. Diese Überraschung könnte

nun durchaus nicht eine lästige - weil zeitraubende - Eigenschaft des Zeitunglesens sein, sondern eine wesentliche Ursache der Spannung, ja des Vergnügens, das die Lektüre bereitet.[33] „Nachrichtenfreude" nannte Emil Dovifat in seiner „Zeitungslehre" (1967), diesen Nutzen des Zeitunglesens.[34]

Ein Fazit: Tageszeitungen sind in Gefahr. Sie mag in Deutschland noch nicht dramatisch sein, sie betrifft auch nicht alle Bevölkerungsgruppen gleichermaßen; die Entwicklung des Zeitunglesens in anderen Ländern jedoch läßt nichts Gutes erwarten. Zeitungen haben grundsätzlich drei Möglichkeiten, dieser Gefahr in ihrem Erscheinungsbild, in ihren Inhalten und mit Hilfe ihres Lesermarketings entgegenzuwirken:

- Sie passen sich so weit wie möglich an vermeintlich erfolgreichere Medien an, an Fernsehen und Zeitschriften also.
- Sie imitieren andere Medien nicht, sondern arbeiten im Gegenteil einzelne ihrer Vorzüge radikal heraus, verengen ihr Angebot - etwa auf die lokale oder die Hintergrundberichterstattung.
- Sie bleiben im wesentlichen ihrer traditionellen Konzeption treu und liefern ein möglichst vielfältiges, überraschendes Angebot, zugleich zuverlässig und gut vorsortiert.

Mit welchem dieser Konzepte Zeitungen in Deutschland am ehesten erfolgreich sein dürften, welches die vielversprechendsten Maßnahmen innerhalb der jeweiligen Strategien sind und inwieweit sie auch kombiniert werden sollten - dies zu prüfen, bedarf weiterer Forschung.

Anmerkungen:

[1] Nachdruck aus: Schönbach, Klaus: Zeitungen in den Neunzigern. Hannover 1997.
[2] Vgl. Berg, Klaus/Marie Luise Kiefer: Massenkommunikation V. Baden-Baden 1996, S. 213ff, 243.
[3] Ebenda S. 255 ff.
[4] Ebenda S. 231.
[5] Ebenda S. 244.
[6] Ebenda S. 252.
[7] Bauer, I.: Zur Entwicklung der Reichweiten der Tageszeitungen. In: Bundesverband Deutscher Zeitungsverleger (Hg.): Zeitungen '96. Bonn 1996, S. 331-342; ähnliche Tendenzen auch in Berg/ Kiefer 1996 (vgl. Anm. 2).
[8] Noelle-Neumann, E./R. Köcher (Hg.): Allensbacher Jahrbuch der Demoskopie 1984-1992. München 1993.
[9] Berg/Kiefer 1996, S. 49 (vgl. Anm. 2); insgesamt zur Situation des Zeitunglesens in Deutschland vgl. auch Schulz, R.: Zur Entwicklung der Zeitungsreichweiten in den 80er Jahren. In: Bundesverband Deutscher Zeitungsverleger e.V. (Hg.): Zeitungen '90. Bonn 1990, S. 156 - 179; Rager, G./S. Müller-Gerbes: Erst kommt die Zeitung, dann das Vergnügen. Zur Lage der Tageszeitung. In: Rager, G./P. Werner (Hg.): Die tägliche Neu-Erscheinung. Untersuchungen zur Zukunft der Zeitung. Münster 1992, S. 11-23; Holicki, S.: Wie sicher ist das Fundament? Die Zukunft der Zeitung im multimedialen Zeitalter. In: Mast, C. (Hg.): Markt-Macht-Medien. Publizistik zwischen gesellschaftlicher Verantwortung und ökonomischen Ziele. Konstanz 1996, S. 179-195.

Teil 3: Presse-, Rundfunk- und Fernsehrezeption

[10] Piel, E.: Immer mehr Bücher – immer weniger Leser? Zur Entwicklung des Leseverhaltens. In: Bertelsmann Briefe. 136/1996, S. 52-54.

[11] Berg/Kiefer 1996, S.309 (vgl. Anm. 2).

[12] Presse- und Informationsamt der Bundesregierung (Hg.): Bericht der Bundesregierung über die Lage der Medien in der Bundesrepublik 1994. Medienbericht '94. Bonn 1994, S. 104.

[13] Mayer, W.G.: The polls - poll trends. Trends in media usage. In: Publik Opinion Quartely (1993), H. 57, S. 593 - 611.

[14] Fiej (Hg.): World press trends. Paris 1996; Gustafsson, K. E./L.. Weibull: An overview of European newspaper readership. In: ENPA (Hg.): Europeans read newspapers. Brüssel 1996, S. 27-54.

[15] Vgl. Schulz 1990 (vgl. Anm. 9); Rathgeb, J.: Zeitungsrenovationen 1978-1993. Motive - Zielsetzungen - Folgen. Zürich 1995, S. 83; Lau, S./S. Lorger: Nordlicht am Zeitungshimmel. Tageszeitung in Schweden. Hannover: Diplomarbeit, Hochschule für Musik und Theater Hannover 1997.

[16] Vgl. dazu zum Beispiel Berg/Kiefer 1996 (vgl. Anm. 2); Bogart, L.: Press and publik. Who reads what, when, where and why in American newspapers (2nd ed.). Hillsdale 1989; Jarren, O./G. Vowe: Die Krise der Tageszeitungen. In: Gegenwartskunde. 41, 1992, S. 165 - 178; Koszyk, K.: Medien und die Zukunft des Journalismus. In: Martini, B.-J. (Hg.): Journalisten-Jahrbuch '87. München 1986, S. 75-80; P. Meyer: The newspaper survival book. An editor's guide to marketing research. Bloomington 1985; Noelle-Neumann, E.: Der Leser von morgen und die Verantwortung der Zeitung. In: Bundesverband Deutscher Zeitungsverleger e. V. (Hg.): Zeitungen '88. Bonn 1988, S. 76-91; Peiser, W.: Die Fernsehgeneration. Eine empirische Untersuchung ihrer Mediennutzung und Medienbewertung. Opladen 1996; Robinson, J. J./L. W. Jeffres: The changing role of newspapers in the age of television. In: Journalism Monographs. (1979), H. 63; Schulz 1990 (vgl. Anm. 9); ders.: Individualisierung, Freizeitverhalten und Wertewandel. In: Gesellschaft für Zeitungsmarketing mbH (Hg.): Die Position der regionalen Abonnementzeitung in einer veränderten Medienlandschaft. Der „Print-Tag" der Regionalpresse auf dem Medienforum Nordrhein-Westfalen. Frankfurt am Main 1993, S. 31-56; R. Stevenson, L.: The disappearing reader. In: Newspaper Research Journal. (1987), H. 15, S. 22-31; Stone, G.: Examining newspaper. What research reveals about America's newspapers. Newbury Parc 1987.

[17] Vgl. Schulze, V.: Die Zeitung. Medienkundliches Handbuch. Hrsg. von Peter Brand und Volker Schulze. Aachen-Hahn 1995, S. 59 f.

[18] Vgl. Rager, G./B. Weber/M. Begemann: Jugend im Umbruch. Ideen, Ergebnisse und Beispiele für die jugendnahe Tageszeitung. Bonn 1996.

[19] Vgl. Noelle-Neumann, E./R. Schulz: Junge Leser für die Zeitung. Bericht über eine vierstufige Untersuchung zum Entwurf langfristiger Strategien. Dokumentation der wichtigsten Befunde. Bonn 1993; Rager, G./S. Müller-Gerbes/A. Haage: Lesewünsche als Herausforderung. Neue Impulse für die Tageszeitung. Bonn 1994.

[20] Vgl. Bogart, L.: Preserving the press. How daily newspapers mobilized to keep their readers. New York 1991; Ruß-Mohl, S.: Zeitungs-Umbruch: Wie sich Amerikas Presse revolutioniert. Berlin 1992; ders.: US-Zeitungsmarkt. Innnovationsdynamik in einer stagnierenden Branche. In: Media Perspektiven (1992), H. 6, S. 690-712.

[21] Vgl. zum Beispiel: Melcher-Smejkal, I.: Marketing im Zeitungsverlag. Ein Vergleich zwischen der Bundesrepublik Deutschland und Österreich. Wien 1992; Bruck, P.A. (Hg.): Print unter Druck. Zeitungsverlage auf Innovationskurs. Verlagsmanagement im internationalen Vergleich. München 1993; Bielert, W.: VELAS. Marketing-Management für Regionalzeitungen. Wiesbaden 1995.

[22] Stürzebecher, D.: Vertriebspreise als Wettbewerbsfaktor. In: Media Perspektiven (1995), H. 5, S. 594-609.

[23] Vgl. Gärtner, H.-D./S. Holicki/R. Mathes: Das vertraute Medium. Nutzung und Bewertung der Tageszeitung im Zehnjahresvergleich. In: Jarren, O. (Hg.): Medienwandel - Gesellschaftswandel? Zehn Jahre dualer Rundfunk in Deutschland. Eine Bilanz. Berlin 1994; Beam, R. A.: How newspapers use readership research. Newspaper Research Journal. (1995), H. 16, S. 28-38; Zakrzewski, R. H.: Marketingforschung für eine Tageszeitung - Primär- und Sekundärerhebungen der Süddeutschen Zeitung. In: Böhme-Dürr, K./G. Graf (Hg.): Auf der Suche nach dem Publikum. Medienforschung für die Praxis. Konstanz 1996, S. 45-68; Schönbach, K./L. Bergen: Newspaper readership research. Challenges and chances. Eröffnungvortrag, 26. Europäische Konferenz, International Newspaper Marketing Assoziation 1996.

[24] Vgl. Löffler, S.: Gedruckte Videoclips. Vom Einfluß des Fernsehens auf die Zeitungsgestaltung. Wien 1997.

[25] Riefler, K.: Zeitungen-online - Chancen oder Risiko? In: Media Perspektiven (1996), H. 4, S. 537-549.
[26] Vgl. Füth, B. (Hg.): Lokale Berichterstattung. Herzstück der Tageszeitung. Bonn 1995.
[27] Berg/Kiefer 1996 (vgl. Anm. 2), S. 97 f.
[28] Vgl. dazu die Forschungsüberblicke in Schönbach, K.: Das unterschätzte Medium. Politische Wirkungen von Presse und Fernsehen im Vergleich. München 1983 und neuerdings Rothenbuhler, E. W./L. J. Mullen/R. DeLaurell/C. R. Ryn: Communication, community attachment and involvement. Journalism und Mass Communication Quarterly. (1996), H. 76, S. 445-466.
[29] Noelle-Neumann E./R. Köcher (Hg.): Allensbacher Jahrbuch der Demoskopie 1984-1992. München 1993, S. 346.
[30] Berg/Kiefer 1996 (vgl. Anm. 2), S. 203 ff.
[31] Vgl. Schönbach, K.: Die Insel des Universellen. Klaus Schönbach über die Vorzüge der alten Dampfzeitung. In: Horizont. Oktober 1994; ders. Zur Zukunft der Tageszeitung. In: Schneider, B./K. Reumann/P. Schiwy (Hg.): Publizistik. Beiträge zur Medienentwicklung. In: Festschrift für Walter J. Schütz. Konstanz 1995, S. 337-347.
[32] Schönbach, K.: Lob der Faulheit. In Vision und Wirklichkeit. Prognosen, Perspektiven und Positionen zur aktuellen Zukunft der Marketing-Kommunikation. Präsentiert von w und v und Süddeutsche Zeitung. In: Beilage der Süddeutschen Zeitung vom 16. Mai 1994, S. 58-60.
[33] Rager, G.: Unterhaltung - Mißachtete Produktstrategie? In: Rager, G./S. Müller-Gerbes/B. Weber (Hg.): Leselust statt Pflichtlektüre. Die unterhaltsame Tageszeitung. Münster, S. 7-19.
[34] Dovifat, E.: Zeitungslehre. 5., neubearbeitete Auflage. Berlin 1967.

Hörfunk und Hörfunknutzung seit 1945

von Walter Klingler

Hörfunk seit 1945 - eine Zeit dramatischen Wandels

Für das Medium „Hörfunk" ist der Zeitraum von 1945 bis heute eine Zeit dramatischen Wandels. Von dem Neubeginn nach nationalsozialistischer Propaganda unter alliierter Kontrolle bis zum etablierten Massenmedium im Dualen System mit deutlich marktorientierter Prägung, von wenigen angebotenen Hörfunkprogrammen hin zu in vielen Regionen verfügbaren zehn, fünfzehn, zwanzig oder mehr Programmen, von Programmphilosophien, die der Aufeinanderfolge völlig unterschiedlicher Inhalte verpflichtet waren, hin zum sogenannten durchhörbaren Programm, vom Röhrenempfänger über Transistoren, Stereophonie, Autoradios und tragbaren Radiogeräten bis hin zum DAB- und Satellitenempfänger, von der Mittelwelle über UKW ins Netz und auf den Satellit, vom zentralen elektronischen Massenmedium für die Menschen - und Ereignis - hin zum, zumindest gemessen an der öffentlichen Aufmerksamkeit, kleinen Bruder des Fernsehens, vom elektronischen Bezugspunkt der Deutschen hin zum sogenannten Tagesbegleitmedium, oder anders: vom Hörfunk als Synonym für Rundfunk generell, für Innovation und Modernität, für Verbundenheit mit der Aktualität der Welt, ja der Welt generell, hin zum nach wie vor schnellsten Massenmedium, aber mit deutlich verändertem Profil. Dies sind die Eckpunkte des Wandels, der im folgenden paradigmatisch beschrieben werden soll.

Erlauben Sie mir vier knappe Vorbemerkungen:
Erste Bemerkung: Die folgenden Ausführungen beziehen sich schwerpunktmäßig auf die alten Bundesländer und West-Berlin. Dies ist eine pragmatische Eingrenzung, die wegen der völlig unterschiedlichen Entwicklungswege in beiden Teilen Deutschlands sinnvoll erscheint.
Zweite Vorbemerkung: Für die alten Bundesländer und West-Berlin wird an der einen oder anderen Stelle generalisiert. Der Hörfunk als föderal gestaltetes Medium mit (wenn auch nicht dramatischen) regionalen Entwicklungs-

unterschieden (alte Bundesländer) zwingt in einer solchen Darstellung zu einem solchen Vorgehen.

Dritte Vorbemerkung: Ein Überblicksbericht macht es notwendig, große Linien zu verfolgen. Dies bedeutet auch, die mediale Konkurrenz seit 1945 sehr stark auf das - zentrale - „Spannungsfeld Hörfunk und Fernsehen" zu konzentrieren, damit beispielsweise die auditiven Speichermedien unberücksichtigt zu lassen. An vielen Punkten ist dies eine leider notwendige Beschränkung. Da die Tagung sich aber gerade als Teil einer weitergehenden Kommunikation, eines weitergehenden wissenschaftlichen Austausches versteht, mag dies weniger schmerzen.

Vierte und letzte Vorbemerkung: Die folgende Darstellung wird die Benennung einer ganzen Reihe quantitativer Daten notwendig machen; trotzdem sind sie auf ein Mindestmaß begrenzt.

Faszination in der Nachkriegszeit

Wir schreiben Mai 1945, Kriegsende in Europa, Ende des nationalsozialistischen Hörfunks, langsamer Beginn eines demokratisch orientierten Rundfunks öffentlich-rechtlicher Prägung. Neue Rundfunkanstalten - teils in der Tradition der Weimarer Republik - nehmen unter der Aufsicht alliierter Besatzungsbehörden den Sendebetrieb auf und gestalten Hörfunkprogramme, die vom Programmschema her den Traditionen der Weimarer Republik erkennbar verpflichtet sind, wenn auch die Inhalte sich - insbesondere in ihrem politischen Teil - deutlich unterscheiden.[1]

Das Faszinierende am Medium damals formulierte beispielsweise der erste Generalintendant des Südwestfunks, Bischoff, ganz wortbezogen in der Tradition kultureller Verpflichtung: „Die menschliche Stimme, gesprochen in den unendlichen Raum zur gegenseitigen Ansprache"[2] - und beschrieb damit die Grundauffassung vieler Rundfunkverantwortlicher und -macher.

Hörerinnen und Hörer wußten dies - aber nicht nur dies - zu schätzen. Hörfunk hören bedeutete in der zweiten Hälfte der 40er Jahre die Befriedigung vielfältiger Bedürfnisse. Das Radio bot Informationen und Orientierung, bot in der Nachkriegszeit Hilfestellung bei der Suche nach Verhaltensmodellen, bot Identifikation mit anderen, schaffte Zusammengehörigkeitsgefühl und damit soziale Integration, bot schließlich Unterhaltung, Wirklichkeitsflucht, Entspannung, emotionale Entlastung, füllte auch *nur* Zeit. Denn mediale und nichtmediale Alternativen waren in der direkten Nachkriegszeit nur sehr begrenzt vorhanden.

Anfang der 50er Jahre, also nur wenige Jahre danach, sah das quantitative Bild des Umgangs mit dem Radio etwa so aus: Die Zahl der über das Medium erreichten Menschen lag an einem durchschnittlichen Tag (hier Montag bis Freitag) zwischen 7.00 und 8.00 Uhr bei zwischen 25 und 35 Prozent, am späteren Vormittag bei unter zehn Prozent, am Mittag zwischen 13.00 und 14.00 Uhr bei zwischen zwanzig und dreißig Prozent, am Nachmittag wieder unter zehn Prozent, am Abend zwischen 19.00 und 21.00 Uhr bei bis zu fünfzig Prozent. Samstags und an Sonntagen verlor der Morgen (verständlicherweise konnte man doch zum Teil später aufstehen, etwas ausschlafen) an Bedeutung, der Mittag gewann, der Nachmittag an Sonntagen, an Samstagen auch der Abend, nicht aber am Sonntag. Der quantitative Befund läßt sich weiterführen. Die Größenordnung der Zuwendung zum Hörfunk lag an einem durchschnittlichen Werktag bei zweieinhalb bis drei Stunden, im Sommer im unteren oder mittleren Bereich dieses Zeitvolumens, im Winter im oberen Bereich. Der Samstag bot die Höchstwerte mit dreieinhalb bis vier Stunden im Sommer und zwischen vier und fünf Stunden im Winter.[3]

Wie damals gehört wurde, kann ein punktuelles Beispiel illustrieren: Aufmerksames Zuhören oder Nebenbeihören war danach auch schon ein Thema der späten 40er und frühen 50er Jahre. Die Ausstrahlung des „Maskenballs" am Freitag, den 5. Oktober 1951 im NWDR-Winterprogramm kam auf eine bemerkenswerte Hörbeteiligung von 35 Prozent. Heute würden diese Werte Radiomacher in tranceartige Glückszustände versetzen – mittlerweile auch Fernsehmacher. Von diesen Hörern hörten 32 Prozent nach eigenen Angaben ausschließlich zu, 25 Prozent widmeten sich nebenher Hausarbeiten oder Handarbeiten, vierzehn Prozent unterhielten sich, fünfzehn Prozent lasen, vier Prozent schrieben und zehn Prozent gaben andere Tätigkeiten an.[4] Dieses punktuelle Ergebnis läßt sich als Beleg dafür werten, daß Nebenbeihören genauso wie gezielt zuhören schon damals nebeneinander existierten - wenn sich heute auch die Gewichte zugunsten des Nebenbeihörens verschoben haben.

Spannend auch ein Blick in frühere Programminteressen. Nach Ergebnissen aus dem Sendegebiet des Süddeutschen Rundfunks aus den frühen 50er Jahren, exakt 1953, ergibt sich bei der Frage „hören Sie ein Radio... an oder hören Sie, wenn es geht, lieber etwas anderes?" folgendes, nach Vergleich mit anderen Studien wohl durchaus auch national geltendes Bild: Platz eins mit 87 Prozent „höre sehr gern/gerne Volksmusik", Ablehnung in diesem Fall, also höre dann „lieber etwas anderes" dreizehn Prozent. Platz neun - und damit letzter Platz - Kammermusik mit achtzehn Prozent Zustimmung und 82 Prozent Ablehnung. Weiter: Im oberen Feld Werbefunk (also in der Regel Unterhaltungssendungen mit Musik), Dialektsendungen und Hörspiele, im Mittelfeld Vorträge über Zeitgeschehen und Schulfunk, im unteren Feld Sportberichte und Opern-Übertragungen. (Sportberichte polarisierten schon im übrigen damals die Geschlechter.)[5]

Eine an dieser Stelle zur zusätzlichen Illustration dienende, aber nicht zu vernachlässigende Studie beschäftigte sich Anfang / Mitte der 50er Jahre mit Lerneffekten durch den Hörfunk. Während vieler Monate, so die Studie des Süddeutschen Rundfunks, wurde bei jeder möglichen Gelegenheit im Programm der Begriff „Bundesrat" erklärt. Nach Abschluß dieser „Maßnahme" zur politischen Bildung wußten, so das Ergebnis, genauso viele Hörerinnen und Hörer wie vorher, was der Bundesrat ist beziehungsweise war.[6]

Vielfältige Bedürfnisse lassen sich in der zweiten Hälfte der 40er Jahre und der ersten Hälfte der 50er Jahre mit dem Medium „Hörfunk" verbinden. Um es zuzuspitzen: Ins Theater ging man im Hörfunk, Konzert hörte man zu Hause, Informationen kamen, sieht man von den zu zahlenden Gebühren ab, frei Haus. Lieblingskünstler wie Willy Reichert, Rudolf Platte, Heinz Erhardt, Wolf Schmidt um nur ganz wenige zu nennen, waren selbstverständlich im Hörfunk. Und all dies zu einer Zeit, als sich die Programmvielfalt angesichts der durch UKW möglich gewordenen - über große Strecken des Tages noch zusammengeschalteten - zwei Hörfunkprogramme pro Rundfunkanstalt noch in engen Grenzen hielt und die Programmprofile eher zeitversetzt denn deutlich differenziert zu nennen waren.

Die Wirkung des Hörfunks ist schwer zu bilanzieren. Fest steht, daß der Hörfunk - gemessen an der für ihn aufgewandten Zeit und der von ihm gebotenen Vielfalt - für die Erwartungen der Menschen unter allen Medien konkurrenzlos war.

Höhepunkte - die 50er Jahre

Die technische und programmliche Zwischenbilanz zu Beginn des Jahres 1954 für die alten Bundesländer und für West-Berlin: 54 in Betrieb befindliche Mittelwellensender, 107 UKW-Sender, dazu ein Langwellen- und acht Kurzwellensender, 12,2 Millionen Rundfunkteilnehmer, 2,7 Millionen produzierte Rundfunkempfänger beispielsweise im Jahr 1953 und Mitte der 50er Jahre pro Jahr rund 65.000 Stunden Gesamtsendezeit der Rundfunkanstalten.[7]

Insgesamt ist die quantitative und qualitative Bilanz des Hörfunks nach nur zehn Jahren eindrucksvoll. Im Rundfunk-Fernseh-Jahrbuch 1954, einem Gemeinschaftsprodukt der Jahrbuch-Redaktion und der Rundfunkanstalten, ist - sicher emotional, aber den Zeitgeist durchaus treffend - zu lesen: *„Was Wort und Zahl nicht zu profilieren vermögen, ist jene gewaltige Kraft, die sich aus der Fülle des Tag und Nacht sprudelnden Programms in die Heime und - wie so oft dankbar festzustellen war - Herzen der Menschen ergießt. Denn nicht die bewegenden Ereignisse des Weltgeschehens, die künstlerisch meisterhafte Interpretation unvergänglicher Musik und Literatur oder der mitreißende Schwung des Bunten und Unterhaltsamen allein bedeuten Wert und Möglichkeit des Rundfunks - nein, weit schöner noch ist seine Macht, trüben Stunden Glanz zu leihen, ein einsames Dasein zu erhellen, dem durch den Alltag irrenden Menschen die rechten Maßstäbe des Lebens vor Augen zu führen"*.[8]

Aber die Bilanz ist überschattet, nur wenige Zeilen später heißt es, die sich abzeichnende Krise oder Bedrohung des Hörfunks beschreibend: *„Das Fernsehen, zukunftsvoll, beglückend und unentdeckt zugleich, hat seine Form und Rhythmus noch nicht gefunden. Und das hat zweifellos seine gute Seite, weil es Bewegung, Versuch und Fortschritt garantiert. Genau das aber braucht auch ein Instrument, das wie kein zweites dem einzelnen die Welt und das pulsierende Leben zu öffnen vermag"*.[9]

Wenige Zeilen nach der Lobrede für den Hörfunk drohte hier das neue Medium. Wo war hier zukünftig der Platz des Hörfunks?

Die zweite Hälfte der 50er Jahre und die erste Hälfte der 60er Jahre lassen sich im Rückblick mit „schizophren" beschreiben. Noch nie zuvor hatte der öffentlich-rechtliche Hörfunk mit insgesamt fünfzehn veranstalteten Hörfunkprogrammen (sieben ARD-Rundfunkanstalten gestalteten je zwei Angebote, hinzu kam das Programm des RIAS; später folgte die Trennung des NWDR und das Hinzukommen des Saarländischen Rundfunks), regional also zwei - oder bei technischen Empfangsüberschneidungen - wenige mehr empfangbare Programme, eine solche Bedeutung erreicht wie in diesen Jahren.

Und trotzdem: Noch nie zuvor war seine Bedeutung und seine zukünftige Entwicklung so in Frage gestellt wie in diesen Jahren. Die Zahl der verfügbaren Alternativen außerhalb der eigenen vier Wände - Gaststätten, Kinos, Theater, das Auto und die damit möglichen Freizeitoptionen unter anderem - nahmen zu. Vor allem aber zog das Fernsehen allmählich dort ein, wo der Hörfunk seine Stärke hatte, in den eigenen vier Wänden - und noch schlimmer, dort, wo in aller Regel auch das Radio stand, ins Wohnzimmer. Diese Entwicklung machen wenige Zahlen deutlich. Im Sommer 1960 war in 95 Prozent aller Haushalte zumindest ein Radiogerät vorhanden (neun von zehn dieser Empfänger waren UKW-tauglich), die Fernsehausstattung lag - vom bald nach dem Start 1954 erfolgten Preisverfall begünstigt - bei dreißig Prozent. 1964 sahen die Relationen wie folgt aus: Radio in 95 Prozent, Fernsehen in 55 Prozent aller Haushalte. Letzteres entspricht fast einer Verdoppelung in vier bis fünf Jahren.[10]

Und es trat mit dem Fernsehen ein Konkurrenzmedium an, das sich in den Kernerwartungen der potentiellen Zuschauerinnen und Zuschauer mit den abendlichen Erwartungen der Radiohörerinnen und -hörer an den Hörfunk durchaus ähnelte. Erwarteten Radiohörerinnen und -hörer Mitte der 50er Jahre abends vom Hörfunk vor allem Bunte Abende, Volksmusik, Unterhaltungsmusik, Oper-/Operetten-(Marsch-) und Tanzmusik sowie Hörspiele, so standen dem bezogen auf das Medium Fernsehen in der zweiten Hälfte der 50er Jahre für dieselbe Abendzeit vor allem Programmerwartungen wie Bunte Abende / Quiz-Sendungen, Die Tagesschau, Spielfilme, Sportsendungen und klassische Unterhaltung (Theater, Konzert, Oper) gegenüber.[11]

Die „Flucht des Hörfunks" in andere Räume in der Wohnung - eine der Optionen, wenn man die Medienperspektive vergleicht - hatte enge Grenzen. 1964 waren beispielsweise - in wesentlich kleineren Wohnungen als heute - in *nur* fünfzehn Prozent aller Haushalte zwei oder mehr Empfänger vorhanden. In dem Aufeinandertreffen zweier Medien im Haus, in der Wohnung mußte der Hörfunk zumindest am Abend unterliegen, legt man die enorme Faszination des damals neuesten aller Massenmedien zugrunde, das - wie zitiert - „wie kein zweites dem einzelnen die Welt und das pulsierende Leben zu öffnen vermag".

Fernsehnutzung auf Kosten des Hörfunks - die späten 50er Jahre und frühen 60er Jahre

Der Gang der Dinge war wohl absehbar und läßt sich mit einem Vergleich der Jahre 1953 mit 1963 auf der Basis von Südwestdeutschland dokumentieren. Die Tagesreichweite des Hörfunks, zumindest einmal kurz Radio gehört, blieb insgesamt hoch, die Bilanz über den Tag hinweg sowie über die Wochenabschnitte wies aber massive Verschiebungen, Rückgänge auf - Produkt einer deutlich zurückgehenden Verweildauer der Hörerinnen und Hörer, also der Zeit, die Nutzer pro Tag mit dem Medium verbringen. Am Beispiel Montag bis Freitag: Leichten Reichweitengewinnen am Vormittag und am Nachmittag standen bei konstanten Werten am Morgen und am Mittag massive Verluste von einem Drittel in der Vorabendzeit und von der Hälfte der Hörerinnen und Hörer in der Zeit ab der Tagesschau gegenüber. Der Samstag brachte Rückgänge am Morgen - man stand mittlerweile samstags später auf -, Gewinne am nun eher auch durch Freizeit geprägten Vormittag, konstante Werte am Nachmittag und eine Drittelung der Reichweiten am Abend. Am Sonntag schließlich blieben die Werte bis Mittag in etwa konstant, um dann am Nachmittag, Vorabend und Abend auf die Hälfte zu fallen.

Von der Größenordnung her dürften diese Daten, die für zwei Sendegebiete öffentlich-rechtlicher Rundfunkanstalten vergleichbar vorliegen, auf die alte Bundesrepublik insgesamt übertragbar sein.

Waren noch Mitte der 50er Jahre die Abende und die Wochenendtage die Kernzeiten der Radionutzung, hatte sich dies zehn Jahre später unter dem Konkurrenzdruck des Fernsehens verändert. Werktage gewannen für den Hörfunk an Bedeutung, ebenso die Tageszeiten bis 18.00 beziehungsweise 19.00 Uhr, die Abende und die Wochenendtage wurden langsam zu Problemkindern für Hörfunkmacher - noch nicht in absoluten Zahlen, aber dann, wenn man die Radionutzung in den schon vorhandenen Fernsehhaushalten auf alle Haushalte hochrechnete und dabei - wie sich bald zeigen sollte - die weitere rasche Verbreitung des Fernsehens zugrundelegte. So lag beispielsweise die Tagesreichweite des Hörfunks 1964 (Basis Montag bis Samstag) bei Personen in Fernsehhaushalten bei rund 63 Prozent, bei Personen, denen zu Hause kein TV-Empfänger zur Verfügung stand, bei etwa zehn Prozentpunkten mehr, bei circa 73 Prozent. Bei dem Vergleich sind natürlich im Detail unterschiedliche Zusammensetzungen beider Gruppen zu berücksichtigen. Dies ändert aber nichts an den sich weiter abzeichnenden Entwicklungen.[12]

Wie das Fernsehen den Hörfunk um seine Rolle als in der Freizeit genutztes Medium brachte, machen Zahlen aus der ersten Massenkommunikationsstudie, realisiert 1964, deutlich. 1964 betrug nach den Ergebnissen dieser Erhebung die durchschnittliche Radiohördauer eine Stunde 29 Minuten, Basis: Montag bis Sonntag, alte Bundesrepublik und West-Berlin. Der Wert für das Fernsehen über alle Befragten - also Personen mit und ohne Empfangsgerät im eigenen Haushalt - lag bei einer Stunde und zehn Minuten. 53 Minuten entfielen beim Radio auf die Nutzung außerhalb der Freizeit, 36 Minuten auf

Hören in der Freizeit, beim Fernsehen war das Ergebnis erwartungsgemäß umgekehrt: eine Stunde und vier Minuten Zuwendungszeit in der Freizeit, sechs Minuten im Schnitt über alle Befragten außerhalb der Freizeit. Auch diese Relation macht noch einmal die abendliche Verdrängung des Hörfunks aus der Freizeit deutlich. Rund 37 Prozent der Bevölkerung, so ein weiteres Ergebnis derselben Studie, hörten an einem Durchschnittstag (Montag bis Sonntag) Radio, ohne fern zu sehen. zehn Jahre später, 1975, waren es im übrigen nur noch fünfzehn Prozent. Die Tagesläufe sahen für die Radionutzung Mitte der 60er Jahre so aus, wie sie sich in der Fortschreibung der Trends von Mitte der 50er auf Anfang der 60er Jahre bereits abgezeichnet hatten.[13]

Nicht nur war dem Hörfunk ein Konkurrent um die Zeit entstanden, Aktualität war plötzlich bewegt, bebildert, Fernsehen hieß nah sehen. Idole, Lieblingsschauspieler und -schauspielerinnen, Kabarettisten und so weiter hatten mindestens ein zweites Standbein gefunden oder waren abgewandert: Hörfunksendungen prominenter Art, von großen Ratesendungen bis hin zu profilierten Familienserien, wanderten in das jüngere Medium. Schließlich gab es hier Traditionen, an die man anknüpfen konnte, wie zum Beispiel bei Hörfunksendungen wie der „Familie Hesselbach" im Hessischen Rundfunk seit 1951, beim „Internationalen Frühschoppen" seit 1951 im NWDR, bald bimedial, oder bei „Wer fragt - gewinnt" mit Hans Rosenthal.

Der Hörfunk in der Krise - die 60er und 70er Jahre

Der Hörfunk war in der Krise. Dabei half in den 60ern auch nicht die zuweilen geäußerte Hoffnung, Radiohörerinnen und -hörer seien quasi die besseren Menschen, die sich dem angeblich leichteren Medium „Fernsehen" dauerhaft verschließen würden. „Hilfe für das Radio" wenn man es so ausdrücken möchte, kam relativ zeitgleich von unterschiedlicher Seite. Die Rundfunkanstalten setzten auf die stärkere Orientierung an der neuen Rolle des Hörfunks und den damit gewandelten Erwartungen und Bedürfnissen von Hörerinnen und Hörern, auch veränderten Tagesabläufen und -gewohnheiten, gleichzeitig erfolgte programmlich ein Nachvollziehen veränderter Hörgewohnheiten über den Tag hinweg. Neue Programmtypen - Stichwort „Servicewellen" - waren für Rezipienten attraktive Angebote und Alternativen zu den traditionellen Programmrastern. Gleichzeitig machten sie auch deutlich, daß für eine sich ausdifferenzierende Nachkriegsgesellschaft und unterschiedliche Generationen nur zwei Formate kein attraktives Medienangebot mehr darstellen konnten. Insofern stellten die neuen Programme auch ein Nachvollziehen stärkerer Individualisierung in der Bundesrepublik dar.[14]

Der Erfolg gab dieser Strategie recht: Die Dritten Hörfunkprogramme führten in vielen Sendegebieten generell zu einer Zunahme der Radionutzung, allerdings gleichzeitig auch zu einer massiven Umverteilung der Hörerschaften. Es zeigte sich auch bald, daß die sogenannten Autofahrerwellen nicht

etwa vor allem auf der Straße gehört wurden, sondern von jüngeren Zielgruppen zu Hause als völlgültig neue Programmformen und -typen.
Ein Weiteres zeigte sich auch rasch. Die Ausdifferenzierung des Gesamtangebotes forcierte eine neue Umschaltlogik bei den Zuhörerinnen und Zuhörern: Die neuen Programme und die Profilierung der „alten" bestärkten den Trend hin zu Exklusivhörerschaften von Radioangeboten, der Orientierung an einem Programm, aus der Sicht der Hörerinnen und Hörer „meinem Programm", dem man über den Tag hinweg zu den unterschiedlichsten Sendezeiten, immer dann, wenn man eben Radio hörte, (weitgehend) treu war und blieb.

Das Angebot änderte sich, aber auch die Geräteindustrie leistete ihren Beitrag. Seit Anfang der 60er Jahre meldete die Industrie florierende Absätze. Die Einführung des Transistors machte Empfänger leichter, beweglicher, preislich erheblich günstiger. Koffergeräte, Reiseradios und Empfänger für das Auto - ein differenzierter Angebotsmarkt - boomten. Beispielsweise wurden allein 1968/69 in der Bundesrepublik je knapp vier Millionen Kfz-Empfangsgeräte und knapp vier Millionen Koffer- und Taschengeräte produziert. Der Beginn stereophoner Sendungen gab dem Hörfunk ein weiteres Plus.[15]

Die sogenannte Renaissance des Radios konnte allerdings bis Ende der 60er/Anfang der 70er Jahre nichts daran ändern, daß die Einbrüche dramatisch gewesen waren. Im bereits skizzierten Trendvergleich für den Südwesten beispielsweise hatte das Medium „Radio" von Montag bis Freitag in der Zeit 7.00 bis 8.00 Uhr die Reichweite von 1953 bis 1971 zwar leicht erhöhen können, deutlich am Vormittag und am Nachmittag, aber die Zeiten von 13.00 bis 14.00 Uhr und insbesondere ab 18.00 Uhr machten zwischen Hörfunk und Fernsehen die verschobenen Gewichte deutlich. Auch an den Samstagen konnten Gewinne für den Hörfunk zwischen 8.00 bis 12.00 Uhr nicht das ansonsten deutliche bis dramatische Abrutschen vergessen lassen und am Sonntag waren bei begrenztem Zuwachs zwischen 9.00 und 11.00 Uhr die Werte für den Rest des Tages deutlich dezimiert, gedrittelt oder halbiert. Insgesamt - dies machen alle Untersuchungen deutlich - pendelten sich Ende der 60er/ Anfang der 70er Jahre die Tagesverläufe der Hörfunknutzung von der Struktur her auf das uns heute bekannte Muster ein.

Neuer Aufschwung - Ende der 70er Jahre und die 80er Jahre

Die Entwicklungslinien der 70er und 80er Jahre waren vorgezeichnet. Der Platz des Hörfunks im Kontext des bundesrepublikanischen Lebens (West) war neu justiert. Die 70er und 80er Jahre brachten weitere neue Programme, auch Programmformate und damit verbunden eine massive weitere Differenzierung des Angebots, verbunden damit die weitere Profilierung in Richtung der inhaltlichen Erwartungen der Hörerinnen und Hörer. Ebenso erfolgte die Vervollkommnung der Geräteseite. Bei der Zunahme der Programme spielte schließlich das Hinzutreten der kommerziellen Veranstalter, die Etablierung des sogenannten „Dualen Systems" Mitte der 80er Jahre, eine naturgemäß nicht unmaßgebliche Rolle.

Die Bilanz der 70er und 80er Jahre in knappen Zahlen: 1968 strahlte jede Landesrundfunkanstalt im Durchschnitt 1,8 Rund-um-die-Programme pro Tag aus, 1980 waren es 2,6, 1989 3,4. Die Zahl der Sendestunden pro Tag je Landesrundfunkanstalt stieg in diesem Zeitraum von 43 Stunden über 63 Stunden auf 81 Stunden. In der nationalen Addition, empfangstechnisch allerdings für keinen Rezipienten, keine Rezipientin erreichbar, stieg die Zahl der insgesamt angebotenen Radioprogramme von rund dreißig Ende der 60er Jahre auf 44 im Jahr 1986 (nicht gezählt sind hier die „Versuchsprogramme" in den Kabelpilotprojekten) bis 163 von bundesweiten bis lokalen Ende der 80er Jahre. Anders ausgedrückt: Von zwei, drei oder vier Angeboten stieg die Auswahl vor Ort auf acht, zehn oder mehr Programme.[16]

Die Steigerung in der Zahl der Programme war - wie beschrieben - Produkt gleichermaßen der Radiokonkurrenz und der Erwartungen einer sich weiter ausdifferenzierenden Gesellschaft. Eine wenig gefallende Musikfarbe oder nicht konvenierende einzelne Musiktitel beispielsweise konnten in den 60er Jahren unter den gegebenen technischen Rahmenbedingungen mit zumindest (etwas) Toleranz rechnen, weniger in der zweiten Hälfte der 80er Jahre, in den 90ern schließlich wurden zwei, drei „ungefällige" Titel zum Problem. Jedes Programm sollte für seine spezielle Zielgruppe seinen eigenen speziellen Charakter haben, Nachrichten, Magazine, Aktualität wurden stärker als profilbildend eingesetzt und schließlich wurde bewußter als früher auf Personalisierung gesetzt.

Technische Entwicklungen verstärkten diesen Effekt. 1968 waren beispielsweise 72 Prozent Eingeräte-Haushalte; 1978, zehn Jahre später, waren es 36 Prozent; 1989/90 nur noch sechzehn Prozent. Umgekehrt stieg die Zahl der Haushalte mit zwei Radioempfängern von 24 Prozent 1968 auf 61 Prozent 1978 beziehungsweise 82 Prozent 1989/90. Und weit mehr als die Hälfte aller Haushalte hatten zu diesem Zeitpunkt bereits drei oder mehr Geräte unterschiedlichster Größe und Art in der Wohnung oder im Haus. Hauptmotoren der Empfängervermehrung in den Haushalten waren im übrigen - über die ganze Geschichte des Radios in den 60er, 70er und 80er Jahren - die jüngeren Haushaltsmitglieder, Kinder und Jugendliche, die auf eigene Hörmöglichkeiten drängten - verständlich, wenn man an die Bedeutung des Radios als Jugendmedium denkt und an den Wunsch, das eigene Lieblingsprogramm zu hören.[17]

Der Hörfunk Ende der 80er Jahre und in den 90er Jahren

Die Individualisierung der Radionutzung wurde möglich, der parallele Weg zur zielgruppenspezifischen Programmprofilierung. Diese Daten bilden aber nur die technischen Voraussetzungen für die Radionutzung in den häuslichen vier

Wänden ab, nicht die Chance beispielsweise am Arbeitsplatz oder im Auto Programme zu hören. Auch auf der Straße änderte sich die Situation dramatisch: 1968 verfügten circa fünfzehn Prozent der bundesdeutschen Haushalte über (mindestens) ein Auto plus Autoradio. Zehn Jahre später, 1978, waren es mit über 21 Millionen Pkws mit 56 Prozent knapp viermal so viel, 1989/90 waren es rund 30 Millionen, damit verfügten rund 65 Prozent aller Haushalte (mindestens) über einen Pkw mit Empfänger. Alle Daten beziehen sich auf die alten Bundesländer.

Die quantitativen Veränderungen in der Hörfunknutzung in den einzelnen (Ziel-)Gruppen der Gesellschaft (beispielsweise Altersgruppen und so weiter) spielten sich im Zeitraum von Ende der 60er Jahre bis Ende der 70er Jahre ab, in unterschiedlichen Zyklen und mit unterschiedlichem Umfang. Dies kann hier nicht im Detail dargestellt werden. Generell erreichte die Hörfunknutzung Ende der 70er Jahre das heutige - quantitative - Tableau: Am Beispiel 1989/90: Tagesreichweite im Schnitt von Montag bis Sonntag circa achtzig Prozent, Verweildauer - also die Zeit, die ein Hörer/eine Hörerin mit dem Medium verbringt, wenn sie sich auch wirklich an einem Tag dem Radio zuwendet - rund 200 Minuten. Anders ausgedrückt: Pro Kopf der bundesdeutschen Bevölkerung stieg die Hördauer, jener Wert der die Radionutzung bezogen auf alle wiedergibt, von rund hundert Minuten 1968 auf rund 160 Minuten 1989/90, ein sattes Plus von rund einer Stunde. Je eine halbe Stunde davon entfiel dabei auf die Zunahme der Radionutzung im Haus und auf Radionutzung außer Haus.[18]

Mitte der 90er Jahre gelten diese Kernzahlen weiter. Bei knapp 250 insgesamt auf bundesdeutschem Boden - jetzt alte und neue Bundesländer zusammen - veranstalteten Hörfunkprogrammen lauten sie nach wie vor etwa achtzig Prozent Tagesreichweite und rund 170 bis 180 Minuten Hördauer - hier also ein weiteres Plus. Quantitativ hat sich der Hörfunk heute auf einem Niveau eingependelt, das, nur gemessen an der Hördauer, den frühen 50er Jahre entspricht, wenn auch unter ganz anderen Bedingungen - neue Programmformate, Technik, Konkurrenz und Tagesablaufbezüge.[19]

Versucht man eine qualitative, aktuelle Einschätzung, so legt die „Massenkommunikation 1995" eine Rollendefinition des Hörfunks nahe:
Im Rahmen dieser Studie wird mit Hilfe von Statements die Zustimmung zum Gesamtimage und zu Teilimages der drei Medien Fernsehen, Hörfunk und Tageszeitung erhoben. Befragt wurden dabei bei allen drei Medien die Personen, die jeweils zumindest zum weitesten Nutzerkreis gehören und ein Medium zumindest einmal in vierzehn Tagen nutzen. Bei den Teilimages „(Aktuelle) Politische Information", „Politische Information ohne Aktualität" und „Unterhaltung" ergeben sich drei deutlich unterschiedliche Konstellationen. Bei der Dimension „Politische Information" liegt das Fernsehen deutlich vor dem Radio und der Tageszeitung. Bei der Dimension „Politische Information ohne Aktualität" folgt auf das Fernsehen die Tageszeitung - mit deutlichem Vorsprung vor dem Hörfunk. Bei der Dimension „Unterhaltung" liegt der Hör-

funk knapp vor dem Fernsehen, mit weitem Abstand gefolgt von der Tageszeitung.

Bleibt schließlich für den direkten Vergleich die Frage nach der Bindung der Bundesbürger an das Fernsehen, an den Hörfunk und an die Tageszeitung. Fragt man danach, wie sehr die drei Medien subjektiv verzichtbar sind, so antworten - so ein weiteres Ergebnis aus der Studie „Massenkommunikation" - 54 Prozent, sie würden das Fernsehen „stark vermissen", 55 Prozent sagen dies beim Hörfunk und 58 Prozent bei der Tageszeitung.

Das Gleichaufliegen darf aber nicht im Sinne einer - im Zweifel - gleichhohen und gleichrangigen Bindung (miß-)verstanden werden. Diese Zahlen drücken die Wichtigkeit bei jeweils unterschiedlichen, funktionalen Schwerpunkten aus. Denn auf die Frage danach, für welches Medium man sich im Zweifel entscheiden würde, entscheidet sich die Mehrheit - 54 Prozent - für das Fernsehen, für den Hörfunk verbleiben 27 Prozent und für die Tageszeitung siebzehn Prozent, letzten Endes dann doch ein relativ eindeutiges Ergebnis.[20]

Der Hörfunk nach mehr als fünfzig Jahren - eine Zwischenbilanz

Bleibt mehr als fünfzig Jahre nach der Demokratisierung des Hörfunks, nach dem Ende des Zweiten Weltkriegs eine differenzierte Zwischenbilanz: Nach wie vor ist der Hörfunk alltägliches Medium und fest etabliert im Tagesablauf der Bundesbürger. Der Schwerpunkt liegt dabei deutlich im Bereich Unterhaltung und aktuelle Information - Kernkompetenzen auch des Fernsehens, dem das Medium „Hörfunk" im Zweifel allerdings unterliegen würde.

Und die langfristige, qualitative Perspektive 1945 bis Mitte / Ende der 90er Jahre? Ruft man sich die Rolle des Hörfunks in den 40er Jahren - Information, Orientierung, Hilfestellung bei der Suche nach Verhaltensmodellen, Identifikation mit anderen, Zusammengehörigkeitsgefühl und soziale Unterhaltung, Wirklichkeitsflucht, Entspannung und emotionale Entlastung - in Erinnerung, so ist die Funktionalität heute doch deutlich anders. Dies ist ein Produkt des Fernsehens, auch der gesellschaftlich vollständig gewandelten Situation. Letzten Endes hat der Hörfunk die Jahrzehnte viel besser überstanden, als Mitte der 50er Jahre zu vermuten war, freilich an einem systematisch anderen Ort. Insgesamt ist der Hörfunk durch das Einfinden in die sich verändernde mediale Konkurrenz und das Aufnehmen gesellschaftlicher Veränderungen - von Tagesabläufen bis hin zu Erwartungen - sehr jung geblieben.

Anmerkungen:

[1] Zur Rundfunkgeschichte vgl. Bausch, Hans: Rundfunkpolitik nach 1945. Zwei Bände, München 1980.
[2] Zitiert nach: Südwestfunk 1946 -1996. In: Das Journal. S. 10.
[3] Vgl. Bessler, Hansjörg: Hörer- und Zuschauerforschung. München 1980, S. 46ff.
[4] Ebenda, S. 71ff.
[5] Ebenda, S. 88ff.
[6] Ebenda, S. 94f.
[7] Vgl. ARD (Hg.): Rundfunk-Fernseh-Jahrbuch 1954. Berlin, Kopenhagen, Basel 1954, S. 5 ff.
[8] Ebenda.
[9] Ebenda.
[10] Vgl. Berg, Klaus/Marie Luise Kiefer (Hg.): Massenkommunikation III. Eine Langzeitstudie zur Mediennutzung und Medienbewertung 1964 - 1985. Frankfurt am Main 1987, S. 20 ff.
[11] Vgl. Bessler, Hansjörg, a.a.O., S. 105ff.
[12] Ebenda, S. 116ff.
[13] Vgl. Berg, Klaus/Marie Luise Kiefer, a.a.O., S. 20 ff.
[14] Zum Konzept der Servicewelle SWF3 vgl. zum Beispiel Stockinger, Hans-Peter: SWF3 - Trendsetter im Äther. In: Bucher, Hans-Jürgen et al. (Hg.): Radiotrends. Formate, Konzepte und Analysen. Baden-Baden 1995, S. 33-36.
[15] Angaben des Statistischen Bundesamtes. Vgl. Statistisches Bundesamt (Hg.): Fachserie 4 - Produzierendes Gewerbe. Wiesbaden 1996.
[16] Vgl. Franz, Gerhard/Walter Klingler/Nike Jäger: Die Entwicklung der Radionutzung 1968 bis 1990. In: Media Perspektiven. (1991), H. 6, S. 404-409.
[17] Ebenda.
[18] Vgl. Franz, Gerhard/Walter Klingler: Hörfunk zu Beginn der 90er Jahre. Trends und Analysen. In: Media Perspektiven. (1991), H. 8, S. 537-552.
[19] Keller, Michael/Walter Klingler: Media Analyse 1997. Der Hörfunk als Gewinner. In: Media Perspektiven. (1997), H. 10, S. 526-536.
[20] Vgl. Berg, Klaus/Marie Luise Kiefer (Hg.): Massenkommunikation V. Eine Langzeitstudie zur Mediennutzung und Medienbewertung 1964 - 1995. Baden-Baden 1996, S. 230ff.

Rezeptionsgeschichte des Fernsehens - ein Überblick

von Knut Hickethier

1. Vorbemerkung

Die Forderung nach einer Geschichte der Fernsehrezeption als einer Geschichte des Zuschauens wird in der Bundesrepublik zum ersten Mal in den siebziger Jahren erhoben, als die Frage diskutiert wurde, wie überhaupt Fernsehgeschichte zu schreiben sei und ob es neben den bis dahin vorhandenen Entwürfen zur Institutions- und Technikgeschichte nicht auch eine Programmgeschichte und eine Rezeptionsgeschichte des Fernsehens geben müsse.

Die Forderung begründete sich medienwissenschaftlich aus zwei Richtungen: zum einen aus der Systematik des Kommunikationsmodells „Kommunikator - Aussage - Medium - Rezipient", dem sich historische Traditionsbildungen und damit Geschichtsschreibungen zuordnen ließen, zum anderen daraus, daß es für die anderen Medien bereits derartige Entwürfe gab. Für die Literatur haben zum Beispiel Rolf Engelsing[1] und Rudolf Schenda[2] Konzepte für eine Geschichte des Lesens vorgelegt, für das Theater hatte Heinz Kindermann eine unvollendet gebliebene Geschichte des Theaterpublikums zu schreiben begonnen.[3] Für den Film ist das Zuschauen Teil kinogeschichtlicher Ansätze, wie sie die regionale Filmforschung, zum Beispiel Anne Paech,[4] entwickelt hat.

Warum sollte es nicht dergleichen auch für das Fernsehen geben, das als Medium zumindest für die jüngere Zeit sehr viel einflußreicher als die anderen geworden ist? Nicht zuletzt ließ mit der neuen historischen Forschungsrichtung, Oral History, auch eine ganz andere Form einer *Fernsehgeschichte von unten* als Möglichkeit denkbar werden. Arbeiten zur medienbiografischen Forschung Anfang der achtziger Jahre zielten in die Richtung einer neuen Form von Rezeptionsgeschichte.[5]

Fernsehrezeptionsgeschichte geht heute davon aus, daß wir es beim Fernsehen mit einem spezifischen Dispositiv zu tun haben, das Wahrnehmung beeinflußt. Ich will dieses Modell des Dispositivs hier nicht weiter ausführen,[6] soviel nur: Gemeint wird damit, daß die verschiedenen Faktoren des Mediums (gesetzliche Grundlagen, gesellschaftliche Vereinbarungen und Konventionen, Darstellungsmittel, Technik, ästhetische Standards und nicht zuletzt auch die Apparat-Mensch-Relation) ein sich gegenseitig bedingendes und beeinflussendes Geflecht ergeben, das bestimmt, was wir als Zuschauer wahrnehmen - in der Regel, ohne daß wir uns dessen bewußt werden.

Ein solches, die Wahrnehmung strukturierendes Mediendispositiv ist historisch veränderbar. Dabei können aus dem Zusammenspiel einiger veränderter Faktoren entscheidende Wandlungen des Zuschauens resultieren. Ein Beispiel: Die apparative Anordnung der Bedienungsknöpfe und ihre Verlagerung vom Empfangsgerät weg zum Zuschauer führte im Zusammenspiel mit der Vermehrung der Programmangebote zu einem völlig veränderten Zuschauverhalten: von der Betrachtung ganzer Sendungen zum Switchen quer durch viele Programme, wobei oft nur noch wenige Minuten, manchmal auch nur Sekunden bei einem Programmangebot verweilt wird. Nicht die Fernbedienung allein ist es, die zur Veränderung führt - es gibt sie in einer frühen Form bereits seit Ende der fünfziger Jahre - sondern erst die Kombination mit anderen Faktoren.

Die Geschichte des Zuschauens ist also nicht nur durch einen historischen Blick allein auf die Zuschauer zu gewinnen, sondern muß die allgemeine Fernsehentwicklung als Rahmen mit sehen, ohne daß das Zuschauen zum bloßen Reflex der Programmentwicklung wird.[7] *Geschichte des Zuschauens* ist zu verstehen als eine *Geschichte des Umgangs mit dem Fernsehen* oder richtiger: der verschiedenen Umgangsformen und Praxen der Fernsehnutzung. Sie ist auch keine nur sich auf quantitative Daten stützende Geschichtsschreibung, sondern eine, die gerade die verschiedenen qualitativen Formen der Fernsehnutzung erfassen will.

2. Das TV-Dispositiv - die Anordnungsstruktur des Fernsehens

Im Modell der Fernsehkommunikation findet Fernsehen als Zuschauen im privaten, häuslichen Bereich statt. Intimität des Empfangs wird gegenüber der öffentlichen Rezeption des Theaters, des Kinos und anderer Veranstaltungsmedien zu einer besonderen Qualität des Fernsehens. Die Verschränkung von Privatheit und Öffentlichkeit, die auf diese Weise stattfindet, die sich in Strukturen des Alltagslebens der Zuschauer einschreibt und diese verändert, gehört mit zu ihren Grundbedingungen.

Der Zuschauer sitzt vor einem Apparat mit einer Bildfläche, diese Bildfläche besitzt ein unveränderbares Format, auf ihr sind audiovisuelle Sendungen zu sehen, die über Antenne oder Kabel empfangen und zuvor von einer Sendeanstalt ausgestrahlt wurden. Diese bleibt aber für den Zuschauer unsichtbar und deshalb auch weitgehend unbekannt. Die Mehrheit der Zuschauer interessiert sich nicht für die Technik, sondern nur für durch den Apparat gelieferte Information. Die technische Apparatur wird letztlich zu einem Transparent, es entsteht der Eindruck von Unmittelbarkeit des Gezeigten innerhalb der Technik, von Natürlichkeit. Daß wir heute stärker als in den fünfziger Jahren das Inszenierte - selbst im Dokumentarischen - sehen, ist Resultat eines sehr langsam stattfindenden Wandels der medialen Wahrnehmung.

Die feste, unverrückbare Apparatur des Empfängers steht in Korrespondenz zur Flüchtigkeit der Bilder. Die Festigkeit des Rahmens gestattet Vorstellungen von einem „Fenster zur Welt", vermittelt innerhalb der Wahrnehmung die Sicherheit der Unveränderbarkeit dieser Distanz zwischen Zuschauer und dem im Bild Gezeigten, schafft auch die Gewißheit weitgehender Folgenlosigkeit des Zuschauens.

Um optimal sehen zu können, muß der Zuschauer in einem bestimmten Winkel zum Apparat sitzen (anders als beim Radio). Der sich so ergebende Blick auf das Bild, der mit den Relationen perspektivischer Abbildungen korrespondiert, steht in einer großen Tradition abendländischer Bildentwicklung und kultureller Wahrnehmungstradition, die sich in diese Anordnungsstruktur eingeschrieben hat.

Es gibt mehr als bloße Analogien zwischen dem Fernsehzuschauenden und dem Gläubigen in der Kirche, in Andacht vor dem Altar: Fernsehen steht in der großen Tradition der Säkularisierung religiöser Dispositive, und stellt in ihr sicherlich nur einen Entwicklungsschritt dar, der auf andere aufbaut.

Die Einbettung des Fernsehens in den familiären Zusammenhang überlagert und verdeckt diesen Traditionszusammenhang, dennoch ist er noch in den Anfängen des Fernsehens im publizistischen Diskurs über das Fernsehen präsent. So ist in den fünfziger Jahren in Deutschland oft die Rede von einer speziellen „Liturgie des Fernsehens".[8]

Hinter dem Empfangsgerät als Apparatur verschwindet der zu diesem Kommunikationsvorgang gehörende Produzent, er ist mit seiner gesamten Institution nicht sichtbar, mit der Ausnahme der Sprecher, Moderatoren und Ansager, die oft eher wie Priester für eine übergeordnete Institution stehen.

Darin liegt ein ganz wesentlichen Moment des Fernsehens, daß diese institutionelle Macht dem Zuschauer nicht wirklich präsent ist, auch nicht die Verflechtung der Anstalten und Medienkonzernen mit anderen gesellschaftlichen Machtgruppen. In den endsechziger und siebziger Jahren wurde versucht, diese Strukturen ins öffentliche Bewußtsein zu heben. Es ist nicht dauerhaft gelungen, weil das Dispositiv gerade die Verschleierung nahelegt, weil sie diesen institutionellen Zusammenhang hinter dem Apparat als Empfänger verschwinden läßt.

Der Zuschauer ist mit seiner „Kulturmaschine" (so ein Begriff der fünfziger Jahre) allein in seinem privaten Raum, und was er auf dem Bildschirm sieht, ist wie eine Illumination einer anderen Welt, die hinter seiner eigenen Realität sichtbar wird. Es scheint ein ganz individuelles und persönliches Verhältnis zu sein, in dem er das Gerät nutzt. Daß sich darin kollektive Verhaltensweisen formulieren, ist jedoch evident.

Wenn ich jetzt versuche, den historischen Prozeß der Veränderung des Zuschauens zu skizzieren, sind diese notwendigerweise auf idealtypische beziehungsweise epochentypische Merkmale verkürzt.

3. Die fünfziger und die dreißiger Jahre: Bestaunen des Neuen

Die fünfziger Jahre stellen die entscheidende Phase der Installation des Dispositivs „Fernsehen" in der Bundesrepublik dar. Zwar gab es zwischen 1935 und 1943 in Deutschland bereits Fernsehen, doch erfolgt die Einführung als Massenmedium erst nach dem Zweiten Weltkrieg.

Das Fernsehen unter dem Nationalsozialismus war auf wenige Empfangsgeräte beschränkt. Neben einer Zahl von nicht mehr als einigen hundert Fernsehapparaten, die es für den Einzelempfang bei Parteileuten, Programmachern und zwei Fernsehkritikern gab, wurde in sogenannten öffentlichen Fernsehstuben kollektiv ferngesehen.

In diesen „Fernsehstuben", meist in Postämtern untergebracht, konnten sich in der Regel zwischen zwanzig und dreißig Zuschauer das Programm ansehen. Entsprechend war das Programm wie eine Kinoveranstaltung aufgebaut, werktags von 20.00 bis 22.00 Uhr. Zeitweise wurde auch nur ein einstündiges Programm gesendet und im Anschluß noch einmal wiederholt. Einzelne Sendungen, insbesondere Fernsehspiele, wurden mehrfach gezeigt, bis zu 22mal in einem Jahr. Man ging also davon aus, daß sich der einzelne Zuschauer das Programm nicht täglich, sondern eher nur einmal wöchentlich ansah.

Es gibt eine Reihe von Berichten darüber, wie die Rezeption abgelaufen ist. Wiederkehrendes Merkmal ist die Begeisterung für die neue Technik, die das eher dürftige Programmangebot übersehen ließ. Man ging hin, um sich ein technisches Wunder anzusehen - mit einer großen Ausnahme: die Live-Übertragung der Olympischen Spiele von 1936, hier war das Moment der Teilhabe entscheidend.

Das Fernsehen erprobte in dieser Zeit Anordnungsformen verschiedener anderer Mediendispositive. So wie in der Inszenierungspraxis der Fernsehspiele das Theater als Orientierung diente, wurde der Hörfunk in der aktuellen Berichterstattung zum Vorbild und in der Programmgestaltung zunächst das Kino. Auch lag von der Rezeptionssituation her die Nähe zum Kino auf der Hand: Ein dunkler Zuschauerraum, ein gemeinsames Betrachten des Angebots, eine Anordnungsstruktur, in der die Zuschauer zentral auf das Bild ausgerichtet waren.

Die Programmstrukturierung lehnte sich ebenfalls an der des Kinos an, die Programmfolge von Wochenschau, Kulturfilm und Spielfilm wurde ins Fernsehen übernommen, von den Spielfilmen der Ufa und Tobis wurden in diesem Fernsehkino jedoch nur Kurzfassungen gezeigt.

Wie im Kino sahen die Zuschauer auch im frühen Fernsehen das gesamte Programm von Anfang bis Ende. Fernsehen als zu klein geratenes Kino war für viele Zuschauer jedoch auf Dauer nicht sonderlich attraktiv. Kurt Wagenführ schrieb 1937, daß das Besondere des Fernsehens allzu schnell „verzittere". Man konnte nicht fortwährend nur das technische Wunder bestaunen, andere kommunikative Nutzen waren notwendig.

Diese Vorstellung vom Programm bestimmte auch noch die Anfänge des Fernsehens in den fünfziger Jahren. Zwar wurde jetzt der grundsätzliche Wechsel in der Anordnung vorgenommen und das Fernsehen, ähnlich dem Hörfunk, im privaten Bereich etabliert. Doch die Programmstruktur nach dem Vorbild des Kinos bleibt zumindest am Anfang beim NWDR teilweise erhalten. Die Form des kollektiven Empfangs in Gaststätten (in kleinerem Umfang auch bei Freunden und Verwandten) war die fünfziger Jahre hindurch weiter existent.

In der DDR gab es ebenfalls bis Ende der fünfziger Jahre noch einen auch durch die SED empfohlenen *Kollektivempfang*, weil die Partei hoffte, das Medium durch eine ideologische Nachbereitung für sich einspannen zu können. Auch hier lassen sich Rezeptionszeugnisse solcher Kollektivsituationen beibringen - das ist historisch nicht uninteressant, weil die heute selbstverständliche Form des privaten, ja vereinzelten Empfang anfangs überhaupt nicht selbstverständlich war.

Langfristig setzte sich jedoch in der DDR der private Empfang ebenfalls durch - und in Relationen zur Zahl der Haushalte - etwa im gleichen Tempo wie in der Bundesrepublik.

Bis Ende der fünfziger Jahre gab es im Westen auch eine längere Auseinandersetzung zwischen den Kinotheaterbetreibern und dem Fernsehen darüber, ob im Kino nicht Fernsehsendungen gezeigt werden könnten (also zum Beispiel spektakuläre Live-Übertragungen). Dagegen wehrten sich die Fernsehanstalten allerdings heftig.

Der Individualempfang - und darum geht's - war also durchaus nicht von Anfang an selbstverständlich.

Das Zuschauerinteresse der fünfziger Jahre war zum einen weiterhin bestimmt durch die Neugier auf technisch bedingte Programmereignisse: Vor allem die Live-Technik spielte eine zentrale Rolle (Übertragung der Krönung von Elizabeth II., Weltmeisterschaften, aber auch Unterwasseraufnahmen, Mikroskopaufnahmen).

Feststellbar ist, daß nach umfangreicheren Sportübertragungsreihen durch das Fernsehen (etwa zu Fußballweltmeisterschaften, aber auch zu anderen Ereignissen) die Zahl der Fernsehteilnehmer stärker anstieg als zu anderen Zeiten.

Wichtig waren auch Beschleunigungsaspekte, galt es doch hier wie bei den Live-Übertragungen immer neue Höchstleistungen vorzuweisen - bis hin zur Direkt-Übertragung der Mondlandung 1969. Die Simultaneität von Ereignis, medialer Übertragung und Zuschauererlebnis erwies sich als besonderes Faszinosum. Doch gerade dieses vielfach als fernsehspezifisch empfundene Live-Erlebnis war weitgehend ein Produkt des Dispositivs.

Denn der Zuschauer mußte wissen, daß es sich bei einer Fernsehsendung um eine Live-Übertragung handelte. Allein aus den Bildern konnte er es spätestens mit der Einführung der Magnetaufzeichnung ab 1958/59 nicht entnehmen, ob es sich nicht doch um eine Aufzeichnung handelte.

Das televisuelle Teilhaben an einem Ereignis war und ist an das Wissen gebunden, daß das Ereignis gerade in diesem Augenblick auch tatsächlich anderswo stattfindet. Dieses Wissen entsteht durch Informationen, die außerhalb des Bildes gegeben werden. Jedes zeitversetzte Abspielen einer Aufzeichnung ist vom Zuschauer als solches, ohne derartige Zusatzinformationen oder durch andere Hilfskonstruktionen (zum Beispiel eine Uhr im Bild et cetera), nicht zu erkennen.

In der Anfangszeit sahen die Zuschauer das Programmangebot überwiegend zusammenhängend und ganz. Noch wollte man nichts verpassen.

Mit der Gewöhnung an das neue Wohnzimmermöbel und seine Inhalte setzte ein langsam wachsendes Desinteresse ein, dem die Programmacher durch immer neue Innovationen entgegenzuarbeiten suchten.

Das Hauptinteresse am Fernsehen wurde durch den Programmfluß mit seinem Versprechen ständig neuer Bilder und Informationen, durch den Wechsel der Formen, Inhalte und Gratifikationen der Zuschauer stimuliert. In der Mischung des Verschiedenen und in der Teilhabe an den Ereignissen lag der Gestus, die gesamte Welt im Fernsehen zu repräsentieren. Die Struktur des Programms orientierte sich am Modell der konzentrischen Anordnung, in dessen Mitte sich idealerweise ein Fernsehspiel als künstlerische Verdichtung von Welt befinden sollte.

Beides: Mischung des Programms aus ganz Verschiedenem und konzentrische Anordnung in einem bildeten die typische Programmvorstellung des Fernsehens der fünfziger Jahre. Fernsehen erhob damit den Anspruch, die Welt auf dem Bildschirm zu organisieren und zu harmonisieren - und sie damit auch konsumierbar zu machen für die Menschen.

Das Publikum näherte sich in seiner sozialen Zusammensetzung von einer Mehrheit Selbständiger und besser verdienender Schichten am Anfang der fünfziger Jahre relativ rasch der allgemeinen Bevölkerungsschichtung entsprechenden Zuschauerschaft. Bereits Anfang der sechziger Jahre ist dieser Zustand erreicht, nur die Landbevölkerung bildet noch eine davon abweichende Ausnahme. Doch diese Abweichung schwindet in den sechziger Jahren. Damit wurde ein gesellschaftliche Integrationseffekt begünstigt.

Dem Fernsehen kommt hier im Langzeiteffekt eine wesentliche Rolle im Ausgleich des Stadt-Land-Gegensatzes zu. Als ein letztlich urbanes Medium hat das Fernsehen mit zur mentalen Verstädterung der Bundesrepublik beigetragen. Eine ähnliche Rolle hat es bei der Vereinheitlichung der Sprache gehabt - auch wenn es in den siebziger Jahren scheinbar gegenläufige Tendenzen mit der neuen Betonung des Dialekts gegeben hat. Diese Entwicklung ist jedoch vor dem Hintergrund der in den Medien stattfindenden Vereinheitlichung des Sprachgebrauchs zu sehen.

Anfang der sechziger Jahre erreicht diese Entwicklung kultureller Angleichungen und Vereinheitlichungen ihren Höhepunkt: Das Fernsehen wurde mit großen, meist mehrteiligen Produktionen zum „Straßenfeger" der Nation: die Bevölkerungsmehrheit versammelte sich abends vor den Fernsehern, um ein und dieselbe Sendung zu sehen. Damit schuf das Fernsehen - zumindest in speziellen Teilbereichen - eine von der Mehrheit der Bevölkerung auch lustvoll akzeptierte Gemeinschaft. Das Programmangebot - und darin besondere Sendungen - bildeten eine gemeinsame kommunikative Basis für die Gesellschaft, wie sie bis dahin nicht (auch nicht durch den Hörfunk) gegeben war.

4. Zuschauen in den sechziger Jahren

In den sechziger Jahren gab es mit der Einführung eines zweiten Programms (ZDF) und später der Dritten Programme eine Zäsur. Zwar wurde der Diskurs über das Medium und seine Inhalte beziehungsweise Kommunikationsanlässe nicht aufgegeben, doch hatte das Fernsehen durch das Nebeneinander der vielen Programme seine Verbindlichkeit als Kommunikationsanlaß verloren. Eine mögliche Konkurrenz der beiden Programme wurde abgeschwächt, in dem diese zum Kontrast verpflichtet wurden.

Hintergrund ist eine Entwicklung, die man als ein Zusammenspiel von wachsender Angebotsdifferenzierung und Differenzierung der Zuschauerinteressen bezeichnen kann. Diese Ausdifferenzierung des Fernsehens steht im Zusammenhang mit allgemeinen gesellschaftlichen Veränderungen. Kurz gesagt: Fernsehen wurde zu einem Begleitmedium gesellschaftlicher Modernisierungsprozesse. Die Ausdifferenzierung der Angebote und der Nutzungsweisen korrespondieren mit komplexer werdenden gesellschaftlichen Arbeits- und Lebensprozessen.

Die Programmdauer der beiden Hauptprogramme betrug 1964 bereits täglich etwa zwölf Stunden zusammen. Die durchschnittliche Sehdauer pro Tag lag 1964 jedoch bei nur einer Stunde und zehn Minuten.

Deutlich traten nun Programmangebotszeit und Nutzungszeit auseinander. Die hier bereits erkennbare Schere sollte sich in den folgenden Jahrzehnten noch weiter öffnen.

Damit war für den Zuschauer die Selektion des Angebots zum Prinzip der Nutzung erklärt worden: Er mußte sich zwischen den Programmen entscheiden. Das Angebot überstieg im Umfang die Zeit, die der Zuschauer durchschnittlich dem Fernsehen widmen konnte. Es verstärkten sich damit bei ihm die Präferenzen für einzelne Genres und Gattungen.

Sie führten dazu, daß sich Zuschauer entlang der präferierten Sendungen durch die verschiedenen Programme zu schalten begannen, sie also in der Regel einen „Unterhaltungsslalom" betrieben.

Sicherlich wird es auch einen „Informationsslalom" gegeben haben - nur war er bezeichnenderweise kein Thema für den gesellschaftlichen Diskurs. Statt wünschenswerte Nutzungsmuster zu diskutieren, wurden die weniger wünschenswerten erörtert - und damit auch verbreitet.

Das Zuschauen entwickelte sich in der Folgezeit in zwei Richtungen: zum einen die Orientierung an der Aktualität der Berichterstattung als Weltvermittlung aus dem Interesse an einem Informiertsein; zum anderen die Ausprägung von Zuschauerinteressen, die sich an unterhaltenden Sendungen im weitesten Sinne festmachten. Dort vor allem kam es zu immer stärkeren Differenzierungen, zum Beispiel im künstlerischen Anspruch, dem Entertainment, der Wettkampforientierung, Sportlichkeit et cetera.

Gegen das wachsende Angebot gerichtet etablierten sich bereits in den sechziger Jahren auch andere Nutzungsarten: Routinisierungen und Ritualisierungen.

Bei den Ritualisierungen des Zuschauens kam es immer weniger auf die Inhalte einer Sendung als vielmehr darauf an, inwieweit sich Fernsehen als soziales Handeln in Beziehung setzen ließ zu anderen lebensweltlichen Vorgängen der Zuschauer. Die Einbettung des Fernsehens in den innerfamiliären Kommunikationsraum führte dazu, regelmäßig wiederkehrenden Sendungen besondere Bedeutung beizumessen, zum Beispiel dem Beginn der Hauptnachrichtensendung, dem wöchentlichen Freitagabend-Krimi, der sonnabendlichen Unterhaltungsshow.

Die Ritualisierung des Fernsehens, häufig verstärkt durch Zusammenlegung des Zuschauens mit schon vorhandenen Ritualen des Alltags (zum Beispiel gemeinsamen Mahlzeiten), führte neuen Akzentsetzungen im individuellen Leben.

Bekannt sind die „Tagesschau-Rituale", die man bei Bekannten nicht stören durfte, andere Rituale entstanden um die Ratgeberreihen, Serien wie die „Schölermanns" oder später „Die Lindenstraße", dann auch der „Sportschau", „Panorama" und so weiter. Wiederkehrende Sendungen also eigneten sich dafür besonders.

Eine weitere Form des Fernsehen stellte das Regenerationsfernsehen dar. Bei diesem kam es nun gar nicht mehr auf die Inhalte an: Nach anstrengenden Arbeitstagen setzten sich viele Zuschauer vor den Apparat, um zu dösen, oder um sogar richtig zu schlafen. Wichtig war auch beim bloße Dösen der Moment der Austausch: Was man an Arbeitskonflikten und Frust im Kopf mitgebracht hatte, wurde nun per Ablenkung durch Fernsehereignisse ersetzt und damit zumindest verdrängt.

Regelmäßiges Fernsehen gewann eine eigenständige Funktion innerhalb des individuellen Interaktionshaushaltes. An der „Tagesschau"-Rezeption läßt sich die Ritualisierung besonders gut erkennen. Es ging vielen Zuschauern vor allem um das Gefühl, informiert zu sein, weniger um die wirkliche Auseinandersetzung mit Themen des Weltgeschehens. Das Informationsinteresse erschöpfte sich häufig darin, zu erfahren, daß „nichts Bedeutsames passiert sei".

Es fand und findet also eine Art von „Kontrollsehen" statt. Das auffallend starke Vergessen der „Tagesschau"-Inhalte unmittelbar nach der Sendung, mehrfach nachgewiesen durch Rezeptionsstudien, steht für solche ritualisierte Wahrnehmung.

Fernsehrituale sind jedoch gebunden an konstante und immer wiederkehrende Angebote. Mit der Verschiebung oder Einstellung von Sendereihen wurden vorhandene Ritualisierungen aufgebrochen oder in Frage gestellt.

Zum Beispiel wurde der in den sechziger Jahren etablierte Krimiserientermin am Freitagabend in der ARD als ein vielfach rituell wahrgenommener Termin in den siebziger Jahren abgebaut, dann jedoch durch das ZDF wieder neu installiert. Die bis in die neunziger Jahre anhaltend hohen Einschaltquoten der ZDF-Krimiserien hängen auch damit (und mit der langen Laufzeit von „Derrick" und „Der Alte") zusammen.

5. Zuschauen in den siebziger Jahren

Am Ende der sechziger Jahre hatte das Fernsehen seine Sättigungsgrenze fast erreicht, und die Bevölkerung war bis zu neunzig Prozent zum Fernsehpublikum geworden. Damit war das Fernsehen das zentrale Mediendispositiv. Im kulturellen Umbruch der späten sechziger Jahre wurden im Fernsehen viele langlaufende Angebote abgesetzt und inhaltliche Schwerpunkte verändert. Zwar kam es immer wieder zu neuen Ritualisierungen des Fernsehens, doch wurden nun auch andere Zuschauerverhaltensweisen propagiert: Das Fernsehen des kritischen, wachen Bürgers setzt konzentrierte Aufmerksamkeit voraus. Mit den veränderten Zielkonzepten gab es eine neue Angebotsdifferenzierung.

Der Politisierung des Fernsehens der frühen siebziger Jahre steht eine Entpolitisierung der späten siebziger Jahre gegenüber. Anders formuliert: In der spezifischen privat-öffentlichen Konstruktion des Kommunikationsraums „Fernsehen" verschob sich Anfang der siebziger Jahre dieser Raum stärker zur Öffentlichkeit hin.

Die Privatsphäre wurde zum Austragungsort öffentlicher Konflikte, auch wurde sie selbst verstärkt - im Medium, das in dieser Privatsphäre stand - öffentlich diskutiert (zum Beispiel in der Thematisierung von Erziehung, Beziehungsproblemen, Sexualität). Am Ende der siebziger Jahre reduzierten sich die öffentlichen Konfliktthemen in den Programmen, eine verstärkte neue „Innerlichkeit" setzte sich durch.

In der Fernsehnutzung ist auffällig, daß es parallel dazu zu einer weitgehenden Stagnation der Nutzungszeiten kam. Von 1970 bis 1985 stieg die durchschnittliche Sehdauer nur von einer Stunde 58 Minuten auf zwei Stunden vier Minuten, stagnierte also bei etwa zwei Stunden, obwohl das Angebot weiter ausgebaut wurde. Wenn angenommen werden kann, daß in den gesellschaftlichen Prozessen in dieser Zeit die Komplexität weiter zugenommen hat, blieb das Fernsehen mit seiner Angebotsdifferenzierung hinter den dadurch entstandenen Anforderungen an das Begleitmedium der Modernisierung zurück.

Man kann die Debatten Ende der siebziger Jahre, die um eine verstärkte Unterhaltungsorientierung der öffentlich-rechtlichen Programme geführt wurden, als ein Ergebnis der Tatsache sehen, daß sich die Rezeptionsanforderungen an das Medium verschoben hatten. Gerade weil die komplizierter werdenden gesellschaftlichen Verhältnisse neue mediale Antworten brauchten - wurden vom Fernsehen neue Vereinfachungen verlangt. Die Soziologie spricht von notwendiger Komplexitätsreduktion. Orientierungsangebote wurden weiterhin verlangt - aber sie sollten eben möglichst nicht anstrengend, sondern unterhaltend sein.

6. Die achtziger Jahre: Umbau des Dispositivs

Die Einführung kommerzieller Programme führte erst zu einer zögernden, dann beschleunigten Reaktion des Publikums: Auffällig ist im langen Vorfeld der Einführung kommerzieller Programme, daß die Mehrheit des Publikums an dem Streit darüber eher desinteressiert war, ja daß nach der Politisierung und Entpolitisierung der Programme eine wachsende Gleichgültigkeit gegenüber den Fernsehangeboten bestand.

Die Bereitschaft, sich verkabeln und an die neuen Programme anschließen zu lassen, blieb drastisch hinter den erwarteten Zahlen zurück. Die dann Ende der achtziger, vor allem Anfang der neunziger Jahre verstärkt einsetzende Zuwendung zu den kommerziellen Anbietern läßt sich zum einen zurückführen auf eine stetige Gewöhnung, zum anderen auf gezielte Strategien der Angebotsdifferenzierung mit Hilfe neuer Angebotsnischen (Softpornos, Gewaltfilme), neuer Formate (Daily Soaps, Reality TV, TV-Movies) neuer Programmstrukturen und nicht zuletzt herausragender Medienereignisse (Fall der Mauer, Golfkrieg, et cetera).

Offenbar bis dahin eher vernachlässigte Zuschauergruppen (zum Beispiel Jugendliche mit den Daily Soaps und den Musikprogrammen) wurde mit einer neuen Differenzierung der Angebote bedient.

Daneben haben sich neue Formen des Zuschauens etabliert: Schon Mitte der achtziger Jahre wies Peter Christian Hall auf eine Nutzung des Fernsehens als eine Restzeitnutzung hin: Fernsehen wird - gerade weil es inzwischen permanent angeboten wird - zwischen anderen Tätigkeiten genutzt. Man schaut mal rein, um sich gleich wieder für andere Dinge herauszuziehen. Damit verbunden ist eine tendenzielle Gleichgültigkeit den einzelnen Inhalten gegenüber: Wichtiger wurde es, sich überhaupt ans Fernsehprogramm anzukoppeln und das Gefühl zu haben, mit dem was anderswo - in der Medienwelt - gerade läuft, Anschluß zu halten. Dazu reicht auch ein kurzes Hinsehen.

Möglich wurde auch das zeitversetzte Fernsehen mit der Durchsetzung des Videorecorders. Mehr als sechzig Prozent aller Haushalte besitzen heute bereits einen Recorder, mit dem zeitversetzt Programme gesehen werden können, die zuvor gespeichert wurden, und zusätzliche geliehene oder gekaufte Filme gesehen werden können.

Die Fernbedienung bekam bei der wachsenden Zahl der Programme ein neue Funktion: Die Zuschauer können sich nach Bedarf aus jeder Sendung umstandslos hinein- und herausbewegen, durch die Programme switchen, unabhängig von den Intentionen der Macher, den Dramaturgien und raffinierten Plotkonstruktionen.

Insgesamt sind diese Tendenzen als eine Flexibilisierung des Zuschauens zu verstehen.

Der Zuschauer wurde mit der Fernbedienung zum „Teleflaneur",[9] der durch die Fernsehwelten schweift, suchend nach aufregenden Ereignissen, aber auch gelangweilt, mit der wachsenden Lust an der nur punktuellen Betrachtung, des Verbindens von divergierenden Sinneindrücken, die sich im Switchen durch die Programme ergeben.

1991 stellte Michael Buß aufgrund von GfK-Daten fest, daß nur noch ein Prozent der Zuschauer an einem Abend mehrere Sendungen geschlossen hintereinander sahen.

Der Switcher wechselt an einem Vier-Stunden-Abend oft mehr als hundertmal die Kanäle. Er entritualisiert sein Zuschauen auf radikale Weise, weil er die eingeschliffenen Gewohnheiten, die Bindungen an bestimmte Reihen und Termine unterläuft und sich immer wieder quer dazu neue Augenreize sucht.

Beim Switchen haben sich ganz individuelle und angebotsspezifische Nutzungsformen entwickelt, wie sie Friedrich Krotz und Uwe Hasenbrink vor einiger Zeit beobachtet haben: Beim Switchen zwischen zwei gleichzeitig laufenden Softpornos entsteht für den Zuschauer in der Wahrnehmung ein dritter, kombiniert aus den beiden gezeigten.

Die neue Entritualisierung bedeutet keine verstärkte Aufmerksamkeit, keine Rückkehr zur gesteigerten Konzentration, wie sie die Frühzeit kennzeichnete, sondern ein anderes Sehen. Sie bedeutet, daß die Gewohnheitspublika abbröckeln und Programmacher immer weniger auf Kontinuitäten des Gebrauchs setzen können.

Das Switchen wird damit zu einem für die Programmplanung unkalkulierbaren neuen Ritual, welches das Hin- und Herwandern selbst zum „Fernsehen an sich" erklärt.

Die Fernbedienung hat den Zuschauer in einer neuen, nicht wieder rückholbaren Weise freigesetzt, ihn zu einem neuen, stärker von ihm selbst bestimmten Umgang mit dem Medium befähigt. Deshalb ist er jedoch noch nicht zu seinem eigenen „Programmdirektor" geworden, wie die kommerziellen Anbieter behaupten, denn er ist immer noch auf die vorgegebenen Programme angewiesen.

Freisetzung meint hier nur die Möglichkeit, sich jederzeit aus dem Programm herausnehmen und Inhalten und Präsentationsformen verweigern zu können. Von Manipulation im traditionellen Sinn kann deshalb im neuen Fernsehen nicht mehr die Rede sein.

Ich will Ihnen an dieser Stelle die historische Veränderung im Zuschauen an einem Beispiel deutlich machen: Meine Mutter ging als Heranwachsende Ende der dreißiger Jahre mit der Familie einmal pro Woche ins Kino, weiterhin besaß die Familie einen Volksempfänger in der Küche und meine Mutter las ab und an ein paar Unterhaltungshefte und viele Bücher. Mehr Medienkonsum war nicht gegeben. Heute sehen meine Kinder jede Woche mehrere Spielfilme und Serienfolgen im Fernsehen, von anderem zu schweigen, haben ihr jeweils eigenes Audiosystem mit CD, Musikkassette und Radio, gehen mit Freunden ins Kino, lesen viele Zeitschriften und Zeitungen, einige Bücher und benutzen den Computer. Es ist klar, daß bei den Enkeln meiner Mutter Medien in ganz anderer Weise ihre Wahrnehmung bestimmen, daß die Wirkung des einzelnen Produkts sehr viel geringer und die gewachsene Medienkompetenz sehr viel größer ist als bei den Jugendlichen vor sechzig Jahren.

Hinter der Angebotsvermehrung steht deshalb ein qualitativer Umschwung. Kultur umfaßt heute nicht mehr nur „auch" Medien, sondern ist vor allem Medienkultur. Indem immer mehr soziale Beziehungen durch Medien beeinflußt oder gar definiert werden, wird das Sich-Ankoppeln an die Medienangebote zur sozialen Selbstverständlichkeit.

Medienkultur als mediale Verdichtung bedeutet insgesamt einen ungeheuren Zuwachs an Angeboten. Wenn Sie nur bedenken, daß zwischen 1950 und 1995 die Zahl der jährlich neu veröffentlichten Buchtitel von 13.000 auf 74.000 gestiegen ist, die Zahl der Theaterbesuche sich von fünfzehn auf zwanzig Millionen erhöht hat, die Zahl der Radioteilnehmer von zehn auf 36 Millionen, der Fernsehzuschauer von null auf 32 Millionen gestiegen, die verkaufte Auflage der Tages- und Wochenzeitungen von zwölf auf 32 Millionen und der verkauften Publikumszeitschriften von 33 auf 125 Millionen verkaufte Auflage geklettert - dann wird deutlich, was mit dem Begriff der Medienkultur gemeint ist.

Es scheint mir denn auch kein Zufall, daß die Soziologie heute feststellt, daß wir in unserer scheinbaren Ausdifferenzierung der Fernsehnutzung und des kulturellen Verhaltens wieder in sehr übersichtliche Milieus eingebunden sind - Milieus die durch Medienkonsum weitgehend definiert werden. Gerhard Schulze hat sie Anfang der neunziger Jahre schon in seinem Buch der „Erlebnisgesellschaft" beschrieben.

Ausdifferenzierung ja - aber gleichzeitig auch eine Entdifferenzierung, eine neue Vereinheitlichung durch den Medienkonsum.

7. Die neunziger Jahre: Befriedigungsinstrument in der Medienkultur

Zurück zur Fernsehrezeption. Zugenommen hat mit der Flexibilisierung des Zuschauens auch die Praxis des Vielsehens. Ich wundere mich immer wieder, daß die verstärkte Zunahme der durchschnittlichen Sehdauer seit etwa zehn Jahren von etwas mehr als zwei Stunden auf heute mehr als drei Stunden in der Medienwissenschaft nicht zu einer intensiveren Suche nach den Ursachen geführt hat.

Man könnte den Anstieg dadurch relativieren, daß man ihm die Angebotsmenge entgegen setzt, die notwendig ist, um diese Nutzungszeiten zu erzielen. Gegenwärtig wird für drei Stunden durchschnittliche Sehdauer ein Angebot von circa 400 Stunden Programm täglich aufgewendet, also mehr als das Hundertfache des tatsächlich Gesehenen. Es gibt die These, daß sich darin die Ermüdung des Mediums zeige, weil es den Zuschauer, der auf der Flucht vor dem Fernsehen sei, mit einem immer größerem Aufwand wieder einfangen müsse. Ich halte diese Erklärung für fraglich.

Mir scheint, daß dem Fernsehen auf eine eher versteckte Weise eine ganz neue Funktion zugewachsen ist: Die Absorbierung der Arbeitslosigkeit durch die Beschäftigung mit dem Fernseher. Es ist doch erstaunlich, daß wir in den öffentlichen Räumen bei viereinhalb Millionen Arbeitslosen nicht permanent auf größere Menschenansammlungen stoßen - wie bei vergleichbaren Zahlen in den endzwanziger Jahren.

Hier hat das Fernsehen mit seiner Tendenz zur Verhäuslichung des Lebens und der Privatisierung der Probleme eine eminente sozialpsychologische Funktion übernommen. Das Fernsehen stellt ein nicht zu unterschätzendes soziales Befriedigungsinstrument dar - auch und gerade, wenn es häufig nur Banales, nur Klamauk und Trash verbreitet.

Es mag sein, daß in der publizistischen Diskussion das Fernsehen seine Funktion, Leitmedium der Gesellschaft zu sein, an den Computer abgetreten hat - und in der Tat ist ja auch eine rasante Durchsetzung dieses neuen Mediums zu beobachten. Doch das Fernsehen hat eben noch nicht seine dominanten sozialen Funktionen verloren und gewinnt immer neue hinzu. Noch lassen sich große Publikumsmehrheiten ihre Rezeptionswünsche lieber von Fernsehbildern als von Hypertexten erfüllen. Aber das kann ja auch anders werden.

Anmerkungen:

[1] Engelsing, Rolf: Analphabetentum und Lektüre. Stuttgart 1973; ders.: Der Bürger als Leser. Stuttgart 1974.
[2] Schenda, Rudolf: Volk ohne Buch. Frankfurt/M. 1977.
[3] Kindermann, Heinz: Das Theaterpublikum der Antike. Salzburg 1979; ders.: Das Theaterpublikum des Mittelalters. Salzburg 1980; ders.: Das Theaterpublikum der Renaissance. Salzburg 1984/86.
[4] Paech, Anne: Kino zwischen Stadt und Land. Geschichte des Kinos in der Provinz: Osnabrück. Marburg 1985; auch: Steffen, Joachim/Jens Thiele/Bernd Poch (Hg.): Spurensuche. Film und Kino in der Region. Oldenburg 1993.
[5] Vgl. Hickethier, Knut: Medienbiographien - Bausteine für eine Rezeptionsgeschichte. In: medien+erziehung (1982), H. 4, S. 206-215.
[6] Hickethier, Knut: Apparat-Dispositiv-Programm. Skizze einer Programmtheorie am Beispiel des Fernsehens. In: Hickethier, K/S. Zielinski (Hg.): Medien/Kultur. Berlin 1991, S. 421-447; ders.: Aspekte der Programmtheorie des Fernsehens. In: Communications (1991), H. 3, S. 329-346; ders.: Dispositiv Fernsehen, Programm und Programmstrukturen in der Bundesrepublik Deutschland. In: Ders. (Hg.): Grundlagen und Voraussetzungen. a.a.O.
[7] Alle weiteren Zitate stammen aus: Hickethier, Knut: Die Geschichte des Fernsehens. Stuttgart, Weimar 1998.
[8] Vgl. Schwitzke, Heinz: Endlos in der rinnenden Zeit. In: epd/Kirche und Rundfunk (1950), H. 1.
[9] Rath, Claus Dieter: Fernseh-Realität im Alltag: Metamorphosen der Heimat. In: Pross, Harry/ Claus Dieter Rath (Hg.): Rituale der Massenkommunikation. Berlin 1982, S. 137.

Der Traum vom Sehen
Zeitalter der Televisionen
Die Konzeption einer Fernseh-Ausstellung im Gasometer Oberhausen vom 31. Mai bis 2. November 1997[1]

von Thomas Beutelschmidt und Joseph Hoppe

„Der Traum vom Sehen" (TvS) ist eine umfassende Auseinandersetzung mit den Phänomenen „Television" und „Telekommunikation" aus den Perspektiven der Medien-, Kultur- und Technologiegeschichte sowie der Programmentwicklung. Die Ausstellung fungiert darüber hinaus als ein breit angelegtes Forum, auf dem aus verschiedenen Blickwinkeln über die sich wandelnden Bedeutungen und zukünftigen Szenarien der Audiovision nachgedacht, diskutiert und phantasiert werden darf. Sie ist ferner populär und mit einem hohen Unterhaltungswert angelegt, soll jedoch zugleich wissenschaftliche Sorgfalt und künstlerische Kriterien erkennen lassen. Um beiden Ansprüchen genügen zu können - ohne auf enzyklopädischer Vollständigkeit zu bestehen - knüpfen sowohl die Präsentation der Objekte und Dokumente wie auch die Auswahl des Bildmaterials an reale Erfahrungen und Erwartungen der Besucher an. Die Ausstellung will dabei tiefere Zusammenhänge offenbaren und mit ungewöhnlichen Sichtweisen arbeiten.

Neben den beiden Autoren haben dieses Konzept Lutz Engelke und Nik Hafermaas von der unabhängigen Projektentwicklungsgesellschaft Triad Berlin zusammen mit dem Mitveranstalter Deutsches Technikmuseum Berlin inhaltlich entwickelt. Die Ausstellung steht unter der Schirmherrschaft von Minister Wolfgang Clement. Partner sind neben dem Land und der Landesanstalt für Rundfunk Nordrhein-Westfalen, als privater Anbieter und Initiator RTL, die öffentlich-rechtlichen Anstalten ARD und ZDF, Astra/SES als Satellitenbetreiber, o.tel.o als Netzwerkanbieter sowie von seiten der Hardware Sony, Siemens Nixdorf, SGI und andere Sponsoren.

Um den selbst gesetzten interdisziplinären Ansatz fachlich abzusichern, haben wir den Gedanken- und Informationsaustausch mit engagierten und fachlich ausgewiesenen Kooperationspartnern gesucht wie unter anderem dem Deutsche Rundfunkarchiv, dem Adolf-Grimme-Institut, dem DFG-Sonderforschungsbereich Bildschirmmedien, dem Design Zentrum NRW, dem Haus des Dokumentarfilms sowie einschlägigen Medienfachbereichen an den Hochschulen. Sie dienten uns einerseits als zusätzliche Ideengeber, Filter oder Ressource und garantierten andererseits, daß keinen Einzelinteressen Vorschub geleistet, sondern dem unabhängigen Charakter des Projekts Rechnung getragen wurde.

1. Ausgangsthesen

Das 20. Jahrhundert geht zu Ende - es wurde entscheidend durch das Fernsehen geprägt. Die Television hat als zentrales Informations- und Unterhaltungsinstrument in den vergangenen sechzig Jahren zur Globalisierung der Wissensressourcen geführt und Bildwelten entstehen lassen, die unsere Wahrnehmung wie Kommunikation radikal beschleunigt, anders rhythmisiert und damit grundlegend verändert haben. Unsere alltägliche Erfahrung wird heute in großem Maße durch mediale Strukturen konstituiert, die sich räumlich und zeitlich nicht mehr begrenzen lassen: Fernsehen stellt ein international verzweigtes Geflecht aus Kultur, Technologie und Ökonomie dar; dies will die Ausstellung sinnlich und reflektierend zur Darstellung bringen.

„Der Traum vom Sehen" versucht in einer Art Rekonstruktion, wichtige Entwicklungsprozesse dieser Bildmaschine mit der Technikgeschichte und den durch sie ausgelösten kulturellen wie sozialen Phänomenen in eine erkennbare Beziehung zu setzen. Dabei wird die Ausstellung durch die inszenatorische Distanz zu ihrem Gegenstand selbst zu einem Medium, das den thematisierten Wandel der Wahrnehmung aufgreift und mit ihm spielt.

Gesprochen wird gleichzeitig von den Implikationen und Perspektiven der elektronischen Programmproduktion beziehungsweise -distribution sowie von der kollektiven und individuellen Rezeption signifikanter Formate und Sendungen: Wir werfen einen Blick zurück in eine Zeit, in der das Leitmedium der (Post-) Moderne als moralische Instanz gesellschaftliche Identität stiften konnte, und schauen auf eine neue mediale Wirklichkeit, in welcher der technologisch-kommunikative Lebenskontext grundsätzlich verändert sein wird. „Der Traum vom Sehen" nimmt uns mit auf eine Entdeckungsreise durch verschiedene Sphären traditioneller Television wie auch zukünftiger Netzwerke und vermittelt uns damit die Vorstellung von einer „globalen Netzhaut".

2. Zusammenfassung der konkreten Inszenierungsideen

Ausstellungsort ist das architektonisch einzigartige Industriedenkmal des Gasometers in Oberhausen im neuen Dienstleistungs-, Freizeit- und Business-

Park namens CentrO mit einer bespielbaren Gesamtfläche von rund 4.700 m² auf drei Ebenen, von denen die beiden unteren einen Durchmesser von jeweils 68 Meter aufweisen, sowie mit einem Luftraum von circa 100 Meter Höhe.

Einzelne Themeninseln fassen größere inhaltliche Blöcke zu überschaubaren kulturhistorischen Ausschnitten zusammen. Sie selektieren, verdichten und setzen assoziative Schwerpunkte.

Ebene I: Erdgeschoß

Die Installationen führen die Besucher zunächst in den „Traum vom Sehen" aus phänomenologischer, kunsthistorischer und technologischer Sicht ein. Das Entree „Galileo Galilei" eröffnet die kulturgeschichtliche Dimension, in der sich die Ausstellung entfaltet. Die Blickachse Erde-Mond, eines der ursprünglichsten Seherlebnisse der Menschheit, wird mit der Mondlandung selbst verknüpft, einem globalen TV-Ereignis ohne Beispiel. Beides - Galileis Sicht und die Bilder des blauen Planeten vom Trabanten aus - löste jeweils auf ihre Weise eine Art Sehschock aus: Die Referenzpunkte der Wahrnehmung haben sich wiederholt verschoben.

Die anschließende „Wunderkammer der Augen-Blicke" soll auf ungewöhnliche Weise dazu anregen, sich mit dem Sehvorgang selbst auseinanderzusetzen und für diesen scheinbar selbstverständlichen Prozeß der visuellen Orientierung zu sensibilisieren: In der bewußt überraschenden Konfrontation mit vertraut und gleichzeitig fremd erscheinenden Augen verschiedener Spezies ist - frei nach dem Goethe-Wort: „Zum Sehen geboren, zum Schauen bestellt" - intendiert, den Unterschied zwischen dem Sehen als automatischer Wahrnehmung der Umwelt (Naturaspekt) und dem Schauen als erlerntem und selektivem Erfassen des Anderen (Kulturaspekt) zu erfahren und zu erkennen.

Aufgegriffen und sinnlich nachvollziehbar werden darüber hinaus mit interaktiven „Sehspielen" elementare Phänomene der visuellen Wahrnehmung, des Farbensehens und optische Rätsel.

Neben diesen eher spielerischen Elementen wird das Publikum auf dieser Ebene aber auch in Wort und Bild mit der eigentlichen Vorgeschichte der Tele-Visionen konfrontiert. Zum einen wird an die erste simultane Welterfahrung erinnert: eine weite Metapher für das „Verschwinden der Ferne", die universelle Verfügbarkeit von Informationen sowie allgemein für die technikbasierte Extension menschlicher Entfaltungsspielräume - ausgelöst durch die Elektrifizierung der Kommunikation und die Verschmelzung der Kontinente mit der Kabeltelegraphie seit Mitte des 19. Jahrhunderts. Diese als historische Wendemarke gefeierte Erfahrung machte erstmals die Vision einer „One World" sichtbar, auch wenn die damaligen Netzwerke zunächst fragmentarisch blieben und erst später eine geschlossene Struktur erhielten.

Galileo Galileis Fernrohr lenkt den Bilck auf eine Deckenprojektion von Bildern der Mondlandung.

Teil 3: Presse-, Rundfunk- und Fernsehrezeption

Zum anderen finden sich hier frühe Ideen „phantastischer Bildermaschinen", die jedoch mangels geeigneter Technologien praktisch nicht als funktionstüchtige Apparate umgesetzt werden konnten. Aber schon die bloßen Entwürfe illustrieren die Experimentierfreude erfinderischer Außenseiter, Bastler und Wissenschaftler, die sich mit dem immateriellen Bild- und Zeichentransport analog zum Telegraphen und Telephon befaßt haben. Auch wenn ihre technischen und sozialen Träume den wissenschaftlichen und materiellen Bedingungen ihrer Zeit vorauseilten, so können sie doch als Vorläufer der Television gelten.

Daran schließen sich die innovativen Leistungen der in verschiedenen Ländern parallel experimentierenden Pioniere des protoindustriellen Fernsehens an wie unter anderem John Logie Baird (England), Manfred von Ardenne (Deutschland) oder Wladimir Zworykin (Rußland/USA): zunächst betrieben sie noch Grundlagenforschung und erprobten einfache Methoden der mechanischen Bildzerlegung und -rekonstruktion im Laborstadium wie die Nipkowscheibe als „Personenabtaster". Auf dem „Weg zum elektronischen Bild" wurden dann von führenden Industrieunternehmen wie unter anderem Telefunken, RCA oder EMI/Marconi im Zusammenspiel mit staatlichen Förderungsprogrammen einzelne Teilkomplexe perfektioniert und mit dem Ziel einer serienreifen, regelmäßigen und massenmedialen Nutzung zum endgültigen System „Fernsehen" geführt, wobei sich das Interesse sowohl an der kommerziellen Verwertung als auch der militärischen Verwendbarkeit orientierte.

Wollten die Ingenieure die äußere Wirklichkeit visuell einfangen, so versuchte der Arzt Sigmund Freud, die inneren Bildwelten dem analytischen Blick zugänglich zu machen. Er legte unbewußte Wahrnehmungsstrukturen des Subjekts frei und zeichnete zugleich den psychischen Bild- und Traumapparat des Menschen nach, was am Beispiel des „Wunderblocks" veranschaulicht werden soll. Neben den Ausdrucksformen des Unbewußten stehen die bildhaften Assoziationen der Phantasieproduktion, angeregt durch gesprochene Texte anschaulich-deskriptiver Passagen aus der Weltliteratur in akustisch abgeschirmten Hörräumen: „Das Ohr läßt uns sehen".

Ältere und jüngere medienkünstlerische Arbeiten sind auf allen Ebenen der Ausstellung mit Werken von Wolfgang Matzat und Dieter Kiessling über Friederike Pezold und Pat Binder bis Dan Graham und Nam June Paik integriert. Sie sollen jedoch nicht als separates Teilprogramm erscheinen, sondern als inhaltlich stringent eingebundenes Moment einzelner Ausstellungssegmente. Entstehen soll weder ein direktes Konkurrenzverhältnis zwischen künstlerischem Diskurs und eigenen Inszenierungsideen noch eine bloße Illustration von Sachverhalten oder beliebige Demonstration audiovisueller Effekte. Intendiert ist vielmehr ein gleichberechtigtes dialogisches Miteinander von kreativen, wissenschaftlichen und technischen Sphären.

Die Installationen und Videos dienen somit einerseits als eine zusätzliche Annäherung an einen Themenbereich auf künstlerische Weise wie auf theoretisch-konzeptioneller Metaebene: Sie können sowohl affirmative als auch kritisch-kontrastive Antworten auf die zentralen Aspekte der Programm- und Zeitgeschichte, der Wahrnehmung oder der technischen Phänomene geben.

Andererseits soll die Medienkunst aber auch als sinnliches, phantasieanregendes und spielerisches Element den rationalen, analytischen und chronologischen Erzählfluß der Ausstellung aufbrechen und ergänzen.

Ebene II: Scheibenboden

Der zweite Ausstellungsbereich bleibt den technischen, programmgeschichtlichen und ökonomischen Dimensionen des aufstrebenden Massenmediums von den anfänglichen Live-Übertragungen bis zu seiner heutigen Diversifizierung und Digitalisierung vorbehalten. „Aus Schatten werden Bilder" - der historische Bogen beginnt mit den ersten Ausstrahlungen in Deutschland, England und den USA - in ihrer Dramaturgie und mit ihren Stoffen archetypische Formate und Genres, die sich ungeachtet späterer Differenzierung bis in die Gegenwart fortgeschrieben haben.

Gleichzeitig offenbart sich in der NS-Diktatur sehr schnell die immanente Janusköpfigkeit der neuen Apparatur zwischen Zerstreuung und Zerstörung: Auf der einen Seite ermöglichte sie erstmals Live-Übertragungen in öffentliche Fernsehstuben während der Olympiade 1936 und fungierte später als Unterhaltungsmaschine für die Truppenbetreuung. Auf der anderen war sie als Lenkwaffensystem im Bombenkrieg gedacht, was durch erhalten gebliebene Stills eines Anfluges auf Seeziele sowie physisch durch einzelne Bausteine und ein Modell der TV-Gleitbombe „HS 293" demonstriert werden kann.

Nach den Erfahrungen mit der nationalsozialistischen Diktatur verfolgte der westdeutsche Ansatz im Gegensatz zur DDR mit einer öffentlich-rechtlichen Konstruktion - analog zum demokratischen Aufbau des Gemeinwesens - einen gezielten Interessenausgleich gesellschaftlicher Kräfte. Das Fernsehen verstand sich als politisch unabhängige beziehungsweise aufklärerische Werteinstanz und entwickelte sich zu einer „vierten Gewalt" im Staate neben Legislative, Exekutive und Judikative. Der allmähliche Bedeutungsverlust von Öffentlichkeit und die Stärkung des privaten Raumes lassen als soziales Phänomen eine nationale TV-Gemeinde entstehen.

Nachbau einer Fernsehkamera von der Übertragung der Olympiade 1936   Foto: J. Hoppe

Mit Tondokumenten von Adolf Grimme, Werner Pleister, Eberhard Beckmann, Hans Bausch - und als Antipode Hans Mahle vom ostdeutschen DFF - werden wichtige Vertreter dieser Programmatik als „Gründerväter" noch einmal zum Sprechen gebracht. Das gleichzeitig etablierte föderale Prinzip als Ausdruck „landsmannschaftlicher Vielfalt" (Hans Bausch) kommt in der Inszenierung „Visitenkarten der Sender" zum Ausdruck: einer Gegenüberstellung - und Würdigung - der ersten Ansagerinnen aller ARD-Anstalten und des Deutschen Fernsehfunks.

Auch hier - und in den folgenden Inszenierungen - sollen durch eine bewußte Integration des DDR-Fernsehens die unterschiedliche Prägung, gleichzeitig aber auch verblüffende Parallelen eines im Partei- und Staatsauftrag instrumentalisierten Rundfunks verdeutlicht werden. Darüber hinaus sind besondere Segmente ausschließlich dem DFF vorbehalten, wobei zum einen mit Objekten, Leserbriefen, Programmausschnitten und Dokumenten die Systemauseinandersetzung im Kalten (Äther-)Krieg verdeutlicht und zum anderen am Beispiel des Fußball-WM-Spiels DDR-BRD 1976 die Phase der Entspannungspolitik berücksichtigt werden soll.

Eine „Galerie der Standbilder" mit schwarzweißen Hinweistafeln auf die damals üblichen Unterbrechungen, für das Umschalten oder zum Sendeschluß trägt der Frühzeit des „Pantoffelkinos" ebenso Rechnung wie zwei herausragende Beispiele für die erzieherische beziehungsweise die erbauliche Funktion des Fernsehens: auf der einen Seite die Präsentation des „Internationalen Frühschoppens" von und mit Werner Höfer, der „Sonntags um Zwölf" in den deutschen Haushalten „die Welt zu Gast" hatte. Diese ursprüngliche Radiosendung hatte als kontroverses, öffentliches und multinationales Diskussionsforum statt Agitation und Propaganda eine unmittelbare Wirkung auf die pluralistische Streitkultur und demokratische Meinungsbildung wie auf die internationale Rehabilitierung und Integration der jungen BRD.

Auf der anderen Seite wird durch das „Robert Lembke Memorial" einer der wohl bekanntesten und langlebigsten Sendungen mit ironischer Distanz Rechnung getragen. Diese ritualisierte Mischung aus Quiz und Prominenten-Talk versammelte Generationen im „Halbkreis der Familie" regelmäßig vor der fünften Wand des Wohnzimmers - ein „heiteres Beruferaten", das die Besucher selbst noch einmal aktiv mitmachen können.

Kinder gelten als klassische Zielgruppe des Fernsehens, das seit 1953 mit wechselnden Strategien von einer trivialen Kontroll- und Lernpädagogik über polarisierende Emanzipationsmodelle bis zur kommerziellen Unterhaltung mit Konsumanreiz um die Gunst der jüngsten Zuschauer buhlt. Alle Altersgruppen begegnen noch einmal ihren „Freunden fürs Leben" als durchaus reale Sozialisationsinstanzen: die „Augsburger Puppenkiste" oder „Ratz und Rübe", der „Sandmann" oder der „Li-La-Laune-Bär" und „Käpt'n Blaubär". Zudem erheben in einem „Streichelzoo" weitere TV-Lieblinge aus beliebten amerikanischen Serien ihre Stimmen. Tierische Helden wie „Fury", „Lassie", „Flipper", „Skippy" oder „Clarence" agierten in diesen Serien als gute und verlässliche Partner des leichtsinnigen Menschen.

Der „Streichelzoo"   Foto: J. Hoppe

Einen weiteren Schwerpunkt bilden die 70er Jahre als die eigentliche Moderne des Fernsehens, die auf gesellschaftliche Auf- und Umbrüche reagierte, gleichzeitig selbst Impulse gab und andere Standards in der Darstellung und Verarbeitung realer Lebenswelten setzte. In einem „Kabinett der TV-Experimente" prallen spektakuläre Formate, Personen und Ereignisse aufeinander: Neben der versuchten Indienstnahme des Mediums von außen durch die Kunst (Joseph Beuys' Dokumentarrede) oder die Politik (Schleyer-Entführung) stehen die inneren Konfliktparteien („Panorama" versus „ZDF-Magazin"). Neben Grenzüberschreitungen („Smog" von Wolfgang Menge und die „Holocaust"-Serie) oder Skandalen („Wünsch Dir was" mit Dietmar Schönherr) treten neue Imageträger der Sender als „Neueinsteiger" auf den Plan: von der ersten Sportmoderatorin, Nachrichtensprecherin oder Kommissarin über eine buntere und gebrochenere bis zu den gesellschaftlichen (Rand-) Gruppen der Migranten, Senioren und Homosexuellen.

Ferner können die Höhepunkte unterschiedlichster Talkshows wie unter anderem „III nach neun", „Klönsnack aus Rostock" oder „Hans Meiser" über interaktive Terminals abgerufen werden. Mit diesem reinen Zitatprinzip ist neben dem Wiedererkennungseffekt beabsichtigt, sowohl den exhibitionistischen und entprivatisierten Charakter als auch die inhaltliche Fragmentierung und Beliebigkeit dieses formalisierten, standardisierten und kostengünstigen Programmtypus zu pointieren.

In engem Zusammenhang mit den partiellen Innovationsschüben steht auch die Entwicklung der verschiedenen Genres der TV-Show. Herausgehoben wird die populäre große Abendunterhaltung mit den alten und jungen Fernsehstars von Peter Frankenfeld über Hans Rosenthal bis Linda de Mol, die mit caritativen Absichten, Quizelementen, Interaktionsspielen oder Geldpreisen für höchste Einschaltquoten sorgten, die Corporate Identity ihres Senders prägten und zu einem überproportionalen Bedeutungszuwachs der nichtfiktionalen Unterhaltung beitrugen. Die Inszenierung möchte Partizipationswünsche der Zuschauer aufgreifen, indem sie mit vergrößerten Szenenphotos die Möglichkeit bietet, sich selbst in ein Bild der Show einzumontieren und damit für einen Moment zu den ausgewählten Kandidaten zu gehören.

Aufgegriffen wird an späterer Stelle mit der täglichen Fernsehserie ein weiteres publikumswirksames, senderübergreifendes und industrialisiertes Format, das heute präzise auf definierte (Werbe-)Zielgruppen zugeschnitten ist beziehungsweise streng internationalen Standards in der Dramaturgie, Produktion und dem Marketing gehorcht.
Mit Photos, Ausschnitten und einer Produktpalette diverser Merchandisingobjekte mit Kultcharakter soll am Beispiel von „Gute Zeiten, schlechte Zeiten" vor allem der Produktionsprozeß und Wirtschaftsfaktor täglicher Soaps dokumentiert werden, die ebenso wie die ersten seriellen Alltagsdramen spiegelbildlich historisches Zeitgefühl und gesellschaftliches Selbstverständnis vermitteln beziehungsweise bestimmte Sozialfiguren und geschlechtsspezifische Psychologie charakterisieren: Waren in der Aufbauphase der Republik bei

den „Schölermanns" und „Hesselbachs" das autoritäre Staatsgefüge und die Familienbindung noch intakt, so gerieten durch Rezession und Modernisierung feste Leitbilder bei den „Unverbesserlichen" oder den „Tetzlaffs" bereits in Gefahr, was in der „Lindenstraße" der kleinen Leute oder bei den „Guldenburgs" in höheren Kreisen endgültig zu Identitätskrisen, Auflösungserscheinungen und „Verbotener Liebe" führt. Da bleibt in „Gute(n) Zeiten, schlechte(n) Zeiten" oder im „Marienhof" gegenwärtig nur die Adaption weltweit bewährter Muster und die Suche nach dem individuellen Glück in einer von der Freizeitindustrie bestimmten Konsumgesellschaft.

In den 80er Jahren folgte der Infragestellung tradierter Normen und sozialer Orientierung die Phase wirtschaftlicher Prioritätensetzung und endgültiger Individualisierung. Basierend auf erweiterten Distributionswegen via Kabel und Satellit bildete sich die Duale Medienlandschaft heraus, die einen grundsätzlichen Struktur- und Wertewandel einleitete.

Zunächst steht die „Geburt der Privaten" und damit eine adäquate Präsentation der Marke RTL im Mittelpunkt, deren bewußte Überhöhung die Leistungsbilanz, Risikobereitschaft und Wandlungsfähigkeit dieses anpassungsfähigen Unternehmens anschaulich machen soll. Neben einer „Boning-Parade" zeigt eine bunte Palette inhaltlich und formal spezifischer Sendungen und ihrer Protagonisten die Stationen des Aufstiegs vom „Garagenfernsehen" in Luxemburg (damals: „erschreckend anders") bis zum absoluten Marktführer mit einem 24stündigen Audience-Flow (heute: „erfrischend anders").

Die mit der Zulassung werbefinanzierter Anbieter verbundene Verzweigung und Differenzierung von „Fernseh-Deutschland" wird als „ein Paradies für Zapper" auf großen Lamellen in ihrer chronologischen Entwicklung von 1952 bis 1996 dargestellt. Diese Übersicht berücksichtigt nationale und ausländische Voll- sowie Zielgruppen- und Spartenprogramme, die bundesweit lizensiert beziehungsweise verbreitet wurden und werden. Die dortige Berücksichtigung der jeweiligen Senderlogos als (ein)prägendes Markenzeichen verweist auf die zunehmende Wichtigkeit von Screen-Design zur Identifikation und Unterscheidung des medialen Angebots.

Steht hier vor allem der deutsche Markt im Vordergrund, so zeigt die Inszenierung „Himmel voller Bilder" das internationale Spektrum. Über kuppelförmig angeordnete Monitore sind gleichzeitig die meisten Nutzer der Astra-Satellitenfamilie unverschlüsselt zu sehen - ein Reigen der Bilder und Töne, die zusammen betrachtet den sinnlichen Eindruck eines ganztägig unstrukturierten und unzensierten Gesamtprogramms des globalen Weltfernsehens vermitteln. Damit wurden die im Oktober 1945 veröffentlichten Visionen des englischen Mathematikers und Futurologen Arthur C. Clarke von einem weltumspannenden Kommunikationsnetz auf der Basis von drei Satelliten auf geostationären Orbitpositionen über dem Äquator durchaus Realität.

Die fortschreitende Expansion des Privatfernsehens ist eng verknüpft mit dem Thema „Medien und Ökonomie", deren wachsende Bedeutung und internationale Dimensionen in Ausschnitten transparent und verständlich gemacht werden. Zunächst gibt die „Galerie der Quoten" in Form von Grafiken, Texten und einem interaktiven Terminal einen Einblick in die Methoden der Fernsehrezeptionsmessung, stellt die Macht der Einschaltquote dar und veranschaulicht den direkten Zusammenhang zwischen Programmplanung, Zielgruppen und Werbegeldern.

Der sich räumlich anschließende „Kampf der Giganten" thematisiert den Weltmarkt „Fernsehen", der nach den aktuellen Fusionen und Allianzen derzeit von Time Warner, Disney, Viacom, News Corp., UFA/CLT, der Kirch-Gruppe, Canal Plus/NetHold und Mediaset als die „Global Players" dominiert wird. Die wirtschaftliche Potenz dieser acht transnational operierenden Firmengruppen und ihre zahlreichen Beteiligungen in Deutschland werden zum einen mittels entsprechender Firmenprofile und zum anderen auf einem Spieltisch in Gestalt von Plastikfigürchen gemäß ihrer jeweiligen Zuschauermarktanteile versinnbildlicht.

Den Abschluß der bespielten Segmente im Obergeschoß bildet zunächst die Inszenierung „Abends um acht: Die Tagesschau" als älteste und maßgebliche Institution der Informationsvermittlung, deren Kennzeichen wie das allabendliche Intro im wandelnden Zeitgeschmack sowie die vertrauten Repräsentanten als Gesichter der Nation eine Ehrung erfahren.

Die Besucher haben ferner die Gelegenheit, in einem gläsernen TV-Studio mit der von ihnen gewünschten virtuellen Dekoration der „Tagesschau", der „heute"-Nachrichten oder „RTL aktuell" selbst als Sprecher oder Sprecherin vor laufender Kamera eine aktuelle Nachricht über den Teleprompter zu verlesen und sich dabei aufzeichnen zu lassen.

Das „TV-Hochregal", eine Sammlung von Erinnerungstücken bekannter Sendungen   Foto: J. Hoppe

Ergänzt werden alle diese Einzelinszenierungen durch übergeordnete Ausstellungselemente, die allgemeine Aspekte aufgreifen. Hervorzuheben ist - neben den separat aufgestellten Installationen „Währenddessen - anderswo" mit historisch unterschiedlich gelagerten Ausblicken auf ein ganz anderes Fernsehen in den USA, Japan oder Ghana - ein durchlaufendes „TV-Hochregal", das hauptsächlich programmrelevante „Erinnerungsstücke" aus der Requisite, dem Kostümfundus, den Archiven, Redaktionen oder privaten Sammlungen aufnimmt. Denn der Besucher erwartet vom TvS nicht nur eine anregende, intellektuelle oder unterhaltsame Diskussion des Themas, sondern er ist in gleichem Maße an den Dingen mit ihrer spezifischen Aura und ihrem symbolischen Wert interessiert, die er sonst nicht oder nur auf dem Bildschirm zu Gesicht bekommt. Aus diesem Grund werden einmalige und originäre Dekorationen, technische Geräte, Modelle, Szenenbilder, Schriftstücke, Preise, Photos oder Plakate zusammengetragen: die stummen Zeugen oder Beweismittel einer Sendung, einer Entwicklung oder eines Rituals, welche zur Fernsehkultur gehören und die Flüchtigkeit eines Ereignisses oder Bildes in die Materialität eines anschaubaren, hörbaren und spürbaren Artefakts überführen. Zu vielen dieser Fundsachen wurden zusätzlich passende Programmausschnitte ausgesucht, welche die Besucher über ein spezielles Interface anwählen und in Verbindung mit dem jeweiligen Objekt sehen können.

Sprechen einige Gegenstände für sich, so müssen andere zu besonderen Arrangements zusammengestellt werden. Realisiert wurden beispielsweise aufwendigere und umfangreichere Themeneinheiten wie die „ZDF-Gründung" mit frühen Logos, Namensschildern und Dokumenten zu den medienpolitischen Auseinandersetzungen um das Rundfunkgesetz, zu den Urteilen des Bundesverfassungsgerichtes, des letztendlichen Staatsvertrages und Bildern vom ersten Sendetag.

Berücksichtigt werden auch die TV-Werbung als „Fernsehware" mit ausgewählten Spots eines Unternehmens wie Maggi von Beginn der Werbung in den 50er Jahren bis heute sowie mit einigen „Amazing Discoveries" reale Exponate aus dem virtuellen Tele-Shop. Aber auch Fernsehpreise, Spielzeug rund um den Fernseher, die Maskottchen der öffentlich-rechtlichen Anstalten vom „Onkel Otto" (HR) über „Äffle und Pferdle" (SDR) bis zu den „Mainzelmännchen" (ZDF) oder die verschiedenen Formate der Videobänder neben anderen Accessoires der Aufnahme-, Schnitt und Empfangstechnik haben ihren Platz erhalten.

Durch das assoziative Aufeinandertreffen dieser Objekte mit all ihren Alterungs- oder Gebrauchsspuren sowie im sinnfälligen Kontrast oder in der bewußten Interaktion mit den dominanten Bewegtbildern der Monitore entsteht dann jene Vielfalt von Bezügen und reizvolle Atmosphäre, die den Ausstellungsbesuch zu einem attraktiven Erlebnis beziehungsweise einer emotionalen Erfahrung werden lassen und zugleich die Aufnahmebereitschaft für Informationen und die Vorstellungskraft fördern.

Die vielfach angesprochenen Programme selbst werden auf unterschiedliche Weise präsentiert, wobei einige der Themen zu ihrer Erklärung eines direkten Ausschnitts aus einer bestimmten Sendung bedürfen, in der Regel aber der Einsatz von Laufbild bewußt auf bestimmte Abspieleinheiten beschränkt bleiben und zur Vermeidung von Überfrachtung sehr reduziert gehandhabt werden muß.

Neben einer „Bilderkörper-Schleuse" mit direkten Projektionen auf die durchwandelnden Besucher zu Beginn der zweiten Ebene wurde zur historischen Orientierung und Strukturierung mit den „Zeitfragmenten" für jede Dekade von 1950 bis 1980 in Anlehnung an Gordon Matta Clark eine modulare Form gefunden. Spezifische TV-Ikonen, welche ihre Epoche geprägt haben, werden hier in kurzweiligen Sequenzen ständig wiederholt - von der Krönung Elisabeth II. über den olympischen Black Power-Protest bis zur Öffnung der Berliner Mauer jene publizistischen Bilder der Zeitgeschichte, der Moden, des Sports und andere Elemente der Alltags- und Bewußtseinskultur, die jeden Haushalt erreicht haben.

Sind die Loops der „Zeitfragmente" chronologisch geordnet, dann orientiert sich das nächste Abspielelement an bestimmten Sujets und Problemstellungen. Die „Themensofas" zeigen eigens produzierte Kompilationen von etwa zwanzig Minuten Länge und wollen einen Dialog mit den Zuschauern herstellen. Sie sollen durch eine gezielte Dramaturgie eine Spannung erzeugen zwischen Affirmation und Reflexion, Vertrautem und Unbekanntem, Unterhaltung und Ernsthaftigkeit beziehungsweise Stereotypen und Leitmotive, aber auch Kritik und Normabweichungen aufgreifen, verdichten und brechen: „Zeile für Zeile: Erste Fernsehbilder", „Das Fremde im Wohnzimmer", „Trau keinem über achtzehn", „TV im TV", „Männerblicke - Frauenbilder" und der „Blick nach drüben" als kleine DDR-Retrospektive.

Die Programmauswahl insgesamt erfolgte in Abstimmung mit allen Kooperationspartnern, wobei folgende Kriterien berücksichtigt wurden: Kultsendungen und vergessene Programme,
- die neue Trends gesetzt haben,
- die sich durch innovative Themen und Gestaltungselemente auszeichnen,
- die den historischen Zeitgeist oder -geschmack vermitteln,
- die (medien)politische, moralische und ästhetische Brisanz aufweisen und Skandale oder Verbote nach sich zogen,
- die ein bestimmtes Image eines Senders oder einer Region verkörpern, beziehungsweise
- die beim Publikum wie beim Feuilleton erfolgreich („Straßenfeger") oder erfolglos („Quotenkiller") blieben.

Ebene III: Manege und Galerie

Bei der Inszenierung und Aufarbeitung des „Traums vom Sehen" wurde als Ziel formuliert, die aktuelle Diskussion sowohl zu der Zukunft der Medien als auch zu den Medien der Zukunft inhaltlich, künstlerisch und wissenschaftlich zu spiegeln, zu reflektieren und an konkreten Beispielprojekten oder Visionen zu demonstrieren. Dabei sollten die aus der derzeitigen Medienentwicklung resultierenden Problemfelder beziehungsweise die kommunikativen, technologischen, sozialen, ökonomischen und politischen Veränderungen der postindustriellen Gesellschaft(en) implizit behandelt, aber auch auf einer qualitativ höheren Ebene in Frage gestellt sowie durch innovative und avantgardistische Ansätze relativiert werden. Es vollzieht sich ein Paradigmenwechsel hinsichtlich der Medien in nahezu allen Bereichen der Gesellschaft. Diesen galt es aus verschiedenen Blickwinkeln zu beleuchten und über mögliche Szenarien ihrer Zukunft nachzudenken.

Zunächst greift die interaktive Bild- und Toninstallation „Die McLuhan-Maschine – Resonanz der Sinne" auf der Ebene der Manege die zentralen Thesen des kanadischen Medientheoretikers auf, dessen visionäres Gedankengut sich in der heutigen Diskussion um die kulturellen Konsequenzen elektronischer Medien als unvermindert aktuell erweist. Spielerisch erschließen sich den Besuchern in vier Wahrnehmungsfeldern die weitsichtigen Einsichten McLuhans, wenn beispielsweise das Diktum vom „Medium als Extension des Menschen" am eigenen Leib erfahrbar wird: als Schnittstelle zwischen Mensch und „McLuhan-Maschine" dient das älteste elektronische Musikinstrument der Welt, das 1920 entwickelte Theremin. Anders als bei einem reinen Musikinstrument erzeugt der Besucher nicht die sphärischen Klänge, sondern er bespielt sozusagen durch seine bloße physische Präsenz die Bilder dieser Ausstellung, die auf riesigen ovalen Projektionsflächen in acht Metern Höhe über dem jeweiligen Theremin immer wieder neu erscheinen und überraschend andere Bild- und Klangfolgen entstehen lassen.

Den Schlußpunkt der Ausstellung bildet dann die „Netzwerkgalerie", welche über die übliche Inszenierung eines Online-Cafés weit hinausgeht. Theoretisch - und letztlich durch die einzelnen Beispiele auch praktisch - haben wir uns an den international vorherrschenden Diskursen und (Vor-)Denkern zu orientieren und nicht auf den Gegensatz von Technikeuphorie versus Technikphobie zu beschränken: Nichtlinearität, rhizomatische Strukturen, Aufhebung des dualistischen Denkens, Zusammenführung natur- und sozialwissenschaftlicher Theorien, die Vereinigung von „Kopf und Bauch", die Einbeziehung von „Utopia", „Aumarotum" und so weiter.

Angestrebt wurde insgesamt ein ambitioniertes, gleichzeitig aber auch verständliches Forum, mit dem vom technokratischen Ansatz der „Medienrealität" über die Diskussion „Kommunikation als globales Ereignisfeld" zum „Laboratorium der Visionen" eine Brücke zu schlagen ist und welches die verschiedenen Aspekte des Internet und seiner spezifischen Strukturen behandelt.

Die Themenkomplexe sind:
1. Netz der Netze (Geschichte und Technologie des Internet)
2. Sprachen des Netzes (Formen der Kommunikation und Interaktivität)
3. Globalisierung (Aspekte des Datenverkehrs und der Ökonomisierung)
4. Freiräume - Zensur (Herausforderung der Informationsfreiheit)
5. Arbeitsplatz (Teleworking und Telelearning)
6. Alltagskultur (Marktplätze, Spielräume, Experimentierfelder)
7. Kunst (Kulturangebote, Online-Künstler und Ästhetik)
8. TV im Netz (Programmangebote und Senderinformationen)
9. Fenster zur Welt (privilegierte Blicke über Web Cams)
10. TVS-Online

Da die Expansion der internationalen Netzwelten beziehungsweise die quantitative wie qualitative Fülle an Themen und Aspekten nur von Eingeweihten ansatzweise bewältigt werden kann, wurde eine streng kuratierte Auswahl an Hinweisen (Links) signifikanter Angebote (Home Pages) für zehn Terminals vorbereitet, deren Bilder sich auf die innere Gasometerwand projizieren lassen - verstanden als eine „Sichtbarmachung des vormals Unsichtbaren". Neben eigens erstellten Einführungs- und Erklärungsseiten ermöglichen diese Orientierung und Konzentrierung auch dem Laien, erstmals einen sinnvollen Zugang zur Internet-Kultur zu finden.

Ergänzend hierzu findet sich ein weiteres exploratives und dreidimensionales Kommunikationswerkzeug: Die Nutzer haben die Möglichkeit, im Gasometer mit Hilfe von zehn Workstations und von außerhalb über das Internet in fünf verschiedenen und miteinander verknüpften VRML-Welten in Echtzeit zu navigieren und mit anderen Personen, die durch auszuwählende „Avatare" (Stellvertreter) repräsentiert werden, in einem Chat-Bereich zu kommunizieren: Neben der lustvollen Manipulation von Sprache ergeben sich durch die Positionsbestimmungen im Raum, die Kontakte mit anderen Mitspielern und die Steuerung der Objekte mannigfache Möglichkeiten der Interaktion für die Besucher, wobei gemeinschaftliches Handeln neue Optionen eröffnet - alles ist möglich, es gilt nur, die Orientierung zu wahren.

Unabhängig von diesen Aktivitäten wurde bereits im Vorfeld der Ausstellung eine multimediafähige World Wide Web Online-Datenplattform (WWW Home Page) etabliert. TVS-Online ist Kommunikationsinstrument für alle nationalen und internationalen Projektpartner - insbesondere aus den Bereichen Wissenschaft, Kultur und Medien - und darüber hinaus allen Interessierten als ständig aktualisiertes Informationsarchiv mit Hinweisen auf geplante Veranstaltungen, Aktionen, Referenten und Künstler zugänglich. Texte, Standbilder, Video und Audio werden ständig redaktionell betreut und aktualisiert beziehungsweise virtuelle Ausstellungsrundgänge, ein Besucheralbum und Treffpunkte eingerichtet.

Der Luftraum

Die Strategie des von den Ausstellungsmachern ausgewählten künstlerischen Projektes „eklipse" ist es, den gigantischen Innenraum des Gasometers nicht zu bezwingen, sondern ihn in seiner Wirkung unberührt zu lassen. Statt dessen wurde an zentraler Stelle ein *relativ* kleines Objekt - ein Zylinder - errichtet, dessen Wirkung sich jedoch nicht von außen erschließt, sondern erst nach dem Betreten in seinem Inneren: Der Blick in den Luftraum vom Mittelpunkt der Manege wird also durch ein räumliches Modell des Gasometers verdeckt, das genau diesem zentralen Blick entspricht - ähnlich vergleichbarer Konstruktionen von René Magritte.

Im Inneren des Zylinders wird der Blick nach oben gelenkt, und dieser Blick ist die intensive und wesentliche Verbindung zu dem Gasometer-Innenraum. Man meint, diesen zu sehen - aber auf eine irritierende Weise, denn in ihm schweben Objekte, die unerklärliche Metamorphosen durchmachen, um dann scheinbar im Nichts zu verschwinden. Die Irritation, der verblüffende Eindruck haben ihren Grund in der Konstruktion des Zylinders, der in zwei Etagen geteilt ist. In der oberen befindet sich ein anamorphotisch gedehntes Modell des Gasometer-Innenraums, das durch Rotation und Stroboskopeffekte animiert wird: dreidimensionale, materielle und zeitgleiche Animation in einem „Kino konkret"

Anmerkungen:

[1] Der folgende Beitrag basiert auf dem gleichnamigen Vortragsmanuskript beziehungsweise Aufsatz für die Jahrestagung „Nutzerrollen in den interaktiven Medien" des Sonderforschungsbereichs „Bildschirmmedien" an der Universität-GH Siegen am 18. und 19. November 1996 einerseits und für die Jahrestagung „Medienwissenschaft: ein Gegenstand - viele Wissenschaften" der Gesellschaft für Film- und Fernsehwissenschaft in Mainz vom 2. bis 4. Oktober 1997 andererseits.

Die Ausstellung „Der Traum vom Sehen" ist auch 1998 von Mai bis November im Gasometer Oberhausen zu sehen.

Teil 4
Einzelforschungen zur Medienrezeption in verschiedenen Zeitabschnitten

Adaptionseffekte bei der Einführung des Fernsehens

von Wolfram Peiser

Die Adaptionshypothese

Seit rund zwanzig Jahren ist das Fernsehen in der Bundesrepublik Deutschland vollständig verbreitet. Der Anteil der Bevölkerung mit Fernsehgerät im Haushalt, der heute bei 98 Prozent liegt, hat sich nach 1974 (damals lag er bei 95 Prozent) nicht mehr nennenswert erhöht.[1] Bestimmte Fragestellungen und Befunde der Publikumsforschung, die in der Phase der Ausbreitung des Fernsehens noch relativ wichtig waren, sind seither zunehmend in Vergessenheit geraten - überwiegend deshalb, weil sie angesichts der bereits langjährigen Vollversorgung der Haushalte mit Fernsehgeräten gegenstandslos geworden sind. Davon betroffen sind in erster Linie diejenigen Untersuchungen, in denen es um die Frage ging, was sich im Leben, im Freizeit- und Mediennutzungsverhalten der Menschen änderte, wenn sie mit dem Fernsehen in Berührung kamen, wenn sie sich Fernsehgeräte anschafften und zu mehr oder weniger regelmäßigen Fernsehnutzern wurden.

Damals, in den 50er und 60er Jahren, interessierte man sich auch dafür, welchen Unterschied im Hinblick auf die Nutzung des Fernsehens, aber auch auf die Nutzung anderer Medien und auf die sonstige Freizeitgestaltung es ausmachte, ob ein Fernsehgerät schon länger im Haushalt zur Verfügung stand oder erst seit kürzerer Zeit. Eine Beobachtung, die wiederholt in Deutschland gemacht wurde, war die, daß die Fernsehzuschauer das Fernsehen um so weniger nutzten, je länger die Anschaffung ihres Gerätes zurücklag.[2] Es schien, als würde nach einer Phase anfänglicher Euphorie[3] und intensiver Nutzung des neuen Mediums ein Anpassungs- und Gewöhnungsprozeß einsetzen, im Zuge dessen die Fernsehnutzung nach und nach wieder etwas zurückging. Mitte der 80er Jahre wurden solche Beobachtungen auch im Rahmen der Begleitforschung zur Einführung des Kabelfernsehens gemacht.[4]

Dieses Phänomen kann als „Adaptionseffekt" bezeichnet werden. In der Literatur finden sich für diesen Effekt (beziehungsweise für die Annahme der Existenz eines solchen Effektes) unterschiedliche Begriffe. Murray und Kippax[5] nennen das Phänomen „novelty effect", Comstock[6] spricht von der „novelty hypothesis", Gehmacher[7] schließlich verwendet den Begriff „Adaptionstheorie".[8] Weil die Bezeichnung „Adaption" treffend ist, eine Einordnung als Theorie jedoch etwas unangemessen erscheint, wird hier die Bezeichnung „Adaptionshypothese" gewählt.

In allgemeiner Form läßt sich die Adaptionshypothese wie folgt formulieren: Die erstmalige Anschaffung (und Nutzung) eines Fernsehgerätes führt bei den Zuschauern anfangs zu einer starken Veränderung des Freizeitverhaltens und Mediennutzungsverhaltens (hohe Fernsehnutzung, Verdrängung anderer Interessen und insbesondere der Nutzung anderer Medien), die sich aber nach einer gewissen Zeit - und über einen längeren Zeitraum hinweg - tendenziell zurückbildet. Es setzt demnach ein Prozeß der Veralltäglichung des Mediums und der Gewöhnung seines Publikums ein, im Zuge dessen die anfängliche Euphorie sowie anfangs auftretende Verdrängungseffekte wieder zurückgehen (wenngleich nicht unbedingt vollständig), um sich schließlich zu stabilisieren. In eingeschränktem Sinne wird diese Verhaltenstendenz häufig nur für die Nutzung des Fernsehens postuliert.[9] Im weiteren Sinne kann der Gedanke der Adaption auch auf die Nutzung anderer Medien und die sonstige Freizeitgestaltung bezogen werden.

In diesem Kontext stehen vor allem die Untersuchungen von Belson, in denen es um die Frage ging, inwieweit die Anschaffung eines Fernsehgerätes eine temporäre beziehungsweise sogar dauerhafte Verdrängung anderer Aktivitäten und Interessen zur Folge hatte.[10] Zu beachten ist, daß sich die vermuteten Adaptionseffekte für das Fernsehverhalten einerseits und für sonstige mediale und nichtmediale Freizeitaktivitäten andererseits demnach spiegelbildlich zueinander verhalten: Unmittelbar nach der Anschaffung eines Fernsehgerätes wird in großem Umfang ferngesehen, während gleichzeitig andere Freizeitaktivitäten beeinträchtigt werden. Im Zuge der Adaption wird die Fernsehnutzung wieder etwas reduziert, während die Ausübung anderer Freizeitaktivitäten wieder zunimmt (sich quasi erholt).

Die Adaptionshypothese steht, soweit sie nicht auf das Fernsehverhalten selbst, sondern auf andere mediale und nichtmediale Freizeitaktivitäten bezogen wird, in enger Verbindung mit der These von der Verdrängung (displacement) anderer Freizeitaktivitäten durch das Fernsehen.[11] Oftmals geht es dabei um die Frage, inwieweit das Fernsehen Leseneigung und Lesefähigkeit, besonders bei Kindern und Jugendlichen, beeinträchtigt.[12] Hier setzt aber auch die generelle Diskussion um die Substitutions- oder Komplementaritätsbeziehung zwischen den Mediengattungen an.[13] Auf diese Diskussion soll hier jedoch nicht ausführlich eingegangen werden. Festgehalten sei in diesem Zusammenhang allerdings, daß die Adaptionshypothese differenzierter ist als die Verdrängungsthese: Sie geht erstens davon aus, daß es zu einer Verdrängung kommt; sie postuliert zweitens, daß dieser Verdrängungseffekt wieder - vollständig oder teilweise - zurückgeht. Sie nimmt also in jedem Fall eine temporäre Verdrängung an, wobei jedoch eine dauerhafte Verdrängung (allerdings verringerten Umfangs) nicht ausgeschlossen wird.

Zumindest was das Fernsehverhalten selbst betrifft, besitzt die Adaptionshypothese eine sehr hohe Plausibilität; sie entspricht der Alltagserfahrung. Theoretische Erklärungen werden in der Literatur jedoch kaum angeboten. Daher sollen hier immerhin einige Ansatzpunkte kurz skizziert werden.

Zunächst einmal erinnert die Adaptionshypothese stark an grenznutzentheoretische Vorstellungen. Der Gedanke, daß der Nutzen einer zusätzlichen Gütereinheit bei fortgesetztem Konsum eines Gutes einen immer geringeren Nutzen stiftet, gehört spätestens seit dem 19. Jahrhundert zu den grundlegenden theoretischen Annahmen der Volkswirtschaftslehre. Er ist auch unter dem Namen „Erstes Gossensches Gesetz" bekannt.[14] Das Erste Gossensche Gesetz unterstellt zwar eine kardinale Nutzenfunktion, eine Annahme, die in der Volkswirtschaftstheorie inzwischen weitgehend durch die schwächere Annahme einer ordinalen Nutzenfunktion ersetzt wurde. In der ordinalen Nutzentheorie entspricht der Annahme eines abnehmenden Grenznutzens die Annahme der fallenden Grenzrate der Substitution. Eine zunehmende Neigung zur Substitution des Fernsehens durch andere Tätigkeiten ließe sich dann damit erklären, daß den Opportunitätskosten des Fernsehens bei fortgesetzter Nutzung im Verlauf der Zeit immer kleinere Grenznutzenbeträge gegenüberstehen.

Die Fähigkeit, sich an Umweltbedingungen anzupassen, ist eine grundlegende Eigenschaft des Organismus beziehungsweise seiner Organe. Treten äußere Reize dauerhaft auf oder werden sie wiederholt, lassen die Reaktionen des Organismus auf diese Reize mit der Zeit nach; es erfolgt eine Gewöhnung an die Reize. Man spricht in diesem Zusammenhang von Habituation.[15] Der Sachverhalt, um den es bei der Adaptionshypothese geht, kann aber wohl allenfalls in grober Analogie zum Konzept der Habituation, wie es etwa in der Psychophysiologie bekannt ist, gesehen werden. Das Fernseherlebnis wäre dabei als komplexer „Reiz" aufzufassen, der nicht gleichmäßig wiederholt wird und im Laufe der Zeit auch nicht vollkommen gleichartig bleibt.

In der Motivationspsychologie wird vor allem von Vertretern kognitiver Ansätze häufig davon ausgegangen, daß Menschen einen fortgesetzt dargebotenen Stimulus (Reiz) nach und nach immer weniger attraktiv finden. Man spricht hier von einem „novelty effect".[16] Nach den theoretischen Vorstellungen von Berlyne zählt die Neuheit eines Stimulus zu denjenigen Eigenschaften, die sein Erregungspotential und damit seine Attraktivität für den Menschen ausmachen.[17] Und das Erregungspotential eines Stimulus wird durch wiederholten Kontakt mit ihm verringert (dem entspricht in Berlynes Zwei-Faktoren-Theorie der „tedium factor"). Diese Überlegungen werden von Scitovsky auf die fortgesetzte Suche nach (neuen) Reizen im Rahmen des Freizeit- und Konsumverhaltens übertragen.[18]

Legt man Berlynes Vorstellung zugrunde, nach der Menschen in vielen ihrer Tätigkeitsbereiche ein optimales Erregungsniveau anstreben und sich den dafür geeigneten Objekten beziehungsweise Tätigkeiten zuwenden, dann könnte man folgende Erklärung des Adaptionsprozesses für das Fernsehverhalten formulieren: Läßt das Erregungspotential des neuen Mediums „Fernsehen" nach einer Zeit aufgrund der Wiederholung bestimmter Eindrücke, aufgrund seiner Redundanz nach, so wird das optimale Erregungsniveau bei der Tätigkeit „Fernsehen" unterschritten, und alternative Beschäftigungsmöglichkeiten gewinnen (wieder) stärker an Reiz. Das Erklärungsmuster ist hier ganz ähnlich wie bei der grenznutzentheoretischen Deutung.[19]

Die bisher skizzierten allgemeinen Erklärungsansätze lassen sich primär auf Adaptionsprozesse beim Fernsehverhalten selbst beziehen. Für die Auswirkungen der Einführung des Fernsehens auf die Ausübung anderer Aktivitäten, insbesondere auf die Nutzung älterer Medien, sind speziellere Erklärungsansätze relevant. In der kommunikationswissenschaftlichen Literatur wird die Verdrängung der Nutzung anderer Medien durch das Fernsehen überwiegend als ein Prozeß erklärt, der auf der Basis funktionaler Ähnlichkeit stattfindet.[20] Brown et al. wenden sich jedoch - auf der Basis eigener empirischer Befunde - gegen die Auffassung einer einfachen Verdrängung älterer Medien durch ein funktional ähnliches neues Medium.[21] Sie glauben, daß es vielmehr zu einer komplexeren funktionalen Reorganisation der Mediennutzung kommt. Dabei liegt ein wesentlicher Grund für ihre Überzeugung darin, daß Medien nicht unifunktional, sondern multifunktional sind. Die älteren Medien übernehmen im Zuge des Reorganisationsprozesses teilweise andere Gratifikationsfunktionen für die Rezipienten. Wenngleich sich Brown et al. primär auf die Mediennutzung von Kindern beziehen, liefern ihre Überlegungen doch einen allgemeinen Ansatz zur Erklärung temporärer Verdrängungseffekte und damit zur Fundierung der Adaptionshypothese (bezogen auf die Nutzung der älteren Medien). Ausdrücklich betrachten sie das Mediennutzungsverhalten als adaptiv: „.... media use may be regarded as adaptive behaviour characterized by an on-going process of reorganization ...".[22]

Zusammenfassend läßt sich sagen, daß Adaptionseffekte sowohl im Bereich des Fernsehverhaltens selbst als auch bei den älteren Medien theoretisch begründet werden können.

Empirische Befunde zur Adaptionshypothese

Es wurde eingangs bereits auf einige empirische Beobachtungen hingewiesen, die auf die Existenz von Adaptionseffekten bei der Fernsehnutzung schließen lassen. Dabei handelt es sich überwiegend um Daten aus der Frühzeit des Fernsehens in Deutschland.[23]

Im folgenden sollen weitere empirische Studien und sonstige Veröffentlichungen, die sich auf die Adaptionshypothese beziehen, kurz zusammengefaßt werden. Dabei geht es insbesondere auch um die methodischen Probleme der empirischen Untersuchungen. Zunächst werden diejenigen Arbeiten behandelt, in denen es um das Fernsehverhalten selbst geht, anschließend die Arbeiten, die sich mit den Veränderungen in der Nutzung anderer Medien beschäftigen.

Gehmacher berichtet über eine Untersuchung der Institute Fessel und IFES in Österreich aus dem Jahre 1975, in denen auf der Basis von Daten der Media-Analyse geklärt werden sollte, warum Anfang der 70er Jahre mit zunehmender Verbreitung des Fernsehens seine Nutzung (Tagesreichweite bei Personen in Fernsehhaushalten) zurückging.[24] Die Untersuchung bezog sich auf Belsons in England durchgeführte Studien und deren Befunde.[25] Anhand von Daten der Media-Analyse wurde eine Einteilung des Adaptionsprozesses in drei Phasen vorgenommen: „Fernsehsüchtigkeit" (erstes bis viertes Jahr des Gerätebesitzes), „Resistenzbildung" (fünftes bis achtes Jahr) und „stabilisierte Selektivität" (nach dem achten Jahr). Jeder der drei Phasen (und damit in Querschnittserhebungen entsprechenden Gruppen von Rezipienten) wurde eine durchschnittliche Tagesreichweite des Fernsehens zugeordnet (95, 85 und 75 Prozent). Auch diese Werte basierten auf Daten der Media-Analyse; die genaue Vorgehensweise beschreibt Gehmacher jedoch nicht. Das so formulierte Adaptionsmodell berücksichtigte außerdem, daß die Tagesreichweite bei denjenigen Personen, bei denen später ein Fernsehgerät angeschafft wurde, generell etwas niedriger lag. Mit Hilfe von Daten über Neuzugänge zu der Gruppe der Haushalte mit Fernsehgerät wurden dann Modellschätzwerte der jährlichen durchschnittlichen Tagesreichweite errechnet, die der beobachteten Entwicklung - zumindest was den Trend betrifft - recht nahe kamen.[26]

In einer Untersuchung von Murray und Kippax wurden Kinder aus drei australischen Städten mit unterschiedlicher Verbreitung des Fernsehens (kein Fernsehen, Fernsehen seit kurzer Zeit, Fernsehen seit längerer Zeit verbreitet) im Hinblick auf ihr mediales und nichtmediales Freizeitverhalten, darunter auch das Fernsehverhalten selbst, verglichen.[27] Ein Adaptionseffekt konnte dabei nur für die Bewertung des Fernsehens, nicht jedoch für die Fernsehnutzung festgestellt werden.

In den USA wurden offenbar keine systematischen Untersuchungen zur Adaptionshypothese für das Fernsehverhalten selbst durchgeführt.[28] Allenfalls wurden gelegentlich Daten über das Zuschauerverhalten in diesem Kontext interpretiert. So erklärt etwa Bower die negative Entwicklung der Einstellung gegenüber dem Fernsehen in den USA nach 1960 mit dem nachlassenden Neuheitscharakter des Mediums.[29] Den Umstand, daß demgegenüber für die Fernsehnutzung ein positiver Trend zu verzeichnen ist, führt er auf Programmerweiterungen zurück. Comstock hält die theoretische Vorstellung, die mit der Adaptionshypothese ausgedrückt wird, angesichts der in den USA stetig gestiegenen Fernsehnutzung für widerlegt.[30]

An dieser Stelle sind einige grundsätzlichere Anmerkungen zu methodischen Problemen der Ermittlung und Interpretation von Adaptionseffekten notwendig. Zunächst einmal ist zu beachten, auf welcher Aggregationsebene solche Aussagen gemacht werden. Comstock bezieht sich mit seiner Aussage offensichtlich auf die Gesamtbevölkerung. Demgegenüber bezieht sich die Adaptionshypothese zunächst einmal auf die Individualebene, auf Personen in Fernsehhaushalten. So kann die Fernsehnutzung in der Bevölkerung während der Ausbreitung des Fernsehens allein deshalb zugenommen haben, weil für eine gewisse Zeit immer noch viele neue Seher (mit gemäß der Adaptionshypothese hoher anfänglicher Nutzung) hinzukamen. Außerdem berücksichtigt Comstock nicht, daß die Neuheit des Fernsehens (als Institution) nur ein Einflußfaktor unter vielen anderen gewesen ist, die im Laufe der vergangenen Jahrzehnte die Fernsehnutzung beeinflußt haben.[31] Im übrigen müßten Jahrzehnte nach der vollständigen Diffusion des Fernsehens etwaige Adaptionsprozesse ohnehin längst zum Stillstand gekommen sein.

Häufig wird von denjenigen Forschern, die anhand von Entwicklungen im Zeitverlauf argumentieren, nicht oder nicht ausreichend berücksichtigt, daß neben den Adaptionsprozessen zahlreiche weitere Einflußfaktoren auf die beobachtbaren Trends in der Bevölkerung einwirken, Faktoren, die nichts mit der Dauer des Gerätebesitzes und dem Anschaffungszeitpunkt zu tun haben (Programmangebot, Freizeitbudget und so weiter). Auch Gehmachers Adaptionsmodell berücksichtigt solche zeitbezogenen Einflüsse offenbar nicht. Insbesondere wäre dem Umstand Rechnung zu tragen, daß sich das Fernsehen längerfristig immer wieder selbst verändert hat.[32] Wenn daher einschlägige Untersuchungen das Fernsehverhalten über längere Zeitspannen betrachten, wenn diese angebotsinduzierten Einflüsse aber nicht im Design kontrolliert werden, so kann nicht erwartet werden, daß sich Neuheitseffekte nachweisen lassen. Auch habituationstheoretisch läßt sich dies begründen: Der „Reiz" bleibt unter diesen Umständen eben nicht konstant, was für eine Gewöhnung jedoch Bedingung wäre.

Problematisch sind jedoch auch solche Aussagen über Adaptionseffekte, die sich auf Individualdaten aus einer Querschnitterhebung stützen. Dies trifft beispielsweise für die bereits erwähnten Beobachtungen in Deutschland in den 50er Jahren zu. Eine der Interpretationsschwierigkeiten wurde von Noelle-Neumann anhand einer Querschnitterhebung illustriert, in der ein positiver Zusammenhang zwischen der Fernsehnutzungsdauer und der Dauer des Gerätebesitzes festgestellt wurde.[33] Die Interpretation der Unterschiede in der Nutzungsdauer als Einfluß der Besitzdauer verbiete sich, so Noelle-Neumann, weil bei denjenigen, die früher als andere ein Fernsehgerät hatten, auch das Interesse am Fernsehen größer gewesen sei (und weil, so wäre zu ergänzen, bei diesem Teil der Bevölkerung auch von einer höheren Fernseh*nutzung* auszugehen ist). In dem von Gehmacher beschriebenen Adaptionsmodell wurde dies offenbar berücksichtigt.

In ähnlicher Weise kann der Umstand zu Interpretationsschwierigkeiten führen, daß Fernsehgeräte in der ersten Zeit vorwiegend in begüterten Haushalten, also eher bei Angehörigen der oberen sozialen Schichten, vorhanden waren. Es ist ein gesicherter Befund der Zuschauerforschung, daß Angehörige der unteren sozialen Schichten (mit geringerer Bildung) überdurchschnittlich viel fernsehen. Somit könnte im Zuge der Ausbreitung des Fernsehens eine Zunahme der Fernsehnutzung in der Bevölkerung mit Fernsehgerät eingetreten sein, weil - in diffusionstheoretischer Terminologie - die späte Mehrheit sowie ein Teil der Nachzügler bildungs- beziehungsweise schichtbedingt stärkere Seher waren. Der Zusammenhang zwischen dem Umfang der Fernsehnutzung und der Dauer des Gerätebesitzes müßte während der Ausbreitung des Fernsehens oder kurz nach dieser Phase dann in Querschnittdaten *negativ* sein.

Man sieht daran, daß es ganz unterschiedliche Erklärungen für einen Zusammenhang zwischen der Fernsehnutzung und der Dauer des Gerätebesitzes in Querschnittdaten geben kann. Der Adaptionseffekt ist also nur eine der möglichen Ursachen; ihm würde ein negativer Zusammenhang entsprechen. Die beiden anderen hier aufgeführten Erklärungsfaktoren wirken in unterschiedliche Richtungen: Während der Effekt des bildungs- beziehungsweise schichtbezogenen Strukturwandels der Seher ebenfalls zu einem negativen Zusammenhang führen würde, wirkt der Einfluß des interessebezogenen Strukturwandels der Seher (die späte Mehrheit und die Nachzügler hatten vermutlich weniger Interesse am Fernsehen) in Richtung eines positiven Zusammenhangs. Einen weiteren möglichen Einflußfaktor bildet im übrigen das Lebensalter, denn die Bevölkerung in Haushalten mit älteren Fernsehgeräten müßte im Durchschnitt selbst älter sein (wenn andere Faktoren berücksichtigt sind).

Diese methodischen Probleme betreffen auch diejenigen Untersuchungen zur Adaptionshypothese, in denen es nicht um das Fernsehverhalten selbst ging. Wesentlich häufiger und systematischer als Veränderungen des Fernsehverhaltens wurden die Verdrängungswirkungen des Fernsehens auf andere mediale und nichtmediale Freizeitktivitäten untersucht. Mutz et al. geben einen neueren Überblick über solche sogenannten Displacement-Studien.[34] Im folgenden werden nur einige dieser Studien näher betrachtet, nämlich solche, in denen auch untersucht wurde, inwiefern etwaige Verdrängungseffekte mit der Zeit zurückgingen.

Die umfassendsten Studien stammen von Belson.[35] Er untersuchte die Auswirkungen der Einführung des Fernsehens und den Einfluß der Dauer des Gerätebesitzes auf zahlreiche andere Interessen und Aktivitäten (nicht jedoch auf das Fernsehverhalten selbst).[36] Die Erhebungen wurden während der Ausbreitung des Fernsehens Mitte der 50er Jahre im Großraum London durchgeführt. Belson nahm statische Gruppenvergleiche zwischen Nichtsehern und Sehern (mit unterschiedlicher Dauer des Gerätebesitzes) vor, wobei sonstige Unterschiede zwischen diesen Gruppen mit Hilfe eines aufwendigen Matchingverfahrens kontrolliert wurden. Bei vielen der untersuchten Interessen und Aktivitäten (unter anderem Kino- und Theaterbesuche, Buchlektüre, Lektüre von Nachrichten) zeigte sich - bei dynamischer Interpretation - ein mehr oder weniger deutlicher Rückgang innerhalb der ersten ein bis zwei Jahre nach der Anschaffung eines Fernsehgerätes. Dieser negative Effekt bildete sich danach tendenziell zurück, bis ungefähr vier bis sechs Jahre nach der Anschaffung eines Fernsehgerätes das alte Niveau fast wieder erreicht war.

Ähnlich wie Belsons Befunde sind die Ergebnisse verschiedener Studien, die zumeist in den USA durchgeführt wurden.[37] Überwiegend handelt es sich dabei um Analysen aggregierter Zeitreihen und/oder um Vergleiche zwischen Gebieten mit beziehungsweise ohne Fernsehen. Für viele Freizeitaktivitäten, darunter vor allem Hörfunknutzung und Kinobesuche, wurden nach der Einführung des Fernsehens Rückgänge, in einigen Studien auch eine anschließende (partielle) „Erholung" festgestellt. Eine neuere Vertreterin dieses Typs von Untersuchung ist auch die bereits erwähnte australische Studie von Murray und Kippax.[38] Auch diese Forscher stellten für einige Aktivitäten Adaptionseffekte fest, darunter die Hörfunknutzung, Kinobesuche und die Nutzung von Schallplatten. Damit konnten sie ähnliche Ergebnisse von Himmelweit et al. bestätigen.[39]

Was den Hörfunk betrifft, so ist es ein auch in Deutschland vielfach bestätigter Befund, daß die Nutzung in der Gesamtbevölkerung mit - und wahrscheinlich *wegen* - der Einführung des Fernsehens zurückging.[40] Ebenso eindeutig sind die Belege dafür, daß sich die aggregierte Nutzung vor allem in den 70er Jahren wieder „erholte".[41] Aufgrund der aggregierten Betrachtungsweise bleibt dabei jedoch unklar, ob und inwieweit hier Adaptionsprozesse beim Fernsehpublikum eine Rolle gespielt haben. Es könnte ja auch sein, daß sich die Radionutzung in allen Bevölkerungskreisen entsprechend ausgeweitet hat (was vor dem Hintergrund der stattgefundenen Veränderungen des Hörfunkangebotes nicht unwahrscheinlich wäre).

Abschließend sei die neuere Untersuchung von Mutz et al. erwähnt,[42] die aufgrund ihrer methodisch anspruchsvollen Vorgehensweise besondere Beachtung verdient. Die Forscher stützten sich auf eine Panelstudie an Kindern, die - ergänzt durch parallele Querschnittuntersuchungen - zwischen 1974 und 1981 in acht Wellen in Südafrika durchgeführt wurde. Das Fernsehen wurde in Südafrika 1976 landesweit eingeführt und verbreitete sich anschließend schnell in der weißen Bevölkerung, so daß die Studie sowohl die Zeit vor der Einführung des Fernsehens als auch die Phase seiner Ausbreitung abdeckte. Unter anderem mit Hilfe von Regressionsanalysen der Paneldaten untersuchten Mutz et al. die Effekte von Veränderungen der Fernsehnutzung auf Veränderungen in der Ausübung verschiedener anderer medialer und nichtmedialer Aktivitäten (jeweils von Jahr zu Jahr). Verdrängungseffekte zeigten sich nur bei einigen der untersuchten Aktivitäten (insbesondere bei den Medien Hörfunk und Kino) und waren generell schwächer als erwartet. Sie traten auch noch gegen Ende des Untersuchungszeitraums - also mehrere Jahre nach der Einführung des Fernsehens - auf (insofern also kein Neuheitseffekt). Diese Studie ist allerdings gerade aufgrund ihrer Vorgehensweise beziehungsweise der eingesetzten Methoden kaum mit den anderen Daten und Befunden zur Adaptionshypothese zu vergleichen. Insbesondere war die Erklärungsvariable hier nicht die Dauer des Gerätebesitzes (als Indikator für die kumulative Fernseherfahrung). Es kann also nicht einmal gesagt werden, daß Mutz et al. Adaptionseffekte (im Sinne dieser Arbeit) untersucht haben.

Teil 4: Einzelforschungen zur Medienrezeption

Alles in allem erscheint die empirische Evidenz für oder gegen Adaptionseffekte als relativ begrenzt. Kaum eine Untersuchung hat sich speziell mit Adaptionsprozessen beschäftigt. Insbesondere wurden Adaptionseffekte für die Fernsehnutzung selbst bislang kaum hinreichend erforscht. Unter den Befunden überwiegen hier vereinzelte Beobachtungen aus der Anfangszeit des Fernsehens in den 50er Jahren; eine Ausnahme bildet die österreichische Untersuchung.[43] Für die Nutzung anderer Medien liegt eine größere Anzahl von allerdings oft nicht gut miteinander vergleichbaren Untersuchungen vor. In den Displacement-Studien wiederholen sich dabei Befunde, die starke Verdrängungswirkungen und auch Adaptionseffekte für Medien (im Gegensatz zu anderen Freizeitaktivitäten) ausweisen, darunter besonders diejenigen Medien, die dem Fernsehen funktional ähnlich sind beziehungsweise waren (Kino, Hörfunk). Solche Effekte können aufgrund der Stichproben der meisten dieser Studien allerdings vorwiegend für Kinder und Jugendliche als gut abgesichert gelten.

Eine Schwäche vieler Befunde zu Adaptionsprozessen liegt im methodischen Bereich:[44] In der Mehrzahl der Fälle wurden relativ schwache Forschungsdesigns eingesetzt (aggregierte Betrachtung von Zeitreihen, einfache Gruppenvergleiche im Rahmen von Querschnittanalysen). Vor dem Hintergrund dieser Einschränkungen der bisherigen Erkenntnisse wurde der Versuch unternommen, die Adaptionshypothese auf der Basis einer Sekundäranalyse von Daten der deutschen Gesamtbevölkerung systematisch für mehrere Medien und unter möglichst weitreichender Kontrolle alternativer Einflußfaktoren zu überprüfen.

Datenbasis und Methode der Untersuchung

Die empirische Untersuchung zur Adaptionshypothese wurde anhand von Daten aus der Langzeitstudie „Massenkommunikation" vorgenommen. Verwendet werden konnten nur die Querschnitterhebungen der Jahre 1970 und 1974 (die sich auf Westdeutschland beziehen).[45] Denn das für die vorliegende Fragestellung zentrale Merkmal, wie lange schon (falls überhaupt) ein Fernsehgerät im Haushalt verfügbar war, wurde innerhalb der Langzeitstudie nur bis einschließlich 1974 erhoben (und die Rohdaten der ersten Erhebung 1964 existieren nicht mehr). Die Untersuchung der Adaptionseffekte mußte sich daher auf die erste Hälfte der 70er Jahre beschränken - die Spätphase der Ausbreitung des Fernsehens in Deutschland.

Für die Auswertungen wurden die Daten aus analysetechnischen Gründen auf den Altersbereich fünfzehn bis 79 Jahre eingeschränkt und neu gewichtet. Die Fallzahlen, die den Analysen zugrunde liegen, reduzierten sich damit auf 1.898 für das Jahr 1970 und 1.925 für das Jahr 1974 (jeweils gewichtet). Die folgenden Ausführungen zu den Daten der Langzeitstudie beziehen sich, sofern nicht anders angegeben, immer auf diese neu aufbereitete Datenbasis.
Untersucht wurde die Nutzung des Fernsehens, des Hörfunks und der Tageszeitung sowie die Bindung der Bevölkerung an diese Medien. Die Adaptionshypothese sollte nicht nur für das Fernsehen selbst, sondern in etwas erweiterter Perspektive auch für die beiden anderen tagesaktuellen Medien geprüft werden,

deren mögliche Beeinträchtigung durch das Fernsehen so häufig Gegenstand von Diskussionen und empirischen Studien war. Die Bindung der Bevölkerung an diese drei Medien wurde zusätzlich in die Untersuchung einbezogen, um die Befunde zum Nutzungsverhalten besser abzusichern; denn in beiden Fällen wären ähnliche Ergebnisse zu erwarten.

Unter den verschiedenen Nutzungsvariablen wurde die Nutzungsdauer ausgewählt, die in den Erhebungen der Langzeitstudie mit Hilfe eines Tagesablaufschemas erfaßt wurde und im folgenden immer in Minuten angegeben wird. Da hier durchweg Personengruppen betrachtet werden, bezieht sich die mittlere Nutzungsdauer auf einen durchschnittlichen Werktag.[46] Das Merkmal „Nutzungsdauer" hat für die vorliegenden Zwecke einerseits den Vorteil, daß es Gruppenunterschiede in der Häufigkeit der Nutzung wie auch in ihrer zeitlichen Ausdehnung erfaßt, also ein recht genereller Indikator für die quantitative Nutzung ist. Zum anderen handelt es sich um eine metrische Variable mit einer geläufigen Skala (Minuten), so daß hier eine recht anschauliche Interpretation der Befunde möglich ist. Die Medienbindung wurde in der Langzeitstudie mit der Frage erfaßt, wie sehr man das betreffende Medium vermissen würde, wenn man längere Zeit darauf verzichten müßte. Für die Auswertungen dieser Untersuchung wurde jeweils eine Dichotomisierung der Antwortskala vorgenommen. Bei aggregierter Betrachtung bildet somit der Anteil der Antworten, die auf die beiden obersten Antwortkategorien („sehr stark" und „stark") entfielen, die abhängige Variable.

Die Erhebung der Dauer des Fernsehgerätebesitzes erfolgte 1970 und 1974 in unterschiedlicher Weise (gefragt wurden jeweils nur die Personen mit Fernsehgerät im Haushalt). 1970 wurde der Sachverhalt offen und damit relativ exakt erfaßt: „Seit wann haben Sie schon ein Fernsehgerät?" (Angabe des Jahres). Dagegen wurde die Besitzdauer 1974 gruppiert erhoben: „Wie lange haben Sie schon ein Fernsehgerät?" (Antwortvorgaben: Weniger als zwei Jahre, zwei bis fünf Jahre, Länger als fünf Jahre).[47] Tatsächlich konnten 1970 nur die Anschaffungsjahre 1960 bis 1969 erfaßt werden, da lediglich eine Ziffer (196_) dafür im Fragebogen vorgesehen war. Die Angabe „1969" ist dabei wahrscheinlich als „1969 oder 1970" zu interpretieren (die Erhebung fand im Frühjahr 1970 statt, so daß bei einigen Befragten das Jahr der Anschaffung 1970 gewesen sein kann). Und die Angabe „1960" ist wohl als „1960 oder früher" zu interpretieren, denn bei einem Teil der Befragten müßte die erstmalige Anschaffung eines Fernsehgerätes länger als zehn Jahre zurückgelegen haben.[48]

Allein aufgrund dieser Überlegungen erschien eine Gruppierung der Angaben zur Dauer des Gerätebesitzes auch für 1970 angebracht. Eine Untersuchung der Verteilung der Befragten auf die 1970 erfaßten Anschaffungsjahre ergab allerdings, daß das Jahr 1960 mit nur einer Person und das Jahr 1961 gar nicht besetzt ist. Demnach befänden sich also in der Stichprobe 1970 so gut wie keine Befragten, die bereits vor 1962 ein Fernsehgerät im Haushalt zur Verfügung hatten. Dieser Sachverhalt soll hier nicht weiter diskutiert werden, zumal seine Konsequenzen für die Zwecke der vorliegenden Untersuchung eher günstig als ungünstig sind. Auf die Aufbereitung der Daten für die statistischen Analysen wird später noch etwas weiter eingegangen. Zunächst muß jedoch dargestellt werden, welches Analysedesign für diese Untersuchung verwendet wurde und welche Rolle darin die soeben beschriebene Variable (Dauer des Fernsehgerätebesitzes) spielt.

Es handelt sich bei diesem Merkmal um das Alter des Fernsehgerätes als Institution im Haushalt, unabhängig davon, ob irgendwann später einmal ein neues Modell angeschafft wurde. Sinnvoller jedoch erscheint es, dieses Alter auf die Nutzer des Gerätes zu beziehen. Dabei kann der erstmalige Einzug eines Fernsehgerätes in den Haushalt eines Individuums - und damit in sein Leben - als der Eintritt dieses Individuums in die „Fernsehwelt" interpretiert werden.[49] Hier geht es nicht um das Lebensalter des Individuums, sondern um das Alter, das es seit seinem Eintritt in die „Fernsehwelt" erreicht hat. Im folgenden soll dafür die Bezeichnung „Fernsehalter" verwendet werden. Die vermutete Wirkung der Besitzdauer läßt sich entsprechend als ein Alterseffekt interpretieren; dafür wird hier die Bezeichnung „Fernsehalterseffekt" verwendet.

Die isolierte Analyse der Effekte dieses Fernsehalters auf der Basis von Querschnittdaten kann zu den aus der Kohortenanalyse bekannten Fehlinterpretationen führen:[50] Wie das Lebensalter zu einem gegebenen Zeitpunkt auch die Zugehörigkeit zu einer bestimmten Geburtskohorte markiert, gibt das Fernsehalter ja zugleich an, wann (in welcher historischen Zeit) das erste Fernsehgerät ins Haus kam. Auch hier ist es also sinnvoll, die entsprechende Kohortendimension mitzubetrachten (sowie darüber hinaus auch die Periodendimension, also die historische Zeit selbst). Im Gegensatz zu Geburtskohorten werden hier jedoch Kohorten von Personen betrachtet, denen gemeinsam ist, daß das Fernsehen in einem ganz bestimmten Zeitraum (zum Beispiel 1965 bis 1969) in ihren Haushalt Einzug hielt, daß sie in diesem Zeitraum in die „Fernsehwelt" eintraten. Den Zeitpunkt des Eintritts in die „Fernsehwelt" markiert dabei die erstmalige Ausstattung des Haushalts mit einem Fernsehgerät. Diese Kohorten sollen hier „Fernsehkohorten" genannt werden. Eine Kohortenanalyse[51] ist dann unter Einbeziehung aller drei relevanten Dimensionen (hier: Fernsehalter, Periode und Fernsehkohorte) genau auf die gleiche Weise wie bei der herkömmlichen Analyse von Geburtskohorten möglich.

Die Periodendimension erfaßt diejenigen historischen Einflüsse, die unabhängig von der Länge der Erfahrung mit dem Fernsehen (Fernsehalter) und vom Zeitpunkt der erstmaligen Anschaffung eines Gerätes (Fernsehkohorte) sind und die gesamte Bevölkerung betreffen. In diese Kategorie fallen beispielsweise Veränderungen im Medienangebot. Die Zugehörigkeit einer Person zu einer bestimmten Fernsehkohorte gibt an, wann diese Person in die „Fernsehwelt" eingetreten ist und in welcher historischen Zeit sie in ihr gelebt hat; sie gibt also Aufschluß über das „Fernsehleben", die „Fernsehbiographie" der Person.[52] Hier sind vor allem solche Erlebnisse relevant, die möglicherweise eine fortdauernde Wirkung auf die Fernsehnutzung (oder auch die Nutzung anderer Medien) im weiteren Verlauf des Lebens gehabt haben. Es kann sich dabei einerseits um besondere Fernseherlebnisse handeln, wie zum Beispiel die erste Mondlandung, andererseits aber auch allgemein um das Erleben bestimmter Entwicklungsstufen des Fernsehens (wie etwa der Phase, in der das Fernsehen noch wenig verbreitet war, das Programmangebot gering war und der Fernseher noch einen hohen Prestigewert hatte).[53] Wichtig ist ferner: Die Zugehörigkeit zu einer bestimmten Fernsehkohorte ist auch ein Indikator für das Interesse am Fernsehen, weil die stärker am Fernsehen Interessierten in den älteren Fernsehkohorten (früherer Anschaffungszeitpunkt) überproportional vertreten waren.

Das Fernsehalter schließlich gibt an, wie lange eine Person zum Befragungszeitpunkt bereits in der „Fernsehwelt", so wie sie hier definiert ist, lebte. Für diejenigen, die zum Befragungszeitpunkt noch kein Fernsehgerät im Haushalt zur Verfügung hatten, kann ein negatives Fernsehalter definiert werden, wobei davon ausgegangen wird, daß bei der Mehrzahl dieser Befragten in der Folgezeit ein Fernsehgerät in den eigenen Haushalt Einzug gehalten haben dürfte, womit sich für die Betreffenden der hier zugrunde gelegte „normale Fernsehalterungsprozeß" fortgesetzt haben würde. Die Untersuchung des Effektes, den das Fernsehalter auf die Mediennutzung hat (Fernsehaltereffekt), erlaubt die Prüfung der Adaptionshypothese.

In einer Kohortenanalyse, in die neben dem Faktor Fernsehalter auch die Periodendimension und die Fernsehkohortenzugehörigkeit einbezogen werden, kann man mehr oder weniger genau feststellen, wie sich das Mediennutzungsverhalten der verschiedenen Fernsehkohorten mit dem Eintritt in die „Fernsehwelt" veränderte und ob einige Zeit später weitere Veränderungen - insbesondere in die entgegengesetzte Richtung - auftraten. Periodeneffekte sowie beispielsweise der Einfluß des bei den verschiedenen Fernsehkohorten wahrscheinlich unterschiedlich hohen Interesses am Fernsehen lassen sich auf diese Weise relativ gut kontrollieren.

Die kohortenanalytische Prüfung der Adaptionshypothese ist methodisch ebenso schwierig wie andere Kohortenanalysen. Auch hier lassen sich ja drei Dimensionen unterscheiden (Fernsehalter, Periode, Fernsehkohorte), die alle theoretisch bedeutsam sind, aber untereinander in linearer Abhängigkeit stehen. Empirische Untersuchungen der Adaptionshypothese haben es demnach mit den aus der Kohortenanalyse bekannten Konfundierungsproblemen zu tun.[54] Wird beispielsweise eine Bevölkerungsstichprobe zweimal mit größerem Abstand zwischen den Erhebungen im Hinblick auf ihre Fernsehnutzung untersucht, so sind in der Differenz zwischen den beiden Nutzungswerten „Periodeneffekt" und „Fernsehaltereffekt" konfundiert: Zeigt sich ein Rückgang der Fernsehnutzung im Zeitverlauf, so bestätigt das nicht notwendigerweise die Adaptionshypothese (Effekt des Fernsehalters); es kann sich auch um einen Periodeneffekt handeln.

Wird ein einzelner Querschnitt untersucht, so sind dort Fernsehalter und Fernsehkohorte konfundiert: Unterschiede in der Fernsehnutzung zwischen Personen, die schon länger über ein Fernsehgerät verfügen, und solchen, die erst seit kurzer Zeit einen Fernseher im Haus haben, können auch darauf zurückzuführen sein, daß die jeweilige Phase der ersten Erfahrung in unterschiedliche historische Zeiten fiel. Wenn die Fernsehnutzung derjenigen, die schon länger ein Gerät besitzen, im Querschnitt niedriger liegt (wie es der Adaptionshypothese entspricht), so könnte eine alternative Erklärung nur ein *positiver* Fernsehkohorteneffekt sein (die Nutzung ist höher bei den jüngeren Fernsehkohorten, also bei denjenigen, die später ein Fernsehgerät ins Haus bekamen). Dies erscheint jedoch unwahrscheinlich, denn man würde eher einen Fernsehkohorteneffekt in umgekehrter Richtung erwarten: Wer in seinem frühen Fernsehleben (das heißt in den ersten Jahren mit eigenem Gerät) durch die Pionierjahre des Fernsehens geprägt wurde, den kennzeichnet eine dauerhaft größere Fernsehbegeisterung und damit eine unabhängig vom Fernsehalter intensivere Nutzung. Insofern erscheint die Konfundierungsproblematik bei der kohortenanalytischen Untersuchung der Adaptionshypothese etwas weniger kritisch.

Auf eine Schwierigkeit, die sich bei der Prüfung der Adaptionshypothese mit Hilfe von Querschnittdaten ergibt, wurde bereits hingewiesen: Diejenigen, die sich früher ein Fernsehgerät anschafften als der Rest der Bevölkerung, hatten wahrscheinlich von vornherein ein größeres Interesse am Fernsehen (und von daher auch eine generell höhere Fernsehnutzung). Die hier eingesetzte Kohortenanalyse ermöglicht nun eine weitgehende Trennung der Einflüsse der beiden Faktoren „Besitzdauer" und „Interesse" voneinander. Denn ein - wenn auch nur grober - Indikator für das Interesse am Fernsehen ist der Anschaffungszeitpunkt, also die Dimension Fernsehkohorte. Die Analyse trägt also Noelle-Neumanns Hinweis Rechnung, nach dem frühe Anschaffung mit höherem Interesse verknüpft gewesen sei. Auch andere Merkmale, in denen sich frühe und spätere Käufer eines Fernsehgerätes voneinander unterscheiden, sind auf diese Weise zumindest indirekt und pauschal im Gesamtmodell kontrolliert.

Eine Kohortenanalyse anhand der drei Dimensionen „Fernsehalter," „Periode" und „Fernsehkohorte" steht allerdings noch vor dem Problem, daß sich mit dem Fernsehalter einer Fernsehkohorte zugleich auch ihr Lebensalter verändert und daher der Effekt des Fernsehalters von lebenszyklisch bedingten Veränderungen nicht isoliert werden kann. Es ist daher angebracht, zusätzlich den Faktor Lebensalter zu kontrollieren. Lebensalterseffekte können jedoch erst dann im Rahmen einer Kohortenanalyse valide bestimmt werden, wenn neben der Periodendimension auch die Geburtskohortenzugehörigkeit berücksichtigt wird. Es ergibt sich dann ein Analysedesign, in dem die Daten nach fünf Dimensionen differenziert sind: Alter (= Lebensalter, kurz A), Periode (P), Kohorte (= Geburtskohorte, K), Fernsehalter (FA) und Fernsehkohorte (FK). Die herkömmliche Analyse von Geburtskohorten arbeitet im allgemeinen mit den ersten drei dieser Dimensionen; man bezeichnet sie daher auch als Alters-Perioden-Kohorten-Analyse oder kurz APK-Analyse. Das entsprechende Design kann man als APK-Design bezeichnen.

Hier nun handelt sich um ein APK-Design auf zwei Ebenen, ein bimodales APK-Design (mit FA, P und FK als zweiter Ebene). Sowohl Geburtskohorten als auch Fernsehkohorten können im Zeitverlauf verfolgt und im Hinblick auf ihre Alterungsprozesse untersucht werden. Man kann das Design daher als Quasi-Panel auffassen: Zwar ist kein echtes Paneldesign mit der Möglichkeit der Untersuchung von Veränderungen auf der Individualebene gegeben, aber es ist eine analoge Betrachtung auf semi-aggregierter Ebene (Kohorten beziehungsweise Fernsehkohorten) möglich. Es ergibt sich damit ein Maß an Störvariablenkontrolle, das deutlich über dem liegt, was mit herkömmlichen Querschnitt- und Trendanalysen erreichbar ist. Der Vorteil des bimodalen APK-Designs liegt insbesondere darin, daß es die Trennung *spezifischer* Alters- und Kohorteneffekte (hier: der Fernsehalters- und Fernsehkohorteneffekte) von *generellen* Alters- und Kohorteneffekten, wie sie etwa von Peiser untersucht wurden,[55] ermöglicht.[56]

Einige weitere Erläuterungen zu diesem Analysedesign erscheinen sinnvoll. Das Design stellt eine Kombination aus APK-Design und FA-P-FK-Design dar. Damit ist eine Kohortenanalyse auf zwei Ebenen möglich, die über die beiden Ebenen gemeinsame Periodendimension verbunden sind. Das Analysemodell läßt sich entsprechend als APK-FA-FK-Modell oder als bimodales APK-Modell bezeichnen. Ein Zwei-Ebenen-Kohortenmodell beziehungsweise bimodales Kohortenmodell wird von Hobcraft, Menken und Preston diskutiert (mit Heiratsjahr und Ehedauer als zweiter Ebene);[57] Thornton und Rodgers haben ein solches Modell angewendet.[58] Heckman und Robb diskutieren ein ähnliches Modell. Auch Mayer und Huinink schlagen solche Erweiterungen beziehungsweise Generalisierungen der herkömmlichen APK-Analyse vor.[59]

Bei dem hier verwendeten Modell ist zwar theoretisch der Alterseffekt unabhängig vom Fernsehaltereffekt, und der Kohorteneffekt ist unabhängig vom Fernsehkohorteneffekt. Auf der empirischen Ebene gilt diese Unabhängigkeit jedoch nicht. Allgemein gesprochen kann das bimodale APK-Modell nur dann sinnvoll eingesetzt werden, wenn seine beiden Ebenen nicht zu stark miteinander korreliert sind. Ein zu starker Zusammenhang ist beispielsweise bei Schulkohorten als zweiter Ebene gegeben: Die *gesamte* Bevölkerung besucht die Schule, und zwar ungefähr in der gleichen Lebensaltersphase. Lebensalter und Schulalter (Schulklasse, Jahrgangsstufe) korrelieren sehr hoch miteinander; das gleiche gilt für Geburtsjahr und Schuleintrittsjahr. In solchen Fällen lassen sich die beiden Alters- und die beiden Kohorteneffekte jeweils kaum mehr trennen. Für den sinnvollen Einsatz eines bimodalen APK-Modells muß also folgende Voraussetzung erfüllt sein: Der Eintritt in die Ereigniskohorte (hier: Fernsehgerät im Haushalt) darf nicht bei allen Personen im gleichen Lebensalter stattfinden; je größer die Streuung dabei ist, um so besser. Tatsächlich sind im vorliegenden Fall die beiden Alterseffekte und die beiden Kohorteneffekte nicht voneinander unabhängig, da Alter und Fernsehalter sowie Kohorte und Fernsehkohorte jeweils miteinander korreliert sind (wenngleich nicht sehr hoch). Damit wird aber auch erst die Kontrolle allgemeiner Alters- und Kohorteneffekte bei der Untersuchung der Fernsehalters- und Fernsehkohorteneffekte wichtig.

Für die Auswertungen wurde die Variable „Fernsehalter" aus den Informationen zum Anschaffungszeitpunkt (1970 war dies das Anschaffungsjahr selbst, 1974 die gruppiert erhobene Dauer des Gerätebesitzes) in Verbindung mit der Information, ob überhaupt ein Fernsehgerät im Haushalt vorhanden war, konstruiert. Dabei waren eine Reihe von Anforderungen zu erfüllen: Die Variable sollte für beide Erhebungsjahre in vergleichbarer Weise angeben, ob ein Fernsehgerät im Haushalt vorhanden war und wie lange schon. Damit auch Fernsehkohorten gebildet werden konnten, mußten die Fernsehaltersgruppen ungefähr fünf Jahre umfassen (entsprechend dem vorgegebenen Abstand von rund 4,5 Jahren zwischen den beiden Erhebungen im Frühjahr 1970 und im Herbst 1974). Außerdem sollten möglichst viele Kategorien gebildet werden, damit der Effekt des Fernsehalters differenziert erfaßt werden konnte. Mindestens aber mußten es drei Kategorien sein, da sonst keine nichtlinearen Effekte analysiert werden können und somit die Adaptionshypothese gar nicht geprüft werden kann.

Folgende Kategorisierung des Fernsehalters wurde schließlich vorgenommen: unter null, null bis unter fünf, fünf und mehr Jahre. Die Jahre werden dabei so gezählt, daß die Abgrenzung von der Kategorie „unter null" exakt ist (daher „null bis unter fünf", nicht „ein bis fünf"). In der Kategorie „unter null" befinden sich jeweils alle diejenigen, die gemäß ihrer Antwort auf die Frage nach dem Gerätebesitz zum Erhebungszeitpunkt (noch) kein Fernsehgerät im Haushalt hatten; die Zuordnung ist hier für beide Jahre exakt. Die mittlere Kategorie umfaßt dann das erste bis fünfte Fernsehjahr. In dieser Kategorie sind die beiden Antwortkategorien „weniger als zwei Jahre" und „zwei bis fünf Jahre" der Erhebung 1974 zusammengefaßt.[60] Für 1970 (das Anschaffungsjahr wurde hier direkt erhoben) wurden die Jahre 1965 bis 1969 der Altersklasse „null bis unter fünf Jahre" zugeordnet[61] und die Jahre 1960 bis 1964 der Altersklasse „fünf und mehr Jahre". Anschaffungsjahre vor 1960 traten in der Erhebung 1970 offenbar nicht auf (siehe oben).

Aus den drei Kategorien des Merkmals „Fernsehalter" konnten in Verbindung mit den beiden Erhebungszeitpunkten vier Fernsehkohorten gebildet werden, bei denen die Anschaffung eines Fernsehgerätes in den Jahren 1960 bis 1964, 1965 bis 1969, 1970 bis 1974 beziehungsweise 1975 und später stattfand (Tabelle 1). Die Konstruktion einer solchen Standard-Kohortentabelle für die Fernsehkohorten war schon deshalb nur unvollkommen möglich,[62] weil die beiden Erhebungen 1970 (Frühjahr) und 1974 (Herbst) nur 4,5 und nicht fünf Jahre auseinander lagen. Es ergaben sich außerdem dadurch Abweichungen vom Idealfall, daß die beiden Randkategorien der Variablen Fernsehalter nach unten beziehungsweise nach oben offen sind.

Tabelle 1: Standard-Kohortentabelle mit Abgrenzung der Fernsehaltersgruppen und (diagonal) Fernsehkohorten

Fernsehalter	1970 (Frühjahr)	1974 (Herbst)
unter null Jahre	1970 bis 1974	1975 ff.
null bis unter fünf Jahre	1965 bis 1969	1970 bis 1974
fünf und mehr Jahre	1960 bis 1964	1965 bis 1969

Die Kohorten konnten mit der nur unvollkommen gruppierbaren Altersvariablen (zwei offene Kategorien) nicht in allen Fällen eindeutig definiert werden. Die in der Tabelle angegebenen Kohortengrenzen sind insofern idealisiert, als sie einen Abstand von fünf Jahren zwischen den Erhebungen und geschlossene Altersintervalle von ebenfalls jeweils fünf Jahren Breite unterstellen. 1970 ist in der obersten Altersgruppe die untere Kohortengrenze (1960) theoretisch nicht exakt richtig; de facto ist sie es offenbar doch, weil (wie erwähnt) in der Erhebung nicht einmal die Anschaffungsjahre 1960 und 1961 nennenswert vertreten waren. 1974 ist in der gleichen Altersgruppe die untere Grenze (1965) in jedem Fall nicht exakt. Die Personen in dieser Kohorte dürften teilweise schon früher ein Fernsehgerät im Haus gehabt haben. Es besteht daher eine gewisse Überlappung zwischen den beiden ältesten Kohorten. Gleiches gilt für die beiden jüngsten Kohorten, denn 1970 ist in der untersten Altersgruppe die obere Kohortengrenze (1974) nicht exakt.[63]

Die jüngste Fernsehkohorte enthält auch diejenigen Personen, in deren Haushalt grundsätzlich auf ein Fernsehgerät verzichtet wurde und die somit einen Sonderfall darstellen. Dieser Teil der Kohorte dürfte sich systematisch von dem Rest unterscheiden - den Nachzüglern, die erst *nach* 1974 in die zweite Fernsehaltersgruppe vorrückten. Aber zweifellos haben die Unterschiede zu den älteren Fernsehkohorten bei beiden Teilgruppen der jüngsten Fernsehkohorte die gleiche Richtung. Nur ist die jüngste Kohorte insofern heterogener als die zweitjüngste, bei der (bezogen auf die Grundgesamtheit) ja auch nicht alle, aber immerhin die meisten derjenigen Mitglieder, die 1970 noch zu Fernsehaltersgruppe 1 (ohne Fernsehgerät im Haushalt) gehörten, 1974 in Fernsehaltersgruppe 2 aufgerückt waren.

Überschneidungen bestehen in gewisser Weise auch bei den beiden untersten Kategorien des Merkmals Fernsehalter. Formal sind die beiden Kategorien zwar durch den Anschaffungszeitpunkt eindeutig voneinander abgegrenzt. Die Frage ist hier jedoch, inwieweit das Fernsehalter anzeigt, wie lange bereits Erfahrungen mit dem Fernsehen bestehen. Und in dieser Hinsicht ist die Trennschärfe der Kategorien nicht perfekt. Gerade in den Anfangsjahren des Fernsehens bedeutete der Umstand, daß kein eigenes Fernsehgerät im Haushalt zur Verfügung stand, nämlich keineswegs, daß überhaupt nicht ferngesehen wurde. Auch diejenigen, die hier in der untersten Kategorie (Fernsehalter unter null) eingruppiert sind, hatten mehrheitlich in gewissem Umfang Fernseherfahrung. Es konnte hier daher nur untersucht werden, welchen Unterschied die Verfügbarkeit eines Fernsehgerätes im eigenen Haushalt ausmacht.

Das Merkmal „Lebensalter" wurde in dreizehn Gruppen zu jeweils fünf Jahren (fünfzehn bis neunzehn Jahre bis 75 bis 79 Jahre) unterteilt, wiederum entsprechend dem Abstand zwischen den beiden Querschnitterhebungen. Auf dieser Grundlage wurden vierzehn Geburtskohorten gebildet (Jahrgang 1891 bis 1895 bis Jahrgang 1956 bis 1960). Ein kleiner Teil der beiden Stichproben fiel nicht in diese Gruppen und wurde daher bei der Analyse nicht berücksichtigt. Auch auf dieser Ebene des Designs bestehen aufgrund des nicht ganz fünf Jahre betragenden Abstandes zwischen den Erhebungen leichte Überschneidungen der Kohorten.

Die kohortenanalytische Untersuchung der Adaptionshypothese erfolgte mit Hilfe des beschriebenen Zwei-Ebenen-Modells. Zur statistischen Analyse wurden für die metrische Nutzungsdauer gewichtete Regressionsanalysen (WLS) durchgeführt.[64] Für die dichotomisierten Bindungsvariablen wurden entsprechende Logit-Modelle geschätzt.[65] Die Daten wurden für die Analyse gruppiert, und zwar nach Erhebungsjahr, Altersgruppe und Fernsehaltersgruppe zugleich. Die Auswahl und Absicherung der zur Modellidentifikation notwendigen Restriktionen wurde grundsätzlich in der bei Peiser beschriebenen Weise vorgenommen.[66] Bei der Wahl von Restriktionen sind beim Zwei-Ebenen-Modell gegenüber dem herkömmlichen APK-Modell allerdings einige Besonderheiten zu beachten. Denn neben dem bekannten Identifikationsproblem der Kohortenanalyse (K = P - A) existieren in diesem bimodalen Modell zusätzliche lineare Beziehungen zwischen den Dimensionen.[67] So gilt für die zweite Ebene analog: FK = P - FA. Zur Identifikation des bimodalen APK-Modells sind daher mindestens zwei Restriktionen der Parameter erforderlich.[68]

Weil nur zwei Querschnitterhebungen zur Analyse verfügbar waren, kam die Periodendimension nicht mehr für eine identifizierende Gleichheitsrestriktion in Frage. Die beiden Stufen des Periodenfaktors gleichzusetzen hieße ja, diese Dimension vollständig aus der Analyse zu nehmen. Die damit verbundene Annahme, der Periodeneffekt sei zu vernachlässigen, wäre jedoch in diesem Untersuchungszeitraum für alle hier relevanten abhängigen Variablen mit einiger Sicherheit falsch. Es kamen also nur die beiden Alters- und Kohortendimensionen für Restriktionen in Betracht. Der Faktor „Fernsehalter", dem in diesem Fall das hauptsächliche theoretische Interesse galt, mußte dabei frei von Restriktionen bleiben. Daher wurden die Parameterrestriktionen auf der ersten Modellebene überwiegend am Alterseffekt vorgenommen;[69] bei den Tageszeitungsvariablen wurden die Modelle ohne die dort relativ unbedeutenden Kohorteneffekte geschätzt.[70] Auf der zweiten Modellebene wurden die Restriktionen im Randbereich des Fernsehkohorteneffektes vorgenommen. Dafür sprachen einerseits die erwähnten Überschneidungen zwischen den Fernsehkohorten, andererseits aber auch die Erwartung ohnedies eher gradueller Fernsehkohorteneffekte. Dabei konnten die Restriktionen oftmals so gewählt werden, daß Besonderheiten einzelner Fernsehkohorten im Modell erfaßt blieben. Die Modellschätzungen wurden auf Plausibilität überprüft und gegebenenfalls revidiert, außerdem wurden sie durch eine Reihe zusätzlicher Auswertungen so gut wie möglich abgesichert. Aufgrund der Identifikationsproblematik können sie jedoch nicht als sichere Werte gelten. Interpretierbar erscheinen allenfalls die grobe Richtung eines Effektes und seine Gestalt, weniger dagegen die genauen Werte einzelner Koeffizienten. Eine Überprüfung der Adaptionshypothese ist insofern nur eingeschränkt möglich.

Ergebnisse

Im folgenden wird hauptsächlich auf die Fernsehalterseffekte eingegangen, auf die übrigen Effekte nur soweit nötig. Für den Effekt des Fernsehalters auf die Fernsehnutzung gelten folgende Erwartungen: Die Fernsehnutzung müßte in der untersten Fernsehaltersgruppe (kein Gerät im Haushalt vorhanden) bei weitem am niedrigsten sein; sie müßte dann gemäß der Adaptionshypothese in der zweiten Gruppe den höchsten Wert erreichen und in der dritten Gruppe wieder etwas niedriger liegen als in der zweiten Gruppe (Rückgang mit zunehmendem Fernsehalter bei denjenigen mit Fernsehgerät im Haushalt). Für die Bindung an das Fernsehen gelten ähnliche Erwartungen. Was den Fernsehkohorteneffekt betrifft, so müßte eine späte Anschaffung (Mitgliedschaft in einer jüngeren Fernsehkohorte) mit schwächerer Fernsehnutzung verbunden gewesen sein, sofern sie durch weniger starkes Interesse am Fernsehen begründet war. Bei den Medien „Radio" und „Tageszeitung" würde der Adaptionshypothese ein spiegelbildlicher Fernsehalterseffekt entsprechen: Ausgehend von den Werten in der untersten Fernsehaltersgruppe wäre ein deutlicher Rückgang beim Übergang zur zweiten Gruppe zu erwarten, und in der dritten Gruppe dann wieder ein höherer Wert (wobei das Ausgangsniveau jedoch nicht ganz erreicht wird).

Tabelle 2: Parameterschätzwerte der bimodalen APK-Modelle

	Fernseh-nutzung	Radio-nutzung	Zeitungs-nutzung	Fernseh-bindung	Radio-bindung	Zeitungs-bindung
	Regressionskoeffizienten (B)			Additive Logit-Koeffizienten		
Fernsehalter						
unter 0	(0)	(0)	(0)	(0)	(0)	(0)
0 bis unter 5	107,0	-21,7	-4,0	3,19	-0,64	-0,33
5 und mehr	109,3	-0,7	0,4	3,43	-0,33	-0,09
Jahr						
1970	(0)	(0)	(0)	(0)	(0)	(0)
1974	0,8	26,0	2,0	-0,66	0,02	0,14
Fernsehkohorte						
1960-1964	(0)	(0)[a]	(0)	(0)	(0)	(0)
1965-1969	-7,5	(0)[a]	1,2	-0,23	(0)[a]	0,08[a]
1970-1974	-13,6[a]	(0)[a]	-2,8[a]	-0,31[a]	0,21[b]	0,08[a]
1975 ff.	-13,6[a]	28,7	-2,8[a]	-0,31[a]	0,21[b]	-0,04
Lebensalter						
15-19	(0)	(0)	(0)	(0)	(0)	(0)
20-24	7,5	69,4	11,0	-0,17	-0,32	0,30
25-29	18,6	75,0	3,4	-0,06	-0,26[c]	0,36
30-34	15,6	87,0	4,1	0,17	-0,26[c]	0,52
35-39	-1,6	97,6	7,0	0,09	-0,16	0,52
40-44	13,7[b]	97,7[b]	12,1	0,13	0,01	0,66
45-49	13,7[b]	97,7[b]	13,1	0,40	-0,16	0,98
50-54	22,4	68,3	8,4	0,44[b]	-0,07	0,49
55-59	35,3	96,3	7,4	0,44[b]	-0,37	0,61
60-64	60,7	92,5	16,5	0,89	-0,05	0,76
65-69	78,1	79,5	23,3	1,20	-0,06	0,62
70-74	97,7	59,9	21,6	1,76	-0,12	0,68
75-79	145,4	45,9	22,5	1,55	-0,59	0,85
Geburtskohorte						
1891-1895	(0)	(0)	(0)[b]	(0)	(0)	(0)[b]
1896-1900	66,3	-21,1	(0)[b]	0,76	-0,74	(0)[b]
1901-1905	91,1	-36,8	(0)[b]	1,26	-0,67	(0)[b]
1906-1910	118,5	-45,2	(0)[b]	1,43	-0,58	(0)[b]
1911-1915	119,8	-55,7	(0)[b]	1,76	-0,29	(0)[b]
1916-1920	142,5	-16,1	(0)[b]	1,82	-0,12	(0)[b]
1921-1925	144,9	-22,8	(0)[b]	1,62	-0,27	(0)[b]
1926-1930	149,9	-27,4	(0)[b]	1,70	-0,21	(0)[b]
1931-1935	158,5	-30,0	(0)[b]	1,96	0,00	(0)[b]
1936-1940	145,7	-27,9	(0)[b]	1,78	0,14	(0)[b]
1941-1945	136,4	0,0	(0)[b]	1,65	0,21	(0)[b]
1946-1950	144,6	3,9	(0)[b]	1,80	0,65	(0)[b]
1951-1955	132,4	47,0	(0)[b]	1,64	0,72	(0)[b]
1956-1960	126,8	49,3	(0)[b]	1,31	0,35	(0)[b]
R^2	0,92	0,79	0,68			
Pseudo-R^2				0,89	0,75	0,55

a,b,c: Gleiche Buchstaben bezeichnen Gleichheitsrestriktionen unter den Koeffizienten des jeweiligen Modells.
(0): Restriktion des Koeffizienten auf den Wert 0 (Dummyvariable nicht im Modell).

Die Ergebnisse der Modellschätzungen sind in Tabelle 2 zusammengefaßt. Maßgeblich für die Prüfung der Adaptionshypothese sind jeweils die Koeffizienten des Fernsehaltereffektes. Sowohl für die Fernsehnutzung als auch für die Bindung an das Fernsehen zeigt sich zunächst einmal der erwartete starke Anstieg beim Übergang von der untersten Gruppe (ohne Fernsehgerät) in die Gruppe derjenigen mit (neuem) Fernsehgerät im Haushalt. Der Effekt des Fernsehalters geht im höheren Fernsehalter jedoch nicht zurück, sondern nimmt vielmehr noch etwas weiter zu, wobei allerdings die Differenz zwischen den Koeffizienten der zweiten und der dritten Fernsehaltersgruppe für beide Variablen nicht signifikant von Null abweicht.[71]

Für das Fernsehverhalten selbst lassen sich hier also keine Adaptionseffekte feststellen. Hinzuweisen ist in diesem Zusammenhang auch auf die Fernsehkohorteneffekte, die bei den Fernsehvariablen negativ gerichtet sind. Dies ist konsistent mit der Vermutung eines höheren Interesses am Fernsehen bei denjenigen, die früher als andere ein Fernsehgerät hatten.

Modellschätzungen, bei denen der Fernsehaltereffekt der Adaptionshypothese entspricht, wären zwar technisch möglich. Es müßte aber schon ein sehr starker negativer Fernsehkohorteneffekt vorliegen, wenn der Adaptionseffekt nicht extrem schwach ausfallen sollte. Ein so starker negativer Fernsehkohorteneffekt, der dann fast die gleiche Größenordnung erreichen müßte wie der Effekt der Anschaffung eines Fernsehgerätes (also wie der anfängliche Anstieg im Fernsehaltereffekt), wäre jedoch unplausibel. Es kann zwar davon ausgegangen werden, daß in den ersten Fernsehkohorten das Interesse am Fernsehen (und damit die Nutzung und Bindung) höher war; aber es bestehen auch gegenläufig wirkende Unterschiede zwischen diesen Kohorten, insbesondere hinsichtlich des sozioökonomischen Status. So bleibt es dabei: Für das Fernsehen sind keine Adaptionseffekte nachweisbar, jedenfalls nicht unter vertretbaren Annahmen bei der Modellidentifikation.

Für die Medien „Hörfunk" und „Tageszeitung" können dagegen Adaptionseffekte festgestellt und überwiegend auch inferenzstatistisch abgesichert werden. Mit der Anschaffung eines Fernsehgerätes ist jeweils ein Rückgang sowohl der Nutzung als auch der Bindung verbunden (signifikanter Rückgang bei allen Variablen außer der Zeitungsnutzung). Nach längerer Präsenz des Fernsehers im Haushalt (fünf Jahre und länger) liegen Nutzung und Bindung dann wieder höher als in den ersten Jahren nach der Anschaffung (signifikanter Anstieg bei allen Variablen außer der Zeitungsnutzung). In der obersten Fernsehaltersgruppe ist das Ausgangsniveau jeweils ungefähr wieder erreicht; bei keiner der vier Variablen ist die Abweichung von dem Wert der untersten Fernsehaltersgruppe statistisch signifikant.

Die Adaptionseffekte lassen sich gut anhand graphischer Darstellungen veranschaulichen (Abbildungen 1 und 2). Zu diesem Zweck wurden die Fernsehaltereffekte reskaliert, so daß sie die partiellen Veränderungen mit zunehmendem Fernsehalter ausgehend von der untersten Stufe des Fernsehalters im Jahr 1970 angeben.[72] Bezugspunkt ist also jeweils der Mittelwert beziehungsweise Prozentwert der abhängigen Variablen in derjenigen Gruppe von Befragten, die 1970 (noch) über kein Fernsehgerät in ihrem Haushalt verfügten (siehe auch Tabelle 3). Dieser Mittelwert der Bezugsgruppe als anschauliches Ausgangsniveau ist selbst kein Modellschätzwert; die Kontrolle (Auspartialisierung) der anderen im Modell befindlichen Faktoren wirkt sich in den Diagrammen erst auf die Veränderungen mit zunehmendem Fernsehalter aus.[73] Aufgrund der Auspartialisierung der Kohorteneffekte und vor allem des Periodeneffektes sowie des Lebensalterseffektes handelt es sich hier um dynamische Effekte. Die abgebildeten Kurven können damit als durchschnittliche Verhaltensänderungen im Zeitverlauf interpretiert werden, die sich bei den Fernsehkohorten, aus denen die Befragten stammen, mit ihrem Eintritt in die „Fernsehwelt" (Einzug eines Fernsehgerätes in den Haushalt) und dem nachfolgenden Älterwerden mit dem Fernsehgerät (im Fernsehhaushalt) vollzogen.

Abbildung 1: Partielle Effekte des Fernsehalters auf die Mediennutzung

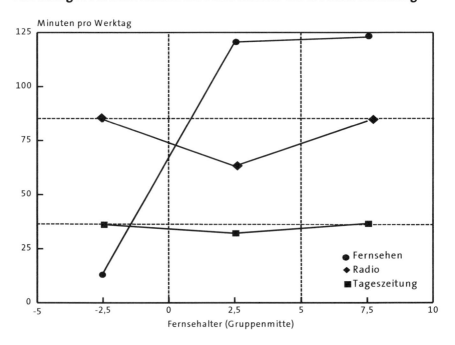

Abbildung 2: Partielle Effekte des Fernsehalters auf die Medienbindung

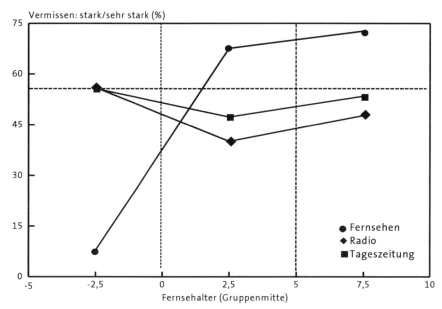

Die Adaptionseffekte für die beiden Medien „Radio" und „Tageszeitung" können noch etwas genauer miteinander verglichen werden (Abbildung 3). Aufgrund der zwischen den Medien bestehenden Abweichungen im Nutzungs- und Bindungsniveau und wegen der Unterschiedlichkeit der beiden Skalen (Minuten beziehungsweise Prozent) wurden die Fernsehalterseffekte noch einmal reskaliert. Der Mittelwert beziehungsweise Prozentwert der abhängigen Variablen in derjenigen Gruppe von Befragten, die 1970 (noch) über kein Fernsehgerät in ihrem Haushalt verfügten, wurde wieder jeweils als Bezugspunkt herangezogen. Dieses Ausgangsniveau wurde nun für alle abhängigen Variablen gleich hundert Prozent gesetzt. Die partiellen Veränderungen beim Übergang in ein höheres Fernsehalter sind damit in Prozent des Ausgangsniveaus ausgedrückt. Bei den Bindungsvariablen handelt es sich um prozentuale Veränderungen von Prozentwerten (also nicht etwa um Veränderungen in Prozentpunkten).

Anhand von Abbildung 3 wird deutlich, daß die Verdrängung und damit auch der Adaptionseffekt für den Hörfunk eindeutiger und stärker ausfällt als für die Tageszeitung. Mit der Anschaffung eines Fernsehgerätes geht ein Verlust in Höhe von elf Prozent des Ausgangsniveaus der Zeitungsnutzung und fünfzehn Prozent des Ausgangsniveaus der Bindung an die Zeitung einher. Bei der Hörfunknutzung und der Bindung an den Hörfunk beträgt dieser Verlust dagegen 26 beziehungsweise 28 Prozent des Ausgangsniveaus. Weiterhin zeigt sich, daß die Adaption im Falle der Nutzungsdauer jeweils vollständig ist (die Erholung beträgt bei der Radionutzung 97 und bei der Zeitungsnutzung 110 Prozent des vorangegangenen Verlustes), während die Bindung an beide Medien dauerhaft schwächer bleibt als vor der Anschaffung eines Fernsehgerätes (die Erholung beträgt bei der Radiobindung 48 Prozent und bei der Zeitungsbindung 73 Prozent des Verlustes). Alles in allem ist das Adaptionsphänomen beim Hörfunk stärker ausgeprägt.

Abbildung 3: Vergleich der Adaptionseffekte bei Radio und Tageszeitung

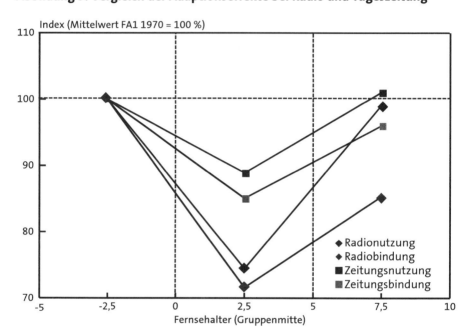

Abschließend soll noch kurz verdeutlicht werden, auf welche Weise die bisher diskutierten Veränderungen, wie sie sich mit zunehmendem Fernsehalter vollziehen, mit den im Modell kontrollierten Periodeneffekten zusammenwirken. Zu diesem Zweck können die Mittelwerte der abhängigen Variablen in der Standard-Kohortentabelle betrachtet werden, die sich aus der Kombination des Faktors „Fernsehalter" mit den beiden Erhebungsjahren ergibt (Tabelle 3). Zu beachten ist, daß diese Tabelle nur der Veranschaulichung des Zusammenwirkens verschiedener Effekte dient; zur exakten Trennung der Effekte ist die Inspektion solcher Kohortentabellen im allgemeinen kaum geeignet. Die Grobstruktur der Tabelle entspricht derjenigen von Tabelle 1. In jeder der sechs Zellen stehen hier allerdings mehrere Werte.

Tabelle 3: Mittelwerte der abhängigen Variablen nach Fernsehalter und Erhebungsjahr (Standard Kohortentabelle für Modellebene 2)

		1970 (Frühjahr)			1974 (Herbst)		
		FS	RA	TZ	FS	RA	TZ
unter 0 (= ohne Gerät)	Nutzung (Min.)	14	85	36	24	143	39
	Bindung (%)	8	56	56	5	57	56
0 bis unter 5 Jahre	Nutzung (Min.)	125	67	33	121	107	31
	Bindung (%)	66	39	46	47	50	48
5 und mehr Jahre	Nutzung (Min.)	136	85	38	135	113	41
	Bindung (%)	77	44	52	59	47	56

Die hier interessierenden Zusammenhänge können am besten anhand der Hörfunknutzung illustriert werden. In den Zeilen der Tabelle sind zunächst deutliche Zuwächse der Radionutzungsdauer abzulesen, die auf einen starken Periodeneffekt hindeuten (zusätzlich wirkt der Fernsehkohorteneffekt auf die zeilenweisen Differenzen). Für die Untersuchung des Fernsehalterseffektes sind jedoch die beiden anderen Ableserichtungen relevant. Die Differenzen innerhalb der Spalten spiegeln sowohl den Fernsehalterseffekt als auch zugleich den Fernsehkohorteneffekt wider. Das Muster - ein Tiefpunkt in der zweiten Fernsehaltersgruppe - entspricht in beiden Jahren der Adaptionshypothese; allerdings ist das Ausmaß der „Erholung" hier nicht eindeutig ersichtlich.[74] Betrachtet man schließlich die Diagonalen, so kann man das hier primär interessierende Zusammenwirken des Fernsehalterseffektes mit dem Periodeneffekt innerhalb der beiden mittleren Fernsehkohorten studieren. Zwischen 1970 und 1974 trat die jüngere dieser beiden Kohorten in die „Fernsehwelt" ein; ihre Hörfunknutzung nahm in diesem Zeitraum jedoch von 85 auf 107 Minuten zu. Der Vergleich mit der älteren der beiden Kohorten verdeutlicht dann allerdings, daß hier der durch das Fernsehen bedingte Verdrängungseffekt von einem stärkeren generellen Periodeneffekt verdeckt wird.[75] In der älteren Fernsehkohorte, deren Mitglieder 1970 bereits ein Fernsehgerät zur Verfügung hatten (im Mittel ungefähr seit zwei bis drei Jahren), nahm die Hörfunknutzung zwischen 1970 und 1974 nämlich stärker zu: von 67 auf 113 Minuten. In dieser größeren Differenz addieren sich der positive Periodeneffekt und der Wiederanstieg (Adaption).

Der starke positive Trend der Hörfunknutzung in der Gesamtbevölkerung zwischen 1970 und 1974 (Veränderung der mittleren Nutzungsdauer von 73 auf 113 Minuten) hat den Modellschätzungen zufolge im wesentlichen zwei Komponenten (Tabelle 2): Einerseits geht er auf den positiven Periodeneffekt (26 Minuten) zurück, zum anderen auch auf den Adaptionseffekt. Zwischen 1970 und 1974 rückte nämlich die zweite (zugleich hier die umfangreichste) Fernsehkohorte von der zweiten in die dritte Fernsehaltersstufe vor; im Zuge dessen erhöhte sich ihre Radionutzung um durchschnittlich 21 Minuten. Diese zweite Komponente läßt sich also beschreiben als Adaptionseffekt in Verbindung mit einem Wandel der Fernsehalterstruktur der Bevölkerung.

Abschließend ist nochmals daran zu erinnern, daß die Modellschätzwerte aufgrund der Identifikationsproblematik linear verzerrt sein können. Die tatsächlichen Effekte des Fernsehalters sind im Trend möglicherweise etwas stärker positiv oder etwas stärker negativ. Es ist daher etwas unsicher, inwieweit der für die Medien Radio und Tageszeitung beobachtbare Rückgang mit zunehmendem Fernsehalter wieder ausgeglichen wird. Möglicherweise wird er nicht in dem Maße ausgeglichen, wie es die angegebenen Modellschätzungen besagen, möglicherweise fällt die Aufwärtsbewegung aber auch stärker aus. Vor diesem Hintergrund ist die Nichtlinearität der Effekte, die das Adaptionsphänomen impliziert, besonders wichtig (siehe Abbildung 3). Weil in den Modellen die nichtlinearen Komponenten der Effekte keinem Identifikationsproblem unterliegen, ist der Befund, daß es in der Bevölkerung mit der Anschaffung eines Fernsehgerätes zu einem temporären Rückgang der Nutzung von Hörfunk und Tageszeitung sowie der Bindung an diese beiden Medien kam, relativ gut abgesichert. Denn bei drei der vier Variablen ist die nichtlineare Komponente des Fernsehaltereffektes im FA-P-FK-Modell signifikant von Null verschieden (bei der Hörfunknutzung wird die Signifikanz nur knapp verfehlt).

Diskussion

In der vorliegenden Untersuchung wurden für die Nutzung des Hörfunks und der Tageszeitung sowie die Bindung des Publikums an diese Medien, nicht jedoch für die Fernsehnutzung und -bindung selbst, Adaptionseffekte nachgewiesen. Dies bedeutet jedoch nicht notwendigerweise, daß die Adaptionshypothese für das Fernsehverhalten des Publikums während und kurz nach der Ausbreitung des Fernsehens in Deutschland nicht gilt. So ist es etwa möglich, daß ein Adaptionseffekt innerhalb eines kurzen Zeitraums nach der Anschaffung eines Fernsehgerätes (im ersten Jahr) auftrat, hier aber aufgrund der groben Kategorien des Merkmals Fernsehalter nicht nachgewiesen werden konnte. Dafür sprechen nicht nur Befunde der Fernsehzuschauerforschung aus den 50er Jahren,[76] sondern auch Ergebnisse von Landwehrmann und Jäckel, die bei der Einführung des Kabelfernsehens ebenfalls auf einen kürzeren Adaptionszeitraum (weniger als zwei Jahre) schließen lassen.[77] Schwer nachvollziehbar erscheinen dann allerdings die breiten Adaptionsphasen, die auf der Basis empirischer Daten in der österreichischen Studie unterschieden wurden.[78]

Eine andere Möglichkeit läge darin, daß ein vorhandener Adaptionseffekt durch einen sehr starken negativ gerichteten Fernsehkohorteneffekt weitgehend neutralisiert wird. Dagegen spricht, daß dieser Fernsehkohorteneffekt wahrscheinlich die Einflüsse mehrerer Faktoren bündelt, die in entgegengesetzte Richtungen wirken: nämlich neben dem Einfluß des Interesses am Fernsehen vor allem auch den Einfluß von Faktoren wie Bildung beziehungsweise sozioökonomischer Status. Deshalb wurde ein solcher extrem starker

Fernsehkohorteneffekt hier auch für unwahrscheinlich gehalten und im Prozeß der Modellidentifikation verworfen.

Es ist eine weitere Frage, ob hier für das Fernsehverhalten selbst vielleicht nur deshalb kein Adaptionseffekt nachgewiesen werden konnte, weil die analysierten Daten aus einer Zeit stammen, zu der das Fernsehen schon sehr weit verbreitet war. Wenn die Verhaltenstendenz, auf die sich die Adaptionshypothese bezieht, existiert, so müßte sie allerdings auch bei denjenigen Personen nachweisbar sein, in deren Haushalte das Fernsehen später als bei der Bevölkerungsmehrheit Einzug hielt. Ansonsten wäre die Hypothese entsprechend zu modifizieren. Allerdings dürften aufgrund des späten Untersuchungszeitraums auch diejenigen Befragten der analysierten Stichproben, die kein Fernsehgerät im eigenen Haushalt hatten, mehrheitlich über Fernseherfahrungen verfügt haben (Sehen bei Freunden et cetera). Daraus ergibt sich wahrscheinlich ein negativer Einfluß auf die Höhe der Nutzung in der ersten Zeit nach der Anschaffung eines eigenen Gerätes, und entsprechend würde sich auch der Adaptionseffekt verkleinern.

Der negative Befund hat jedenfalls nichts mit Besonderheiten der untersuchten Variablen des Fernsehverhaltens zu tun. Wie einige hier nicht weiter dokumentierte Analysen zeigten, gelten für andere Merkmale der Fernsehnutzung und auch der Bewertung des Fernsehens (Nutzung am Stichtag, Beurteilung der Funktionalität) ganz ähnliche Befunde. Die subjektiv geschätzte Nutzungshäufigkeit konnte hier jedoch nicht untersucht werden, da die betreffende Frage in den verwendeten Erhebungen den Personen in der untersten Gruppe des Faktors Fernsehalter (kein Gerät im Haushalt vorhanden) nicht gestellt wurde.

Was die beiden anderen tagesaktuellen Medien betrifft, so konnte für den Hörfunk ein deutlicher Adaptionseffekt festgestellt werden; für die Tageszeitung zeigte sich ein solcher Effekt zwar auch, allerdings weniger eindeutig beziehungsweise schwächer ausgeprägt.[79] Daß demnach die Nutzung des Hörfunks stärker durch die Einführung des Fernsehens beeinträchtigt wurde, als dies für die Zeitungsnutzung offenbar der Fall war, entspricht den Ergebnissen der Displacement-Forschung und ist offenbar mit der unterschiedlichen funktionalen Ähnlichkeit dieser beiden Medien zum Fernsehen zu erklären.[80]

Vergleichbare Befunde berichtet auch Kiefer,[81] die in diesem Zusammenhang ebenfalls auf die höhere funktionale Ähnlichkeit zwischen Fernsehen und Hörfunk verweist.[82] Zu diesem Erklärungsmuster würde auch passen, daß es hier bei der Zeitungsnutzung und bei der Bindung an die Zeitung zu einem vollständigen Ausgleich der mit der Anschaffung eines Fernsehgerätes zunächst verbundenen Einbußen kam, beim Hörfunk dagegen nicht. Diesen Unterschied sollte man allerdings nicht überbewerten, da aufgrund der Identifikationsproblematik die linearen Trends der Fernsehalterseffekte von den erhaltenen Schätzungen durchaus abweichen können.

Es wurde bereits darauf hingewiesen, daß die hier analysierten Fernsehaltersgruppen für den Nachweis von Adaptionseffekten möglicherweise zu breit sind. Dies betrifft vor allem die zweite Gruppe (Fernsehgerät im Haushalt seit bis zu fünf Jahren). Wenn die Adaption des Fernsehverhaltens vollständig innerhalb einer kurzen Frist nach der Anschaffung des Gerätes stattgefunden haben sollte, also etwa innerhalb von zwei Jahren, so konnte sie mit dem hier eingesetzten Verfahren in der Tat kaum nachgewiesen werden. Ebenfalls aufgrund der relativ breiten Fernsehaltersgruppen unterschätzen die hier festgestellten Adaptionseffekte vermutlich das tatsächliche Ausmaß der Adaptionsprozesse bei den Publika der Medien „Hörfunk" und „Tageszeitung". In gewissem Umfang ist diese durch die Gruppierung des Datenmaterials bedingte Abschwächung ohnehin unvermeidlich.

Stehen nun die Ergebnisse für die drei Medien in Widerspruch zueinander? Ein Adaptionseffekt bei der Radionutzung müßte doch, so könnte man meinen, seine Entsprechung finden in einem spiegelbildlichen Adaptionseffekt bei der Fernsehnutzung. Eine solche Annahme unterstellt, daß die Nutzungszeit, die der Hörfunk nach der Verdrängungsphase beim Fernsehpublikum wieder hinzugewann, zu Lasten der Fernsehnutzung gegangen sein mußte. Offenbar greift jedoch die Vorstellung einer einfachen, symmetrischen Substitution von Nutzungszeiten zu kurz; für die Bindung dürfte sie eher noch weniger zutreffen. Die Adaptionseffekte, die für die Medien Hörfunk und Tageszeitung zu beobachten sind, haben einen anderen Charakter als Adaptionseffekte im Bereich des Fernsehverhaltens. Die Beziehung zwischen dem Fernsehen und den beiden anderen Medien ist asymmetrisch: Es erfolgte eine Anpassung der Hörfunk- und Zeitungsrezeption an das Fernsehen - aber nicht umgekehrt.[83]

Insbesondere ist auch die „qualitative" Ebene zu beachten. Neben den Adaptionsprozessen auf der Seite des Publikums (Ausweichen auf andere Tageszeiten und so weiter) geht es dabei auch um die vielfältigen und umfangreichen Anpassungsmaßnahmen, die bei den älteren Medien selbst beobachtet werden konnten (neue Inhalte, neue Präsentationsformen). Nur so ist es zu verstehen, wenn die „Erholung" der Radionutzung offenbar nicht zu Lasten der Fernsehnutzung (also substitutiv) erfolgte, sondern komplementär. Der Hörfunk hat also keine Nutzungszeit „zurückgewonnen", sondern er hat Nutzungszeit neu hinzugewonnen. Ebenso bezieht sich der Wiederanstieg der Bindung möglicherweise auf andere der Eigenschaften des Hörfunks als ihr vorheriger Rückgang.[84] Die gerade für die Beziehung des Fernsehens zu den anderen tagesaktuellen Medien so häufig postulierte Komplementarität ist nicht zeitunabhängig gegeben; sie erscheint vielmehr zumindest teilweise als das Ergebnis von Adaptionsprozessen, zu deren Beginn der Substitutionsgrad höher war.

Die Befunde dieser Untersuchung lassen sich - vergleichbar den Ergebnissen von Mutz et al.[85] - offenbar am ehesten einordnen, wenn man von einer funktionalen Reorganisation des Mediennutzungsverhaltens im Zuge der

Einführung des Fernsehens ausgeht.[86] An dem Reorganisationsprozeß, der sich anscheinend über einen längeren Zeitraum hinzog, waren Angebots- und Nachfrageseite in einer Art Wechselwirkung gleichermaßen beteiligt. In welchem Umfang das deutsche Fernsehpublikum in den ersten Jahren nach der Anschaffung eines Fernsehgerätes seine Nutzung der anderen tagesaktuellen Medien reorganisierte, dies kommt in den ermittelten Adaptionseffekten für Hörfunk und Tageszeitung zum Ausdruck. Mit den Adaptionserscheinungen, wie sie für das Fernsehverhalten postuliert wurden, sind diese Prozesse nur begrenzt vergleichbar.

Anmerkungen:

[1] Kiefer, M. L.: Massenkommunikation V. In: Berg, K./M.-L. Kiefer (Hg.): Massenkommunikation V: Eine Langzeitstudie zur Mediennutzung und Medienbewertung 1964-1995. Baden-Baden 1996, S. 26.

[2] Bessler, H.: Hörer- und Zuschauerforschung. München 1980, S. 112; Eckert, G.: Zuschauerforschung - in zehn Jahren unentbehrlich geworden. In: Eckert G./F. Niehus (Hg.): Zehn Jahre Fernsehen in Deutschland: Dokumentation - Analyse - Kritik. Frankfurt am Main 1963, S. 171; Hahn, G.: Der Fernsehzuschauer. In: Rundfunk und Fernsehen (1954), H. 2, S. 258.

[3] Siehe auch Eurich, C./G. Würzberg: 30 Jahre Fernsehalltag: Wie das Fernsehen unser Leben verändert hat. Reinbek bei Hamburg 1983.

[4] Landwehrmann F./M. Jäckel: Kabelfernsehen im Urteil der Zuschauer. Ergebnisse aus der wissenschaftlichen Begleitforschung zum Kabelpilotprojekt Ludwigshafen/Vorderpfalz. In: Media Perspektiven (1986), H. 11, S. 707-717.

[5] Murray, J. P./S. Kippax: Children's Social Behavior in Three Towns with Differing Television Experience. In: Journal of Communication (1978), H. 28, S. 19-29.

[6] Comstock G.: Today's Audiences, Tomorrow's Media. In: Oskamp, S. (Hg.): Television as a Social Issue. Newbury Park 1988, S. 324-345.

[7] Gehmacher, E.: Trends der TV-Nutzung in Österreich. Wien 1980.

[8] In der Diffusionsforschung bezeichnet man ein verwandtes Konzept als „discontinuance". Dabei geht es jedoch um die vollständige Abwendung von einer zunächst übernommenen Innovation (vgl. Rogers, E. M.: Diffusion of Innovations. 3. Auflage. New York 1983.).

[9] Gehmacher, 1980 (vgl. Anm. 7); Neverla, I.: Fernseh-Zeit: Zuschauer zwischen Zeitkalkül und Zeitvertreib. Eine Untersuchung zur Fernsehnutzung. München 1992, S. 86 ff.

[10] Belson, W. A.: Effects of Television on the Interests and Initiative of Adult Viewers in Greater London. In: British Journal of Psychology (1959), H. 50, S. 145-158; ders.: The Impact of Television: Methods and Findings in Program Research. London 1967.

[11] Brown, J. R./J. K. Cramond/R. J. Wilde: Displacement Effects of Television and the Child's Functional Orientation to Media. In: Blumler, J. G./E. Katz (Hg.): The Uses of Mass Communications: Current Perspectives on Gratifications Research. Beverly Hills1974, S. 93-112; Himmelweit, H. T./A. N. Oppenheim/P. Vince: Television and the Child. London 1958; Mutz, D. C./D. F. Roberts/D. P. van Vuuren: Reconsidering the Displacement Hypothesis: Television's Influence on Children's Time Use. In: Communication Research. 20/93, S. 51-75.

[12] Neuman, S. B.: Literacy in the Television Age: The Myth of the TV Effect. 2. Auflage. Norwood, NJ 1995.

[13] Kiefer, M. L.: Medienkomplementarität und Medienkonkurrenz: Notizen zum weitgehend ungeklärten „Wettbewerbsverhältnis" der Medien. In: Kaase, M./W. Schulz (Hg.): Massenkommunikation: Theorien, Methoden, Befunde (Kölner Zeitschrift für Soziologie und Sozialpsychologie, Sonderheft 30). Opladen 1989, S. 337-350; Berg, W. B.: Verdrängen oder ergänzen die Medien einander? Innovation und Wandel in Kommunikationssystemen. In: Publizistik (1981), H. 26, S. 193-201

[14] Hofmann, W. (Bearb.): Wert- und Preislehre. Berlin 1964, S. 116 ff

[15] Glaser, E. M.: Die physiologischen Grundlagen der Gewöhnung. Stuttgart: Thieme (Original: The Physiological Basis of Habituation. London 1968.
[16] Sawyer, A.: Repetition, Cognitive Responses, and Persuasion. In: Petty R. E./T. M. Ostrom/T. C. Brock (Hg.): Cognitive Responses in Persuasion. Hillsdale, NJ 1981, S. 237-261
[17] Berlyne, D. E.: Conflict, Arousal, and Curiosity. New York 1960.
[18] Scitovsky, T.: The Joyless Economy: An Inquiry into Human Satisfaction and Consumer Dissatisfaction. New York 1976
[19] Ebenda.
[20] Siehe im Überblick: Comstock, G./S. Chaffee/N. Katzman/M. McCombs/D. Roberts: Television and Human Behavior. New York 1978.
[21] Brown et al., a.a.O. (vgl. Anm. 11)
[22] Ebenda, S. 107
[23] Bessler/Eckert/Hahn, a.a.O. (vgl. Anm. 2)
[24] Gehmacher, a.a.O. (vgl. Anm. 9)
[25] Belsons, a.a.O. (vgl. Anm. 10)
[26] Gehmacher, a.a.O., S. 15 ff. (vgl. Anm. 9)
[27] Murray/Kippax, a.a.O.(vgl. Anm. 5)
[28] Untersuchungen, die sich systematisch auf die Dauer des Gerätebesitzes als Einflußfaktor auf die Nutzung beziehen, liegen dagegen aus der Forschung zur Nutzung des Videorecorders vor. Die Befunde für den Einfluß des Recorderalters sind dabei uneinheitlich (Klopfenstein, B. C./S. C. Spears/D. A. Ferguson: VCR Attitudes and Behaviors by Length of Ownership. In: Journal of Broadcasting & Electronic Media (1991), H. 35, S. 525-531.
[29] Bower, T. R.: Television and the Public. New York 1973, S. 178 und Bower, T. R.: The Changing Television Audience in America. New York 1985, S. 134 f.
[30] Comstock, a.a.O. (vgl. Anm. 6); Bower (vgl. Anm. 29)
[31] Bower, 1973 (vgl. Amn. 29); Robinson, J. P.: Television and Leisure Time: A New Scenario. In: Journal of Communication (1981), H. 31, S. 120-130
[32] Gehmacher, a.a.O. (vgl. Anm. 9)
[33] Noelle-Neumann, E.: Methoden der Publizistikwissenschaft. In: Noelle-Neumann, E./W. Schulz (Hg.): Das Fischer-Lexikon Publizistik. Frankfurt am Main 1971, S. 188. Die Richtung dieses Zusammenhangs ist damit genau umgekehrt wie die nach der Adaptionshypothese zu erwartende negative Beziehung. Positive Zusammenhänge zwischen der Dauer des Gerätebesitzes und dem Nutzungsumfang sowie der Beurteilung des Fernsehens wurden beispielsweise auch in einer 1951 in New York und Umgebung durchgeführten Befragung ermittelt (Coffin, T. E.: Television today: Report II. Additional Findings and Research Methods of the Second NBC-Hofstra Study. New York 1952).
[34] Mutz et al., a.a.O. (vgl. Anm. 11)
[35] Belson, a.a. O. (vgl. Anm. 10)
[36] Gehmacher (vgl. Anm. 9) bezieht sich so auf Belson (vgl. Anm. 10), daß der Eindruck entsteht, Belson habe (1) in seiner Veröffentlichung von 1967 erstmals (2) eine Adaptionstheorie beschrieben und diese (3) auf die Fernsehnutzung bezogen. Nichts davon entspricht den Tatsachen.
[37] Zusammenfassend Comstock et al., a.a.O. (vgl. Anm. 6); Mutz et al., a.a.O. (vgl. Anm. 11)
[38] Murray/Kippax, a.a.O. (vgl. Anm. 5)
[39] Himmelweit et al., a.a.O. (vgl. Anm. 11)
[40] z.B. Bessler, a.a.O. (vgl. Anm. 2)
[41] Franz, G./W. Klingler/N. Jäger: Die Entwicklung der Radionutzung 1968 bis 1990. In: Media Perspektiven (1991), H. 6, S. 400-409; Pfifferling, J.: Trends der Funkmediennutzung in der Bundesrepublik. In: Media Perspektiven (1974), H. 11, S. 547-554
[42] Mutz et al., a.a.O. (vgl. Anm. 11)
[43] Gehmacher, a.a.O. (vgl. Anm. 9)
[44] Siehe auch den kritischen Überblick bei Mutz et al. (vgl. Anm. 11)
[45] Zentralarchiv für Empirische Sozialforschung an der Universität zu Köln, Archiv-Nr. 2821 (vgl. auch Anm. 1)
[46] Siehe dazu Peiser, W.: Die Fernsehgeneration. Eine empirische Untersuchung ihrer Mediennutzung und Medienbewertung. Opladen 1996, S. 224 ff. Mittlerweile sind die korrekten Daten für die Nutzungsdauer von Hörfunk und Fernsehen 1970 wieder verfügbar. In früheren Sekundär-

Teil 4: Einzelforschungen zur Medienrezeption

analysen (ebenda) konnten diese Variablen nicht verwendet werden, weil sie für die Erhebung 1970 auf den damals vorliegenden Datenbändern fehlerhaft waren.

[47] Wichtig ist dabei, daß sich die Frageformulierung („ein Fernsehgerät") in beiden Jahren auf die erstmalige Anschaffung eines Gerätes bezog. Es wurde also tatsächlich der Sachverhalt erfaßt, um den es in dieser Untersuchung geht.

[48] Dies läßt sich zumindest aus Daten über die Haushaltsversorgung mit Fernsehgeräten für die Zeit um 1960 ableiten: Auf der Basis der Zahl der angemeldeten Geräte und der Zahl der Haushalte berechnet, betrug in den Jahren 1956 bis 1960 der Anteil der Haushalte mit Fernsehgerät 4, 7, 12, 18 beziehungsweise 25 Prozent (Eckert, G./F. Niehus (Hg.): Zehn Jahre Fernsehen in Deutschland: Dokumentation - Analyse - Kritik. Frankfurt am Main 1963, S. 312). Schmidtchen gibt auf der Basis einer repräsentativen Bevölkerungsumfrage für Mai 1961 einen Anteil von 36 Prozent an (Schmidtchen, G.: Die Evolution der Rundfunkmedien: Soziologische Trendbeobachtungen zwischen 1950 und 1962. In: Publizistik (1962), H. 7, S. 296). Die bei Eckert und Niehus genannten Werte für 1961 und 1962 liegen mit 32 beziehungsweise 39 Prozent ähnlich hoch.

[49] Von der Fernsehnutzung auch ohne eigenes Gerät, nämlich bei Freunden, Bekannten und in Lokalen usw., wird dabei abgesehen, obgleich diese Form der Nutzung in der Frühphase des Fernsehens recht verbreitet war. Es ergibt sich daraus eine gewisse Unschärfe bei der Analyse.

[50] M. W. Riley: Aging and Cohort Succession: Interpretations and Misinterpretations. In: Public Opinion Quarterly (1973), H. 37, S. 35-49

[51] Glenn, N. D.: Cohort Analysis. Beverly Hills 1977.

[52] Siehe zur Bedeutung dieser Dimension auch Hickethier, K.: Probleme der Fernsehgeschichte - Überlegungen zu ihrer Konstruktion und Rekonstruktion. In: Kreuzer, H. (Hg.): Fernsehforschung - Fernsehkritik (Zeitschrift für Literaturwissenschaft und Linguistik, Beiheft 11). Göttingen 1980, S. 32

[53] Die Frage ist, ob solche Erlebnisse nur zu temporären Effekten (Periodeneffekten) führen oder ob sie dauerhaft prägend auf das Nutzungsverhalten (oder Einstellungen) wirken. Auch hier ist daher von Bedeutung, ob es so etwas wie eine sensible Phase, eine Prägephase gibt, also einen Abschnitt des Fernsehalters, in dem solche Erlebnisse besonders stark einwirken und dann auch dauerhaft nachwirken. Am ehesten kann man wahrscheinlich die ersten Jahre des Gerätebesitzes, also die Phase der ersten Erfahrungen mit dem Fernsehen, als prägend annehmen.

[54] Siehe dazu Riley, a.a.O. (vgl. Anm. 50)

[55] Peiser, a.a.O. (vgl. Anm. 46)

[56] Siehe auch Mayer, K. U./J. Huinink: Alters-, Perioden- und Kohorteneffekte in der Analyse von Lebensverläufen oder: Lexis ade? In: Mayer, K. U. (Hg.): Lebensverläufe und sozialer Wandel (Kölner Zeitschrift für Soziologie und Sozialpsychologie, Sonderheft 31). Opladen 1990, S. 442-459

[57] Hobcraft, J./J. Menken/S. Preston: Age, Period, and Cohort Effects in Demography: A Review. In: Population Index (1982), H. 48, S. 4-43

[58] Thornton, A./W. L. Rodgers: The Influence of Individual and Historical Time on Marital Dissolution. In: Demography (1987), H. 24, S. 1-22

[59] Heckman, J./R. Robb: Using Longitudinal Data to Estimate Age, Period and Cohort Effects in Earnings Equations. In: Mason, W. M./S. E. Fienberg (Hg.): Cohort Analysis in Social Research: Beyond the Identification Problem. New York 1985, S. 137-150; Mayer/Huinink, a.a.O. (vgl. Anm. 56)

[60] Die Inkonsistenz zwischen dem durch diese beiden zusammengelegten Kategorien spezifizierten Zeitraum („bis fünf Jahre") und der Definition der neuen Kategorie („null bis unter fünf Jahre") ist dabei kleiner, als es zunächst den Anschein hat. Denn durch die Vorgabe (in der Erhebung 1974) der dritten Kategorie „über fünf Jahre" (was ja schon bei fünf Jahren und zwei Monaten zutrifft) erhält die Kategorie darunter die Bedeutung „zwei bis genau fünf Jahre". Auch diese beiden zusammengelegten Kategorien von 1974 umfassen daher einen Zeitraum von fünf Jahren (beziehungsweise nur unwesentlich mehr).

[61] Auch dabei gibt es jeweils eine Inkonsistenz, die aber deshalb gering bleibt, weil die Erhebung 1970 bereits im Frühjahr stattfand. Eine Anschaffung Anfang 1965 bedeutet daher ein Alter von nur knapp über fünf Jahren.

[62] Glenn (vgl. Anm. 51)

[63] Diese Abweichungen von den in Tabelle 1 angegebenen exakten Kohortengrenzen sind unterschiedlich stark. Die Ausstattung der Bevölkerung mit Fernsehgeräten stieg in Westdeutschland nach den Ergebnissen der Langzeitstudie zwischen 1964 und 1974 von 55 Prozent über 85 Prozent

(1970) auf 95 Prozent und lag 1980 und 1985 bei 97 Prozent; seit 1990 liegt sie bei 98 Prozent (Kiefer, S. 26; vgl. Anm. 1). Demnach dürfte bei über der Hälfte derjenigen Personen, die 1974 zur obersten Fernsehaltersgruppe gehörten, der tatsächliche Anschaffungszeitpunkt vor 1965 gelegen haben. Nur der kleinere Teil dieser Personen stammt also aus der selben Kohorte wie diejenigen, die 1970 zur zweiten Altersgruppe gehörten. Anderseits wurde aber - nach den genannten Zahlen zu urteilen - bei der Mehrzahl (etwa zwei Drittel) derjenigen, die 1970 noch ohne Gerät waren, bis zum Jahre 1974 eines angeschafft; der Großteil dieser Gruppe stammt damit annahmegemäß aus der selben Kohorte wie diejenigen, die 1974 zur zweiten Altersgruppe gehörten. Die Überlappung ist demnach bei den beiden ältesten Kohorten stärker als bei den beiden jüngsten.

[64] Mason, K. O./W. M. Mason/H. H. Winsborough/W. K. Poole: Some Methodological Issues in Cohort Analysis of Archival Data. In: American Sociological Review (1973), H. 38, S. 242 - 258

[65] Fienberg, S. E./W. M. Mason: Identification and Estimation of Age-Period-Cohort Models in the Analysis of Discrete Archival Data. In: Schuessler, K. F. (Hg.): Sociological Methodology 1979. San Francisco 1979, S. 1-67

[66] Peiser, a.a.O.

[67] Siehe auch Hobcraft et al., a.a.O.; Thornton/Rodgers, a.a.O.

[68] Die Wahl dieser beiden Restriktionen ist jedoch nicht beliebig. Es dürfen nicht beide (beziehungsweise alle) Restriktionen am selben Effekt vorgenommen werden. Die (beiden) Restriktionen müssen auf verschiedenen Effekten liegen, wobei diese Effekte auch nicht alle zu nur einem der beiden Effektpaare (A, K) und (FA, FK) gehören dürfen. Jedes dieser beiden Paare von Dimensionen beziehungsweise Effekten ist nämlich mit P beziehungsweise dem Periodeneffekt zusammen linear konfundiert.

[69] Siehe zur Begründung und zur Vorgehensweise im einzelnen Peiser, a.a.O. (vgl. Anm. 46)

[70] Kohorteneffekte sind bei der Zeitungsnutzung generell eher schwach, wie die Analysen von Peiser (vgl. Anm. 46) zeigen. Insbesondere existiert danach ein deutlicher Negativtrend erst in der Gruppe der jüngsten, nach 1960 geborenen und in den hier analysierten Daten noch nicht enthaltenen Kohorten.

[71] Aufgrund der Identifikationsproblematik wurde auf Signifikanztests für die gesamten Effekte und einzelne Koeffizienten weitgehend verzichtet. Lediglich für die hier primär interessierenden Fernsehalterseffekte wird zur besseren Orientierung angegeben, ob die Unterschiede zwischen den Koeffizienten inferenzstatistisch abgesichert sind (zweiseitiger Test, $\alpha = 0{,}05$).

[72] In den Abbildungen werden die Fernsehaltersgruppen durch ihre Intervallmittelpunkte repräsentiert. Die Intervallmitte entspricht dem Durchschnittsalter jedoch nur ungefähr. Die tatsächlichen Altersabstände zwischen den drei Gruppen, die hier nur ermittelt werden konnten, sind wahrscheinlich nicht gleich.

[73] Die beiden jeweils im Modell geschätzten Koeffizienten des Fernsehalterseffektes repräsentieren die Abstände von der untersten Kategorie des Fernsehalters (für diese hat der Effekt im Modell aus statistischen Gründen den Wert 0) und damit auch die Veränderungen von Stufe zu Stufe. Bei den Nutzungsvariablen geben die beiden Koeffizienten unmittelbar auch den Abstand vom Mittelwert der genannten Bezugsgruppe an (in Minuten); für die Bindungsvariablen wurden die beiden Logit-Koeffizienten umgerechnet in den jeweiligen Abstand vom Prozentwert der Bezugsgruppe (in Prozentpunkten).

[74] Der sehr hohe Wert der vierten, also der jüngsten Fernsehkohorte (143 Minuten) ist nicht leicht einzuordnen. Sicherlich muß hier berücksichtigt werden, daß in dieser Kohorte die Gruppe derjenigen, die auf Dauer ohne Fernsehgerät leben, anteilig stärker vertreten ist, als dies für die zweitjüngste Kohorte im Jahr 1970 gilt.

[75] In den aggregierten Trenddaten der Langzeitstudie „Massenkommunikation" ist die anfängliche Verdrängung der Radionutzung durch das Fernsehen nicht sichtbar, denn die Langzeitstudie setzte 1964 zu einem Zeitpunkt ein, da die Radionutzung bereits deutlich zurückgegangen war (Kiefer, M. L.: Massenkommunikation 1964-1970-1974: Daten zur Nutzung und zur Beurteilung der Medien Fernsehen, Hörfunk und Tageszeitung. In: Berg, K./M. L. Kiefer (Hg.): Massenkommunikation: Eine Langzeitstudie zur Mediennutzung und Medienbewertung. Mainz 1978, S. 51). Im Gesamtdurchschnitt der Bevölkerung befand sich die Nutzung 1970 offenbar bereits wieder im Anstieg. Und 1974 erreichte sie wieder den Spitzenwert von 1960 (Pfifferling, a.a.O., S. 550).

[76] Eckert, a.a. O.; Hahn, a.a.O.

[77] Landwehrmann/Jäckel, a.a.O.

[78] Gehmacher, a.a.O.
[79] Auch hier dürften, wie eine Inspektion der betreffenden Kohortentabellen zeigte, die Befunde für andere Variablen des Nutzungsverhaltens jeweils ähnlich ausfallen.
[80] Siehe Mutz et al., a.a.O.
[81] Kiefer, a.a.O.
[82] Siehe auch Katz, E./M. Gurevitch: The Secularization of Leisure: Culture and Communication in Israel. London 1976; Weiß, H. J.: Kommunikationsbedürfnisse und Medienfunktionen. Ein Forschungsbericht über die Ermittlung subjektiver Bedingungsfaktoren der Mediennutzung. In: Berg, K./M. L. Kiefer (Hg.): Massenkommunikation: Eine Langzeitstudie zur Mediennutzung und Medienbewertung. Mainz 1978, S. 345-390. Die Interpretation der unterschiedlichen Befunde für Hörfunk und Tageszeitung anhand der funktionalen Ähnlichkeiten zwischen den verschiedenen tagesaktuellen Medien wird auch durch die Ergebnisse einiger Auswertungen für die Reichweiten der Medien Zeitschrift und Buch gestützt. Die Kohortentabellen lassen bei diesen beiden Medien, die dem Fernsehen funktional weniger ähnlich sind als Hörfunk und Tageszeitung, nicht auf Verdrängungs- und Adaptionseffekte schließen.
[83] Siehe ähnlich auch Mutz et al., a.a.O.
[84] Weil die Adaption bei der Bindung an Hörfunk und Tageszeitung den Ergebnissen dieser Untersuchung zufolge unvollständig blieb, sind hier gewisse Vorbehalte angebracht.
[85] Mutz et al., a.a.O.
[86] Brown et al., a.a.O.

Das Tal der Ahnungslosen
Erforschung der TV-Rezeption zur Zeit der DDR[1]

von Hans-Jörg Stiehler

Die Rekonstruktion der Geschichte des Medienrezeption in der DDR ist - von wenigen Ausnahmen abgesehen - ein „weißer Fleck". Sie gehört nicht zu Feldern, die unter dem Stichwort „Aufarbeitung der DDR-Vergangenheit" thematisiert werden.[2] Im Rahmen der Bemühungen, die Besonderheiten ostdeutschen Medienverhaltens, etwa den höheren Fernsehkonsum generell, die ausgeprägte Nutzung privater Angebote und eine hohe Unterhaltungsorientierung, zu erklären,[3] taucht die mögliche Genese dieser Spezifika kaum auf. Dabei wäre durchaus zu vermuten, und je länger diese Besonderheiten andauern, mit mehr Berechtigung, daß sie ihre Wurzeln in der Medienrezeption zu DDR-Zeiten haben. Schließlich: Die vielen vornehmlich politologisch orientierten Analysen zum „Ende der DDR"[4] messen der Medienproblematik - weder der offenkundigen (politischen) Dysfunktionalität der Angebote der DDR-Medien, die in der DDR-Gesellschaft für alltäglichen Verdruß sorgten, noch den Rezeptionsprozessen (etwa dem alltäglichen „Ausstieg" aus dem Realsozialismus) - besondere Aufmerksamkeit zu. Die Ursachen für diese Situation müssen hier nicht umfassend diskutiert werden.

1. Problemstellung

Eine dieser Ursachen ist zweifellos das Fehlens einer systematischen Medienforschung in der DDR. Die verschiedenen Facetten des Medienalltags wurden durch empirische Forschung nur partiell erfaßt.[5] Das betrifft beispielsweise seine gravierendste Besonderheit: die Konkurrenz zweier Rundfunksysteme, die durch die Empfangbarkeit westlicher Hörfunk- und Fernsehprogramme Gegenstand täglichen Erlebens waren.

Die Zuschauerforschung des DDR-Fernsehens erfaßte die Nutzung westlicher Fernsehprogramme prinzipiell nicht.[6] Die Hörfunkforschung erfaßte die Nutzung westlicher Rundfunksender in Stichtagsbefragungen unter der Restkategorie „sonstige Sender" - im nicht ganz unberechtigten Glauben daran, daß diese Formulierung nicht den „Sender Jerewan" meinte. Die schmale Forschung in Universitäten und Forschungsinstituten konnte die Nutzung der westlichen Angebote nur in groben Indizes und nur partiell erheben. Eine spezielle Untersuchung zur Rezeption westlicher Medien in der DDR ist mir nicht bekannt.[7]

Die Erforschung der Fernsehrezeption zu DDR-Zeiten ist auf Puzzlearbeit angewiesen, wobei Bruchstücke zusammengefügt werden müssen, die kein Ganzes ergeben werden.

Ich werde mich mit einem sehr speziellen Fall beschäftigen: der Medienrezeption in jenen Teilen des Landes, in denen westliche Fernsehprogramme nicht und westliche Hörfunkprogramme nur eingeschränkt empfangen werden konnten. Mit jenen gemeinhin als „Tal der Ahnungslosen" genannten Regionen um Dresden (eine Interpretation des Kürzels ARD war „Außer Raum Dresden") wies die DDR eine Besonderheit auf: ein Gebiet mit fehlendem, eingeschränktem oder technisch schlechtem Empfang von „Westfernsehen". Zugleich gab es einen schlechten UKW-Empfang beim Hörfunk (große Entfernung zu den Sendern, Gebirge), der ein weiteres Defizit (zumindest für die musikorientierten Radionutzergruppen) markiert. Dieser Raum war also nicht nur von den Westsendern „getrennt", er war in erheblichem Maße auf die heimischen Medien angewiesen. Diese beiden Seiten eines Phänomens konstituierten eine quasi-experimentelle Situation, in der nun der Umgang der Bevölkerung mit dem „Mangel" studiert werden kann.

Ich werde mich auf die 80er Jahre konzentrieren, als die Nutzung des BRD-Fernsehens stillschweigend legalisiert und auch das Gespräch darüber weitgehend enttabuisiert war. Dies ist zugleich ein Zeitraum, in dem die Konkurrenzsituation zwischen DDR- und BRD-Fernsehen kein unterschwelliges beziehungsweise tabuisiertes Phänomen mehr blieb, sondern eine von Politik und Publikum bewußt wahrgenommene Tatsache.[8]

Daß die DDR-Medien in diesem Wettbewerb zunehmend zurückfielen, dokumentieren die in Tabelle 1 dargestellten Trends der Mediennutzung in der zweiten Hälfte der 80er Jahre für ausgewählten Gruppen der Jugend.[9]

Tabelle 1: Nutzung von Hörfunk und Fernsehen der DDR und der BRD
mehrmals wöchentlich; in Klammern: fast täglich
Angaben in Prozent

Gruppe	Jahr	DDR-Hörfunk	DDR-Fernsehen	BRD-Hörfunk	BRD-Fernsehen
Schüler	1988	40 (17)	67 (21)	88 (66)	96 (74)
	1989	42 (18)	70 (26)	81 (57)	98 (74)
Lehrlinge (16-19)	1985	58 (23)	74 (34)	82 (47)	67 (39)
	1988	38 (13)	70 (29)	90 (60)	73 (39)
	1989	50 (20)	73 (27)	86 (64)	93 (65)
jg. Arbeiter (18-25)	1985	76 (35)	89 (47)	80 (47)	77 (41)
	1988	43 (25)	74 (51)	87 (45)	78 (39)
	1989	54 (34)	73 (42)	85 (62)	77 (55)

Quelle: Hans-Jörg Stiehler: Blicke in den Medienalltag Jugendlicher. In: Henning, W./W. Friedrich (Hg.): Jugend in der DDR. In: Media Perspektiven 1990, S. 72

2. Ansatz

Die Situation im „Tal der Ahnungslosen" war insofern nur ein Spezialfall des Lebens in der DDR, daß der allgemeine „Mangel" an Gütern und Dienstleistungen nun ein Gebiet betraf, in dem andere Teile des Landes offenkundig durch natürliche Faktoren begünstigt waren. Man kann davon ausgehen, daß sich eine Mehrheit der kommunikativen „Mangelsituation" durchaus bewußt war. Dafür sprechen einige Indizien, die wir gegenwärtig zu verifizieren versuchen: beispielsweise die Versuche der Bevölkerung in den 80er Jahren, Gemeinschaftsantennen so zu dimensionieren, daß sie den Empfang von ARD und ZDF ermöglichen, auch wenn sie offiziell nur dem Empfang des zweiten Programmes des DDR-Fernsehens dienen sollten.

Für die hier interessierende Fragestellung, wie mit dem Mangel im „Tal der Ahnungslosen" denn umgegangen wird, ist also nicht nur aus theoretischen Überlegungen heraus der uses and gratifications - Ansatz von Interesse.[10] Er lenkt die Aufmerksamkeit auf den aktiven Umgang mit Medienangeboten. Dabei ist nun zu fragen, welche Gratifikationen im „Tal der Ahnungslosen" entbehrt wurden. Vermutlich sind die folgenden Leistungen von Belang, die das „Westfernsehen" anbot:
a) breitere Wahlmöglichkeiten im quantitativen Sinne (zwei bis drei zusätzliche Programme, nach der Installation von Rias-TV und SAT.1 um Berlin herum noch mehr);
b) zusätzliche, die enge politische Ausrichtung der DDR-Medien in der Regel korrigierende oder mit ihr konkurrierende Interpretationsangebote für die eigene Lage aufgrund der westlichen Berichterstattung über die DDR;
c) andere Wirklichkeitssichten generell und ein anderer Zugang zur internationalisierten Politik und Kultur (TV als „Fenster zur Welt");
d) andere als die gewohnten beziehungsweise neue Darstellungsformen vor allem populärer Kultur (zum Beispiel Werbung, TV-Serien beispielsweise nach „Dallas"-Dramaturgien, Videoclips).[11]

Von diesen Gratifikationen waren insbesondere diejenigen noch am entbehrlichsten, die entweder durch eigene Erfahrungen und/oder durch interpersonale Kommunikation zu erreichen waren, vermutlich vor allem die Korrektur des durch die DDR-Medien vermittelten „geschönten" Gesellschaftsbildes.

Vermutlich schwerer wog der Mangel bei ekapistischen Fernsehangeboten, was auch durch die in ihrer Stichprobe limitierten Studie von Hesse[12] nahegelegt wird.

Der uses and gratifications - Ansatz lenkt also die Aufmerksamkeit auf den Umgang mit eingeschränkten Kommunikationsmöglichkeiten als Suche nach „funktionalen Alternativen" zum fehlenden Westfernsehen.[13] Daraus ergeben sich als offene Fragestellungen:
1. Welche Unterschiede in der Fernsehnutzung und -bewertung gibt es zwischen den Regionen, die Westfernsehen empfangen beziehungsweise nicht empfangen können (Zeitaufwand, Spartennutzung, Erwartungen an das Fernsehen und dessen Bewertung)?
2. Sind in den außermedialen Freizeitaktivitäten Unterschiede vorhanden, die sich als Suche nach funktionalen Alternativen zum fehlenden Fernsehangebot verstehen lassen?

Die Ergebnisse, die ich vorstellen werde, sind Teil eines größeren Forschungsprojekts, das neben Reanalysen von Datensätzen sozialwissenschaftlicher Forschung auch medienbiographische Interviews, die Dokumentation von Forschungen bundesdeutscher (kommerzieller) Institute zu DDR-Problemen vor der Vereinigung und das Studium von Archiven umfaßt. Dabei möchte ich gleichzeitig Möglichkeiten und Probleme einer Reanalyse von Studien sozialwissenschaftlicher Forschung in der DDR, die inzwischen im Zentralarchiv für Empirische Sozialforschung in Köln als Datensätze und Forschungsberichte verfügbar sind, darstellen und diskutieren.

3. Das „Tal der Ahnungslosen" als Experiment?

Die spezifische Mediensituation mit unterschiedlichen Empfangsmöglichkeiten kann mit Cook & Campbell[14] als ein unbeabsichtigtes Experiment unter natürlichen Bedingungen beziehungsweise als Quasi-Experiment verstanden werden. Im folgenden sollen Regionen mit und ohne Zugang zum bundesdeutschen Fernsehen verglichen werden, ein Vorgehen, dessen sich auch Hesse[15] bei seiner Untersuchung von Übersiedlern aus der DDR bediente. Inspiriert ist es beispielsweise durch die Studie von Williams et al.[16], die in den 70er Jahren die Implementierung des Fernsehens in dünnbesiedelten Gebieten Kanadas für umfangreiche Studien nutzten (Notel-, Monotel-, Multitel-Gemeinden).

Mit diesem Herangehen sind wenigstens drei Probleme verbunden:
Erstens gilt mein Augenmerk dem „Tal der Ahnungslosen", einer Region mit einem sozusagen fehlenden Faktor. Die Ausnahme wird benutzt, um etwas über das Normale zu erfahren.[17]

Zweitens stellte die Region Dresden in Landschaft, ökonomischer Infrastruktur (Industrie), Kultur und in der Grenzlage zu Polen und der Tschechoslowakei sowie möglicherweise auch in der Mentalität seiner Bewohner ein sehr spezielles Territorium dar. Es hat gewiß *den* typischen DDR-Bezirk nicht gegeben. Dennoch bleibt die Frage nach der ausreichenden Vergleichbarkeit mit anderen Regionen. Eine begrenzte Lösung dieses Problems kann die Kontrolle von Drittvariablen soziodemographischer Art sein.

Drittens handelte es sich beim Fehlen der westlicher Fernsehprogramme um einen Dauerzustand. Mit diesem Mangel umzugehen konnte Faktoren ins Spiel bringen, die in den vorhandenen Datensätzen nicht repräsentiert sein können: Fortzug oder Nicht-dort-hinziehen beispielsweise.

4. Probleme der Sekundäranalyse

Wer mit DDR-Datensätzen retrospektiv medienwissenschaftliche Fragestellungen beantworten will, hat neben den allgemeinen Problemen der Sekundäranalyse[18] mit mindestens vier speziellen zu tun.

Erstens diente ein Großteil der Studien der sozialwissenschaftlichen Erkundung und Beschreibung von Aspekten des DDR-Alltags. In gewisser Hinsicht kann man die dahinter stehende Haltung als „neugierigen Empirismus" bezeichnen, die ihren Wert (jedenfalls zu den damaligen Zeiten!) unter anderem daraus bezog, daß über die Grundtatsachen des sozialen Lebens öffentlich in den Medien geschwiegen wurde - daher landeten die Studien auch oft in Panzerschränken. Sie waren - darauf kommt es mir hier vor allem an - kaum daraufhin angelegt, im Westen entstandene Theorien zur Medienrezeption zu prüfen (was nicht bedeutet, daß sie theoriefrei waren oder daß die einschlägigen Theorien nicht bekannt gewesen waren).[19] Dieser Umstand kann dazu führen, daß für Sekundäranalysen geeignete und sensible Items nicht zur Verfügung stehen. So sind beispielsweise im vorliegenden Fall Verhaltensweisen mit Ersatzcharakter wie Verwandtenbesuche außerhalb des „Tals" zu Fernsehzwecken oder das Zirkulieren westlicher Zeitungen und Zeitschriften in keiner Studie genau erfaßt.

Zweitens muß beachtet werden, daß in Auswahl von Items und in ihrer Sprache eine DDR-spezifische Art von „political correctness" vorherrschte. Empirische Forschungen mußten politisch legitimiert werden - etwa der Verbesserung der Jugendpolitik dienend - und über sie wurde politisch über Genehmigungswege befunden, erst recht bei Studien im als sensibel angesehenen Medienbereich. Die Genehmigungsinstanzen reichten von Führungsgremien der SED und des Jugendverbandes über die Ministerien, die durch die Forschungen tangiert wurden bis zur Staatlichen Zentralverwaltung für Statistik. Jedes dieser Gremien konnte Studien oder Teile von ihnen zurückweisen, wenn sie nicht in die aktuellen politischen Konjunkturen paßten oder zu passen schienen. Hier ist nicht so sehr das Ausblenden von Problemen zu erwähnen, sondern die Sprache der Fragebögen, die bei politisch relevanten Sachverhalten weniger an der Alltagssprache, mehr an den jeweiligen Sprachregelungen orientiert war und befremdlich erscheinen kann.

Drittens war eine dominante, wenn nicht *die* dominante Methode die schriftliche Befragung in der Gruppensituation. Diese Situation wurde hauptsächlich gewählt, um die den Befragten zugesicherte und nach meinem Wissen auch gesicherte Anonymität wahrnehmbar werden zu lassen. Dieses Vorgehen war in einer Gesellschaft, in der die Bereitschaft gegenüber „offiziellen Einrichtungen" (zu denen auch Forschungsinstitute gehörten) offen zu sprechen nicht per se vorausgesetzt werden konnte, notwendig, um zu wahrheitsgemäßen Antworten zu kommen. Ob diese methodische Vermutung zutraf - das Zutreffen wird zeit- und themenabhängig variiert haben -, kann nur spekulativ beantwortet werden.[20]

Viertens wurden schließlich - entsprechend der Entscheidung für die schriftliche Befragung - häufig Klumpenstichproben genutzt. Diese haben zwar einen prinzipiell größeren Stichprobenfehler, sind aber anderen Zufallsstichproben nicht grundsätzlich unterlegen. Allerdings sind sie nur in Fällen nutzbar, in denen die Grundgesamtheit in mehr oder minder stabilen Clustern vorzufinden ist: Schüler, Kinobesucher, Berufstätige in Großbetrieben usw.. Das mag dazu verleitet haben, die Grundgesamtheit nach den Möglichkeiten der Stichprobenziehung zu definieren.[21] Forschungen, die sich für die „wahren Werte" in der Grundgesamtheit interessieren, tragen also ein gewisses Risiko.

Diese hier skizzierten Problemen sind je nach Fragestellung unterschiedlich relevant. Als Schlußfolgerungen sind vor allem zu ziehen, daß die Reanalyse von Daten eher auf Index- als auf Itemebene vorgenommen und Drittvariablen kontrolliert werden sollten. Beim Vergleich von Regionen oder Gruppen indes kann mit hoher Plausibilität angenommen werden, daß die Stichproben- und Methodenfehler gleich groß sind.

5. Ausgewählte Studien und methodisches Modell

Das Zentralarchiv für Empirische Sozialforschung verzeichnet im Datenbestandskatalog DDR / neue Bundesländer 500 archivierte und 400 aufgearbeitete Studien aus fünfzig Forschungseinrichtungen, die sich bei dem Stichwort „Medien" (in vielfältigen Kombinationen) auf circa fünfzig reduzieren. Nicht im Archiv sind die Untersuchungen von Fernsehen und Hörfunk der DDR.

Unter diesen Studien wurde für das hier skizzierte Projekt nach folgenden Kriterien ausgewählt:

Region: Es sollte in den Studien die Region Dresden (und Greifswald) repräsentiert beziehungsweise identifizierbar sein. Dieses Kriterium ist nicht so trivial wie es sich anhört. In vielen Studien findet sich keine Kennzeichnung der Territorien, in denen die Untersuchung stattfand.

Zeitpunkt: Die Studien sollten einen Zeitraum umfassen, in denen die Nutzung des Westfernsehens für mehrere Generationen Bestandteil des Alltags und das Sprechen darüber weitgehend „normalisiert" war. Nimmt man das damals vieldiskutierte Honecker-Wort, „jeder könne diese Sender nach belieben ein- und ausschalten" als Kriterium, hätte Mitte der 70er Jahre der Zeitraum der tolerierten Nutzung begonnen und man könnte die 80er Jahre als die Zeit ansehen, in dem dieses Kriterium als erfüllt gelten kann.[22]

Untersuchungsgegenstände: In den Studien sollten wenigstens Grunddaten zur Mediennutzung und zum Freizeitverhalten, möglichst auch Fragen zu politischen Einstellungen enthalten sein.

Stichproben: Die Stichproben sollten in den verschiedenen Regionen nach vergleichbarer Weise gebildet sein, in ihren Grundstrukturen (Alter, Geschlecht, Bildung) vergleichbar sein und für die Region Dresden eine für statistische Verfahren noch hinreichende Größe aufweisen.

Nach diesen Kriterien blieben sechs Studien übrig, die mehr oder minder für eine Realanalyse geeignet schienen. Es handelt sich durchweg um Studien des Zentralinstituts für Jugendforschung, womit sich die Betrachtung auf wenige Altersgruppen reduziert. Das mag als Nachteil erscheinen, hat aber auch den Vorteil, die Analysen an einer relativ homogenen Kohorte vornehmen zu können.[23]

Für alle Studien wurde ein vergleichbares statistisches Modell genutzt, das die Beschränktheiten von Einzelitems aufheben und die Bedingungen der Medienrezeption im „Tal" differenziert erfassen soll. In multiplen Regressionen stellen die Zielvariablen Mediennutzung und -bewertung sowie Freizeitaktivitäten die abhängige und die Region die wichtigste unabhängige Variable dar, wobei die letztere mit Einschränkungen als Kausalfaktor gesehen werden kann. In das Modell wurden die folgenden Kontrollvariablen aufgenommen:

- die Mediennutzung nach DDR und BRD, da zum einen die Region Dresden nicht völlig „westfernsehfrei" war und sich die aufklärenden Varianzen von Region und DDR-Mediennutzung überschneiden;
- politische Einstellungen (ideologische „Grundpositionen"), was durch enge Zusammenhänge zwischen diesen und der Mediennutzung in den Forschungsberichten und durch theoretische Überlegungen, etwa zur selektiven Zuwendung nahegelegt wird;
- soziodemographische Merkmale, um mögliche Differenzen in der Stichprobenzusammensetzung beziehungsweise in den Regionen überhaupt zu kontrollieren.

Um die Ergebnisse zu veranschaulichen, werden in vertretbaren Fällen auch einfache Gruppenvergleiche (Dresden versus andere Regionen) dargestellt. Das erfolgt aber nur dann, wenn Kontrollen von Drittvariablen vorliegen.

6. Ergebnisse

6.1. Mediennutzung

Bevor auf die gestellten Fragen Antwort gesucht wird, soll zunächst die Ausgangssituation empirisch geprüft werden, wobei ich mich hier auf eine Mehrthemenbefragung aus dem Jahr 1988 stütze, in der lediglich Schüler nicht repräsentiert sind. In Tabelle 2a wird deutlich, daß in der fraglichen Region Dresden nur Minderheiten das BRD-Fernsehen nutzten, beim BRD-Hörfunk ist eine höhere, aber deutlich unter den anderen Regionen liegende Empfangshäufigkeit zu konstatieren.[24] Im Gegensatz dazu werden die entsprechenden DDR-Angebote deutlich häufiger genutzt. Das benutzte regressionsanalytische Modell erklärt die (Nicht-) Nutzung der westlichen Rundfunksender erwartetermaßen besser als die (Nicht-) Nutzung der DDR-Medien (siehe Tabelle 2b). Dieses Resultat ist über mehrere Studien hinweg konsistent.

Ebenso konsistent ist der starke Beitrag der Regionen-Variable zur Erklärung der Häufigkeit der Nutzung von BRD-Medien. Wie erwartet, stehen weiterhin ideologische Positionen der Befragten in Zusammenhängen mit der Mediennutzung: je stärker das Einverständnis mit den offiziellen Werten der DDR ist, desto stärker werden die Medien des Landes genutzt. Die Zusammenhänge zur (Nicht-) Nutzung der Westmedien sind dagegen schwächer: in den 80er Jahren (und wahrscheinlich auch früher) stellte die Übernahme der DDR-Ideologeme einen zwar noch nachweisbaren, aber nicht sehr wirksamen Selektionsfaktor gegenüber den bundesdeutschen Medien dar. Nachweisbar ist schließlich, daß dort, wo es technisch möglich war, die Nutzung beider Rundfunksysteme sich nicht ausschloß, sondern daß eher von einer parallelen Nutzung gesprochen werden kann.

Tabelle 2a: Hörfunk- und Fernsehnutzung nach Regionen
mehrmals wöchentlich; in Klammern: fast täglich
Angaben in Prozent

Region	Jahr	DDR-Hörfunk	DDR-Fernsehen	BRD-Hörfunk	BRD-Fernsehen
Dresden	1988	77 (56)	90 (66)	61 (33)	15 (6)
Rest		47 (27)	70 (35)	90 (69)	93 (66)

Quelle: ZIJ. A20 Stunden Jugendradio. Hauptergebnisse einer operativen Studie. Leipzig 1988 (unveröffentlichter Forschungsbericht).

Tabelle 2b: Nutzung der Elektronischen Medien (Indizes; Beta-Koeffizienten)

	Studie 1		Studie 2		Studie 3	
	DDR-Medien	BRD-Medien	DDR-Medien	BRD-Medien	DDR-Medien	BRD-Medien
Region (Dresden)	.25a	-.58a	.39a	-.69a	.13a	-.42a
Mediennutzung BRD	.18a		.28a		.05	
Mediennutzung DDR		.15a		.20a		.04
Ideologie	.40a	-.19a	.45a	-.22a	.30a	-.17a
Alter					.19a	-.06
Geschlecht (m)	.03	.02	.00	.04	.07b	.13a
Bildung	.01	-.14a	.03	.00	-.30a	-.18a
multiples R	.42a	.59a	.49a	.68a	.40a	.53a

Anmerkung: a = 0.01 sign.; b= 0.05 sign.
DDR/BRD - Medien = Indizes der Nutzungshäufigkeit (Faktorwerte)
Studie 1 = Geschichte 88; Studie 2= Kultur 88, Studie 3= Jugendmedien 85

Praktisch keine Erklärungskraft hat das benutzte Modell hinsichtlich des zeitlichen Umfangs der Mediennutzung (Tabelle 3). Die zeitliche Dauer der Mediennutzung wird eher durch soziodemograhische Variablen wie Alter, Geschlecht und Bildung erklärt. Hier gibt es Zusammenhänge, die - wie eine geringere Mediennutzung von jungen Frauen, mit dem Alter sinkende Hörfunk- und Tonträgernutzung oder die mit dem Bildungsgrad wachsende Fernsehabstinenz - auch in Studien in anderen Ländern gefunden worden sind oder gefunden werden könnten. Die Daten zeigen hier ebenfalls signifikante Zusammenhänge zwischen der Fernsehdauer und der Nutzung beider Mediensysteme, die - auf anderem Wege - die Feststellung abstützen, daß die Nutzung des DDR- und des BRD-Fernsehens normalerweise Teil eines Nutzungszusammenhangs im Alltag waren. Daraus läßt sich vermuten, daß die Funktionen, die den konkurrierenden Fernsehprogrammen zugesprochen wurden, relativ ähnlich waren - eine Vermutung, die auch dadurch abgestützt wird, daß das DDR-Fernsehen sich nach 1982 in Programmschemata und Programmpräsentation sowie in der Fernsehunterhaltung stark an internationalen, sprich: westlichen Maßstäben orientierte.

Tabelle 3: Umfang der Mediennutzung (Einzelitems)

	Radio	Tonträger	Fernsehen	Zeitungen
Region (Dresden)	.06	-.08a	.05	.04
Mediennutzung BRD	.05	.05	.20a	-.10b
Mediennutzung DDR	.05	-.08b	.16a	.05
Ideologie	.05	.01	-.05	.06
Alter	.12a	-.13a	-01	.03
Geschlecht (m)	-.06	-.09a	-.10a	-.04
Bildung	.09b	-.13a	-.32a	.03
multiples R	.17a	.28a	.50a	.15a

Anmerkung: a = 0.01 sign.; b= 0.05 sign.
Mediennutzung = Selbsteinschätzung pro Tag in der letzten Woche
Quelle: Jugendmedien 85

Tabelle 4: Zeitaufwand für das Fernsehen (Selbsteinschätzung)

Region	Jahr	wochentags	samstags	sonntags
Dresden	1988	2,1	3,2	3,0
andere		2,3	3,4	2,9

Quelle: ZIJ, a.a.O.

Diese Vermutung wird durch Ergebnisse anderer Studien durchaus nicht widerlegt. Tabelle 4 belegt mit einem etwas differenzierteren Herangehen, daß - nach Selbsteinschätzung, die DDR verfügte nicht über TV-Meter-Systeme - die Dauer der Fernsehnutzung in den hier betrachteten Regionen nur minimal differierte. Auch in der Frage nach der Anzahl der in einer Woche gesehenen Sendungen pro Sparte liegen die Regionen nicht so weit auseinander (Tabelle 5). Die größten Unterschiede liegen bei Fernsehserien auf der einen, ausführlichen politischen Sendungen auf der anderen Seite. Fernsehserien wurden in der Region Dresden weniger, ausführliche politische Sendungen häufiger gesehen. Das ist ein mit dem Blick auf die Angebote recht plausibles Ergebnis, da zugleich die methodische Problematik des Vergleichs noch einmal bestätigt: hier kann nun kaum noch unterstellt werden, daß sich - auf Grund der jeweiligen Programmkenntnisse - die benutzten Begriffe identische Bedeutungen haben.[25]

Tabelle 5: Nutzung ausgewählter Sparten im Fernsehen
Selbsteinschätzung für die Woche; in Klammern: keine Sendung in Prozent

Region	Jahr	Filme	Serien	Jugendsendungen	Shows	Politik
Dresden	1988	2,7 (23)	1,9 (14)	1,2 (39)	1,1 (31)	1,4 (32)
andere		2,6 (21)	2,4 (28)	1,1 (39)	1,1 (45)	1,1 (54)

Quelle: ZIJ, a.a.O.

Eine letztes, methodisch weniger bestreitbares Beispiel stammt aus einer Studie zum Platz populärer Musik im Alltag von Jugendlichen (Tabelle 6). Hier wurde die Nutzung konkreter Sendungen des DDR- und des BRD-Fernsehen erfragt. Während in der Region Dresden das Sehen der - im Vor-MTV-Zeitalter - sehr populären Musiksendungen „Formel 1" mit internationalen Videoclips und der ZDF-„Hitparade" nur eingeschränkt realisiert werden konnte, liegt hingegen die Zuwendung zu den DDR-Sendungen, die ähnliche Formate aufweisen, erheblich höher (während sie von Jugendlichen unter normalen Empfangsbedingungen eher verschmäht wurden).

Tabelle 6: Nutzung ausgewählter Musiksendungen im Fernsehen
sehe ich fast immer
Angaben in Prozent

Region	Jahr	„bong" (DDR-1)	„klik" (DDR-2)	„STOP! ROCK! (DDR-2)	„Formel 1" (ARD)	„Hitparade" (ZDF)
Dresden	1987	19	14	19	12	13
andere		4	5	9	35	37

Quelle: Populäre Musik 87 (ZIJ)

Als Zwischenergebnis kann festgehalten werden, daß im „Tal der Ahnungslosen" notgedrungen die Senderwahl eingeschränkt war, Umfang und Art (Format) des rezipierten Programms sich in ihren Muster nicht von der Fernsehrezeption in anderen Landesteilen unterschied. Unterstellt man, daß Fernsehen auch in der DDR vor allem zur Unterhaltung genutzt wurde, worauf Hanke[26] hingewiesen hat, so hatte in der Region Dresden das Fernsehen Gratifikationen zu leisten, wie sie allgemein üblich sind. Leider reichen die Daten nicht aus, diese sehr subtilen Rezeptions- und Interpretationsprozesse auch beschreiben zu können.

6.2. Medienbewertung

Aus den hier fragmentarisch dargestellten Ergebnissen zu den Nutzungsmustern kann eine sehr widersprüchliche Situation abgeleitet werden. Die im „Tal der Ahnungslosen" aufgewachsenen Jugendlichen waren einerseits mit der Monopolsituation eines im politischen Teil ungeliebten und im Unterhaltungsbereich eingeschränkt leistungsfähigen TV-Programms konfrontiert, an dem sich aber zugleich die Bewertungsmaßstäbe ausprägten. In den anderen Regionen herrschten klare Wettbewerbsbedingungen, die aber zugleich die - auch stark genutzte - Möglichkeit bot, das DDR-Programm teilweise oder gänzlich zu vermeiden.

Resultat dieser Situation war, daß im politischen Bereich die Leistungen der BRD-Medien für ihre Gesellschaft nun genau in jenem Teil des Landes besser beurteilt werden, in denen der Kontakt mit ihnen am geringsten war (Tabelle 7). Dieses Ergebnis hält den Kontrollen durch die in der Regressionsanalyse einbezogenen Variablen stand. Ebenso wird deutlich, daß unter den Mangelbedingungen der Region Dresden die DDR-Medien nicht besser, sondern eher kritischer beurteilt werden als in den anderen Landesteilen, in denen der Vorteil bestand, sich stärker aus den Angeboten noch das Passende herauszusuchen (Tabelle 8).

Die Daten zeigen weiterhin kaum überraschende Zusammenhänge zwischen Nutzung der jeweiligen Sender und der Bewertung ihrer Programme: je stärker ein Programm genutzt wird, desto günstiger fällt seine Bewertung aus (und umgekehrt). Die Interaktion zwischen ideologischen Positionen und Senderbewertung ist auch hier stärker bei den DDR-Medien gegeben. Abgesehen von dem Umstand, daß letztere als Teil und/oder Resultat politischer Einstellungen angesehen werden muß, scheint hier auch ein alltagspraktischer Hintergrund gegeben zu sein: um eine Reihe von vornehmlich politischen Sendungen verstehen und akzeptieren zu können, war ein erhöhtes Maß an Einverständnis mit den offiziell vorgegebenen (und im DDR-Fernsehen dargestellten) Zielen und Wertvorstellungen unumgänglich.

Tabelle 7: Medienbewertung (Zustimmung)
Angaben in Prozent

Region	Jahr	DDR-Medienbild und eigene Erfahrungen stimmen überein	DDR-Medien berichten umfassend	BRD-Medien berichten umfassend
Dresden	1988	22	41	63
andere		22	50	53

Quelle: ZIJ, a.a.O.

Tabelle 8: Bewertung der DDR- und BRD-Medien (Beta-Koeffizienten)

	Studie 1		Studie 2	
	DDR-Medien	BRD-Medien	DDR-Jugendmedien	DDR-Medien
Region (Dresden)	-.03	.14a	-.05	-.07b
Mediennutzung BRD	-.02	.15a	-.23a	-.06
Mediennutzung DDR	.08b	-.06	.34a	.14a
Ideologie	.28a	-.17a	.31a	.31a
Erfahrungen	.23a	.00		
Alter			-.09a	.05
Geschlecht (m)	-.01	-.01	-.20a	-.09a
Bildung	-.12a	-.11a	-.07b	-.10a
multiples R	.50a	.31a	.62a	.42a

Anmerkung: a = 0.01 sign.; b= 0.05 sign. Studie 1: Geschichte 88. Bewertung der DDR-/BRD-Medien hinsichtlich umfassender Information. Studie 3: Jugendmedien 85. Bewertung der Jugendmedien= Gefallensindex für 4 Jugendproduktionen Bewertung der DDR-Medien allgemein = Index von 8 Statements

6.3 Freizeitaktivitäten

Von dem in dieser Reanalyse zugrunde gelegten Verständnis ausgehend, war zu vermuten, daß der kommunikative Mangel zur Suche nach Alternativen auch außerhalb der Mediennutzung führen könne. Die zur Verfügung stehenden Daten stützen diese Vermutung nur bedingt: lediglich für die Beliebtheit, nicht aber für die Ausübung von Freizeitaktivitäten, die der Populärkultur (Kino, Musikhören, Kneipenbesuch, Aktivitäten im Freundeskreis) zuzurechnen sind, lassen sich höhere Werte in der Region Dresden feststellen (Tabelle 9). Lediglich in der gelegentlich erwähnten Studie „Kultur 88" ergibt sich ein signifikant höherer Kinobesuch in und um Dresden.[27]

Auch in den verfügbaren Daten zur interpersonalen Kommunikation Jugendlicher finden sich - auf der dort verwendeten Ebene der Häufigkeit von Gesprächen über Themen wie Sport, Politik, Medienerlebnisse und so weiter kaum regionale Besonderheiten. Interessant sind an den Zusammenhängen die zwischen der Nutzung der Westmedien und Aktivitäten beziehungsweise Beliebtheit von außermedialen Teilen der Populärkultur (bei Jugendlichen).

In beiden Bereichen kann von Angeboten gesprochen werden, die gegenüber der DDR-Gesellschaft zeitlich begrenzte Ausstiege darstellten, und zwar um mehr, als die Populärkultur in der DDR westliche Muster importierte (staatlich *und* privat!) beziehungsweise adoptierte.[28]

Tabelle 9: Freizeitaktivitäten und Freizeitpräferenzen (Indizes; Beta-Koeffizienten)

	Aktivitäten			Präferenz	
	Hochkultur	Populärkultur	Peergruppe	Hochkultur	Populärkultur
Region (Dresden)	-.07	.01	.07	-.02	.16a
Mediennutzung BRD	-.15a	.15a	.20a	-.16a	.21a
Mediennutzung DDR	.08b	-.14a	-.16a	.12a	-.11a
Ideologie	.08b	.03	-.03	.10a	-.02
Geschlecht (m)	-.03	.21a	.15a	-.42a	.21a
Bildung	.10a	-.06b	.00	.17a	-.01
multiples R	.21a	.31a	.27a	.54a	.26a

Quelle: ZIJ, a.a.O.
Indizes: Faktorwerte für den Besuch von 11 kulturellen Einrichtungen beziehungsweise 9 verschiedenen Aktivitäten in Peergruppen sowie der Präferenz (mache ich gern ...) von 25 kulturellen Aktivitäten

In der Zusammenfassung der empirischen Befunde läßt sich das folgende Bild zeichnen:

Die Daten bestätigen erstens, daß durch die technische Empfangssituation im „Tal" eine spezifische Medienkultur entstanden war. Allerdings finden sich nur wenige Hinweise darauf, wie die Bevölkerung (hier Teile von ihr) mit dieser spezifischen (Mangel-) Situation umgingen. Eher scheinen sich Muster der Fernsehnutzung herausgebildet zu haben, die - mit der Ausnahme der fehlenden größeren Wahlmöglichkeiten - denen der übrigen Landesteile ähnlich war. Wie am Beispiel der Musiksendungen des Fernsehens deutlich wurde, bestand der Unterschied in der Fernsehrezeption häufig darin, daß die einen die Originale und die anderen die mehr oder minder gelungenen Imitate sahen.[29]

Zweitens wird aber deutlich, daß die spezifische Situation in den westfernsehfreien Regionen mit besonderen Bewertungen und Gesellschaftsbildern verbunden war, die in den 80er Jahren zuungunsten der DDR und ihrer Medien und zugunsten der BRD und ihrer Medien ausfielen. Das kann zum einen als Effekt frustrierter kommunikativer Bedürfnisse angesehen werden. Zum anderen ist hier die in der Sozialpsychologie verbreitete Theorie der sozialen Reaktanz einschlägig.[30] Sie nimmt an, daß die fehlenden Alternativen besser bewertet werden als die vorhandenen.

Schließlich ist drittens darauf zu verweisen, daß in Daten Inhalte der Fernsehrezeption, Interpretationsweisen, spezifische Themen der interpersonalen Kommunikation und so weiter nicht hinreichend präsent waren, so daß möglicherweise vorhandene Besonderheiten der TV-Rezeption im gewählten Spezialfall nicht nachweisbar sind. Ich bin daher sehr neugierig auf die biographischen Interviews, die derzeit im Rahmen dieses Projekts zum Thema „Leben ohne Westfernsehen" geführt werden.

Anmerkungen:

1. Der Beitrag entstand im Rahmen eines von der Deutschen Forschungsgemeinschaft geförderten Projekts. Für Anregungen und Unterstützung danke ich den Kollegen K. Peter Etzkorn, St. Louis, und Arnulf Kutsch, Leipzig.
2. zu Ausnahmen siehe Gmehl, Gerhard/Susanne Deimling/Jürgen Bortz: Die Nutzung des Mediums Fernsehen in der DDR vor und nach der Wende. In: Rundfunk und Fernsehen (1994), H. 42, S. 542 - 554; Hanke, Helmut: Medi Culture in the GDR: Characteristics, Processes and Problems. In: Media, Culture and Society (1990), H. 12, S. 175 - 193; Lehmke, Christine: Die Ursachen des Umbruchs 1989. Politische Sozialisation in der ehemaligen DDR. Opladen 1991.
3. vgl. Spielhagen, Edith: Ergebnisse der Ost-Studie der ARD/ZDF-Medienkommission. In: Media Perspektiven (1995), S. 362 – 392.
4. vgl. Engler, Wolfgang: Die zivilisatorische Lücke. Versuche über den Staatssozialismus. Frankfurt a. M. 1992; Joas, Hans/Martin Kohli (Hg.): Der Zusammenbruch der DDR. Frankfurt a. M. 1993; Jarausch, Konrad H.: The Rush to German Unity. New York 1994; entgegengesetzt: Plock, Ernest D.: East German - West German Relations and the Fall of the GDR. Boulder 1995.
5. zu Potentialen und Grenzen der DDR-Medienforschung vgl. Stiehler, Hans-Jörg: Medienwelt im Umbruch. Ansätze und Ergebnisse empirischer Medienforschung in der DDR. In: Media Perspektiven (1990), S. 91-103.
6. vgl. Braumann, C.: Fernsehforschung zwischen Parteilichkeit und Objektivität. Zur Zuschauerforschung in der DDR. In: Rundfunk und Fernsehen (1994), H. 42, S. 524-541.
7. Ich erinnere mich, daß es Zeiten gab, da die Zentralverwaltung für Statistik - die Behörde, die die offizielle Administration über Forschungen war (die tatsächlichen Entscheidungen fielen wahrscheinlich in anderen Gremien) - Fragen nach der Nutzung westlicher Sender untersagte.
8. Die zwiespältige Situation, in der die Nutzung des „Westfernsehens" die DDR-Führung brachte, läßt sich an zwei typischen Reaktionen gut verfolgen: Zum einen wurde mit der sogenannten „alternativen Programmgestaltung" vor Weihnachten 1982 das Abendprogramm des DDR-Fernsehens auf eine Einschaltquotenlogik umgestellt - von wenigen politisch motivierten Ausnahmen abgesehen (vgl. Hoff Peter: Wettbewerbspartner oder Kontrahent? Zum Verhältnis von Film, Kino und Fernsehen in der DDR. In: Beiträge zur Film- und Fernsehwissenschaft. Jg. 1984). In der Folge dieser Entscheidung war das Abendprogramm dominant ein Unterhaltungsprogramm mit wachsendem Einsatz von (westlichen) Spielfilmen (vgl. Wiedemann Dieter/Hans-Jörg Stiehler: Kino und Publikum in der DDR - der kurze Weg in eine neue Identität. In: Media Perspektiven (1990), H. 7, S. 417-429). Auch die Erfindung des Jugendprogramms „elf99" im Herbst 1989 ist zuerst eine Reaktion auf durch das „Westfernsehen" mitbedingte Nutzungs- und Wahrnehmungsmuster. Zum anderen reagierte die Informationspolitik der SED regelmäßig auf Informationen aus dem Westen, ohne diesen Kontext zu entfalten. Die Kenntnis der anderen Position wurde sozusagen vorausgesetzt, was zu Irritationen in vom Westfernsehen nicht erreichten Gruppen (zum Beispiel Offiziere der NVA) oder Regionen führte.
9. Bei den Daten von 1989 handelt es sich um eine Erhebung inmitten der „Wendewirren" im Oktober und November; ungeachtet der Berichterstattung über die damaligen Ereignisse zeigt sich in den hier untersuchten Gruppen keine Trendumkehr.
10. vgl. Palmgreen P. C./L. A. Wenner/K. E. Rosengreen: Uses and Gratifications Research: The Past Ten Years. In: Palmgreen, P. C./L. A. Wenner/K. E. Rosengreen (Hg.): Uses and Gratifications Research: Current Perspectives. Beverly Hills 1985, S. 11-37.
11. vgl. Hesse, Kurt R.: Cross-Border Mass Communication from West to East Germany. In: European Journal of Communications (1990), H. 12, S. 175-193.
12. vgl. Hesse, Kurt R.: Westmedien in der DDR. Nutzung, Image und Auswirkungen bundesrepublikanischen Hörfunks und Fernsehens. Berlin 1988.
13. Der ursprüngliche Ansatz sieht „funktionale Alternativen" vor allem zur Mediennutzung selbst vor. Hier wird dieser Begriff für die spezifische Situation innerhalb der Mediennutzung genutzt.
14. vgl. Cook, T. D./D. T. Campbell: Quasi-Experimentation. Design and Analysis Issues for Field Settings. Boston 1976.
15. vgl. Hesse, a.a.O.
16. vgl. Williams, Tannis M. (Hg.): The Impact of Television. A Natural Experiment in Three Communities. Orlando, San Diego, New York, Austin, London, Montreal, Sydney, Tokio, Toronto 1986.

[17] vgl. Kimball, Penn T.: Menschen ohne Zeitung. In: Aufermann, Jörg/Hans Bohrmann/Rolf Sützer (Hg.): Gesellschaftliche Kommunikation und Information. Bd. 2. Frankfurt a. M. 1973.
[18] s. Hyman, Herbert H.: Secondary Analysis of Sample Surveys. Principles, Procedures and Potentialities. New York, London, Sydney, Toronto 1972.
[19] Zu Beginn der 80er Jahre wurde beispielsweise im Zentralinstitut für Jugendforschung eine am uses and gratifications-Ansatz orientierte Panelstudie vorbereitet. Die Studie - sie sollte bei Jugendlichen im Alter von vierzehn Jahren beginnen und über mehrere Jahren führen - wurde nicht genehmigt. Einige Wochen nach der Nichtgenehmigung erhielt das Institut ein Gutachten aus der Akademie für Pädagogische Wissenschaften, eine dem Volksbildungsministerium unterstehenden Forschungseinrichtung, in der dem Projekt konzeptionelle Mängel bescheinigt wurden.
[20] Dem Autor ist erinnerlich, daß die Reaktionen der Befragten auf diese Situation und Methode in der 80er Jahren überwiegend positiv waren: Endlich werden „wir" 'mal gefragt und können endlich unsere Meinung sagen. Es gibt Gegenbeispiele ...
[21] In der Jugendforschung war die Klumpenstichprobe der Normalfall, da die Mehrheit der Altersgruppen von vierzehn bis 26 in „Kollektiven" erfaßt werden konnte. Allerdings schloß diese Art der Stichprobe eine Reihe interessanter Gruppen aus: junge Frauen im Mütterjahr, Lehrlinge und Arbeiter in kleinen Betrieben oder Geschäften und so weiter.
[22] Hier ist zusätzlich anzumerken, daß etwa zu Beginn der 80er Jahre die Einspeisung von ARD, ZDF und dritten Programmen in Gemeinschaftsempfangsanlagen selbstverständlich war. Für ausgewählte Gruppen (zum Beispiel die Armeeangehörigen) und für ausgewählte Situationen (zum Beispiel Schulen) waren Empfang und das Reden darüber länger restringiert.
[23] Außerdem kennt der Autor die Entstehungsbedingungen und methodischen (Un-) Möglichkeiten dieser Studie beziehungsweise war an den genannten Studien selbst beteiligt. Die zeitliche Differenz zwischen Entstehung der Studien und ihrer Reanalyse mag für die nötige Distanz sorgen.
[24] Die Bezirksgrenzen sind mit dem Empfangsgebiet nicht identisch; außerdem konnten für die 80er Jahre „Inseln" mit Westempfang angenommen werden, die aufgrund lokaler Kabelanlagen entstanden. Hinzu kommt, daß die genutzten Studien Altersgruppen umfassen, in denen eine höhere Mobilität angenommen werden kann, zum Beispiel von Lehrlingen und Studenten, die im Bezirk Dresden lernten, am Wochenende aber bei den Eltern usw. außerhalb dieser Region wohnten.
[25] Beispielsweise könnte ein regelmäßiger „Tagesschau"-Zuschauer die „Aktuelle Kamera" des DDR-Fernsehens aufgrund ihrer Dauer und Gestaltung schon als recht „ausführlich" empfunden haben. Oder: Die im DDR-Fernsehen gezeigten Serien umfaßten gewöhnlich eine Staffel mit dreizehn Teilen, womit der Unterschied zu anderen regelmäßigen Programmteilen (zum Beispiel „Polizeiruf 110") nicht sehr groß war.
[26] vgl. Hanke, a.a.O.
[27] Eine 1980 durchgeführte Repräsentativuntersuchung zum Kinobesuch in der DDR zeigte, daß im Bezirk Dresden deutlich mehr Filme aus dem NSW (dem sog. Nichtsozialistischen Wirtschaftsgebiet) gezeigt wurden als in anderen Bezirken vgl. Dieter Wiedemann: Zur sozialen Funktion des Kinos in den 80er Jahren. In: Aus Theorie und Praxis des Films. Potsdam-Babelsberg 1983). Man darf das - unabhängig von den formalen Abrechnungen der Veranstaltungen in der offiziellen Kinostatistik - als einen Versuch der Anpassung des stärker kommerziell orientierten Lichtspielwesens an die Bedürfnisse in dieser Region und als Hintergrund für eine höhere Beliebtheit des Kinos ansehen.
[28] vgl. Wicke, Peter: Pop Music in the GDR between Conformity and Resistance. In: Gerber, Margy/ Roger Woods (Hg.): Changing Identities in East Germany: Selected Papers from the Nineteenth and Twentieth New Hampshire Symposia. Lanham Md 1996, S. 25-36.
[29] Das läßt sich am Beispiel der Nutzung des 1988 zum eigenen Programm ausgebauten „Jugendradio DT 64" für die Hörfunknutzung gut belegen (vgl. ZIJ, a.a.O.).
[30] vgl. Brehm, Sharon S./Jack W. Brehm: Psychological Reactance. A Theory of Freedom and Control. New York, London, Toronto, Sydney, San Francisco 1981.

Teil 5

**Forschungsdefizite und -perspektiven
in der Rezeptionsforschung**

Bücherlesen im Medienzeitalter
Forschungsansätze, Ergebnisse, Perspektiven der Entwicklung des Lesens

von Erich Schön

1. Zur Entwicklung der Forschungsansätze zum Bücherlesen in Deutschland

Langzeitstudien zum Bücherlesen in Deutschland gibt es leider nicht, schon gar nicht eine Langzeituntersuchung von der Qualität der ARD/ZDF-Untersuchungsreihe „Massenkommunikation". Es war vielleicht gerade die fraglose Bedeutsamkeit des Buches, seine bildungsbürgerliche Wertschätzung oder besser Auratisierung, die hierzulande eine nüchterne empirische Erforschung des Lesens eher verhinderte: Eben zu der Zeit, als nach dem Zweiten Weltkrieg in anderen Bereichen die empirische Sozialforschung zum dominanten Forschungsparadigma wurde, kam es im Nachkriegsdeutschland der 50er Jahre zu einer vorübergehenden Renaissance des Bildungsbürgertums. Dessen ungläubig-entsetzte öffentliche Reaktion auf die Ergebnisse der Emnid-Untersuchung von 1958, die erstmals empirisch feststellte, daß das „Volk der Dichter und Denker" doch nicht ausnahmslos aus lauter eifrigen Bücherlesern bestand, demonstrierte die Kluft zwischen bildungsbürgerlichem Selbstbild und Realität.

Die Konsequenzen waren in zweierlei Richtung zu sehen: Zum einen konnte man – vom konservativen Bildungsbürgertum bis zu seiner sich als „progressiv" verstehenden Variante der „Kritischen Theorie" in den 60er und 70er Jahren – schon um des eigenen Selbstbildes willen empirischer Forschung schlechterdings nicht zutrauen, etwas zur Lesekultur Belangvolles beizutragen. Für den Bereich der akademischen Methodendiskussion und Paradigmenbildung denke man nur an den „Positivismusstreit" oder, für die Literaturwissenschaft, an die Diskussion um die empirische Kultur- und Literatursoziologie[1] oder an die kategorische Ablehnung jeder Beschäftigung mit dem realen Leser durch die Rezeptionsästhetik. Zum anderen richtete sich die Aufmerksamkeit, und hier als öffentliche Forderung nach empirischer Forschung, auf die neuen elektronischen Medien, vor allem deshalb, weil ihnen a priori unterstellt wurde, die Lesekultur zu bedrohen (das Fernsehen als „Freßfeind des Lesens"); das reichte vom Fernsehen überhaupt über die Einführung des Kabelfernsehens bis aktuell zu den „Neuen Medien". So kam es, daß nicht nur in weit größerem Umfang Ressourcen, materielle und geistige, für die Medienforschung verwandt wurden, sondern daß auch die Erforschung des Lesens selbst nicht zuletzt unter der Frageperspektive der (unterstellten) Medienkonkurrenz betrieben wurde.

So konnte es wohl empirische Lese(r)forschung zunächst überwiegend (wo nicht im Rahmen der Persuasions- und Werbeforschung) nur als Nebenprodukt der Buchmarktforschung geben. Daß von ihren Ergebnissen nur ein sehr kleiner Teil etwa für die Probleme des literarischen Lesens erhellend war und ist, ist ihr nicht vorzuwerfen. Immerhin gab es hier über Jahrzehnte eine gewisse Kontinuität, in den 60er Jahren durch das Hamburger Institut für Buchmarktforschung, danach vor allem aber durch den Ausschuß für Buchmarktforschung des Börsenvereins des Deutschen Buchhandels (und in der Person seines Vorsitzenden Ludwig Muth) und durch seine regelmäßige Zusammenarbeit mit dem Allensbacher „Institut für Demoskopie" (IfD).[2] Neben einigen Studien der Bertelsmann Stiftung und einigen sonstigen Studien des IfD (zum Beispiel für den „Stern", den „Spiegel", die Kirchen et cetera) sind diese IfD-Studien die einzigen, die man heute als Ersatz für eine langfristige Reihe heranziehen kann.[3]

Diese Situation änderte sich in größerem Umfang erst in den 70er Jahren,[4] und bezeichnenderweise gingen für die Entwicklung der Lese(r)forschung die entscheidenden Impulse nicht von der Literaturwissenschaft oder von der Medienforschung, sondern vielmehr vom Bereich der Schulforschung aus.[5] Konsequenterweise wurde die Erforschung der „Literarischen Sozialisation" seither zum zentralen Paradigma.

Im Überblick lassen sich die Ansätze zur Erforschung des Bücherlesens, lassen sich die Forschungsrichtungen und Forschungsinteressen in diesem Feld seit dem Zweiten Weltkrieg, vor allem aber der letzten Jahrzehnte und Jahre unter zwei nur scheinbar widersprüchliche Etiketten verorten: Integration und Differenzierung, die Integration von Disziplinen und Methoden und die Differenzierung von Gegenständen und thematischen Frageperspektiven.

Die Tendenz der Integration betrifft Methoden und Disziplinen: In einer Weise, die man zu Zeiten des „Positivismusstreits" in den späten 60er Jahren nicht für möglich gehalten hätte, haben die Vertreter „quantitativer" und „qualitativer" Verfahren weitgehend - wenn auch noch nicht ganz! - ihre Gegnerschaft aufgegeben und sind inzwischen auf Integration der Verfahren bedacht. Und entsprechend war es etwa vor dreißig Jahren im Rahmen der etablierten Disziplinen unvorstellbar, daß eines Tages in dem Maße, wie es heute tatsächlich der Fall ist, Demoskopie und kommerzielle Werbe- und Marktforschung, Publizistikwissenschaft und Sozialisationsforschung, pädagogische und psychologische Didaktik-Forschung und gar die Literaturwissenschaft in ihren Erkenntnisinteressen zusammenarbeiten – oder doch wenigstens sich gegenseitig zur Kenntnis nehmen würden.

Mit „Differenzierung" hingegen ist gemeint, daß in der Leseforschung kaum noch von „*dem* Publikum" oder „*dem* Leser" gesprochen wird, wie dies – in allen Disziplinen – zunächst durchaus der Fall war. Vielmehr hat sich die Forschung in den letzten Jahren in der Weise entwickelt, daß sich die Aufmerksamkeit auf bestimmte Segmente dieses Publikums oder genauer auf eben diese Segmentierungen richtete.

Die wichtigste ist wohl, daß sich die Kategorie des Geschlechts, genauer des „gender", inzwischen als die zentrale Kategorie erwiesen hat, um die Spezifik des Lesens zu erfassen: Männer lasen und lesen zwar mehr als Frauen, aber eben vor allem zur Qualifikation und Information; während das Lesepublikum der Belletristik, der „Literatur", ganz überwiegend weiblich ist. Die Geschlechter lesen Verschiedenes und mit verschiedenen Nutzungsmustern, sie lesen mit verschiedenen Interessen und auf verschiedene Art und Weise: verschieden in jeder denkbaren Hinsicht. Die zentrale Segmentierung nach dem Geschlecht erscheint uns heute selbstverständlich; sie war es aber noch vor zwei oder drei Jahrzehnten überhaupt nicht: Man sieht dies daran, daß in älteren Studien die Daten selbst zu elementaren Fragen oft nicht nach Geschlechtern differenziert sind: diese Unterscheidung war eine Quantité négligeable. Daß die zentrale Rolle der Geschlechterdifferenz für das Lesen ins Bewußtsein kam und somit die Kategorie „gender" für die aktuelle Leseforschung an Bedeutung gewann, ging Hand in Hand mit der historischen (auch heute noch bei älteren Forschern nicht restlos durchgesetzten) Erkenntnis, daß auch in der Geschichte ganz überwiegend – neben männlichen Jugendlichen bis zur Adoleszenz – die Frauen es waren, die, als die tatsächlichen literarischen Leserinnen, die Träger der literarischen Kultur waren.

Eine zweite differenzierende Konzentration auf einen Teilbereich des Lesens in der Entwicklung der Forschungsansätze in den letzten Jahren war, daß sich, wie erwähnt ausgehend von Schulforschung, die literarische Sozialisation als zentrales Forschungsfeld herausbildete:[6] Die (vermutete) Bedrohtheit der Lesekultur lenkte den Blick auf die Frage, wie für ihr Überleben gesorgt werden könne. Das führte zur Frage nach dem Ist-Zustand beim Lesen von Kindern und Jugendlichen;[7] zur sozialisationstheoretischen Perspektive in der Leserforschung, zum Interesse an der Entwicklung des Lesens im Altersverlauf und in den verschiedenen Phasen der psychosozialen Entwicklung von Kindern und Jugendlichen und methodisch zur lesebiographischen Forschung.[8] Die Perspektive auf die literarische Sozialisation implizierte aber auch – nachdem man inzwischen gelernt hatte, daß die Medien nicht in Konkurrenz zueinander genutzt werden, sondern in funktionaler Komplementarität, und zudem, da der biographische Ansatz eine an der Identität der Rezipienten orientierte integrale Betrachtungsweise nahelegte – die Ausweitung des Interesses von der „Lesesozialisation" zur „Mediensozialisation",[9] deren Teil die erstere ist.

Der biographische Ansatz führte außerdem inzwischen auch zum Interesse am - wie Ludwig Muth es formuliert - „Lesen in der dritten Lebensphase". Es scheint, als sei für das Lesen im Alter in den nächsten Jahren ein verstärktes Interesse und auch verstärkte Forschungsaktivität zu erwarten. Andererseits gibt es auch einige Differenzierungen, die an Bedeutung verloren haben. So hat zum Beispiel der Einfluß der Wohnortgröße, das heißt der Einfluß des Stadt-Land-Gegensatzes, auf das Leseverhalten abgenommen; entsprechend interessiert dies auch immer weniger als Forschungsansatz.

Von den methodischen Ansätzen und ihrer Entwicklungen und Tendenzen zu den Ergebnissen: Was sind die Fakten bezüglich der Entwicklung des Lesens? Geht es mit der Lesekultur tatsächlich so steil bergab, wie man dies gelegentlich in kulturpessimistischen publizistischen Äußerungen hören und lesen kann? Die Antwort auf diese Frage korrespondiert gewissermaßen der angedeuteten Entwicklung der Forschungsansätze: Man muß differenzieren, nach Geschlechtern vor allem, nach Jugendlichen im Gegensatz zu Erwachsenen, aber - ganz wichtig! - auch dergestalt, daß man sehr verschiedene Entwicklungen etwa bei den regelmäßigen Lesern und bei den Wenig- oder Nicht-Lesern festzustellen hat.

2. Einige Ergebnisse: Die aktuelle Situation

Langzeitstudien zum Lesen in Deutschland gibt es, wie gesagt, leider nicht. Die vorhandenen Einzelstudien sind im Detail selten miteinander vergleichbar. Man muß sich auf elementare und „robuste" Daten beschränken, um wenigstens unter Vorbehalt ältere und neuere Studien miteinander vergleichen zu können.

Das wichtigste, vielleicht aber auch erstaunlichste Ergebnis der empirischen Studien zum Leseverhalten von der Emnid-Studie 1958 bis 1995 ist, daß die zentralen Daten sehr stabil sind.

Wo Zahlen im Laufe der Jahre schwanken, da haben methodische Unterschiede der Studien oft mehr Einfluß auf die Ergebnisse als Veränderungen in der Realität. Solche Studien erheben ja nicht „objektive" Realität, sondern in der Regel nur Antworten auf Fragen; unterschiedliche Fragestellungen beeinflussen deshalb die Ergebnisse. Die Formulierung „ein Buch gelesen" ergibt niedrigere Werte als die dem „Buchnutzungs"-Konzept entsprechende Formulierung „... in einem Buch gelesen, etwas nachgeschlagen et cetera". Befragt man die Bevölkerung ab vierzehn Jahren, erhält man höhere Werte, als wenn man die Bevölkerung ab sechzehn oder gar ab achtzehn befragt, da Jugendliche mehr lesen als Erwachsene und so die Einbeziehung Jüngerer den Durchschnitt anhebt. Ein-Themen-Befragungen zum Leseverhalten ergeben höhere Werte, als Studien, in denen einzelne Fragen zum Lesen in Mehr-Themen-Befragungen eingeschlossen sind. Auch heute noch gilt, daß Befragungen im Winter etwas höhere Werte für das Lesen ergeben als Befragungen im Sommer und so weiter. Alle diese Effekte wirken sich allerdings in der

Regel bei den seltenen Lesern stärker aus als bei den regelmäßigen Lesern. Und schließlich - dies ist keine Frage der methodischen Qualität einer Studie und auch nicht durch große Stichproben völlig zu eliminieren - bleibt ein Rest an Fehlerbreite beziehungsweise an Wahrscheinlichkeit, daß einzelne Abweichungen zufällig sind, der es verbietet, geringe Differenzen allzu stark zu interpretieren. Dazu kommen Rundungsfehler in den Darstellungen. Diese Effekte sind im einzelnen gering, wenn sie sich aber addieren, dann können die dadurch bewirkten Abweichungen bei basalen Größen (etwa der Bestimmung des Anteils der regelmäßigen Leser an der Bevölkerung oder ähnliches) durchaus einmal fünf oder sechs Prozentpunkte betragen. Das heißt: Abweichungen bis in diese Größenordnung können auf solche Effekte zurückzuführen sein.

Nicht nur methodische Unterschiede der einzelnen Studien beeinflussen die Ergebnisse. Auch „tatsächliche" Veränderungen im Leseverhalten einzelner Gruppen gehen oft weniger darauf zurück, daß sich das Verhalten einer Gruppe verändert hat, als darauf, daß sich der Charakter und die Zusammensetzung dieser Gruppe geändert haben. Wer etwa beklagt, daß heutige Hauptschüler weniger lesen beziehungsweise schlechter lesen können als Hauptschüler vor 25 Jahren, darf nicht übersehen, daß damals circa fünfzig Prozent eines Jahrgangs die Hauptschule besuchten, heute kaum noch dreißig Prozent. Damit war auch eine Selektion verbunden, bei der sicher nicht gerade die eifrigen Leser an der Hauptschule verblieben. Diese Gruppe erscheint statt dessen nun bei den Realschülern oder Abiturienten. Entsprechend darf man nicht von jenen circa 33 bis 35 Prozent eines Jahrgangs, die heute das Abitur erwerben, die gleiche Neigung zum Lesen erwarten wie von den circa dreizehn Prozent vor 25 Jahren (oder gar den circa fünf Prozent 1949). Ludwig Muth spricht vom „Denkfehler der Bildungsreformer":[10] Höhere Bildung korreliert zwar mit eifrigem Lesen, das ist aber keine Kausalität.

Tabelle 1 listet Untersuchungen auf, die bezüglich der Angabe „in den letzten vier Wochen (mindestens) ein Buch gelesen" vergleichbar sind, das heißt vor allem Studien des Instituts für Demoskopie, Allensbach (IfD). Wichtige andere repräsentative Studien sind zur Information in die zeitliche Abfolge eingeordnet: Von 1952 bis heute machten über vierzig Studien Aussagen zum Leseverhalten; über zwanzig ermittelten, wie viele der Befragten in den letzten vier Wochen mindestens ein Buch gelesen hatten beziehungsweise dies als Gewohnheit nannten. In den 50er und frühen 60er Jahren lag deren Anteil um fünfzig Prozent, in den 70er und frühen 80er Jahren erreichte er sechzig Prozent, seither liegt er darüber.

Tabelle 1: Langzeittrends des Bücherlesens I
Bücherlesen allgemein, alte BRD (ab 1994 BRD gesamt): In den letzten vier Wochen (mindestens) ein Buch gelesen

	Befragte ab (Alter)		Prozent	Studie, Quelle beziehungsweise Nachweis
Dez 1952	18		50	IfD, Noelle-Neumann (Hg.): Jb. d. öffentl. Meinung 1947-1955. Allensbach 1956, S. 86
Mai/Juni 1953	18		52	IfD 0062, Schmidtchen: Lesekultur in Deutschland 1974, Börsenbl. 17.5.1974, S. 713
Dezember 1953	18		52	IfD, Noelle-Neumann (Hg.): Jb. d. öffentl. Meinung 1947-1955. Allensbach 1956, S.86
Sommer 1955*	18			IfD, Ifd/Lenz (Vorw.): Die soziale Wirklichkeit. Allensbach 1956, S.51
				*am letzten Sonntag gemacht: Bücherlesen: acht Prozent
1958			48	Bertelsmann/Emnid, Fröhner: Das Buch in der Gegenwart. Gütersloh 1961.
September 1962			49	IfD 1070, Schmidtchen: Lesekultur in Deutschland 1974, Börsenbl. 17.5.1974, S.713
1964			(36)	Bertelsm./DIVO, Girardi u.a.: Buch u. Leser i. Dtld.. Gütersloh 1965 (nur zum Teil vergleichbar)
April 1966	16		(38)	IfD, Jb. d. öffentl. Meinung 1965-67, S. 31 (nur Freizeit, ohne berufsbezogene Bücher)
November 1966			49	IfD 2021, Schmidtchen: Lesekultur in Deutschland 1974, Börsenbl. 17.5.1974, S. 713
Okt. 1967	16	} 58		IfD 2032 Schmidtchen: Lesekultur in Deutschland, Börsenbl.
Jan. 1968	16			IfD 2036 30.8.1968, S. 1977-2152
April 1972	16		50	IfD 2081, Noelle-Neumann (Hg.): Jb. d. öffentl. Meinung 1968-1973, S.178
Okt. 1973	16	} 55		IfD 2098
Winter 1973/74	18			IfD 3620 Schmidtchen: Lesekultur in Deutschland, Börsenbl. 17.5.1974, S. 713
1973				Bertelsmann/Ifak 73, Mayer: Buch u. Lesen 1973, Bertelsm. Briefe 81 (April 1974)
Februar 1978	16		60	IfD 3053, Noelle-Neumann: Buchhändler u. Buchkäufer 1978, Börsenbl. 10.11.1978, S. W801
Aug 78	16		59	IfD 3059, Noelle-Neumann: Das Sortiment ..., Börsenblatt 6.11.1981, S. 2873
1978 a)	18			Bertelsm./Infratest, Unholzer: Kommunikationsverhalten. Bertelsm. Briefe 96 (Oktober 1978)
b)	6-17			Steinborn/Franzmann: Kommunikationsverh. u. Buch bei Kindern u. Jugendl.
März 79	16		60	IfD 3065, Allensbacher Jb. d. Demoskopie 1978-1983, S.571
1980				Zürcher Studie, Saxer u.a.: D. Massenmedien i. Leben d. Kinder u. Jugendl.. Zug 1980.
Mai/Juni 81	16		61	IfD 3096, Noelle-Neumann: Das Sortiment..., Börsenblatt 6.11.81, S. 2873
Okt/Nov 82	16		60	IfD 4017, Noelle-Neumann/Piel (Hg.): Allensbacher Jb. d. Demoskopie 1978-1983, S. 571
83/84	9-15			Schweiz. Jugendbuch-Institut (Hg.): Leselandschaft Schweiz. Zürich 1988.
Jan 84	16		61	IfD 4038, Köcher: Familie u. Lesen, Börsenbl. 14.10.1988, S. W2276

Tabelle 1: Langzeittrends des Bücherlesens I
Bücherlesen allgemein, alte BRD (ab 1994 BRD gesamt): In den letzten vier Wochen (mindestens) ein Buch gelesen
(Fortsetzung)

	Befragte ab (Alter)	Prozent	Studie, Quelle beziehungsweise Nachweis
1984	14	58	IfD (Spiegel), Noelle-Neumann: Lese-Verhalten ... . Börsenbl. 8.6.1984, S.W1781
März - Mai 1984	12-29	(67)	ARD/ZDF, Bonfadelli u.a.: Jugend u. Medien. Frankfurt 1986, S.86.
März 1985	8-12		IfD 2251 (Stern), Kinder u. Lesen (nicht publiziert)
Juni/Juli 1985	16	65	IFD 4060, Noelle-Neumann/Schulz: Typologie d. Käufer... , Börsenbl. 2.1.1987
Frühjahr 1986	14	64	IfD, Allensbacher Werbeträger-Analyse (AWA) 1986, S. C120
September 1986 - Juli 1987	14 14	}	Bertelsmann/GfK, Saxer u.a.: Kommunikationsverhalten u. Medien. Gütersloh 1989. Bertelsm. Sekundäranalyse zu 89/GfK, Fritz: Lesen im Medienumfeld. Gütersloh 1991.
April - Juni 1987	14-70		Österreich; Fritz: Lesen in der Mediengesellschaft
Februar/ März 1988	16	67	IfD 5001, Köcher: Familie u. Lesen, Börsenbl. 14.10.1988, S. W2276
Okt. – Dez. 1990	6-13		ARD/ZDF, Groebel/Klingler: Kinder u. Medien 1990. Baden-Baden 1994.
Mai 1991		66	IfD, Noelle-Neumann/Köcher (Hg.): Allensbacher Jb. d. Demoskopie 1984-1992, S. 335
Okt. – Dez. 1992	14	60	Stiftung Lesen/IFAK: Lesekultur in Dtld. 1992/93
März/April 1994	16		Bertelsmann/IfD(!): Leseverhalten international (nicht publiziert)
1994	14	(55)	Media-Analyse '94 (nur begrenzt vergleichbar)
Juni 1994		60	IfD: Chancen für das religiöse Buch
Frühjahr 1995	14	67	IfD: Allensbacher Werbeträger-Analyse (AWA) Frühjahr 95

Tabelle 2: Langzeittrends des Bücherlesens II
Bücherlesen allgemein, alte BRD (ab 1994 BRD gesamt)

Frage: *Haben Sie in den letzten 12 Monaten ein Buch gelesen?*
Falls „Ja": *Was würden Sie ungefähr schätzen, wie oft Sie dazu kommen, ein Buch zur Hand zu nehmen - würden Sie sagen ...*

Befragte ab (Alter)		täg-lich	mehr-mals pro Woche	ein-mal pro Woche	So alle 14 Tage	ein-mal pro Monat	selte-ner	im letzten Jahr nicht
IfD:								
Okt. 1967	16 }	10	19	13	8	8	10	32
Jan. 1968	16							
Okt. 1973	16 }	11	18	12	6	8	12	33
Winter 1973/74	18							
Februar 1978	16	12	19	14	6	9	8	32
August 1978		12	19	12	7	9	8	33
1979	16	11	19	13	8	9	10	30
Mai/Juni 1981	16	10	20	14	8	9	9	30
Okt./Nov. 1982	16	12	20	13	7	8	7	33
Januar 1984	16	13	20	11	8	9	9	30
1984	14	9	20	12	7	10	12	30
Juli 1985	16	12	22	12	9	10	11	24
Feb./März 1988	16	15	23	12	9	8	9	24
1991		15	22	12	9	8	7	27
Stiftung Lesen:								
Okt. – Dez. 1992	14	13	21	12	5	9	16	23
Bertelsmann/IfD:								
März/April 1994	16	18	17	- 20 -		- 15 -		30
IfD:								
Juni 1994		11	23	12	6	8	10	30
Frühjahr 1995	14	15	19	12	9	12	- 33 -	

Teil 5: Forschungsdefizite und Forschungsperspektiven

Tabelle 3: Buchlese-Frequenz nach Funktionen
Deutschland gesamt
Stiftung Lesen, Oktober bis Dezember 1992, Befragte ab vierzehn Jahren

Frage 22: *Was würden Sie ungefähr schätzen, wie oft Sie dazu kommen, ein Buch zur Hand zu nehmen, um darin zu lesen, etwas nachzuschlagen oder darin zu blättern?*
Frage 23: *Man liest ja Bücher aus verschiedenen Gründen. Was würden Sie schätzen, wie oft sie dazu kommen zu lesen?*

Bücher allgemein (Frage 22)	total	männlich		weiblich	
täglich	16	15		17	
mehrmals in der Woche	23	22	48	24	53
etwa einmal in der Woche	12	11		12	
so alle 14 Tage	6	6		5	
ungefähr einmal im Monat	9	9		9	
seltener	15	14		15	
nie	20	22		18	
Bücher zur Unterhaltung (Frage 23)					
täglich	6	4		8	
mehrmals in der Woche	21	15	34	25	47
etwa einmal in der Woche	15	15		14	
so alle 14 Tage	10	10		9	
ungefähr einmal im Monat	11	11		11	
seltener	28	32		26	
nie	10	14		7	
Bücher zur Weiterbildung, für den Beruf (Frage 23)					
täglich	8	9		7	
mehrmals in der Woche	12	16	34	9	21
etwa einmal in der Woche	7	9		5	
so alle 14 Tage	6	6		5	
ungefähr einmal im Monat	7	7		6	
seltener	20	24		16	
nie	41	28		51	
Bücher zur allgemeinen Information (Frage 23)					
täglich	3	3		2	
mehrmals in der Woche	8	10	27	7	20
etwa einmal in der Woche	12	14		11	
so alle 14 Tage	8	10		7	
ungefähr einmal im Monat	11	13		10	
seltener	28	28		28	
nie	29	23		35	
Bücher für die persönlichen Interessen, Hobbys (Frage 23)					
täglich	3	4		2	
mehrmals in der Woche	10	11	29	9	22
etwa einmal in der Woche	12	14		11	
so alle 14 Tage	10	10		10	
ungefähr einmal im Monat	14	15		12	
seltener	28	29		27	
nie	24	19		28	

Mindestens sechzehn Studien seit 1967 (meist des IfD) fragten: *"Haben Sie in den letzten zwölf Monaten ein Buch gelesen?"* Falls „Ja": *"Was würden Sie ungefähr schätzen, wie oft Sie dazu kommen, ein Buch zur Hand zu nehmen - würden Sie sagen ...".* Dieser Wortlaut wurde deshalb auch für die Repräsentativstudie der Stiftung Lesen 1992/93,[11] benutzt, auf der die folgenden Ausführungen weitgehend beruhen. Zum Teil wird sie – über ein Vierteljahrhundert hinweg – der ältesten vergleichbaren Studie (IfD, 1967/68) gegenübergestellt.[12]

Stabil ist die Relation, daß etwa ein Drittel der Bevölkerung täglich oder mehrmals pro Woche ein Buch zur Hand nimmt, ein Drittel einmal pro Woche oder seltener, ein Drittel nie.[13] Das gilt in der Größenordnung auch für andere Industrieländer.[14] (Ausnahme ist nur Japan, das seit Beginn der 70er Jahre steigende Leseraten und -quanten aufweist: Japanische Mittel- und Oberschüler lesen im Durchschnitt zwei Bücher pro Monat.[15]) Die Häufigkeit des Bücherlesens in Deutschland ist seit 1967 nahezu gleich geblieben, obwohl das Fernsehen und die anderen elektronischen Medien an Bedeutung gewonnen haben, aber auch: obwohl das Bildungsniveau der Bevölkerung gestiegen ist. Daß die zur Verfügung stehende Freizeit zugenommen hat, hat sich eher im gestiegenen Zeitaufwand für das Lesen niedergeschlagen (Tabelle 5).

Für die *aktuelle Situation* erscheint es aussagekräftig, die Daten zur Häufigkeit des Bücherlesens zu betrachten und dabei neben die Angaben zu Büchern allgemein die Angaben zu Büchern verschiedener Funktion zu stellen, wie diese Funktionen von den Befragten selbst ihrer Lektüre zugeordnet werden.[16] Dabei zeigen sich klare Geschlechter-Differenzen bezüglich der Funktionen des Lesens: 53 Prozent der Frauen, aber nur 48 Prozent der Männer lesen mindestens einmal pro Woche in einem Buch, jedoch nur 34 Prozent der Männer, aber 47 Prozent der Frauen tun dies zur Unterhaltung, während andererseits nur 21 Prozent der Frauen, aber 34 Prozent der Männer dies zur Weiterbildung tun. Ebenso führen Männer bei „Büchern zur allgemeinen Information" (27 Prozent gegenüber 20 Prozent) und bei „Büchern für die persönlichen Interessen, Hobbys" (29 Prozent zu 22 Prozent) (vergleiche Tabelle 3).

3. Perspektiven der Entwicklung des Lesens: Tendenzen

Im Folgenden skizziere ich[17] in Thesenform einige *Entwicklungstendenzen*, die sich aus der Betrachtung der langfristigen Veränderungen und Kontinuitäten über die letzten Jahrzehnte hinweg andeuten, weil aus diesen Entwicklungen der Vergangenheit auch in die Zukunft extrapoliert werden kann. Obwohl die Zukunft nicht einfach nur eine Fortsetzung der Entwicklung in den letzten Jahrzehnten bringen wird, gibt es doch keinen Grund, warum diese Trends plötzlich ihre Richtung ändern sollten.

Teil 5: Forschungsdefizite und Forschungsperspektiven 221

1. *Die wenig veränderten Durchschnittswerte verdecken, daß sich die Polarisierung von regelmäßigen Lesern, die eher immer mehr lesen und die zugleich kompetentere Nutzer auch anderer Medien sind, und von Wenig- oder Nicht-Lesern vergrößert.*

Die Stabilität der Zahlen geht auf die überdurchschnittliche Zunahme bei jenen 35 bis vierzig Prozent der Bevölkerung zurück, die regelmäßig lesen. Während hier die Lesekultur stabil ist, ist am anderen Ende des gesellschaftlichen Spektrums ihr Schwund tatsächlich festzustellen. Wer viel liest, liest immer mehr; wer wenig liest, liest immer weniger. Die oft Lesenden verwenden zudem immer mehr Zeit auf ihre Lektüre.

Die Folgen solcher Polarisierungen sind erheblich: Die „Wissenskluft"-Forschung zeigt, daß aufgrund unterschiedlicher Nutzung der Medien durch verschiedene soziale Gruppen diese sich in der Qualität ihrer Informiertheit unterscheiden, wobei, so Heinz Bonfadelli, „habituelles Lesen mit aktiver Informationssuche, informationsorientierten Rezeptionsprozessen und mit besserer Informiertheit zusammengeht, mithin also eine Grundvoraussetzung für die Teilnahme an der Politik und für das Funktionieren unseres demokratischen Systems darstellt."[18]

2. *Die Entwicklung des Lesens verläuft bei einzelnen sozialen Gruppen unterschiedlich. Insbesondere unterscheidet sich die Entwicklung bei Männern und bei Frauen.*

Bei Männern nahm das Unterhaltungslesen seit 1967 per saldo(!) ab, das Qualifizierungslesen zu. Bei den Frauen blieb beides per saldo(!) gleich.

Tabelle 4: Geschlechter-Vergleich nach einem Vierteljahrhundert
(alte Bundesländer) „wenigstens einmal in der Woche" lasen
Angaben in Prozent

	Männer		Frauen		alle	
	1967	1992	1967	1992	1967	1992
ein Buch zur Unterhaltung	40	32	47	46	44	39
ein Buch zur Weiterbildung (für den Beruf)	29	33	18	19	23	25
Summen:	69	65	65	65	67	64

Die weibliche Dominanz bei der Belletristik, die der Männer bei zweckorientiertem Lesen ist alt und im historischen Wandel stabil. Die Unterschiede zwischen den Geschlechtern sind in den letzten Jahrzehnten sogar größer geworden. Das betrifft die Menge und die Stoffe (obwohl es hier gewisse Veränderungen zu geben scheint: innerhalb der Belletristik gibt es eine leichte Annäherung der Frauen an die traditionell „männlichen" Sparten, jedoch keine entsprechende Veränderung bei den Männern), es betrifft aber auch die

Leseweisen. Männer sagen öfter von sich als Frauen, daß sie Bücher nicht zu Ende lesen oder Seiten überschlagen. Verschieden ist auch, was ausgelassen wird. Die Geschlechterdifferenz ist aber bei Personen mit höherer Bildung deutlich geringer als bei Personen mit niedriger. Nur einige Stichworte zu anderen soziodemographischen Gruppen:

- Die Lesehäufigkeit steigt mit Bildung und sozialer Schicht: Bildung und soziale Schicht haben ihren beherrschenden Einfluß auf das Lesen behalten; und es gibt keine Anzeichen, daß sich dies ändern wird.
- Alter: junge Menschen lesen nach wie vor öfter Bücher als ältere.
- Der Einfluß des Stadt-Land-Gegensatzes nimmt ab.
- Der Einfluß der Haushaltsgröße nimmt zu (was vor allem auf die Zunahme von Single-Haushalten mit ihrem eigenen Lebensstil zurückgeht).
- Beim Faktor „Konfession" sind die Veränderungen davon geprägt, daß die überdurchschnittlich gebildete und eifrig lesende Gruppe „ohne Konfession" sich immer mehr aus den anderen Gruppen ausgliedert.

3. Lesen zur Information und beruflichen Qualifizierung gewinnt gegenüber dem Lesen von Belletristik immer mehr an Bedeutung.

Vor dreißig Jahren überwog noch das Belletristiklesen; damals wurde nur halb so lange zur Information und Qualifizierung gelesen wie Belletristik. Bei insgesamt gestiegenem Zeitaufwand für das Lesen ist heute die Lesezeit für Sach- und Fachbücher schon praktisch ebenso lang wie die für Belletristik. Tabelle 5 zeigt die durchschnittliche Nutzungsdauer pro Woche für die einzelnen Medien und ihren Anstieg zwischen 1967 und 1992/93.

Von der aufgewandten Zeit her entwickelte sich das Lesen von Büchern zur Information und Qualifizierung über ein Vierteljahrhundert im Verhältnis 1:2,3; das Belletristiklesen im Verhältnis 1:1,2. Dabei hat der Anstieg bei der Qualifizierungslektüre mehr im Lesen der Männer, die Stabilität bei der Belletristik in dem der Frauen seine Ursache. An der Nutzungsdauer von Sach- und Fachbüchern einerseits, Belletristik andererseits, sieht man das komplementäre Verhältnis der Geschlechter: 1992/93 lasen die Männer pro Woche 186 Minuten ein Sach-/Fachbuch und 122 Minuten einen Roman, Erzählungen oder Gedichte. Die Frauen lasen umgekehrt nur 120 Minuten in einem Sach- beziehungsweise Fachbuch und 183 Minuten Belletristik. Die für beide Geschlechter fast gleiche Summe von 307 beziehungsweise 304 Minuten verdeckt die Geschlechterdifferenz.[19]

Tabelle 5: Lese-/Mediennutzungsdauer-Vergleich nach einem Vierteljahrhundert (alte Bundesländer)
1967: IfD 2032, Oktober 1967, Befragte ab sechzehn Jahren
1992: Stiftung Lesen, Oktober bis Dezember 1992, Befragte ab vierzehn Jahren

Wenn Sie einmal an einen normalen Werktag denken: Können Sie mir sagen, wie lange Sie in Ihrer freien Zeit folgende Tätigkeiten verrichtet haben. Und wie ist das an einem normalen Samstag und an einem normalen Sonntag?

Minuten pro Woche	1967 gesamt*	1992 alte Bundesländer		
		gesamt	männlich	weiblich
Ferngesehen	578	1269,3	1250,3	1286,1
Videorecorder genutzt	-	169,4	203,0	139,6
Rundfunk gehört	316	797,6	703,7	880,8
1967: Schallplatten	50			
1992: Schallplatten, Kassetten, CDs oder Tonbänder gehört		245,4	250,2	241,0
Mit einem Computer beschäftigt	-	71,4	105,7	41,3
Zeitungen	223 }	498,3	465,7	527,8
Zeitschriften oder Illustrierte gelesen	137			
1967: Buch zur Weiterbildung	65			
1992: In einem Sach-/Fachbuch gelesen		151,2	185,9	120,5
1967: Buch zur Unterhaltung	127			
1992: Einen Roman, Erzählungen oder Gedichte gelesen		154,4	121,6	183,5
Summe Bücher**	192	305,6	307,5	304,0
Summe Printmedien**	552	803,9	773,2	831,8
Summe Medien gesamt (incl. Mehrfachtätigkeiten!)	1496	3357,0	3286,1	3420,6

* Für 1967 im Bericht keine Geschlechterdifferenzierung ausgewiesen.
** Diese Zeiten sind in Wahrheit höher, weil diese Tabelle u.a. Bücher anderer Art (Ratgeberbücher, Nachschlagewerke, Kinderbücher et cetera) nicht berücksichtigt.

4. *Die Etablierung neuer Medien, Verschiebungen in ihrer Nutzung oder ihre Ersetzung geschehen nicht als Verdrängungskonkurrenz innerhalb eines feststehenden Zeitbudgets des Publikums.*

Das Beispiel der Mediennutzungsdauer (vergleiche Tabelle 5) zeigt auch, daß die Vermutung einer Zeitkonkurrenz zwischen den Medien wenig erklärt. In der Frühzeit des Fernsehens glaubten manche, die Zunahme der Fernsehzeit gehe auf Kosten des Lesens. Die Nutzungszeit hat jedoch für alle Medien deutlich zugenommen. Hier ist das Ende der Entwicklung sicher noch nicht erreicht; die für die Medien insgesamt aufgewandte Zeit wird weiter wachsen. Möglich ist das, weil inzwischen ein großer Teil der Mediennutzung Sekundärtätigkeit ist. Das Radio wird fast ganz sekundär genutzt, und auf die Frage nach ihrer dominanten Fernsehgewohnheit sagten in unserer Studie siebzehn Prozent: „Bei mir läuft zwar oft der Fernseher, meist beschäftige ich mich aber gleichzeitig mit anderen Dingen." Bei den dreißig- bis 39jährigen sind es 24 Prozent. Die Prognose ist nicht schwer, daß diese Gewohnheit noch zunehmen wird.

Ein kausaler Zusammenhang zwischen der Zunahme der Nutzungszeit audiovisueller Medien und der Lesezeit besteht nicht. Daß Medien sich etablieren und andere verdrängen, geschieht nicht so, daß die neuen den alten die zur Verfügung stehende Zeit wegnehmen. Wir hören nicht deshalb keine Schallplatten mehr, weil uns das Hören von CDs dazu keine Zeit mehr läßt, sondern weil das neue Medium überlegen ist.

5. *Die Kompetenzen zur Nutzung der elektronischen Medien entwickeln sich nicht unabhängig von einer qualifizierten Lesekompetenz. Eine qualifizierte Lesefähigkeit bleibt Basisqualifikation nicht nur für die Nutzung der Printmedien, sondern auch für die Nutzung anderer Medien.*

Eines der wichtigsten Ergebnisse der Studien der letzten Jahrzehnte ist, daß regelmäßige Leser das gesamte Medienangebot in anderer Weise und Qualität nutzen als Nicht- oder Wenig-Leser; das reicht von den (selektiveren) Gewohnheiten bei der Auswahl des Fernsehprogramms[20] über die Programmpräferenzen bis zu einer anderen Einstellung gegenüber electronic publishing. Jedoch ist noch nicht ganz klar, wieweit dies nur eine auf Variablen wie zum Beispiel Bildung et cetera zurückzuführende Korrelation ist, und wieweit diese Korrelation auch kausal interpretiert werden darf.

Sicher ist aber, daß es einen Transfer von beim Lesen erworbenen Kompetenzen auf die Nutzung anderer Medien gibt, speziell auch des Fernsehens: Regelmäßige Leser können auch die audiovisuellen Medien besser nutzen, vor allem, weil sie ihre beim Lesen eingeübte Fähigkeit zur Strukturierung des Wahrgenommenen einsetzen. Das reicht vom besseren Verständnis der Nachrichten über die Nutzung von Informationsmagazinen bis zur kompetenteren Rezeption von Spielfilmen. Möglicherweise sind sogar bestimmte Strukturen von Spielfilmen Rezipienten besser verständlich, die solche Strukturen am Lesen eingeübt haben.

Jedenfalls ist die Vermutung unzutreffend, daß sich die Kompetenz zur Nutzung der elektronischen Medien und die Lesekompetenz unabhängig voneinander entwickelten. Alles spricht vielmehr dafür, daß es einen kompetenten Umgang wie mit dem Fernsehen, so auch mit den Neuen Medien ohne die Basis einer qualifizierten Lese-Kompetenz nicht gibt.[21]

Der These vom Lesen als bleibender Basisqualifikation widerspricht nicht, daß es Transferphänomene nicht nur vom Lesen auf andere Medien, sondern auch von anderen Medien auf das Lesen gibt, sowohl bei Kompetenzen wie bei Rezeptions-Modalitäten und -Formen. „Der Filmesehende liest Erzählungen anders" so Brecht schon 1930.

Dieser These widerspricht auch nicht, daß medienspezifische Kompetenzen ausgebildet werden. Die Neuen Medien verändern den Lebensstil; Kinder und Jugendliche entwickeln Medienkompetenzen, die Erwachsene nicht mehr erwerben können. (Man denke zum Beispiel an Comics oder an die neuen Rezeptionsformen beim Fernsehen wie Switching, Zapping und Zooming.) Die audiovisuellen Medien treiben offenbar einen Prozeß der kulturellen Akzelleration voran, was zu dem Schluß führte, daß die audiovisuellen Medien die

Teil 5: Forschungsdefizite und Forschungsperspektiven 225

kognitive Entwicklung von Kindern beschleunigen können. Thomas Ziehe spricht von einer generationsspezifischen Zunahme von Kompetenzen, einer bei Jugendlichen im Vergleich zu den Älteren zu sehenden „Virtuosität in der digitalen Informationsverarbeitung" und „in der visuellen Wahrnehmung."[22] - Und selbstverständlich gibt es auch Medienkompetenzen, die an einem bestimmten Medium eingeübt werden, und deren Geltung spezifisch ist. An diese These schließt sich die folgende unmittelbar an:

6. *Lesen ist in die Mediennutzung allgemein eingebettet und geschieht in funktionaler Interdependenz mit anderen Formen der Mediennutzung.*

Buchleser stehen nicht etwa den Nutzern anderer Medien gegenüber, im Gegenteil: Regelmäßige Leser nutzten das ganze Medienangebot stärker als Wenig- oder Nichtleser, die sich typischerweise auf Radio und Fernsehen beschränken. Entscheidend ist, daß für jedes Bedürfnis dasjenige Medium gewählt wird, das eine bestimmte Funktion optimal erfüllt, so daß sich die Medien gegenseitig ergänzen. Die Kompetenz zur Herstellung des jeweils richtigen „Media-Mix" scheint einerseits bei den regelmäßigen Lesern, andererseits bei Jüngeren höher zu sein.

Insofern ist es unwahrscheinlich, daß das Fernsehen die Literatur verdrängen wird. Möglich ist eine Ersetzung bei solcher Literatur, die sich in den Funktionen von Escapismus, Relax, erotischer Anregung oder Stimmungskontrolle erschöpft - früher nannte man das „Trivialliteratur" - , in Funktionen also, die das andere Medium besser erfüllt.

7. *Literarisches Lesen verliert seine Prägung durch soziales Prestige und dient immer mehr instrumentell individuellen Bedürfnissen.*

Erkennbar wurde dies schon in den 70er Jahren (in der Differenz der IfD-Studien 1967 und 1974), etwa am Rückgang von „*Belesenheit*" als an Mitmenschen geschätzter Eigenschaft, am Rückgang der Zustimmung zu Aussagen wie „*Lesen ist gut, weil man durch Lesen gebildet wird*" oder "*Bücher machen ein Zimmer wohnlich und behaglich*". Mit der Emanzipation des Lesens vom klassisch-humanistischen Bildungsbegriff, mit dem Rückgang des Prestigewertes der Tätigkeit „Lesen", von Belesenheit und von Buchbesitz verliert das Lesen seine bildungsbürgerliche Aura, seinen „Wert an sich", aber damit auch seinen Verpflichtungscharakter. Es wird zu einer instrumentellen Tätigkeit, wie sonst schon im Bereich der Qualifikation und Information, so auch im Bereich der Belletristik. Nicht mehr ein kultureller Anspruch der Literatur führt zu ihrer Lektüre, sondern zum Kriterium wird, ob diese Lektüre bestimmte Funktionen erfüllt.

Den historischen Wandel unserer eigenen Einstellungen in diesem Bereich können wir uns daran vorführen, daß es uns heute lächerlich vorkommt, daß es in den Anfangszeiten des Fernsehens, also noch in den 60er Jahren, im Bildungsbürgertum nicht unüblich war, sich Abendgarderobe anzuziehen, bevor man sich zur Opernübertragung im Fernsehen ins Wohnzimmer setzte.

Bevor man vorschnell in diesem Prozeß, in dem ein nüchternes Verhältnis zu allen Medien und eben auch zum Buch sich durchsetzt, nur den Verlust sieht, bedenke man, daß die bildungsbürgerlichen Normen keineswegs immer tatsächliches Lesen bedeuteten.[23]

8. *Der Charakter des Lesens wandelt sich zu einer instrumentelleren, vor allem selektiveren Leseweise.*

Die durchschnittliche Lesegeschwindigkeit ist offenbar in den letzten Jahrzehnten gestiegen. Das Lesen wird zunehmend ergebnisorientiert; es geht weniger um den Leseakt als um das, was damit erreicht werden soll. Formen partiellen Lesens nehmen zu: Kursorisches Lesen, Auslassen von Partien, selektives Lesen. Auch die Souveränität scheint gewachsen, die Lektüre eines Buches abzubrechen. Daß nicht alle Bücher, die gekauft oder geschenkt werden, auch (ganz) gelesen werden, haben wir wohl alle schon immer geahnt. Nur 25 Prozent der Befragten sagten denn auch von sich, daß sie belletristische Bücher (wenn, dann) „immer", und 33 Prozent, daß sie diese „oft" ganz lesen.

Tabelle 6a: Partielles Lesen von Belletristik (Deutschland gesamt)
  Stiftung Lesen, Oktober bis Dezember 1992, Befragte ab vierzehn Jahren
  Angaben in Prozent

„Denken Sie nun einmal an Belletristik (Unterhaltungsliteratur). Wie oft kommt es bei Ihnen vor, daß Sie ein Buch ...

	immer	oft	manchmal	nie	keine Angabe
nur etwas anlesen	2	13	45	34	6
zum größten Teil lesen, aber nicht zu Ende	1	12	40	40	6
ganz lesen	25	33	22	15	6
gar nicht lesen	9	15	30	40	7

Tabelle 6b: Selektives Lesen (Deutschland gesamt)
  Stiftung Lesen, Oktober bis Dezember 1992, Befragte ab vierzehn Jahren
  Angaben in Prozent

	Ich lese ... ohne etwas auszulassen	Ich lese ... und lasse auch mal etwas aus	Ich ... picke mir nur das Interessanteste heraus
Hauptschule ohne Lehre:	22	20	20
Hauptschule mit Lehre:	28	24	18
Weiterführende Schule:	43	27	10
Abitur:	61	20	10
Hochschule:	54	31	15

Lesen zur Qualifikation und Information ist seit je selektiv. Auch würden wir niemand, der die Zeitung von der ersten bis zur letzten Zeile liest, als lesekompetent ansehen. Warum gilt es als Zeichen literarischer Kompetenz, einen Roman, nur weil man ihn angefangen hat, Zeile für Zeile zu lesen, auch wenn der Autor die Absicht hat, seine Leser zu Tode zu langweilen? Die Norm, es mache den Kunstcharakter eines Werkes aus, daß es – im Gegensatz zu Sachtexten – als integrales und in allen Details rezipiert werden müsse, wurde erst vor 200 Jahren von der klassischen Kunstdoktrin formuliert. Davor entsprach es geltender Poetik, sich aus verschiedenen Werken die „besten Stellen" zu künftiger Nutzanwendung zu sammeln, sofern man nicht auf fertige „Blütenlesen" zurückgriff. Auch die Norm, Sachtexte dürfe man schnell und ergebnisorientiert, literarische Texte hingegen müsse man langsam lesen, ist eine von der klassischen Literaturdoktrin etablierte Unterscheidung: Die am integralen Werk orientierte Rezeptionsnorm ist historisch und damit prinzipiell ablösbar, und vermutlich Episode.

9. Die weitere Etablierung elektronischer Medien wird die literarische Lesekultur in naher Zukunft kaum wesentlich verändern.

Die Neuen Medien werden sich in den nächsten Jahren deutlich ausweiten. Aber das dürfte in Form einer weiteren Zunahme der gesamten Mediennutzungszeit geschehen, sowie, indem sie jene Medien verdrängen, die ihnen für vergleichbare Funktionen unterlegen sind.

1994 wurde gefragt, ob man sich vorstellen könne, Informationen, die man heute aus Büchern beziehe, künftig über Bildschirm abzurufen. 45 Prozent bejahten dies, 41 Prozent nicht. Die positive Einstellung zu electronic publishing ist am größten bei sechzehn- bis 29jährigen und bei Männern größer als bei Frauen, bei Berufstätigen und bei höher Gebildeten größer als bei anderen. Am größten ist die Differenz zwischen denen, die im Lesen vor allem Information und Wissenserwerb suchen, und denen, die zur Unterhaltung lesen: Bei jenen, die vor allem operational lesen, ist die Bindung an das Buch geringer als bei „Belletristik-Lesern". Nicht nur die Enzyklopädie in echtem Schweinsleder ist ein Anachronismus; für alles Lesen zur Information und Qualifikation scheinen die potentiellen Nutzer geradezu auf electronic publishing zu warten. Für Belletristik-Lektüre wird es nicht so schnell akzeptiert werden.

In den Funktionen von Lexikon, Betriebsanleitung oder Lehrbuch ist die CD-ROM dem Buch überlegen; das Buch, das die Mutter dem Kind vorliest, oder der Roman für den Urlaub werden so bald kaum von CD und Laptop abgelöst werden. Das hat praktische, vor allem aber auch mentalitäre Gründe: Ein auratisches Verhältnis zum Gegenstand „Buch" haben eben gerade jene, die vor allem Belletristik-Leser sind. Diese Gruppe stellt sich auch ihr operationales Lesen in der Zukunft eher mit Büchern vor.

Hierzu ist es kein Gegenbeispiel, daß der Reclam-Verlag Klassiker auf CD-ROM anbietet. Daß hier der Text nicht nur optisch, sondern auch akustisch präsentiert wird, ist weder neu („Audio-Books"), noch berührt es die Lesekultur. Hören ist kein Verlust gegenüber dem Lesen, sondern umgekehrt, so Goethe, „stille für sich lesen ein trauriges Surrogat der Rede".[24] Die CD-ROM bietet für literarische Lektüre wenig, was sie dem Buch überlegen machen würde; der notwendige Apparat (PC, Bildschirm) steht im Gegenteil dieser Verwendung entgegen. Vorteile (Volltextsuche, Textexport) hat die CD-ROM für operationales Lesen. Für literarische Texte, die in Schule und Universität gelesen werden, kann sie sich etablieren, sonst kaum.

Anmerkungen:

[1] Beispielhaft: Warneken, Bernd Jürgen: Zur Kritik positivistischer Literatursoziologie. Anhand von Fügens „Die Hauptrichtungen der Literatursoziologie". In: Literaturwissenschaft und Sozialwissenschaften, Bd. 1: Grundlagen und Modellanalysen. Stuttgart 1971, S. 81-150.

[2] Vgl. Muth, Ludwig (Hg.): Der befragte Leser. Buch und Demoskopie. Beiträge v. Renate Köcher, Elisabeth Noelle-Neumann, Gerhard Schmidtchen und Rüdiger Schulz, München u.a. 1993. - Vgl. auch den Beitrag von Ludwig Muth: Grundlagenforschung in praktischer Absicht - die erste Phase der Buchmarktforschung des Börsenvereins, in: Stiftung Lesen/Bodo Franzmann (Hg.): Lesen im Umbruch. Forschungsperspektiven im Zeitalter von Multimedia. 1998.

[3] Zum Überblick über ältere Studien Franzmann, Bodo: Das Buch als Basismedium. In: Börsenblatt für den dt. Buchhandel. 96/81, 6.11.1981; S. 2910 - 2918 (Emnid 1958, DIVO 1964, IfD 1967/68, IfD 1973/74, Ifak 1973, IfD 1978, Infratest 1978). Die Studien des IfD stellt dar: Ludwig Muth (Hrsg.): Der befragte Leser. (wie Anm. 2, IfD-Studien 1967/68, 1973/74, 1978, 1981, 1983/84, 1987, 1988). Neuere Bertelsmann-Studien: Saxer, Ulrich/Wolfgang Langenbucher/Angela Fritz: Kommunikationsverhalten und Medien. Gütersloh 1989. Fritz, Angela: Lesen im Medienumfeld. Mit e. Synopse von Ulrich Saxer, Gütersloh 1991.

[4] Für die Forschungssituation der 70er Jahre: Groeben, Norbert: Rezeptionsforschung als empirische Literaturwissenschaft. 1. Aufl. Kronberg 1977; 2., überarbeitete Aufl. Tübingen 1980.

[5] Zu denken ist hier vor allem an die Gruppe Eggert, Berg, Rutschky, an Bettina Hurrelmann u.a.. Vgl. Eggert, Hartmut/Hans Christoph Berg/Michael Rutschky: Schüler im Literaturunterricht. Köln 1975. dies.: Die im Text versteckten Schüler. Probleme einer Rezeptionsforschung in praktischer Absicht. In: Grimm, Gunter (Hg.): Literatur und Leser. Stuttgart 1975, S. 272-294. Hurrelmann, Bettina: Kinderliteratur im sozialen Kontext. Eine Rezeptionsanalyse am Beispiel schulischer Literaturverarbeitung. Weinheim 1982. Hurrelmann, Bettina (Hg.): Kinderliteratur und Rezeption. Beiträge der Kinderliteraturforschung zur literaturwissenschaftlichen Pragmatik. Baltmannsweiler 1980.

[6] Zum Überblick: Eggert Hartmut/Christine Garbe: Literarische Sozialisation. Stuttgart u. Weimar 1995 (Sammlung Metzler 287).

[7] Ausgangspunkt: Steinborn, Peter/Bodo Franzmann: Kommunikationsverhalten und Buch bei Kindern und Jugendlichen. In: Maier, Karl E. (Hg.): Kind und Jugemdlicher als Leser. Bad Heilbrunn 1980, S. 159-192.

[8] Vgl. Eggert, Garbe (Anm. 6); Absch. „Lesebiographische Forschung", S. 59-67. Schön, Erich: Die Leser erzählen lassen. Eine Methode in der aktuellen Rezeptionsforschung. In: Internationales Archiv für Sozialgeschichte der deutschen Literatur (1990), H. 15, S. 193-201.

[9] Vgl. auch die Begrifflichkeiten bei Eggert, Garbe (Anm. 6), S. 8ff.

[10] Muth (Hg.): Der befragte Leser. (Anm. 2), S. 7-9.

[11] Diese Studie (an deren Konzeption und Auswertung der Verfasser beteiligt war) war die erste gesamtdeutsche Repräsentativstudie. Befragt wurden von Oktober bis Dezember 1992 2.737 Personen in circa einstündigen Interviews. Aus dieser Studie sind Grobergebnisse publiziert: Stiftung Lesen (Hg.): Leseverhalten in Deutschland 1992/93, Mainz 1993 (nicht im Handel). Diese beiden Studien sind auch insofern vergleichbar, als beide Ein-Themen-Befragungen waren und beide im Winter durchgeführt wurden. Die IfD-Studie befragte die Bevölkerung ab sechzehn, die Studie der Stiftung Lesen ab vierzehn, von da her sind bei letzterer geringfügig höhere Werte zu erwarten.

[12] Die IfD-Studie 1967/68 (IfD Nr. 2032 u. 2036) ist dargestellt bei: Schmidtchen, Gerhard: Lesekultur in Deutschland. In: Archiv für Soziologie und Wirtschaftsfragen des Buchhandels. V (Beil. z. Börsenblatt Nr. 70 v. 30.8.1968), S. 1977 - 2152.

[13] Aktuelle Daten: Stiftung Lesen, Spiegel-Verlag (Hg.): Jahrbuch Lesen '95. Mainz u. Hamburg 1995. B.A.T. Freizeitforschungsinstitut (Hg.): Medienkonsum. Analysen und Prognosen. Hamburg 1995.

[14] Stiftung Lesen (Hg.): Lesen im internationalen Vergleich. Teil I. Mainz 1990; 3. Aufl. 1993. Teil II. Berlin u. München 1995.

[15] Vgl. Nojiri, Hiroko/Shunsak Tamura/Keiichi Hatanaka: Lesen in Japan. In: Stiftung Lesen (Hg.): Lesen im internationalen Vergleich II (Anm. 14), S. 211-257, hier bes. S. 249ff. Diese Angabe ist aber mit Vorbehalt aufzunehmen. In Japan wurden offenbar (entsprechend der rein quantitativen UNESCO-Definition eines Buches) auch Comicbooks („Mangas") als Bücher miterfaßt.

[16] Dies ist n.b. nicht identisch mit einer Unterscheidung nach einem objektivistischen Gattungsbegriff, da es auf die subjektive Funktion dieser Lektüre für die jeweiligen Leser abhebt. Dabei können Texten gleicher Gattung von verschiedenen Lesern in unterschiedlichen Verwendungssituationen verschiedene Funktionen zugeordnet werden.

[17] Ausführlicher in: Schön, Erich: Zur Zukunft des Lesens im Medienzeitalter. In: Segeberg, Harro/ Gerd Eversberg (Hg.): Theodor Storm und die Medien. Berlin 1998. Vgl. außerdem: Schön, Erich: Entwicklungstendenzen des Leseverhaltens in Deutschland. Eine Langzeitbetrachtung. In: Stiftung Lesen/Bodo Franzmann (Hg.): Lesen im Umbruch. Forschungsperspektiven im Zeitalter von Multimedia. 1998.

[18] Bonfadelli, Heinz: Lesen und Fernsehen - Lesen oder Fernsehen? In: Franzmann, Bodo et al. (Hg.): Auf den Schultern von Gutenberg. Berlin u. München 1995, S. 229-240, hier S. 230. Vgl. auch Bonfadelli, Heinz: Die Wissenskluft-Perspektive. Konstanz 1994. Zur Dimension des möglichen Verlusts emotiver beziehungsweise sozial-interaktiver Kompetenzen vgl. Schön, Erich: Veränderungen des literarischen Rezeptionskompetenz Jugendlicher im aktuellen Medienverbund. In: Lange, Günter/Wilhelm Steffens (Hg.): Moderne Formen des Erzählens in der Kinder- und Jugendliteratur der Gegenwart unter literarischen und didaktischen Aspekten. Würzburg 1995, S. 99-127; hier S. 112-123.

[19] Um der historischen Vergleichbarkeit willen beziehen sich diese Zahlen auf die alten Bundesländer, vergleiche Tabelle 5.

[20] Nur ein Beispiel von vielen: So ist es nach unserer Studie distinktives Merkmal regelmäßiger Leser, ihre Fernsehnutzung selektiv, das heißt orientiert an bestimmten einzelnen Sendungen zu organisieren. In der Formulierung des Items unserer Studie: „Ich plane mein Fernsehprogramm am Anfang der Woche, indem ich eine Fernsehzeitung oder ein Programmheft lese und mir bestimmte Sendungen vormerke."

[21] Vgl. auch Hurrelmann, Bettina: Lesenlernen als Grundlage einer umfassenden Medienkompetenz. In: Becher, Hans Rudolf/Jürgen Bennack (Hg.): Taschenbuch Grundschule. Baltmannsweiler 1993, S. 246-260. Hurrelmann, Bettina: Lesen als Schlüssel zur Medienkultur. In: Medienkompetenz als Herausforderung an Schule und Bildung. Gütersloh 1992, S. 249-265.

[22] Ziehe, Thomas: Zeitvergleiche. Weinheim u. München 1991, S. 145f.

[23] Vgl. Schön, Erich: „Lesekultur" - Einige historische Klärungen. In: Rosebrock, Cornelia (Hg.): Lesen im Medienzeitalter. Weinheim u. München 1995, S. 37 - 164.

[24] Vgl. auch das Kapitel „Das Ende des lauten Lesens" in: Schön, Erich: Der Verlust der Sinnlichkeit oder die Verwandlungen des Lesers. Stuttgart 1987; Neuausgabe 1993, S. 99-122.

Informationsrezeption gestern, heute, morgen

von Hans-Bernd Brosius

Jeder Wandel des Mediensystems, jedes „neue" Medium hat ein stark steigendes Medienangebot nach sich gezogen. Diese steigende Angebotsmenge hat die Rezeptionsbedingungen und -prozesse verändert, so die Kernthese des vorliegenden Beitrags. Sie hat aber auch *die Theorien* der Medienrezeption beziehungsweise die Herangehensweise der Forschung verändert. Die Theoriegeschichten der Wirkungsforschung allgemein und der Nachrichtenforschung im besonderen werden daraufhin untersucht. Dabei werden zwei Szenarien unterschieden. Im ersten Szenario sind Rezeptionsprozesse durch verknappte Information, restriktive Verbreitungsbedingungen und hohe Relevanz der Information für Rezipienten charakterisiert. Frühe Theorien der Wirkungsforschung stellten entsprechend die Einstellungsänderung als abhängige Variable und die logisch-rationale Auseinandersetzung mit dem Medienangebot als Rezeptionsmodus in den Mittelpunkt. Im zweiten Szenario sind Informationsüberfluß, generell zugängliche Verbreitungsformen und abnehmende Relevanz kennzeichnend. Entsprechend stellen sich in neueren Theorien anhängige Variablen und Rezeptionsmodus anders dar. Vor diesem Hintergrund untersucht der Beitrag, inwieweit sich aus diesen Szenarien Prognosen für die Informationsvermittlung der Zukunft, neue wissenschaftliche Forschungsstrategien und Rezeptionstheorien ergeben.

Eine Absolventin der Kommunikationswissenschaft in München, Tanja Kinkel, beschreibt in einem ihrer historischen Romane „Die Puppenspieler" ein Sittengemälde der Kaufmannsfamilie der Fugger in Augsburg, als diese unter der Führung von Jakob Fugger ein Handelsimperium in Europa aufbauten. Was beim Lesen - abgesehen von jeder historischen Korrektheit - vermutlich den stärksten Eindruck hinterläßt, sind die Person und das kaufmännische Geschick Jakob Fuggers. Dieser hat sich über ganz Europa hinweg ein Netz von Informanten aufgebaut, mit dem er es verstand, von allen Orten der Welt möglichst aktuelle Informationen zu sammeln und diese für seine kaufmännischen Entscheidungen nutzbar zu machen. Ob es sich um Klatsch am spanischen Königshaus oder um neue Erfindungen in Prag handelte - Fugger wußte seinen Informationsvorsprung zu nutzen. Der sagenhafte Reichtum der Familie geht vermutlich zum großen Teil auf die gute Informiertheit von Jakob Fugger zurück.

Gut informiert zu sein, war zu allen Zeiten ein Privileg, und ist es auch heute noch. Gut informiert zu sein, sichert Vorteile und ermöglicht Handlungsalternativen. Je stärker die Geschehnisse einer komplexer werdenden Welt sich gegenseitig beeinflussen, desto wichtiger ist Information. Der Aufbau von Informationssystemen hatte daher immer auch die Funktion, Informationsprivilegien zu schaffen und zu sichern. Unter dieser Perspektive kann man sowohl den Aufbau der Nachrichtenagenturen im 19. Jahrhundert als auch die Entwicklung weltumspannender Online-Dienste interpretieren. In demokratischen Gesellschaftsformen bedeutet gut informiert zu sein nicht nur, seine eigene wirtschaftliche Lage zu verbessern. Gut informiert zu sein, ist quasi ein konstitutives Merkmal eines Bürgers in einer Demokratie. Nur so kann der Bürger am politischen Entscheidungs- und Willensbildungsprozeß teilnehmen. Die Informiertheit der Bürger ist dem Gesetzgeber ein so zentrales Anliegen, daß neben der Meinungs- auch die Informationsfreiheit verfassungsrechtlich verankert ist.

In einer demokratischen Massengesellschaft spielen Massenmedien eine zentrale Rolle für die Vermittlung von Information. Ohne sie wäre es unmöglich, die Masse der Bürger in einem vertretbaren Zeit- und Kostenrahmen zu erreichen. Daher genießen Massenmedien und ihre Akteure, die Journalisten, den besonderen Schutz des Staates. Dies gilt vor allem für die aktuellen Nachrichten in Hörfunk und Fernsehen. Die Regelungen für den öffentlich-rechtlichen und auch den privaten Rundfunk nehmen darauf Bezug. Als Beispiel hier ein Auszug aus dem ZDF-Staatsvertrag:
„(1) In den Sendungen der Anstalt soll den Fernsehteilnehmern in ganz Deutschland ein objektiver Überblick über das Weltgeschehen, insbesondere ein umfassendes Bild der deutschen Wirklichkeit vermittelt werden. (2) Diese Sendungen sollen ... eine unabhängige Meinungsbildung ermöglichen" (Paragraph 2 des ZDF-Staatsvertrags nach Fuhr, 1985, S. 9).

Ziel der aktuellen Sendungen ist es also, dem Bürger ein breites und umfassendes Informationsangebot zu vermitteln, das ihn in die Lage versetzen soll, sich aufgrund der Kenntnis dieser Information eine wohlbegründete, unabhängige politische Meinung zu bilden. In einem solchen Diskurs um die verschiedene Meinungen wird sich, so die Demokratietheorie, die beste Meinung zwangsläufig durchsetzen, vorausgesetzt die politischen Informationen werden ungehindert verbreitet.

Die Untersuchung der Informationsleistung der modernen Massenmedien ist eine genuine Aufgabe kommunikationswissenschaftlicher Forschung ge-

Teil 5: Forschungsdefizite und Forschungsperspektiven

wesen.[1] Die Frage, ob die Massenmedien ihre diesbezügliche Funktion erfüllen, wird dabei durchaus kontrovers diskutiert.[2] Entsprechend der theoretischen Überlegungen wird in der empirischen Nachrichtenforschung dabei eine Beziehung zwischen der Quantität behaltener Informationen und der Qualität der Meinungsbildung unterstellt.[3] Das zugrundeliegende Rezeptionsmodell unterstellt, daß der Rezipient in der Lage und willens ist, die zur Verfügung stehenden Informationen rational und vernünftig, das heißt durch logische Analyse und Abwägung in eine politische Meinung umzusetzen, und daß diese Meinung um so besser und wohlbegründeter ist, je mehr Informationen verfügbar sind beziehungsweise für die Urteilsbildung herangezogen werden.

Die Art und Weise, wie Jakob Fugger sich informiert hat, entspricht dieser Vorstellung eines wissenschaftlich rationalen Rezipienten. Er ist demnach derjenige, der Nachrichten rational verarbeitet und aus den vermittelten Informationen eine begründete politische Meinung ableitet. Alfred Schütz,[4] der sich schon in den dreißiger Jahren mit dem „gut informierten Bürger" befaßt hat, sieht es als Pflicht des gut informierten Bürgers in der demokratischen Gesellschaft an, seine Meinung gegenüber der öffentlichen Meinung des „Mannes auf der Straße" zur Geltung zu bringen. Dazu, so argumentiert schon Schütz, ist er aber nicht in der Lage.[5] Er kann höchstens die Glaubwürdigkeit, nicht jedoch den Wahrheitsgehalt von medialen Quellen beurteilen.

Nicht nur durch die demokratietheoretischen Prämissen, auch durch die empirische Forschung ist man einem Rezeptionsmodell verpflichtet, das etwa durch folgende Merkmale gekennzeichnet ist: (1) Die Behaltensleistung drückt sich in der Anzahl richtiger Antworten auf Fragen aus, die die Forscher ausgesucht haben. Mit anderen Worten legen die Forscher jeweils als Experten fest, was an einer Nachricht behaltenswert ist. (2) Die Behaltensleistung wird durch Aufsummierung der richtigen Antworten kumulativ ermittelt. (3) Alle Antworten haben bei der Kumulation das gleiche Gewicht. (4) Die resultierende Behaltensleistung wird als Prozentwert des maximal Erreichbaren ausgedrückt. Diese Kennzeichen sind typisch für die empirischen Studien im Bereich der Nachrichtenforschung.

Das im folgenden als klassisch bezeichnete Rezeptionsmodell basiert empirisch gesehen auf folgenden Annahmen:[6]
1. Die Informationen, die zu einer politischen Meinungsbildung notwendig und wichtig sind, lassen sich intersubjektiv durch den Forscher bestimmen. Wonach der Forscher nicht fragt, ist demnach nicht wichtig für die Meinungsbildung.
2. Information in den Nachrichten und Kenntnisse der Rezipienten sind isomorph. Rezipienten bilden die Informationen in ihrem Gedächtnis ab, sie fügen nichts hinzu und transformieren nichts. Der Rezipient ist passiv wie ein Archiv.
3. Die einzelnen Informationen sind gleichgewichtig. Die Meinungsbildung erfolgt also durch eine Verrechnung der Informationen, die für die eine oder andere Meinung sprechen.

4. Informationen in Nachrichten werden bewußt wahrgenommen und verarbeitet. Der Rezipient widmet den Inhalten seine volle Aufmerksamkeit und bringt eine Bereitschaft mit, sich Sachverhalte zu merken. Ein Rezipient ist also hoch involviert und bemüht, möglichst viele der angebotenen Informationen zu verarbeiten und zu einer politischen Meinungsbildung zu verwenden.
5. Aus den verfügbaren Informationen erfolgt eine Urteilsbildung mehr oder weniger logisch und zwingend. Dies gilt inter- und intrasubjektiv: Rezipienten mit gleichem Informationsstand werden zu dem gleichen Urteil kommen. Ein Rezipient wird bei gleicher Informiertheit immer wieder zur gleichen Meinung gelangen.

Ähnliche Grundannahmen zum Verhältnis von Wissen und Urteilen finden sich auch in anderen Wissenschaftszweigen. Der „Rational Choice"-Ansatz in der Wahlforschung,[7] klassische Werbewirkungsmodelle,[8] manifeste Theorien Öffentlicher Meinung[9] oder die Agenda-Setting Forschung[10] enthalten teilweise die gleichen Annahmen, die auf einer vollständigen und bewußten Verarbeitung der zur Verfügung stehenden Informationen und einem logisch-rationalen Urteilsschluß beruhen. Aus Platzgründen muß jedoch eine ausführlichere Darstellung der Parallelen hier unterbleiben.[11]

Mit diesen Annahmen läßt sich zunächst idealtypisch beschreiben, wie Medien durch ihre Nachrichtengebung den Rezipienten zu einem gut informierten Bürger machen sollten. Resümiert man die empirische Forschung unter dieser Perspektive, können die Medien die Funktion, die Bürger gut zu informieren, nur unzureichend erfüllen.
1. Die absolute Menge der durch Nachrichten vermittelten Informationen erscheint gering. Die in Feldstudien gefundenen Prozentangaben von teilweise weniger als zehn Prozent müssen für jemanden, der Informationsvermittlung als Voraussetzung für eine unabhängige Meinungsbildung der Bürger betrachtet, unbefriedigend sein. Vor allem die aktive Erinnerung an die Nachrichteninhalte beziehungsweise das Verstehen dieser Inhalte erweist sich als äußerst dürftig.[12]
2. Auch in experimentellen Studien lieferte die Variation von Präsentations-, Rezipienten- und Inhaltsmerkmalen nicht das erhoffte Rezept für eine Verbesserung der Informationsvermittlung. Zwar ließen sich einige Faktoren identifizieren, die die Behaltensleistung positiv beeinflussen (zum Beispiel eine adäquate Bebilderung oder die Berücksichtigung der Reihenfolge der Meldungen), doch in den meisten Fällen betrug die hierdurch erzielte Verbesserung nur wenige Prozentpunkte.[13] Den stärksten Einfluß hat, abgesehen von experimentellen Variationen, das politische Vorwissen, so daß sich in der experimentellen Forschung Parallelen zur Wissenskluft-Forschung auftun.
3. Auch Langzeitbeobachtungen deuten nicht darauf hin, daß ein vermehrtes Informationsangebot die Kenntnisse der Rezipienten nachhaltig verbessert. Eine Meta-Analyse von Delli, Carpini & Keeter[14] zeigt, daß die Informiertheit der amerikanischen Bevölkerung (gemessen an einfachen Fragen

zu politischen Sachverhalten, Name des Vizepräsidenten, et cetera) zwischen 1947 und 1989 kaum zugenommen hat, obwohl sich das Medienangebot und auch das Angebot an politischer Information in diesem Zeitraum vervielfacht hat. Nach Schulz[15] ergeben sich insgesamt keine Hinweise darauf, daß der Zuwachs an Informations*quantität*, auch einen Zuwachs an Informations*qualität*, also eine politisch besser informierte Bürgerschaft hervorgebracht hat.

Muß man angesichts dieser Befunde die für die Demokratie so wichtige Informationsvermittlung durch Massenmedien als unzureichend ansehen? Ist es gerade im Hinblick auf die Ergebnisse der Wissenskluftforschung illusorisch, eine breitere Schicht gut informierter Bürger zu erwarten? Dies erschiene mir voreilig. Drei Gründe will ich nennen, warum die Rolle der Medien bei der Verwirklichung des Ideals des gut informierten Bürgers neu überdacht werden muß. Alle drei sind letztlich eine Konsequenz aus den veränderten Bedingungen der Berichterstattung und der Rezeption von Massenmedien.

1. *Die Menge der angebotenen Information* hat seit dem regelmäßigen Erscheinen der ersten Zeitungen stetig zugenommen. So haben sich beispielsweise seit Mitte der achtziger Jahre die Anzahl der Fernsehsender vermehrt, ohne daß die Nutzung des Publikums in gleicher Weise angestiegen wäre. Eine Analyse von Neuman & Sola-Pool[16] zeigt für die USA, daß die Anzahl der Worte in Nachrichtensendungen zwischen 1960 und 1980 deutlich zugenommen hat, während die Anzahl der rezipierten Worte fast konstant blieb. Brünne, Esch & Ruge[17] haben in einem mathematischen Modell berechnet, wie hoch die Informationsüberlastung ist.[18] In ihr Modell gehen das Informationsangebot und die Informationsnachfrage gemessen in Informationseinheiten als auch ein Aufmerksamkeitsfaktor ein. Die Werte, die die Autoren zugrunde legen, zum Beispiel 582 Informationseinheiten pro Zeitschriftenseite, beruhen auf psychologischen Erkenntnissen, erscheinen aber dennoch fragwürdig. Die Autoren kommen mit ihrer Methode zu dem Schluß, daß durchschnittlich 91,7 Prozent der Informationen in Zeitungen nicht konsumiert werden. Bei Zeitschriften sind es 94,1 Prozent, beim Radio 99,4 und beim Fernsehen 96,8 Prozent. Im Zuge der Programmvermehrung bei Radio und Fernsehen dürften die Werte heute noch höher geworden sein. Die zunehmende Kluft zwischen Informationsangebot und Informationsnutzung würde sicher weniger drastisch erscheinen, wenn man berücksichtigt, daß unterschiedliche Medien zum Teil gleiche Informationen verbreiten. Dennoch kann niemand mehr die Gesamtheit der publizierten Informationen überblicken, geschweige denn aufnehmen.
2. Im direkten Zusammenhang mit dem ersten Punkt steht *die Stärke der Informationsreduktion*. Während die ersten Zeitungen überhaupt keinen Selektionsdruck hatten - was an Information zur Verfügung stand, wurde gedruckt[19] - hat die Vervielfachung von Information einen zunehmenden Selektionsdruck auf die Medien ausgeübt. Heute wird nur noch ein Bruchteil der an die Medien gelieferten Informationen tatsächlich veröffentlicht (etwa zehn Prozent). Hinter der schon nicht mehr überschaubaren Menge

der publizierten Information steht also ein noch viel größerer Berg von Information, der durch die Nichtbeachtung der Medien zur Nichtinformation wird. Durch die starke Selektionsrate bekommt die publizierte Information eine Wertigkeit, die ihrer Relevanz möglicherweise nicht mehr angemessen ist. Auf die sich hier direkt anschließenden Fragen nach den Kriterien der Nachrichtenauswahl und dem Vergleich von Realität und Medienrealität kann aus Platzgründen nicht weiter eingegangen werden.[20]

3. *Die Qualität der Information* für den Rezipienten hat sich verändert. Die schier unendliche Fülle von Information hatte schon für Lazarsfeld und Merton[21] eine „narkotisierende Dysfunktion". Während die Zeit zur Verarbeitung der Medieninformationen steigt, nimmt proportional die Zeit zum aktiven Handeln ab und damit letztlich auch die Relevanz der Information. Die Autoren unterstellen hier noch, daß eine Vermehrung des Angebots eine Erhöhung der Nachfrage nach Information bedingt. Dies ist, wie oben gezeigt, mittlerweile nicht mehr der Fall. Nach Autoren wie Klapp[22] oder Postman[23] hat die Informationsexplosion zu einer Dissoziierung von Information und Handeln geführt: Die Informationen haben für den normalen Menschen keine Handlungs- und Problemlösungsrelevanz mehr. Der ursprüngliche Sinn von Informiertheit, sich Handlungsalternativen und letztlich Vorteile zu verschaffen, geht im Zeitalter der Informationsüberflutung verloren. Bürger können nicht mehr zwischen wichtigen und unwichtigen Informationen unterscheiden. Man muß sich zwar nicht den kulturkritischen Schlußfolgerungen der genannten Autoren anschließen; deutlich wird jedoch ein zunehmendes Auseinanderdriften der Informationsmenge und der Informationsnützlichkeit.[24]

Faßt man die Annahmen dieses Rezeptionsmodells zusammen, so liegt dem folgendes Szenario zugrunde:

Informationsrezeption gestern
(1) In einer Gesellschaft herrscht Informationsknappheit. Die Informationsverbreitung unterliegt Restriktionen, so daß es Aufwand erfordert, die wichtigen Informationen zu erhalten.
(2) Die Informationen, die durch die aktive Suche verfügbar sind, zeichnen sich durch Qualität und Relevanz für die Rezipienten aus.
(3) Der Inhalt der Information ist wichtiger als ihre Präsentationsform.
(4) Die Information hat einen Bezug zu den aktuellen Problemen und Handlungsalternativen der Rezipienten.
(5) Rezipienten sind aktiv und hoch involviert.

Unter diesen Bedingungen wäre es rational, sich umfassend und vollständig zu informieren, um ein begründetes Urteil fällen zu können. Ein solches Szenario mag in der Vergangenheit, für einzelne Teilbereiche der Gesellschaft, für bestimmte Themen oder Rezipientengruppen gelten. Unter der Annahme eines solchen klassischen Rezeptionsmodells muß man die Informationsleistung der Massenmedien tatsächlich als gering erachten.

Die fünf Annahmen, mit denen das klassische Rezeptionsmodell skizziert wurde, sind aus sozialpsychologischer Perspektive nicht nur für den Rezipienten in der Informationsgesellschaft, sondern auch für den Menschen im Allgemeinen unrealistisch. Unter dem Stichwort „social cognition" haben Psychologen in ganzen Batterien von Experimenten gezeigt, daß Informationsverarbeitung nicht rational, vollständig und „objektiv" verläuft, sondern eher von Heuristiken, Schemata, Routinen und so weiter geprägt ist.[25] Urteile über Objekte, Ereignisse, Sachverhalte oder Personen müssen trotz der Informationsflut oft schnell und ad hoc vorgenommen werden. Die Menschen haben keine Zeit, alle notwendigen Informationen für ein solches Urteil in ihrem Gedächtnis herauszusuchen und so miteinander zu kombinieren, daß ein wohlbegründetes Urteil gebildet werden kann. Auf der einen Seite bleibt der Mensch nur durch eine solche Ökonomisierung des Urteilsprozesses handlungsfähig. Bis ein Urteil aufgrund aller zur Verfügung stehenden Informationen gefällt wäre und eine entsprechende Entscheidung getroffen würde, wäre viel zu viel Zeit vergangen. Auf der anderen Seite ist ein solch unvollständiger Urteilsprozeß anfällig für Fehlverarbeitungen und anschließende Fehlurteile. In diesem Spannungsfeld muß eine alternatives Modell des Rezipienten skizziert werden.

Anders gewendet kann es für den Einzelfall durchaus vernünftig sein, sich (im wissenschaftlichen Sinne) irrational zu verhalten und nicht alle Informationen für ein Urteil zu benutzen. Die (subjektive) Fehlerwahrscheinlichkeit ist aller Voraussicht nach bei einer routinisierten und heuristischen Urteilsbildung so gering, daß es durchaus rational sein kann, Informationen verkürzt und unvollständig zu verarbeiten. Übertragen auf die Nachrichtenrezeption bedeutet dies, daß die oberflächliche und verkürzte Verarbeitung von Information rational und für die Bildung einer politischen Meinung förderlich sein kann.

Für ein solches Modell des Rezipienten möchte ich den Begriff der Alltagsrationalität verwenden, das sich, gestützt auf die Befunde der Sozialpsychologie, mit folgenden Annahmen kennzeichnen läßt:[26]
1. Rezipienten verarbeiten nicht alle ihnen zur Verfügung stehenden Informationen in Nachrichten.
2. Rezipienten ziehen zur Urteilsbildung bevorzugt solche Informationen heran, die ihnen zum Zeitpunkt des Urteils besonders leicht zugänglich sind.
3. Rezipienten überführen Einzelheiten der präsentierten Meldungen schon während der Informationsaufnahme in allgemeine semantische Kategorien.
4. Rezipienten bilden ihre Urteile schon während der Rezeption und nicht erst im Anschluß daran.
5. Rezipienten verkürzen und vereinfachen Probleme und Sachverhalte. Sie verwenden Faustregeln, Verallgemeinerungen, Schlußfolgerungen und Stereotype, die sich bewährt haben.
6. Rezipienten orientieren sich bei ihrer Beurteilung von Sachverhalten hauptsächlich an Informationen, die ihnen aus dem Alltag vertraut sind.

7. Rezipienten wenden sich Nachrichteninhalten in der Regel mit geringer Involviertheit zu, können sich jedoch unter bestimmten Bedingungen intensiv damit auseinandersetzen.

Diese Annahmen entsprechen zumindest teilweise auch den Vorstellungen des „gut informierten Bürgers" bei Alfred Schütz. Schütz betont die Unendlichkeit des Wissens, das ein gut informierter Bürger haben kann, und sieht in diesem Zusammenhang vor allem das Problem, wie dieser Bürger die Relevanz unterschiedlicher Informationen und ihrer Quellen beurteilen kann.

Eine solche an der Unvollständigkeit und Routinehaftigkeit der Rezeption orientierte sozial-kognitive Sichtweise menschlichen Verhaltens spielt in neuerer Zeit auch in benachbarten Disziplinen eine zunehmende Rolle. So werden die traditionell rationalen und logischen Entscheidungsmodelle in der Ökonomie durch psychologische Mechanismen angereichert,[27] oder in der Politikwissenschaft werden Wahlentscheidungen nicht mehr als reine rational-choice-Situationen angesehen.[28]

Vielmehr wird rational so breit definiert, daß die ursprüngliche Bedeutung verlorengeht.[29]

Die routinisierte Form der Nachrichtenrezeption kann man quasi als Standardmodus bezeichnen, mit dem die meisten Menschen die meisten Meldungen verarbeiten. Graber[30] bezeichnet dies mit dem Begriff der „Assurance-Funktion". Das subjektive Gefühl, informiert zu sein, vermittelt eine Sicherheit, daß man die wesentlichen Ereignisse und Geschehnisse verfolgt hat und nichts Wesentliches versäumt hat - ob man die präsentierte Information nun behalten hat oder nicht.

Das Modell der Alltagsrationalität schließt aber auch ein, daß ein Rezipient entscheiden kann, wieviel Aufwand er für die Verarbeitung einer Meldung treibt. Je nach Thema und persönlichem Interesse kann er eine Meldung auch vollständig, rational und mit dem Ziel, sich eine politische Meinung zu bilden, verfolgen. Mit anderen Worten kann der Rezipient die Ebene wählen, auf der er rational vorgehen möchte. Beispielsweise wird der Familienvater die Nachrichten beiläufig verfolgen. Wenn aber eine Meldung über Veränderungen in der Wohnungsbauförderung für Familien kommt, wird er aufmerksam alle Einzelheiten der Meldung zu behalten versuchen und sich auf möglichst vollständiger Informiertheit eine Meinung bilden. Diese Information hat für ihn Relevanz. Und diese bedingt einen Wechsel des Rezeptionsmodus.

Ein solcher Wechsel zwischen einer wissenschaftlich rationalen und einer routinisierten und verkürzten Rezeption von Nachrichten ist auch in modernen Theorien der Persuasionsforschung und der Werbewirkung angelegt. Die zentrale Variable ist die Involviertheit von Rezipienten. Sind Rezipienten hoch involviert, behalten sie viele und vor allem die relevante Information, beurteilen die Qualität der Argumentation und bilden sich daraus nach rationalen Kriterien eine wohlbegründete Meinung. Petty und Cacioppo[31] bezeichnen dies als den zentralen Weg der Meinungsänderung. Sind Rezipienten dagegen gering involviert (so wie wir das für einen Großteil der Nachrichteninhalte annehmen können), behalten sie wenig, orientieren sich an besonders augenfälligen Merkmalen der Botschaft. Bei Petty und Cacioppo heißt dies der periphere Weg. Zwar kann es dann auch zu einer Meinungsbildung kommen, diese hat aber wenig mit der Information und der Argumentation zu tun.

Das Szenario, das einem solchen, den heutigen Rezeptionsbedingungen angemesseneren Rezeptionsmodell entspricht, läßt sich etwa durch folgende Aspekte kennzeichnen:

Informationsrezeption heute und morgen
(1) In einer Gesellschaft ist Information im Überfluß vorhanden. Die Informationsverbreitung unterliegt keinerlei Restriktionen, so daß es keinen Aufwand erfordert, die wichtigen Informationen zu erhalten.
(2) Die Informationen, die allseits verfügbar sind, zeichnen sich durch geringe Qualität und Relevanz für die Rezipienten aus.
(3) Die Präsentationsform der Information wird im Vergleich zum Inhalt wichtiger. Schlecht präsentierte Information wird nicht akzeptiert.
(4) Die Information hat kaum einen Bezug zu den aktuellen Problemen und Handlungsalternativen der Rezipienten.
(5) Rezipienten sind wenig involviert und setzen sich der Informationsüberflutung eher passiv aus beziehungsweise vermeiden sie ganz.

Für unsere moderne Gesellschaft allgemein gilt dieses alternative Szenario sicher häufiger als das klassische Szenario. In einem solchen alternativen Szenario ist es rational, Information zu vergessen, sich nicht umfassend zu informieren. Es geht nicht so sehr darum, in vielen Bereichen gut informiert zu sein, sondern die Kompetenz zu besitzen, aus der Vielzahl der Informationen die persönlich relevanten herauszufiltern. Insofern bieten die Massenmedien heute mehr denn je die Möglichkeit für jeden, sich über die Themen seiner Wahl gut zu informieren. Spezialsendungen, Zeitschriften, Nachrichtenkanäle oder Datenbanken bieten ideale Bedingungen, sich umfassend zu informieren. Insofern ist das Ideal des gut informierten Bürgers von Seiten der Medien her zu verwirklichen. Allerdings wird Informiertheit themenspezifischer. Die gleiche Person erweist sich, wie in der Terminologie von Schütz bereits angelegt, in einem Bereich als Experten, in einem anderen als gut informiert, und in wiederum einem anderen Bereich lediglich als Mann von der Straße. Dies gilt allerdings nur für normale Situationen. In diesen sind die Rundfunknachrichten nicht die einzigen und vermutlich nicht einmal die geeigneten Quellen für einen Bürger, sich umfassend zu informieren. In Ausnahmesituationen dagegen (zum Beispiel dem Ausbruch des Golfkriegs[32]) wird die Informationsvermittlung der Rundfunknachrichten einen bedeutenden Stellenwert behalten.

Wie wird sich das Rezeptionsmodell, das unseren Forschungen zugrunde liegt, im Zeitalter von Internet und digitalem Fernsehen weiter ändern? Die angedeuteten Entwicklungen werden sich vermutlich weiter intensivieren. Information wird noch mehr im Überfluß vorhanden sein, die Bereitschaft der

Rezipienten, sich die für sie relevanten Informationen herauszufiltern, wird weiterhin abnehmen. Denn der Aufwand, in einer Informationsflut die anvisierten Informationen herauszufiltern, wird sicherlich weiter größer werden. Dabei wird sich der Informationsbegriff selbst differenzieren. Neuigkeit und Nützlichkeit sind zwei Komponenten von Information, die in Zukunft noch weiter als bisher auseinander liegen werden. Da die Relevanz von Information noch schwerer zu beurteilen sein wird, bekommt Glaubwürdigkeit einen noch stärkeren Stellenwert als bisher. Dies wird sicher auch die Forschung beeinflussen. Welche Gestaltungsmittel kann man beispielsweise einsetzen, um Glaubwürdigkeit zu beeinflussen? Wie entwickelt sich Glaubwürdigkeit langfristig?

Nachrichten werden deshalb noch stärker Infotainment-Charakter bekommen, ein bunter Bilderreigen mit Finessen der Präsentation angereichert. Haben solche informationsarme aber bildreiche Sequenzen dann noch eine Wirkung auf die Zuschauer? Nach den vorliegenden Forschungsergebnissen[33] muß man dies bejahen. Zwar wird die Informationsleistung, so wie im demokratietheoretischen Rezeptionsmodell vorgesehen, nicht gut sein. Fernsehen vermittelt vor allem durch die Bilder bei Rezipienten, die nur beiläufig zuschauen, „ganz nebenbei" Bewertungen und Urteile. Gerade weil Rezipienten nicht konzentriert zuschauen, werden sie durch drastische Bilder und übertriebene Sprache (vom „Super-Gau" bis zur „noch nie dagewesenen Katastrophe") beeinflußt, und nicht durch die faktische Information. Die Konzentration der Berichterstattung auf negative Sachverhalte und Ereignisse wird Rezipienten zunehmend verunsichern und die bereits schwindende Glaubwürdigkeit der Massenmedien weiter schmälern.

Diese Art der Berichterstattung könnte die These der Wissenskluft für das Informationszeitalter neu beleben. Die gut Gebildeten entwickeln die Fähigkeit, aus der Vielzahl der Informationsangebote (Internet, Datenbanken, et cetera) die für sie wichtigen Informationen zu extrahieren. Sie besitzen gleichzeitig die Kompetenz, die Glaubwürdigkeit von Quellen zu beurteilen.[34] Die weniger Gebildeten müssen sich (mit dem schwindenden Gefühl, gut informiert zu werden) auf die massenattraktiven Rundfunknachrichten verlassen.

Nach meiner Einschätzung hat sich das jeweils vorherrschende Rezeptionsmodell auch in den jeweiligen Theorien der Medienwirkung niedergeschlagen. Dem klassischen Rezeptionsmodell, das wie gesagt eher der Vergangenheit angehört, entsprechen Wirkungstheorien, die die bewußte und hoch involvierte Auseinandersetzung mit Medienbotschaften in den Mittelpunkt stellen. Die Wirkungsgrößen sind entsprechend Einstellungs-, Meinungs- und Wissensänderungen. In diesem Kontext sind die Untersuchungen der Hovland-Schule genau so anzusiedeln wie die Studien der Rundfunkforscher zur Optimierung der Informationsvermittlung von Nachrichten. Auch Nutzen- und Belohnungsansätze lassen sich in die Riege der Theorien einordnen, die die rationale Abwägung und Entscheidung betonen. Dem gegenwärtigen Rezeptionsmodell, das eher die wenig konzentrierte und heuristische Verarbeitung von Information in den Mittelpunkt stellt, entsprechen die modernen Theorien der Medienwirkung. Kultivierung,[35] Priming,[36] Framing[37]oder Alltagsrationalität[38] sind jeweils Konzepte, die eher unspezifische vergängliche Urteile und Bewertungen als Wirkungsgröße betrachten. Die weitere Theorieentwicklung wird vermutlich auch an den jeweils herrschenden Vorstellungen von der Rezeption vorgenommen werden.

Eine wesentliche theoretische Herausforderung wird es beispielsweise sein, die zunehmende Nicht-Linearität der Nutzung und damit der Wirkungsparameter in den Griff zu bekommen. Während eine klassische Nachrichtensendung noch weitgehend linear rezipiert wird und die Reihenfolge der Stimuli von Person zu Person weitgehend identisch ist, sind Internet-Angebote oder digitales Fernsehen noch stärker als bisher schon von Nicht-Linearität gekennzeichnet. Jede Person hat ihr individuelles Nutzungsmuster und individuelle Medieninhalte.

Zur adäquaten Erfassung dieser Entwicklungen müssen Theorien der Nutzung mit Theorien der Wirkung verbunden werden. Ohne dies - wegen des knappen Raumes - hier weiter entwickeln zu können, erscheint es mir sinnvoll, wenn Medienwirkungsforscher stärker die Rahmenbedingungen des medialen Angebots für ihre Theorien reflektieren.

Anmerkungen:

[1] Vgl. Robinson, J. P./M. R. Levy: The Main Source: Learning from Television News. Beverly Hills 1986; Graber, D. A.: Processing the News. How People Tame the Inormation Tide. New York 1984; Brosius, H.-B.: Alltagsrationalität in der Nachrichtenrezeption. Ein Modell der Wahrnehmung und Verarbeitung von Nachrichteninhalten. Opladen 1995.
[2] Vgl. Graber, D. A.: Mass Media and American Politics. Washington, DC, 1989; McLeod, J. M./G. M. Kosicki/D. M. McLeod: The Expanding Boundaries of Political Communication Effects. In: Bryant, J./D. Zillman (Hg.): Media Effects. Adcvances in Theory and Research. Hillsdale 1994, S. 123-162.
[3] Vgl. Schulz, W.: Information und politische Kompetenz. Zweifel am Aufklärungsanspruch der Massenmedien. In: Saxer, Ulrich (Hg.): Gleichheit oder Ungleichheit durch Massenmedien? Homogenisierung - Differenzierung der Gesellschaft durch Massenkommunikation. München 1985, S. 105-118.
[4] Schütz, A.: Der gut informierte Bürger. In: Schütz, A.: Gesammelte Aufsätze II. Studien zur soziologischen Theorie. Den Haag 1972, S. 85-101.
[5] Vgl. Wagner, H.: Das Grubenhund-Gesetz. Die Rationalität der sozialen Orientierung. In: Hömberg W. (Hg.): Der Grubenhund. Experimente mit der Wahrheit. München 1996.
[6] Vgl. Brosius, a.a.O.; ders.: Der gut informierte Bürger? Rezeption von Rundfunknachrichten in der Informationsgesellschaft. In: Charlton, M./S. Schneider: Rezeptionsforschung. Theorien und Untersuchungen zum Umgang mit Massenmedien. Opladen 1997, S. 92-104.
[7] Vgl. Downs, A.: An Economic Theory of Democracy. New York 1957.
[8] Vgl. Schenk, M./J. Donnerstag/J. Höflich: Wirkungen der Werbekommunikation. Köln 1990.
[9] Vgl. Noelle-Neumann, E.: Manifeste und latente Funktionen öffentlicher Meinung. In: Publizistik (1992), H. 37, S. 283 - 297.
[10] Vgl. Brosius, H.-B./H. M. Kepplinger: Linear and Nonlinear Models of Agenda-setting in Television. In: Journal of Broadcasting and Electronic Media (1992), H. 36, S. 5 - 24.
[11] Vgl. Brosius, 1995, a.a.O.
[12] Vgl. Berry, C.: Rundfunknachrichtenforschung. Ein Beitrag zur Klärung der Wirkung von Präsentation und Motivation. In: Media Perspektiven (1988), H. 3, S. 166-175; Brosius, H.-B.: Verstehbarkeit von Fernsehnachrichten. In: Wilke, J. (Hg.): Fortschritte in der Publizistikwissenschaft. Freiburg 1990, S. 147-160.

[13] Vgl. Brosius, H.-B./C. Berry: Ein Drei-Faktoren-Modell der Wirkung von Fernsehnachrichten. In: Media Perspektiven (1990), H. 9, S. 573-583.
[14] Vgl. Delli/M. X. Carpini/S. Keeter: Stability and Change in the U.S. Public's Knowledge of Politics. In: Public Opinion Quarterly (1991), H. 55, S. 583-612.
[15] Vgl. Schulz, 1985, a.a.O.
[16] Vgl. Neuman, W. R./I. de Sola Pool: The Flow of Communications into the Home. In: Ball-Rokeach, S. J./M. G. Cantor (Hg.): Media Effects. Advances in Theory and Research. Newbury Park 1986, S. 71-86.
[17] Vgl. Brünne, M./F.-J. Esch/H.-D. Ruge: Berechnung der Informationsüberlastung in der Bundesrepublik Deutschland. Saarbrücken 1987.
[18] Vgl. Kroeber-Riel, W.: Informationsüberlastung durch Massenmedien und Werbung in Deutschland. Messung, Interpretation, Folgen. In: Die Betriebswirtschaft (1987), H. 47, S. 257-264.
[19] Vgl. Wilke, J.: Nachrichtenauswahl und Medienrealität in vier Jahrhunderten. Berlin 1984.
[20] Vgl. Kepplinger, H. M.: Ereignismanagement. Wirklichkeit und Massenmedien. Zürich 1992; Shoemaker, P. J./S. D. Reese: Mediating the Message. Theories of Influences on Mass Media Content. New York 1991.
[21] Vgl. Lazarsfeld, P. F./R. K. Merton: Mass Communication, Popular Taste and Organized Social Action. In: Problems in the Communication of Ideas. New York 1948, S. 95-118.
[22] Vgl. Klapp, O. E.: Meaning Lag in the Information Society. In: Journal of Communication (1982), H. 32, S. 56-66.
[23] Vgl. Postman, N.: Wir amüsieren uns zu Tode. Frankfurt 1985.
[24] Vgl. Jäckel, M.: Auf dem Weg zur Informationsgesellschaft? Informationsverhalten und die Folgen der Informationskonkurrenz. In: Jäckel, M./P. Winterhoff-Spurk (Hg.): Politik und Medien. Analysen zur Entwicklung der politischen Kommunikation. Berlin 1994.
[25] Vgl. Higgins, E. T./J. A. Bargh: Social Cognition and Social Perception. In: Annual Review of Psychology (1987), H. 38, S. 369-425.
[26] Vgl. Brosius, 1995, a.a.O.
[27] Vgl. Simon, H.: Rationality as Process and Product of Thought. In: American Economic Review (1978), H. 68, S. 1-16.
[28] Vgl. Kinder, D. R.: Presidential character revisited. In: Lau, R. R./D. O. Sears (Hg.): Political Cognition. The 19th Annual Carnegie Symposium on Cognition. Hillsdale 1986, S. 233-255; Peffley, M.: Presidential Image and Electronic Performance: A Dynamic Analysis. In: Political Behaviour (1989), H. 11, S. 309-333.
[29] Vgl. Esser, H.: Die Rationalität des Alltagshandelns. Eine Rekonstruktion der Handlungstheorie von Alfred Schütz. In: Zeitschrift für Soziologie (1991), H. 20, S. 430-445.
[30] Vgl. Graber, 1989, a.a.O.
[31] Vgl. Petty, R. E./J. T. Cacioppo: Communication and Persuasion. New York 1986.
[32] Vgl. Ehlers, R.: Fernseh- und Radionutzung während des Golfkrieges. In: Media Perspektiven (1991), H. 5, S. 333-337.
[33] Vgl. Brosius, 1995, a.a.O.
[34] Vgl. Wagner, 1996, a.a.O.
[35] Vgl. Gerbner, G./L. Gross/M. Morgan/N. Signorelli: Growing Up with Television: The Cultivation Perspective. In: Bryant, J./D. Zillmann (Hg.): Media Effects. Advances in Theory ans Research. Hillsdale 1994, S. 16 - 42.
[36] Vgl. Iyengar, S./A. Simon: News Coverage of the Gulf Crisis and Public Opinion. A Study of Agenda-setting, Priming and Framing. In: Communication Research (1994), H. 20, S. 365-383.
[37] Vgl. Gamson, W. A./A. Modigliani: Media Discourse and Public Opinion on Nuclear Power: A Constructionist Approach. In: American Journal of Sociology (1989), H. 95, S. 1-37.
[38] Vgl. Brosius, 1995, a.a.O.

Podiumsgespräch[1]
zum Handlungsbedarf und den Perspektiven

Moderation: Dr. Edgar Lersch
Teilnehmer: Bodo Franzmann, Prof. Dr. Knut Hickethier,
                  Dr. Hans-Jürgen Hippler, Dr. Walter Klingler,
                  Dr. Rüdiger Schulz

E. Lersch: Wir wollen versuchen, ein Resümee und eine erste vorläufige Bilanz zu ziehen. Darüber hinaus möchte ich mit Ihnen darüber sprechen, wie das gestern und heute im Verlauf der Tagung Angesprochene fortgeschrieben werden soll. Jo Groebels und Ulrichs Saxers Einführungsvorträge wurden schon mehrfach angesprochen. Sie eröffneten den weiten Horizont des Themas und seine Komplexität: Medienrezeption ist in ihren Ursachen und Folgen mehr als die Verteilung von Zeitbudgets (...). Um das Bild der Tagung abzurunden, möchte ich die Teilnehmer auf dem Podium bitten, die gravierendsten Lücken in der Forschung zur Rezeption der jeweiligen Medien kurz zu skizzieren und die Materiallage unter dem Gesichtspunkt der historischen Fragestellung zu beurteilen. Außerdem möchte ich an Ihre methodische Phantasie appellieren und Sie bitten, sich dazu zu äußern, wie eine historische empirische Sozialforschung möglich sein kann. Herr Franzmann, möchten Sie als Vertreter des ältesten Mediums anfangen?

B. Franzmann: Nachdem Herr Schön zuvor ausgebreitet hat, was an wesentlichen Ergebnissen der Leserforschung vorliegt, bin ich in der glücklichen Lage, mich jetzt auf einige Stichworte zu den Defiziten beschränken zu können. Gerade wenn man die Buchmarkt- und Leserforschung im Vergleich zu der Forschung über die elektronischen Medien sieht, vor allem in welchen Umfang diese Forschung betrieben wird, sieht man, daß die Marktforschung im Bereich „Buch" sehr unterentwickelt ist.

Gestern fiel das Stichwort von der „stetigen Verfeinerung der Instrumente der Marktbeobachtung", die sonst überall festzustellen ist - beim Buch ist dies mit Sicherheit nicht der Fall, und ich glaube aus einem ganz einfachen Grund: Das Buch ist kein Werbeträger, und nur da, wo Medien Werbeträger sind, wird eine intensive und differenzierte Forschung betrieben.

Es gibt ein weiteres gravierendes Defizit. Stellt man die Frage: Was wird gelesen, das heißt welche Buchkategorien, fällt auf, wie problematisch diese Kategorienbildung ist. Es wäre viel einfacher wenn man wüßte, von welchem Titel wieviel Exemplare verkauft worden sind. Dann kann man darüber spekulieren, wieviel von diesen gekauften Büchern auch tatsächlich gelesen werden. Dazu wären Experimente möglich und aufschlußreich. Aber zunächst: Es gibt keine Verkaufsstatistik. Alles was an Zahlen vorliegt, ist reine Titelstatistik – also Angaben über die Zahl der Neuerscheinungen beziehungsweise Wiederauflagen. Nur in Ausnahmefällen geben Verlage realistische Auflagenbeziehungsweise Verkaufszahlen bekannt.

Das dritte Defizit - da nenne ich ein Stichwort, das jetzt schon mehrfach gefallen ist: Ergebnisse von Langzeitforschung, wie sie für die elektronischen Medien und das Massenmedium „Zeitung" vorliegen. Es gibt eine große Liste von Studien zum Lesen, aber es sind alles Einzelstudien, meist Stichtagserhebungen, deren Werte nie direkt miteinander vergleichbar sind. Es wäre wünschenswert eine Langzeitforschung für das Lesen, besonders für das Buch zu haben. Es gab und gibt immer wieder Überlegungen und Gespräche mit der Medienkommisson der Rundfunkanstalten, ob nicht in der Studie „Massenkommunikation" auch die Lesemedien gleichgewichtig und gleich differenziert repräsentiert werden sollten, bislang aber ohne Ergebnis.

Ich nenne jetzt noch drei, vier Stichworte, die Schwerpunkte der zukünftigen Forschung anzeigen:

Es gibt seit kurzer Zeit, nach vieljährigen Bemühungen, einen neuen DFG-Schwerpunkt „Lesesozialisation in der Mediengesellschaft" zur Frage, wie das Leseverhalten und die Mediennutzung der Jugendlichen miteinander in Verbindung stehen und wie das Leseverhalten sich in der Gesellschaft insgesamt entwickelt. Ich glaube, hier könnte man bei den inhaltlichen und qualitativen Fragen des Lesens weiterkommen.

Der zweite Punkt betrifft die Änderung der Modi des Lesens, also daß sich zum Beispiel eine Zunahme des Kurzzeitlesens beobachten läßt, daß die Leseprozesse diskontinuierlich werden und daß so etwas wie „vagabundierendes Lesen" stattfindet: Dies sind alles Vermutungen, denen man in solchen Forschungsprojekten detaillierter nachgehen müßte.

Zum Schluß greife ich ein Stichwort auf, das Herr Saxer gestern nannte: Der Zusammenhang von gesellschaftlichem Wandel und Medienrezeption als ein wichtiges Forschungsgebiet. Aufs Lesen bezogen müßte man hier die gravierenden sozialen Veränderungen, zum Beispiel von Familien, nennen, die erhebliche Auswirkungen vor allem auf die Formen des Lesenlernens und die Lesemotivation haben.

Teil 5: Forschungsdefizite und Forschungsperspektiven

Ein weiteres wichtiges Thema, das in diesem Kontext einer dringenden Bearbeitung bedürfte, ist: Wie verhält es sich mit Lesen und Mediennutzung im Alter?

Oder Stichwort „Wandel von Industrie- zur Informationsgesellschaft beziehungsweise zur Wissensgesellschaft". Es wäre sehr wichtig, in diesem Zusammenhang die Rezeptionsperspektive anzusehen und zu fragen: Wie stellt sich das Konzept „Informationsgesellschaft" in den Köpfen von Mediennutzern und in ihrem tatsächlichen Informationsverhalten dar?

E. Lersch: Vielen Dank Herr Franzmann. Herr Dr. Hippler.

H.-J. Hippler: Zu Beginn möchte ich erstmals meiner Erschütterung Ausdruck geben - nicht nur darüber, daß ich jetzt wieder in der Randposition sitze. Nach dem gestrigen Tag mußte ich als zukunftsorientierter Mensch und Forscher feststellen: Ich habe mich für ein vollkommen falsches Medium entschieden. Vom Medium in der Krankheitsphase, wenn nicht gar von der Mortalität der Zeitung war gestern die Rede. Im Anschluß daran zeigte Schönbach, daß dieses Medium nur noch von Spezialgruppen der Bevölkerung mit hoher Bildung, hohem Alter und in kleinen Orten rezipiert wird. Gestern wurde, auf der Basis dieser allgemeinen Daten, für die Tageszeitung ein recht böses Szenario aufgezeigt, dem ich natürlich so nicht folgen kann. Zur Entschuldigung wurde gesagt: bei dem weitesten Leserkreis, da kann einem nicht so bange sein, denn der ist immer noch stabil. Bei 85 Prozent bis neunzig Prozent läßt sich auch keine Varianz mehr ausmachen. Aber das tägliche Lesen verändert sich. Genau an diesem Punkt ist anzusetzen. Was wir hier festgestellt haben ist, daß wir mit den Massendaten, die wir zur Verfügung haben und die einige Forscher bis ins Detail ausgearbeitet haben, nicht unbedingt eine Aussage machen können.

Ich will ein Beispiel nennen: „Die Nutzungsdauer der Tageszeitung hat sich dramatisch verändert". Diese dramatische Veränderung besteht in einem Zeitraum von dreißig Jahren aus fünf Minuten von einer insgesamten Mediennutzung von vierzig Minuten. Gut es sind immerhin zwanzig Prozent. Aber dies ist für mich keine dramatische Veränderung und wenn man dem unter marketingstrategischen Gesichtspunkten entgegenhält, wie es aussieht mit diesem Medium, dann kann man von täglichen Reichweiten von 82 Prozent sprechen, von einer durchschnittlichen Lesedauer von vierzig Minuten, konstant über einen sehr langen Zeitraum, von einer hohen Bindung sprechen und man kann immer noch von einem Werbeträger Nummer eins sprechen. Das ärgert vielleicht einige hier. Aber dies ist eine ganz entscheidende Komponente bezüglich dessen, was an Rezeption und Forschung in diesem Bereich stattfindet.

Auch kann ich einigen Kollegen nicht folgen, die hier nach politisch, gesellschaftlich und geschäftlichen Maßgaben vorgehen und einmal von dem „Abbröckeln an den Altersrändern" sprechen und dann - wie beispielsweise vor zwei Jahren passiert - eine Reichweitensteigerung von 0,6 Prozent, als einen Erfolg der Zeitungsverleger aufzeigen. Dies ist ein generelles Problem. Die Forschung in den verschiedenen Medien seit 1945 ist vorwiegend daran orientiert gewesen, wo die meisten finanziellen Ressourcen zur Verfügung standen. Die universitäre Forschung hat sich dabei an den Vorgaben der jeweiligen Politiker orientiert. Unter diesen Voraussetzungen kann man feststellen, daß wir relativ wenig Material haben, das Langzeitrezipientenforschung darstellt. Ich bin mit einigen der Kollegen, die heute hier vorgetragen haben, einig in der Meinung, daß Längsschnittstudien generell fragwürdig sind. Es gibt keine konstanten Reize, es gibt keine konstante Umgebung. Und, um als früherer Methodenforscher noch weiter zu gehen: es gibt auch keine konstanten Fragestellungen, weil jede Fragestellung in einem gesellschaftlichen Kontext steht. Wenn dieser außer Acht gelassen wird, kann man auch keine - wie auch immer gearteten - extremen zwei- oder fünfdimensionalen Kohortenanalysen mit drei Kontrollgruppen durchführen.

Man versucht immer wieder Medien vergleichbar zu machen, um damit überhaupt Aussagen globaler Art treffen zu können. In der Darstellung in Längsschnittuntersuchungen geht man davon aus, daß Nutzungsdauer in der Tageszeitung identisch ist mit der Nutzungsdauer im Fernsehen und im Rundfunk. Gleiches gilt dann auch für die Bindung, die Reichweite und weitere Variablen. Hieraus Schlüsse auf das Sterben eines Mediums zu ziehen ist - aus meiner Sicht - grundsätzlich falsch. Eine Forschung zur Medienrezeption kann meines Erachtens nur dann erfolgreich sein, wenn sie das Produkt, das Angebot, die Funktion, die Angebotsveränderung, also das Objekt selbst einbezieht. Wenn sie den Rezipienten in einer viel ausführlicheren Art und Weise reflektiert, als sich immer auf Alter, Geschlecht und Bildung zu konzentrieren, wobei Bildung oftmals noch nicht einmal hinterfragt wird. Ein Beispiel zur Illustration: In Amerika existiert eine Analphabetenrate, die inzwischen gewaltig ist, trotzdem liegen die Werte der Zeitungsbindung auf hohem Niveau. Amerikanerinnen und Amerikaner werden zwar aus dem College entlassen, können aber nicht lesen. Hier werden die sozialwissenschaftlichen Konzepte nicht näher beachtet.

Wenn die Forschungskonzepte den gesellschaftlichen Kontext außer Acht lassen, wenn sie die Entwicklungen, die Strukturen, die gesellschaftlichen Bedingtheiten außer Acht lassen, dann kann eine Medienforschung nicht erfolgreich sein. Was eine derartige Medienforschung nicht leistet, ist nicht ihr eigenes spezifisches Problem, sondern eher ein Problem der generellen Wissenschaftsstrukturen. Diese Art von Forschung geschieht allerdings auch von Seiten des Mediums selbst. Wenn ich an unsere eigene Organisation denke, die sich mit Tageszeitungsforschung befaßt, dann wird eine gewaltige Menge von Forschung produziert, weil man das Produkt diesen gewandelten Gesellschaftsbedingungen anpassen muß, sonst ist man bald nicht mehr im Geschäft. Dies ist die entscheidende Komponente. Es läßt sich zwar vieles auch im wissenschaftlichen Kontext diskutieren, aber entscheidend ist eher: Wann ist man aus dem Geschäft raus? Dabei werden sofort alle Variablen wichtig, die man einbinden muß, um die Geschäftstüchtigkeit des jeweiligen Mediums weiterzutragen. Ich denke wir sollten auch die nächste Sitzung, die wir über Medienrezeption halten, in diese Richtung führen. Wir sollten uns zukünftig auf diese Ebene mehr konzentrieren, um zu sehen, ob wir mit dieser Art der Untersuchung - also der reinen Werbeträgeruntersuchung - in Richtung Rezipientenverhalten etwas mehr Informationen gewinnen können, als wir zum Beispiel mit Studien von der Art „Massenkommunikation" erhalten.

E. Lersch: Herr Dr. Schulz, wie stehen Sie zu dieser Diskussion?

R. Schulz: Ich muß doch erstmals Herrn Hippler widersprechen. Er sitzt natürlich in einer Gesellschaft für Zeitungsmarketing und muß diesen Werbeträger Nummer eins hochhalten. Ich glaube aber, wir wären einäugig, wenn wir das „Abbröckeln" übersehen würden - zumindest in einem bestimmten Bevölkerungssegment: männliche Jugendliche, vor allem in Großstädten, wo dieses Problem ganz evident ist. Natürlich ist auch dort die Reichweite des Mediums „Tageszeitung" noch relevant. Dort sind jedoch sicherlich die Probleme ganz klar fokussiert und strahlen auf den Buchbereich aus, wo es vor allem die männliche Jugend - und zum Teil auch die Besserverdienenden - sind, die hier einen Verhaltenswandel zeigen.

Ich bin zur Zeit sehr stark damit befaßt, Zeitungsredaktionen bei der Optimierung ihrer Botschaften zu helfen. Ich habe natürlich Professor Brosius im Ohr, der bei seinem Szenario eins davon sprach, daß man viel zu sehr auf die Informationsoptimierung abhebt, aber ich denke, man kann den Brückenschlag zu seinem dritten Szenario finden. Er hat klar gemacht, daß die Zukunft vor allem darin liegt, Relevantes glaubwürdig zu vermitteln. An der Optimierung zu arbeiten, ist eine lohnende Herausforderung. Wenn wir auf den Lebensphasenzyklus, den Frau Professor Kiefer gestern skizzierte, eingehen, dann bin ich keineswegs der Meinung, daß das Medium „Tageszeitung" bereits in seine Endphase eingetreten ist. Ebenso wie der Hörfunk - zumindest temporär - erlebt die Tageszeitung eine Renaissance. Ich gebe das Medium „Tageszeitung" also noch keineswegs verloren. Es lohnt, daran weiter zu arbeiten.

Bezogen auf die Zeitung wird zuwenig systematische Erfolgskontrolle betrieben. Es freut mich daher sehr, daß das Allensbacher Institut für Demoskopie gerade in diesen Tagen eine Beteiligung am Projekt „Zeitung in der Schule" beginnt. Wir werden 29 Gymnasien in West- und Ostdeutschland drei Jahre lang wissenschaftlich verfolgen können, in denen Projektklassen und merkmalsgleiche Kontrollklassen ohne ein Treatment existieren. Drei Dinge sollen hierbei getestet werden: Gibt es Mauern in den Köpfen bei der Begegnung west- und ostdeutscher Jugendlicher, die abgebaut werden können durch Schüleraustausch. Ändert sich die wechselseitige Wahrnehmung, ändert sich die Einstellung zur Tageszeitung durch ein Jahr Projektteilnahme und ändert sich die Einstellung zum Naturschutz. Das gesamte Projekt stellt ein kontrolliertes Feldexperiment dar. Auf diese Methode wird meines Erachtens viel zu selten zurückgegriffen. Somit sind wir in vieler Hinsicht ratlos, wenn es um konkrete Maßnahmen geht.

Ich muß kurz auf Professor Schön Bezug nehmen. Ich halte seine Ausführung für einen gelungenen Brückenschlag zwischen universitärer und außeruniversitärer Medienforschung. Er verwendet - neben anderen Quellen - konsequent Daten aus einem kommerziellen Institut, das allerdings einer gemeinnützigen Stiftung gehört. Jedoch ist dieser Brückenschlag wohl noch nicht ganz ausreichend gelungen, denn Herr Ludwig Muth hat 25 Jahre Allensbacher Buchmarktforschung für den Börsenverein in einem Sammelband „Der befragte Leser" niedergelegt und darin bekräftigt, daß alle, die interessiert sind, die Allensbacher Primärdaten beziehen und reanalysieren können. Es mag im Einzelfall etwas schwierig sein, dies zu tun, aber die Daten stehen grundsätzlich zur Verfügung. Ich möchte an dieser Stelle alle ermutigen, von diesem Angebot Gebrauch zu machen. Bisher ist die Nachfrage noch nicht sehr ermutigend. Ist dies etwa ein Indikator für den Bedeutungsverlust des Mediums Buch?

Es gibt verschiedene offene Forschungsfragen, die auf dieser Tagung thematisiert wurden, die mit Daten aus dem Allensbacher Archiv klar beantwortet werden könnten. Es ist wesentlich, daß wir wechselseitig erkennen: Was ist wo vorhanden und wie kann dieser Austausch verbessert werden. Professor Schönbach hat beispielsweise in seiner Studie Daten von 1990 und 1995 verglichen, weil ihm nur das Material der Studie „Massenkommunikation" zur Verfügung stand. Eines seiner Ergebnisse, das „Abbröckeln" beziehungsweise Nachlassen der Tageszeitungsnutzung am unteren Altersrand, ist ein Phänomen, das Anfang der 80er Jahre begonnen hat. Sicherlich wäre es auch möglich, für diesen Befund Daten der Media Analyse oder der Allensbacher-Werbeträger-Analyse heranzuziehen.

Bei der Studiodiskussion am gestrigen Tag war ein wesentlicher Punkt, daß behauptet wurde, früher hätten nichtlesende Manager behauptet, sie hätten keine Zeit zum Lesen. Heute würden sie sagen: „Man braucht nicht zu lesen" oder „Es lohnt sich nicht zu lesen". Dafür gibt es natürlich Indikatoren. Im neuen BDZV Jahrbuch 1997 wird ein neuer Spitzenwert ausgewiesen für die Antwort auf die Frage: „Braucht man eine Tageszeitung, oder genügt es, wenn man Hörfunk und Fernsehen und dazu ein Anzeigenblatt nutzt." Es sind mittlerweile 32 Prozent der Befragten, die letzterem zustimmen. Das zeigt doch einen offensichtlichen Bedeutungsverlust des Mediums „Tageszeitung".

E. Lersch: Vielen Dank Herr Schulz. Vielen Dank auch für die Hinweise auf Datenbestände, die in Ihrem Archiv vorhanden sind. Walter Klingler, ich möchte nun Sie bitten, auf die elektronischen Medien und die von Ihnen empfundenen Forschungsdefizite einzugehen.

W. Klingler: Ich will kurz vier Defizite aufzeigen, die mir im Verlauf unserer Tagung aufgefallen sind.
Erstens: Mangelnde Synchronisierung von Medienrezeptionsanalysen. Ich beschränke mich auf die Stichworte „Gratifikation", „Erwartungen", „funktionale Ähnlichkeiten". Welche Medien konkurrieren wann in welcher sozialen

Konstellation seit 1945 miteinander? Wie haben sich Rezeptionsmuster verändert? Wie stehen die veränderten Rezeptionsmuster unter den Medien miteinander in Verbindung? Wie sehen die Beziehungen zwischen Stoffen aus zum Beispiel Radio und Buch in den 40er und 50er Jahre oder Fernsehen und Buch in den 90er Jahren aus? Ich hielte es für einen spannenden Ansatz, mit Saxers und Groebels Thesen Ausgangspunkte zu definieren und dann zu dem Versuch einer Synchronisierung zu kommen.

Punkt Zwei: Einzelfragen. Ich will das, für Hörfunk und Fernsehen, nur an ganz wenigen Punkten kenntlich machen. Mir scheinen folgende Themen von besonderer Brisanz: Wir haben innerhalb der Gesellschaft bestimmte Gruppen, für die beispielsweise das Fernsehen eine dominante Rolle bekommen hat: die Älteren sind erwähnt worden. Wir wissen zu wenig über den Umgang älterer Menschen mit dem Fernsehen und über die Rolle des Mediums bei dieser Gruppe.

Des weiteren glaube ich, daß das Thema „Unterhaltungsfernsehen" einer Re- oder Neuanalyse bedarf. MTV und VIVA zum Beispiel vermitteln, als Unterhaltungssendungen definiert, sehr viel über Peergroup-Verhalten, sehr viele Informationen über die Musikszene und definieren damit einen sozialen Kontext von Jugendlichen. Dies wäre eine spannende Diskussion über die Definition von Begriffen, wie „Unterhaltung" und „Information", über Funktionalitäten dieser Sendungen neu nachzudenken - von 1945 bis heute.

Es macht viel Sinn, unterschiedliche Ansätze zusammenzubringen. Wir haben hier beim Südwestfunk selber diesen Versuch unternommen, seit dem Jahr 1964 Programme inhaltlich zu analysieren und zu codieren und mit Programmnutzungs- und Massenkommunikationsdaten zusammenzubringen. Wir haben immer dann, wenn die Studie „Massenkommunikation" mit ihrer Bewertung des Fernsehens vorlag, mit einer Analysewoche begonnen und haben Nutzungsdaten ausgewertet, um später drei Datenpools zusammenzuführen. Ich glaube, die Ergebniskombination, beispielsweise Angebotsdaten, Nutzungsergebnisse und Bewertungsstudien zusammenzufassen und gemeinsam auszuwerten, ist hier ein wichtiger Weg.

Zum Stichwort „Langzeitdaten": Hier ist sehr viel Arbeit nötig, wenn man an die verfügbare Daten denkt - zum Beispiel zur Hörfunknutzung oder zum Umgang mit dem Fernsehen - bleiben viele Fragen unbeantwortet.

Punkt Drei: Expertenblick. Man sollte die Perspektiven von beispielsweise Pädagogen und Sozialhistorikern viel stärker mit einbeziehen als wir es bislang getan haben. Wie Herr Hippler bin ich des weiteren der Meinung, daß man die kommerzielle Forschungstradition - nicht zuletzt auch als Datenquelle - stärker in die Diskussion um Medienrezeption einbeziehen sollte.

Vierter Punkt: Ich glaube, daß die Datenquellen kommerzieller Institute noch viele Antworten auf viele Fragestellungen bieten, die wir formulieren könnten.

E. Lersch: Vielen Dank. Herr Hickethier Sie repräsentieren keine Forschungsinstitution und auch kein Archiv, sondern Sie stehen eher auf der Nutzerseite. Vielleicht könnten Sie das, was bisher gesagt worden ist, ein wenig aus Ihrer Perspektive kommentieren.

K. Hickethier: Ich stelle mir einmal grundsätzlich die Frage: Warum wird Rezeptionsgeschichte betrieben. Betreiben wir Rezeptionsgeschichte, um die Prognosefähigkeit zu steigern? Wir greifen weiter zurück, um langfristige Trends herauszubekommen und besser vorhersagen zu können. Das mag ein Interesse sein, aber nicht meines. Mein Interesse ist ein anderes: Wenn wir davon ausgehen, daß die Mediennutzung ein eigenständiger Bereich ist, der nicht aufgeht in einem bloßen Reflex auf Programme, dann ist für eine Rundfunkgeschichte wichtig, diese Geschichte der Nutzer in ihrer Spezifik, in ihrer Individualität der Nutzung zu erforschen.

Mir ist im Verlauf der Tagung ein ausgesprochenes Theoriedefizit aufgefallen. Ich sage es ganz polemisch zugespitzt - ich habe eine empirische Sozialwissenschaft erlebt, die nicht mehr den Anschluß hat an die Fragestellungen der Sozialwissenschaft. Ich nenne hier beispielsweise Modernisierungstheorien, Alltagstheorien, Wahrnehmungstheorien. Ich habe sehr viel über die Methodenprobleme der empirischen Sozialwissenschaft erfahren, aber zum Thema „Rezeptionsgeschichte" hat dies nur begrenzt beigetragen. Es gibt Nachholbedarf hinsichtlich von Theorien. Auch Lebensweltkonzepte - ein großer Bereich in der Sozialwissenschaft - wurden nicht angesprochen. Wie integrieren sich hier die Medien?

Des weiteren erstaunt mich, daß sich zum Thema „Rezeptionsgeschichte" hier kein gestandener Historiker geäußert hat. Vielfach wird gegen eine solche Frage das Argument des mangelnden Umgangs von Historikern mit quantitativen Daten eingewendet. Es gibt jedoch in der Geschichtswissenschaft über die Mentalitätsgeschichte eine lange Debatte über die sogenannte quantitative Geschichte. Francois Furet hat beispielsweise schon in den 50er Jahren Beiträge geliefert, und es gibt eine heftige Diskussion darüber. Hierzu hätte ich gern einiges gehört. Wir konstruieren Linien und Fragen, aber wie man damit umgeht, wie dies in Alltagsgeschichte, in Sozialgeschichte eingeht, da muß auch noch einmal theoretisch nachgedacht werden. So kommen wir eventuell auf Fragestellungen, die vielleicht zu ganz anderen Antworten führen. Beispielsweise wird ein Lebenszyklusmodell genommen und behauptet, es stamme aus der Ökonomie. Jeder Historiker sagt natürlich: das kommt ganz woanders her. Die Ökonomie hat es sich aus der Geschichtswissenschaft geholt, und wir hatten immer gehofft, daß diese organizistischen Modelle mit Spenglers Untergang des Abendlandes begraben worden sind. Wir haben produktorientierte Theorien: Wo kommen die eigentlich her? „Markt" ist seit 1984 das große Paradigma für die Medien, plötzlich auch für die Theoriebildung. Rezeptionsforschung als Marktbeobachtung, warum? Wir sind doch nicht nur Marktteilnehmer. Wir könnten eine Medientheorie nehmen, die

Medien als Verlängerung unserer Sinne definiert. Somit wären es keine Zyklen von Produkten mehr, sondern ganz andere Vorstellungen vom Medium.

Nächster Punkt: Vielfalt der Materialebenen. Natürlich gehören quantitative Daten auf jeden Fall dazu; diese muß man nutzen und auswerten. Ebenso wichtig sind jedoch auch qualitative Ebenen in der Forschung; das sind nicht allein Medienbiographien. Wenn alle qualitativen Betrachtungen hierauf reduziert werden, wäre dies natürlich eine Verarmung. Wir besitzen in den Archiven sehr viele Materialien, die Rezeptionsmodelle sind. Oft sind sie ganz individueller Art und lassen sich nicht immer quantitativ auswerten. Diese müssen auch genutzt werden. Eine Rezeptionsgeschichte, die die Vielfalt zeigen will, muß natürlich auch die Vielfalt der Materialien und Zeugnisse benutzen.

Wir haben in dem medienpublizistischen Diskurs zahlreiche Belege über auffällige Rezeptionsverhaltensweisen. Ein Beispiel: Die Theaterrezeptionsforschung hat aus der Skandalforschung gelernt, nämlich wo Theaterskandale stattfinden, wo Normen und Verhaltensweisen aufeinandertreffen. In dieser Hinsicht sollte man auch in der Medienforschung allgemein kreativer werden. Es gibt zum Beispiel die berühmt gewordene Untersuchung „Vier Wochen ohne Fernsehen". Sie hat mit Sicherheit einen Denkprozeß ausgelöst. Die Vielfalt der Unterschungsmöglichkeiten und Materialien sollte genutzt werden. Eine vorschnelle Einengung wäre verfehlt.

E. Lersch: Vielen Dank. Gibt es Bedarf, darauf zu antworten? Herr Franzmann.

B. Franzmann: Vielleicht nur eine Präzisierung. Ich will Ihnen überhaupt nicht widersprechen, sondern unterstützen, daß es in diesem Bereich Theoriedefizite gibt. Ich möchte bloß den Stellenwert meines Plädoyers für bessere und transparentere Marktdaten noch mal erläutern: Wenn ich wissen will, welche Bücher überhaupt unter die Leute kommen, und das ist ja ein legitimes Erkenntnisinteresse, müßte ich zunächst einmal Marktdaten haben, und die stehen mir nicht zur Verfügung. Ich will gar nicht der Marktforschung einseitig das Wort reden, aber wenn solche Daten zur Verfügung stünden, würde das weitere Erkenntnisbereiche eröffnen.

W. Klingler: Falls die Frage noch offen ist, ob es sich um eine Prognosetagung für die Medienentwicklung oder um einen Beitrag zu einer Annäherung an eine historischen Aufarbeitung von Vergangenheit und Gegenwart handelt, dann würde ich den Schwerpunkt beim zweiten sehen. Ich denke, es geht in der Tat um eine ernsthafte Auseinandersetzung mit Medien, Medienwirklichkeit in der Vergangenheit und in der Gegenwart. Dabei dürfen natürlich Entwicklungslinien in die Zukunft nicht außer Acht bleiben, wie beispielsweise „Was können Medien in einer Demokratie, in einer Kommunikationsgesellschaft leisten?" Es ist allerdings keine Marketingtagung einzelner Massenmedien.

Einen zweiten Punkt möchte ich noch einmal ansprechen, einen Ausgangspunkt dieses Forums. Dieses Forum soll die Möglichkeit bieten, historische und zukunftsorientierte Perspektiven zusammenzubringen, mit unterschiedlichen Fachblickwinkeln. Wenn dieses Forum ein Stück dazu beitragen kann, um gemeinsam Positionen zu diskutieren und auszuloten, dann wäre dies ein angenehmer Nebeneffekt.

E. Lersch: Jetzt möchte ich dem Publikum Gelegenheit geben, sich dazu zu äußern, was hier oben auf dem Podium gesagt worden ist. Herr Brosius.

H.-B. Brosius: Ich kann mich dem letzteren nur anschließen. Mit Verwunderung habe ich zuvor gehört, daß hier keine Prognosen hätten gemacht werden sollen. Natürlich wollen wir Prognosen machen. Jede Theorie, jede Erklärung ist im Prinzip auch eine Prognose. Daß dies nun nicht so datennahe Prognosen sind, wie etwa die Antwort auf die Frage „Wie ist der Marktanteil des Zeitungsmarkts im Jahr 2002?", darauf können wir uns einigen. Auch Theoretiker, die keine quantitativen Daten benutzen, machen Prognosen, wenn auch eher implizit.

W. Klingler: Danke Herr Brosius, Sie haben mich korrekt verstanden.

R. Viehoff: Ich denke es würde weiterhelfen, bei der nächsten Tagung zu diskutieren, was eigentlich Rezeption ist. Hier sehe ich, genau wie Herr Hickethier, ein absolutes Theoriedefizit. Die einen haben Mediennutzung als rezeptives Verhalten genommen, die anderen haben sie im Sinne von „Homo Oeconomicus-Modellen" als Marktverhalten interpretiert. Weder ist jedoch darüber explizit gesprochen worden, noch hat es eine, in meinen Augen vernünftige, Theoriediskussion gegeben. Es gibt in der gegenwärtigen medienwissenschaftlichen Diskussion dafür hinreichend viele Angebote.

Eben wurde die Notwendigkeit betont, auch andere Wissenschaften in die Diskussion einzubinden. Ich denke, es gibt noch ein paar weitere einschlägige Disziplinen, die noch nicht genannt wurden. Eine wäre die frühere Volkskunde, die heute in verschiedenen anderen Varianten auftritt. Solche Konzeptionen müßten wir einbeziehen, um überhaupt Lebensweltkonzepte, die bei der Mediennutzung und Medienrezeption eine gewisse Rolle spielen, hinreichend berücksichtigen zu können - sowohl empirisch als auch theoretisch. Man darf sich nicht mit der auf dieser Tagung getroffenen Aussage allein zufrieden geben, daß unsere Gehirne langsamer werden und dies bereits als den Beitrag der gegenwärtigen Kognitionstheorie nehmen. Wir sollten diese und andere einschlägige Disziplinen genauer kennenlernen und die Überlegungen, die dort angestellt werden, nicht ausklammern.

Scheffler: Mir fehlt im Grunde auch die etwas exaktere Theoriebildung. Ich denke, wir kämen dann ganz automatisch zu mehr qualitativen Aspekten. Ich kann nur bestätigen, was Herr Hickethier sagte, nämlich, daß es zahlreiches Material gibt. Ich denke dabei etwa an Dokumentationen von Hörerreaktionen. Es existieren sogar neuere Sendungen, die als Quelle genutzt werden sollten, beispielsweise „Der Hörer hat das Wort" vom WDR.

E. Lersch: Ich möchte jetzt einen empirischen Sozialforscher hier auf dem Podium fragen. Empirische Sozialforschung ist im Grunde teuer: Welche Möglichkeiten sehen Sie, um dazu beizutragen, die finanzielle Basis für Rezeptionsforschung ein wenig umzusteuern? Herr Hippler bitte.

H.-J. Hippler: Ich denke, das kann nur von Seiten der Politik erfolgen. Die universitäre Forschung, die wir hier gesehen haben, ist abhängig von Geldzuwendungen. Eine strategische Steuerung, auch im Sinne mehr theoriebezogener Forschung, findet kaum statt. Was in der Vergangenheit vorwiegend stattfand, war eher Ad-hoc-Forschung. Ich denke, was wirklich notwendig ist, ist mehr theoriegeleitete Forschung.

E. Lersch: Vielen Dank allen Beteiligten für die deutlichen Worte zum Schluß der Tagung. Ich glaube, wir haben einige Anregungen erhalten, um dieses Forum zur Rezeptionsforschung in Vergangenheit und Gegenwart auch 1998 fortzusetzen.
Ich möchte das Wort noch einmal kurz an Walter Klingler übergeben.

W. Klingler: Danke für das Interesse an dieser Fachtagung. Danke für die Ausdauer, Dank an die Referentinnen und Referenten. Vielleicht teilen Sie die Meinung, daß eine Menge Diskussionsbedarf zwischen den unterschiedlichen Positionen besteht. Ich kann es mir gut vorstellen, daß es einen Sinn macht, dieses Forum Medienrezeption im nächsten Jahr mit den Anregungen, die geäußert wurden und mit den Chancen, die in diesen Anregungen stecken, an ähnlicher Stelle zu wiederholen, neue wissenschaftliche Perspektiven zu integrieren und die Diskussion fortzusetzen. Ich würde dieses gerne im Nachgang zu dieser Veranstaltung mit dem Kreis der Organisatoren und Träger der Medienrezeptionstagung diskutieren und wir werden ggf. in die Planung eines solchen zweiten Forums hineingehen, um gemeinsam einen Beitrag zur Medienrezeption, zur Erklärung von Phänomen, zu Theoriediskussionen und auch zur Integration unterschiedlicher wissenschaftlicher Richtungen zu leisten.

Anmerkungen:

[1] Der folgende Text wurde für die Veröffentlichung leicht gekürzt und redaktionell bearbeitet. Es wurde jedoch bewußt darauf verzichtet, eine vollständige sprachliche Überarbeitung vorzunehmen, so daß der Gesprächscharakter der Ausführungen erhalten bleibt.

Autorenverzeichnis

Altenhein, Hans, Prof. Dr., geboren 1927. Verlagsbuchhändler und Literaturwissenschaftler. 1963 bis 1970 Leiter der Fischer Bücherei, Frankfurt; 1973 bis 1987 Leiter des Luchterhand Verlages, Darmstadt; Honorarprofessor an der TU Darmstadt; Veröffentlichungen zur Buch- und Verlagsgeschichte. Mitglied des Leipziger Arbeitskreises zur Geschichte des Buchwesens.

Beutelschmidt, Thomas, Dr., geboren 1953. Studium der Germanistik, Kunstgeschichte, Politologie und Medienwissenschaft in Freiburg und Berlin sowie Promotion zum Dr. Phil.. Medienausbildung am AV-Zentrum der Pädagogischen Hochschule; Redaktionsassistenz beim SFB; Wissenschaftlicher Mitarbeiter/Dozent an der FU Berlin, Freiberuflicher Publizist.

Brosius, Hans-Bernd, Prof. Dr., geboren 1957. Studium der Psychologie und Medizin an der Universität Münster. Nach seiner Promotion im Jahr 1983 wechselte er an das Institut für Publizistik der Universität Mainz, wo er 1994 mit einer Arbeit über Nachrichtenrezeption habilitierte. Seit 1996 Professor für empirische Kommunikationsforschung am Institut für Kommunikationswissenschaft (Zeitungswissenschaft) der Universität München, Leiter des Medieninstituts Ludwigshafen.

Franzmann, Bodo, geboren 1943. Studium der Politologie, Philosophie, Germanistik; Journalist und leitender Redakteur für eine Fachzeitschrift; Pressesprecher der Universität Ulm. Seit 1977 bei der Stiftung Lesen als Verantwortlicher für Leseforschung und Projektentwicklung tätig. Ab 1992 Geschäftsführer des Forschungsinstituts „Lesen und Medien" der Stiftung Lesen an der Johannes Gutenberg-Universität Mainz.

Gerhards, Maria, M.A., geboren 1966. Studium der Germanistik, Psychologie und Geschichte an der Universität Bonn. 1994 bis 1997 als Medienwissenschaftlerin im Bereich Fernseh- und Hörfunkforschung bei der Firma Media Trend, Baden-Baden, tätig. Seit 1997 Referentin in der SWF/SWR-Medienforschung.

Groebel, Jo, Prof. Dr., geboren 1950. Studium der Psychologie. Zunächst Akademischer Rat an der Universität Koblenz-Landau; später Ordinarius für die Psychologie der Massenkommunikation an der Universität Utrecht, Niederlande; Direktor der „Utrecht Postgraduate School for Media Management and Development" (USMD), Gastprofessor an der University of California at Los Angeles (UCLA). Zahlreiche Forschungsprojekte und Veröffentlichungen zum Thema „Medien und Gewalt". Präsident der Niederländischen Gesellschaft für Kommunikationswissenschaften (VSOM), UN-Repräsentant „International Society for Research on Aggression" sowie Mitglied des Beirats „Medien und Bildung" der Bertelsmann-Stiftung, Mitglied der Kommission „Medienverantwortung des Präsidenten der Bundesrepublik Deutschland" und Mitglied des Rates für Kultur (Medienportfolio) der niederländischen Regierung.

Hickethier, Knut, Prof. Dr., geboren 1945. Studium der Kunsterziehung, Literatur- und Medienwissenschaft. Promotion 1979 über das bundesdeutsche Fernsehspiel. 1989 bis 1994 Mitarbeiter und Projektleiter im Sonderforschungsbereich „Bildschirmmedien" Siegen/Marburg. 1982 bis 1994 Fernseh-, Radio- und Filmkritiker, seit 1994 Professor für Medienwissenschaft an der Universität Hamburg.

Hippler, Hans-J., Dr.; nach dem Studium Projektleiter beim Zentrum für Umfragen, Methoden und Analysen (ZUMA) in Mannheim, arbeitete im Bereich Markt-/Kommunikations- und Werbeforschung; heute Leiter der Forschung und Mitglied der Geschäftsleitung der Zeitungs Marketing Gesellschaft (ZMG) in Frankfurt am Main.

Hoppe, Joseph, geboren 1953. Studium der Geschichte, Pädagogik und historischen Anthropologie in Marburg und Berlin. Arbeitete nach dem Studium als Lektor in einem Verlag und als freier Publizist. Seit 1987 Leiter der Abteilung Nachrichtentechnik im Deutschen Technikmuseum Berlin. Organisierte Ausstellungen zur Geschichte von Rundfunk und Fernsehen.

Klingler, Walter, Dr. phil., Dipl.-Soz., geboren 1951. Studium der Soziologie, Zeitgeschichte, Politische Wissenschaft an der Universität Mannheim, dort 1981 Promotion zum Thema „Nationalsozialistische Rundfunkpolitik 1942-45". Ab 1981 Mitarbeiter des Südwestfunks, jetzt Leiter der SWF/SWR-Medienforschung.

Lersch, Edgar, Dr. phil., geboren 1945. Studium der katholischen Theologie, Philosophie, Geschichte und Pädagogik in Trier und Tübingen, Ausbildung zum höheren Archivdienst. Seit 1979 Leiter des Historischen Archiv beim SDR/SWR in Stuttgart.

Löffler, Dietrich, Prof. Dr., geboren 1936. Studium der Germanistik und Philosophie in Leipzig; 1964 Promotion mit einer Arbeit über Novalis' „Heinrich von Ofterdingen"; seit 1967 am Germanistischen Institut der Martin-

Luther-Universität in Halle; Beschäftigung mit literatursoziologischen und rezeptionstheoretischen Fragen; 1992 Ausscheiden aus der Universität; Mitarbeit an empirischen Studien der Stiftung Lesen.

Noelle-Neumann, Elisabeth, Prof. Dr., geboren 1916. Studium der Philosophie, Geschichte, Zeitungswissenschaften und Amerikanistik an Universitäten in Deutschland und in den USA; 1940 Promotion über amerikanische Meinungsforschung; 1940 bis 1945 Journalistin in verschiedenen Redaktionen. 1947 Gründung des Instituts für Demoskopie Allensbach als erstes deutsches Meinungsforschungsinstitut, seither Leitung dieses Instituts; 1961 bis 1964 Lehrbeauftragte für Kommunikationsforschung an der Freien Universität Berlin. 1964 Berufung an die Universität Mainz und Einrichtung des Instituts für Publizistik, Direktorin bis 1983. Forschung und Lehre an der Universität Mainz werden fortgesetzt.

Peiser, Wolfram, Dr., geboren 1962. Studium der Wirtschaftswissenschaft an der Universität Wuppertal. 1990 bis 1995 Wissenschaftlicher Mitarbeiter am Institut für Journalistik und Kommunikationsforschung der Hochschule für Musik und Theater Hannover; dort 1995 Promotion in Journalistik und Kommunikationswissenschaft über „Die Fernsehgeneration. Eine empirische Untersuchung ihrer Mediennutzung und Medienbewertung"; seit 1995 wissenschaftlicher Mitarbeiter am Institut für Publizistik der Universität Mainz.

Rössler, Patrick, Dr. rer. soz., M.A., geboren 1964. Studium der Fächer Publizistik, Rechts- und Politikwissenschaft an der Johannes Gutenberg-Universität Mainz. 1989 bis 1997 Wissenschaftlicher Mitarbeiter an der Universität Hohenheim, Lehrstuhl für Kommunikationswissenschaft/Sozialforschung. Seit 1997 tätig als Hochschulassistent an der Universität München, Institut für Kommunikationswissenschaft (ZW).

Roters, Gunnar, M.A., geboren 1963. Studium der Fächer Publizistik, Theaterwissenschaft und Politologie an der Freien Universität Berlin. 1991 bis 1993 als Wissenschaftlicher Mitarbeiter am Fachbereich Kommunikationswissenschaften der FU Berlin tätig. 1993 bis 1997 Wissenschaftlicher Angestellter (in Vertretung für Dr. Jo Groebel) am Institut für Kommunikationspsychologie/Medienpädagogik der Universität Koblenz-Landau. Seit 1997 Mitarbeiter der SWF/SWR-Medienforschung.

Saxer, Ulrich, Prof. Dr., geboren 1931. 1978 bis 1996 Professor für Publizistik und Leiter des Seminars Publizistikwissenschaft der Universität Zürich; seit 1997 Ordinarius Professor für Soziologie der Kommunikation an der Universität der italienischen Schweiz in Lugano; Mitherausgeber von „Publizistik. Vierteljahreshefte für Kommunikationsforschung".

Schön, Erich, Prof. Dr., geboren 1949. Ab 1970 Studium der Germanistik und Slavistik in Konstanz. Promotion über „Die Entstehung unserer Art zu lesen"; 1979/80 und wieder ab 1984 tätig am Fachbereich Literaturwissenschaft der Universität Konstanz und am Seminar für Publizistikwissenschaft und am Volkskundlichen Seminar der Universität Zürich; 1996 Habilitation an der Philosophischen Fakultät der Universität Konstanz über „Neuere deutsche Literaturwissenschaft"; seit 1997 Professur für „Literaturwissenschaft und Literaturdidaktik" am „Seminar für deutsche Sprache und ihre Didaktik" der Universität zu Köln.

Schönbach, Klaus, Prof. Dr., geboren 1949. Studium der Publizistik, Soziologie und Germanistik in Mainz; Promotion 1975; 1975 bis 1978 Leiter der Inhaltsanalyse-Abteilung des Zentrums für Umfragen, Methoden und Analysen (ZUMA); 1978 bis 1983 Akademischer Rat am Institut für Publizistik der Universität Münster; 1982 Habilitation in Münster zu den politischen Wirkungen von Presse und Fernsehen; 1983 bis 1985 Professor für Angewandte Kommunikationsforschung am Institut für Kommunikationswissenschaft (Zeitungswissenschaft) der Universität München; 1985 Universitätsprofessor am Institut für Journalistik und Kommunikationsforschung der Hochschule für Musik und Theater Hannover.

Stiehler, Hans-Jörg, Prof. Dr., geboren 1951. Studium der Sozialpsychologie an der Friedrich-Schiller-Universität Jena; 1976 bis 1990 Mitarbeit am Zentralinstitut für Jugendforschung in Leipzig; 1984 Promotion; 1990 Habilitation. 1991 bis 1992 Mitarbeit in der Stadtverwaltung Leipzig; 1992 bis 1993 Mitarbeit am Deutschen Jugendinstitut München, Außenstelle Leipzig; 1993 Professor für Empirische Kommunikations- und Medienforschung am Institut für Kommunikations- und Medienwissenschaften an der Universität Leipzig.

Studiodiskussion
„Alle Macht den Bildern? Zum Funktionswandel von Lesen, Literatur und Literaturkritik"
24. Oktober 1997 im Rahmen der Fachtagung „Medienrezeption seit 1945"
(Aufzeichnung einer Sondersendung für das Programm „Phoenix")

Oben: Prof. Dr. Hans Dieter Zimmermann (Technische Universität Berlin), Dr. Siegrid Löffler (Die Zeit, Hamburg) und Prof. Dr. Reinhold Viehoff (Martin-Luther-Universität Halle-Wittenberg).

Unten: Prof. Dr. Klaus Ring (Stiftung Lesen, Mainz), Prof. Dr. Martin Lüdtke (SWF, Moderator) und Prof. Dr. Hans Dieter Zimmermann (Technische Universität).

Walter Klingler/Gunnar Roters/Oliver Zöllner (Hrsg.)

Fernsehforschung in Deutschland

Themen – Akteure – Methoden

Dieses zweibändige Kompendium enthält neuere Forschungsansätze und -ergebnisse der Fernsehforschung im deutschsprachigen Raum. Neben allgemeinen Übersichten zur Fernsehnutzung finden sich Darstellungen und Analysen zielgruppen-, sendungs- und programmbezogener Forschung. Ein weiterer Schwerpunkt gilt Wirkungen und Auswirkungen des Mediums. Eine kritische Bewertung der Fernsehforschung und Ausblicke auf die zukünftige Entwicklung ihrer Methoden runden diesen Sammelband ab.

Auf Einladung der Südwestrundfunk-Medienforschung haben rund 70 Fachwissenschaftler und Experten der angewandten Fernsehforschung an dieser aktuellen Bilanz mitgewirkt.

Das Buch wendet sich insbesondere an Forscherkollegen aus Wissenschaft und Praxis, Studierende medienwissenschaftlicher Studiengänge, Fachjournalisten, Medienreferenten und Lehrende in Bildungseinrichtungen.

Aus dem Inhalt:
Fernsehnutzung in Deutschland: allgemeine Übersichten • Zielgruppenbezogene Fernsehforschung • Sendungs- und programmbezogene Fernsehforschung • Forschung zu Wirkungen, Rezeptionsweisen und Rezeptionsmustern des Fernsehens • Trends und Entwicklungen in der Fernsehforschung • Glossar Fernsehforschung

1998, 1.005 S. in zwei Teilbänden, brosch., 98,– DM, 715,– öS, 89,– sFr,
ISBN 3-7890-4920-4
(SWR – Medienforschung, Bd. 1)

NOMOS Verlagsgesellschaft
76520 Baden-Baden

Stiftung Lesen (Hrsg.)

Lesen im Umbruch – Forschungsperspektiven im Zeitalter von Multimedia

Dokumentation des Symposiums der Stiftung Lesen in Zusammenarbeit mit dem Börsenverein des Deutschen Buchhandels, dem Bundesministerium für Bildung, Wissenschaft, Forschung und Technologie, der Deutschen Bibliothek, der Stiftung Presse Grosso und der Stiftung Pressehaus NRZ am 27./28. Juni 1997 in Frankfurt am Main

Mit Beiträgen von Margit Böck, Heinz Bonfadelli, Hartmut Eggert, Bodo Franzmann, Stephan Füssel, Bettina Hurrelmann, Walter Klingler, Gerhard Kurtze, Wolfgang R. Langenbucher, Klaus-Dieter Lehmann, Ludwig Muth, Elisabeth Noelle-Neumann, Rudolf Peschke, Rolf Pfleiderer, Klaus Ring, Jürgen Rüttgers, Thomas Scheer, Erich Schön, Klaus Schönbach, Rüdiger Schulz, Winfried Schulz, Volker Schulze, Peter Vorderer

Gegenwärtig wächst eine Generation von Computernutzern heran, die im Internet zu Hause ist wie ältere Zeitgenossen in der Welt der Bücher. Wird die Multimedia-Generation noch Romane lesen oder ersetzt ihr der Bildschirm die Seiten eines Buchs? Was wissen wir über die Auswirkungen neuer Kommunikationstechnologien auf den einzelnen und die Gesellschaft? Welche Anforderungen stellt die neue Medienkultur an Bildung und Bildungspolitik?

Das waren die Themen des hier dokumentierten Forschungssymposiums, bei dem namhafte Wissenschaftler und Medienpraktiker eine Bilanz des verläßlichen Wissens über Leser und Lesen in Deutschland zogen und Fragestellungen für künftige Untersuchungen formulierten. Die Themenpalette reicht von der Leser- und Buchmarktforschung über Zeitungen, Zeitschriften und junge Leser, den Nutzen von Konzepten der Medienforschung für die Leserforschung bis hin zur Frage nach der Angemessenheit gängiger Modelle vom Leser für das Verständnis des Lesens im Multimedia-Zeitalter.

Ein aktuelles Kompendium für die an der Medienkultur interessierte Öffentlichkeit sowie für Kulturwissenschaftler.

1998, 234 S., brosch., 48,– DM, 350,– öS, 44,50 sFr, ISBN 3-7890-5347-3

**NOMOS Verlagsgesellschaft
76520 Baden-Baden**